험한 세상을 사는 처세술

주역해설

상경

유순근(柳舜根)

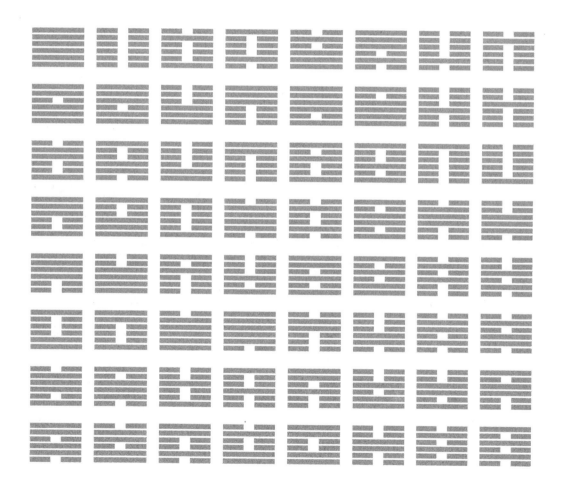

박문사

서 문

궁하면 변하고, 변하면 통하고, 통하면 오래가는 것(窮則變 變則通 通則久)은 주역의 이치다. 험한 세상에서 오래 활용할 수 있는 처세술이 바로 주역이며, 이를 현실에 적용할 수 있도록 해설한 책이 주역해설이다. 본서는 난해한 주역철학을 쉽고 명쾌하게 설명하여, 독자들이 험난한 세상을 헤쳐 나가는 데 필요한 행동 지침을 제공하는 처세술이다.

자연은 개발로 인해 심각하게 파괴되어 환경 재앙이 발생하니, 인류는 자연을 회복하려는 환경 운동을 활발히 전개하고 있다. 뿐만 아니라 인간의 정신 환경도 탐욕과 저주로 인해 심각한 손상을 입고 있다. 정의, 도덕, 배려가 없는 三無 시대를 겪으며 인류의 공존이 처참하게 위협받고 있다. 이러한 자연 환경과 정신 환경의 중대한 파괴로 인해 인류의 번영과 조화가 저해되고 있는 현실이 매우 안타깝다. 이제는 정의, 도덕, 배려를 회복하고 성공적인 삶과 조화로운 공동체를 되찾을 방법을 진지하게 고민해야 할 때이다. 다행히도 사회적 정의와 성공적인 삶을 안내할 지혜를 바로 주역에서 찾을 수 있다.

인간은 항상성과 변화성을 통해 생로병사와 부귀빈천을 경험하지만, 그 변화를 예측하기 어려워 다양한 점술이 난무한다. 그중에서도 논리와 이론이 뒷받침된 주역 점술이 주목받고 있다. 점술이 유행하는 이유는 미래가 불확실하고 보이지 않기 때문이다. 미래를 볼 수 없고 미리 경험할 수 없더라도 사람의 운명을 점치는 것을 신뢰하는 것은 매우 비합리적이다. 이는 논리적 오류일 뿐만 아니라 주역의 가치를 오용하고 훼손하는 것이다.

주역은 점술서라기보다는 개인들이 현재 처한 환경을 분석하고 그에 맞는 행동 방향을 제시하는 처세술이다. 현재의 상황을 분석하여 미래의 행동 방향을 논리적으로 제시하는 것이 바로 주역이다. 처세술을 제시하는 주역은 과거와 현재의 외부와 내부 환경을 분석하고, 미래의 방향을 선택하는 논리적 체계를 갖춘 행동 철학서이다. 미래는 과거와 현재를 바탕으로 변하면서 새롭게 나타나는 현상이다. 변하지 않으면서도 변하는 현상을 밝혀낸 성인이나 선현들의 지혜를 활용하는 것은 값진 경험이 될 수 있다.

독자 여러분은 이제 『험한 세상을 사는 처세술 주역해설』의 세계에 몰입하게 될 것이다. 주역의 논리와 비유를 이해하면, 주역이 심오한 철학서이자 처세 지침서로서의 가치를 지닌다는 것을 느낄 수 있을 것이다. 저자는 그동안 주역이 행동철학적 논리보다는 점술로서 활용되는 것을 매우 못마땅하게 여겨왔다. 그래서 주역을 행동처세학과 인과처세학으로 구분하고, 먼저 행동처세학의 주역해설을 편찬하게 되었다.

　본서에서는 주역에서 제시된 비유와 은유를 과거와 현재의 시각과 행동 전략 측면에서 해설한다. 이러한 비유와 은유를 이해하면 현재 상황을 분석하고 바람직한 미래 방향을 선택할 수 있다. 주역은 편협하고 폐쇄적인 사고, 망상적 엘리트주의에 빠진 광적인 집단주의 사고의 위험성을 경고한다. 자신의 행적을 살펴보고 관직에 나아가거나 물러나는 것(觀我生進退)은 인성과 능력을 고려해 진퇴를 결정해야 한다는 의미이다. 특히, 지도자들이 국민을 무시하고 부정부패를 저지르며 수사를 방해하는 것을 주역은 경고한다. 뼈에 붙은 마른 고기를 씹다가 쇠화살을 얻음(噬乾胏 得金矢)은 깃털을 조사하다가 몸통을 발견하는 상황을 의미한다. 몸통을 조사하는 것은 권력과 조직의 비호가 커서 어렵지만, 바르게 수사하면 이롭고 길하다는 뜻이다(利艱貞). 나라와 사회가 정의로우면 국민이 부유해지고 나라가 평화로워진다. 들은 광활하고 멀어 공명정대하며, 들에서 사람들과 함께하면 나라가 형통하다는 뜻이다. 이제 공명정대한 넓은 들에서 정의, 도덕, 배려가 있는 사회로 힘차게 나아가야 할 때이다.

　『험한 세상을 사는 처세술 주역해설』은 문왕과 무왕이 제시한 괘사와 효사의 의미, 공자의 해석, 그리고 많은 위대한 선현들의 해석을 행동과학적 시각에 맞게 풀어내어 개인이 처한 현실에서 선택할 수 있는 미래의 행동 지침을 제시하는 것을 목표로 한다. 본 주역해설은 상경과 하경으로 각각 별권의 책으로 구성된다. 주역을 이해하기 위해서는 주역의 원리를 먼저 학습하는 것이 중요하다. 이에 따라 주역해설 상경에서는 주역의 원리를 먼저 다룬 후 주역상경을 해설하였다. 주역해설은 각각 괘의 설명, 괘사와 효사의 본문, 번역과 해설 순으로 편찬되었다. 특히 주역에서 제시된 비유와 은유는 그 의미를 구체적으로 설명하였다.

　저자는 앞으로도 동양 고전의 정확한 번역과 해설을 통하여 독자들에게 삶의 가치와 성공적인 학습 지침서를 소개할 것이며, 아울러 독자제현들의 많은 조언과 충고를 부탁드린다. 끝으로 평생 어진 벗으로 교류하고 지혜와 격려를 아끼지 않았던 이민석 사장님과 유홍준 사장님, 그리고 본서를 출판해주신 도서출판 박문사의 모든 선생님들께 감사를 드린다.

2024년 8월 15일

유순근(柳舜根)

추천사

　현대 사회는 끊임없이 변화하며 예측하기 어려운 변화무쌍한 상황에 놓여 있습니다. 이러한 세상에서 성공적인 활동과 삶을 살기 위해서는 성인의 지혜가 큰 도움이 될 수 있습니다. 주역은 동양철학의 정수로, 복잡하고 불확실한 세상을 살아가는 지혜를 제공해 주는 지혜의 보고입니다. 주역은 공자께서 책의 가죽끈이 세 번이나 끊어질 정도로 애독하는 위편삼절(韋編三絶)의 책일 정도로 끊임없이 변화하고 순환하는 원리를 체계적이고 독특한 방식으로 설명한 책입니다. 특히 이 책의 저자께서 말했듯이 험한 세상을 사는 처세술이라고 생각합니다.

　『험한 세상을 사는 처세술 주역해설』은 사서삼경 중에서 백미로 꼽히는 주역을 연구한 책으로 괘의 원리, 괘사와 효사의 의미를 해설하고, 인간에게 전개된 상황에 적합한 행동 방향을 선택할 수 있는 처세술을 철학과 행동과학적 관점에서 해설하여, 처세의 지혜를 실생활에 적용할 수 있도록 도와줍니다. 이 책은 어려운 철학적 내용을 쉽게 풀어내어, 주역에 대한 깊은 지식이 없는 독자도 충분히 이해할 수 있도록 설명합니다. 특히 주역의 난해하고 심오한 은유와 비유를 문맥, 역사적 배경, 철학적 의미와 행동 과학적 의미를 빠짐 없이 정확하게 해설한 것이 압권입니다. 다음은 『험한 세상을 사는 처세술 주역해설』을 읽고 느낀 점입니다.

　첫째, 복잡하고 난해하여 이해하기 어려운 주역을 일상 생활에서 보고 느낄 수 있는 쉬운 언어와 문체로 썼습니다. 둘째, 심오하고 신묘한 주역의 비유나 은유를 현대적 시각에서 해설하고, 이를 실제 상황에서 응용할 수 있는 행동 방향을 설명하였습니다. 마지막으로 이 책은 논리적이고 구체적으로 편집하여 독서 중에 다른 길로 빠지기 어렵습니다. 따라서 직장, 인간관계, 개인적 성장 등 독자들이 직면하는 현실적인 문제들에 대해 주역의 가르침을 적용하는 방법을 구체적으로 해설한 책이라고 생각합니다.

　각 괘의 해석과 함께 제공되는 실용적인 지혜들은 일상 속에서 겪는 다양한 문제와 상황에 대처하는 데 큰 도움을 줄 것입니다. 특히, 직장 생활, 인간관계, 그리고 개인적인 성장을 위한 지침서로써 이 책은 독자 여러분께서 현명하고 지혜롭게 세상을 살아갈 수 있도록 이끌어 줄 것입니다. 그러므로 주역을 통해 성인들의 지혜를 배우고, 이를 현대의 처세술로 응용하고자 하는 분들께 이 책을 널리 추천합니다.

2024년 08월

김 성 현

추천사

　주역은 시대나 문화를 초월한 인류의 지혜로 보편적인 원리와 지혜를 제시하여 오늘날까지 전 세계적으로 중요한 철학적, 실용적 문화유산으로 활용되는 인류의 보고입니다. 주역의 가르침은 특정 상황에 고정된 것이 아니라, 상황에 따라 유연하게 적용할 수 있는 변화의 원리이기도 합니다. 위대한 선현들의 연구를 기반으로 한 『험한 세상을 사는 처세술 주역해설』은 철학적·과학적 관점에서 주역의 원리, 괘사와 효사의 의미를 해설하여, 그로부터 얻을 수 있는 변화와 처세의 지혜를 실생활에 적용할 수 있도록 도와줍니다.

　저자는 주역의 본질을 이해하고 이를 시대에 맞는 일상 언어와 시각으로 재조명하셨습니다. 특히, 복잡한 상징, 은유와 패턴을 명확하게 해석하고, 실생활에 적용할 수 있는 구체적인 예를 들어 주셨다는 점이 좋았습니다. 이를 통해 주역의 원리가 현대사회의 다양한 문제와 도전에 어떻게 적용될 수 있는지 실질적인 통찰을 제시하셨습니다.

　각 장의 내용은 독자들에게 깊은 내면적 성찰을 유도하며, 자신과 주변세계를 이해하는 데 중요한 역할을 합니다. 이러한 해석은 독자들께서 주역의 진정한 의미를 깨닫고, 보다 현명한 삶을 살 수 있도록 돕는 귀중한 자산이 될 것입니다. 가장 중요한 관점은 점술로서의 주역보다는 행동 철학적 논리를 반영한 저자의 통찰입니다. 본서를 통해 전달하고자 하신 것은 단순한 지식이 아니라, 인간 존재와 자연의 조화를 이루는 방법에 대한 깊은 성찰입니다. 저자가 이미 출판한 『평생 읽는 이야기 논어 해설』을 통해 독창적이고 체계적인 해석과 자료로 인상적인 저술로 회자되었듯이 이 책 또한 복잡하고 불확실한 세상을 살아가는 독자들에게 지혜를 줄 것이라고 사료되어 추천사를 씁니다.

　끝으로 항상 학문을 연구하고 통찰의 깊이를 더해 가시는 교수님의 학문탐구에 경의를 표하고 독자들에게 이 책의 일독을 정중히 추천하며 이 책을 통해 성현의 지혜를 얻고, 성찰의 기회를 갖는 계기가 되시길 기원합니다.

2024년 08월

유 홍 준

목 차

주역해설 상경(周易解說 上經)

주역해설 하경(周易解說 下經)

Ⅲ. 주역하경(周易下經)

I. 주역원리

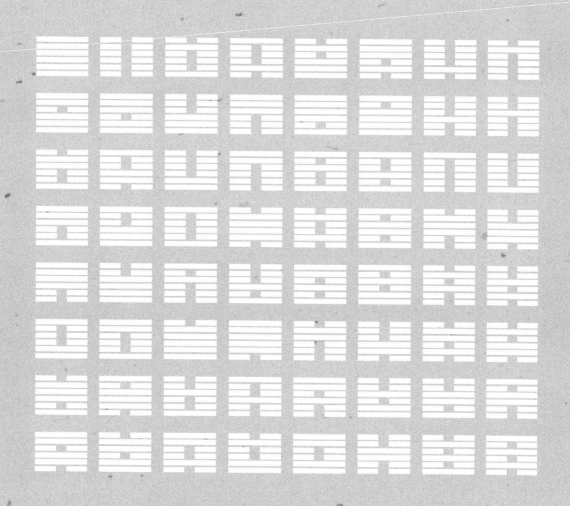

1. 주역의 개요

오랜 시간 동안 많은 성인과 선현들에 의해 축적된 지식과 경험을 토대로 삶의 가치와 처세에 대한 귀중한 통찰을 제공하는 경전 중 하나가 바로 주역이다. 주역(周易)은 현재의 변화하는 상황을 분석하고 미래의 행동방향을 제시하는 처세 상황이론이다. 또한 주역은 사서삼경(四書三經) 중 최고의 유교경전이며, 동양 삼대경전 중의 하나로 천문, 지리, 인간의 처세술을 집대성한 철학서이며 고유한 이론이 있는 최고의 동양 고전이다.

주역(周易)은 약 3천년 전 주(周)나라의 역(易)에서 발전하여 온 점서(占書)인 동시에 철학서이다. 역(易)은 '바꾸다(Change)'라는 뜻으로 끊임없이 변화하는 환경을 분석하고, 미래로 나아갈 행동방향을 예측하는 상황별 처세행동 선택이론이다.

주역을 배우는 목적은 주역이론을 철학적·과학적으로 해석하고, 이론과 해석을 통해 인간이 처한 시대적·공간적 상황을 분석하여 최선의 행동방향을 탐구하는 것이다. 상황에 적합한 행동방향을 설명하는 주역은 변화하는 환경을 분석하여 미래를 예측하는 상황별 행동전략과 현명하게 처세하는 처세철학(處世哲學)을 제시하는 이론이다.

역(易)은 만물이 생기고 변하고 소멸되는 변화를 괘라는 부호로 기록한 것이다. 괘(卦)란 '걸다'는 뜻으로 사물의 형상을 걸어서 보여준다는 의미이고, 우주만물의 변화와 조화를 상징한다. 역(易)은 음효(--)와 양효(—)의 부호를 그어놓은 괘이고, 경(經)은 성인의 말씀으로 주역에서는 문왕(文王)의 괘사와 주공(周公)의 효사를 말한다. 따라서 역경(易經)은 복희의 괘, 문왕의 괘사와 주공의 효사로 이루어진다.

주(周)는 '두루 주', '나라 이름 주'로 공간적으로는 천지를 포함하고, 시간적으로는 주나라 때이다. 역(易)은 '바꿀 역', '쉬울 이'로 때에 따라서, 장소에 따라서 변하는 시간적, 공간적 변화의 의미를 쉽게 알 수 있다는 뜻이다. 주역은 두루 변하는 이치이며, 주나라에서 쓰던 역이다.

주역은 우주가 음양의 작용으로 일어나는 변화의 상황을 분석하고, 그 변화가 어떠한 길흉을 가져오는지를 예측하고, 행동을 안내하는 학문이다. 음양의 변화를 나타내는 것은 역(易)이다. 만사는 변하고, 그 변화에 적응하기 위해 상호교류하며, 그 변화는 일정한 규칙이 있고, 그 규칙은 간단하고 쉽다. 주역은 음양이 변화하는 학문이라는 의미로 변화의 책(The Book of Changes)이다. 변화는 자연적인 이법(理法)이므로 간단하고 쉽다.

2. 주역의 기원

삼황오제(三皇五帝)인 복희씨(伏羲氏)는 기원전 3000년경 문자 이전의 상고시대에 황하에서 나온 용마(龍馬)의 하도(河圖)를 보고 팔괘를 그렸다. 복희씨는 그물을 발명하여 고기를 잡는 방법을 백성들에게 가르쳤는데, 사마천(司馬遷)은 사기(史記)에서 주역의 효시인 팔괘를 창안한 복희씨를 동이족(東夷族)이라고 기록하였다.

주(周)나라 문왕(文王)이 기원전 1000년경에 복희씨의 팔괘와 하나라 우왕의 낙서(洛書)를 연구하여 64괘와 괘사(卦辭)를 만들었고, 그의 아들인 주공(周公)이 384효사(爻辭)를 만들었다. 비로소 문왕과 무왕이 주역을 완성하였다. 십익(十翼)은 공자(孔子: BC 551~BC 479)가 역경을 해설한 것이다. 복희씨가 만든 것은 상고역, 문왕과 주왕이 만든 것은 중고역, 공자가 지은 것은 역전(易傳)이라 한다. 동이족이 만든 환역(桓易)이 있다고 하나 아쉽게도 기록의 부족으로 입증되지 못한다. 경(經)은 성인의 말씀, 전(傳)은 후대의 현인이 성인의 말씀을 해설한 것이다.

[그림 1-1] 주역의 4대 저자

주역(周易)의 저자			
복희	문왕	주공	공자
● 8괘 ● BC 3000년	● 64괘와 괘사 ● BC 1000년	● 384효사 ● BC 1000년	● 십익 ● BC 500년

복희씨는 천하를 다스리면서 일월성신(日月星辰)과 지세를 관찰한 결과, 만물이 천지인(天地人) 삼재(三才)로 구성되어 있으며 음양(陰陽)의 원리에 따라 운행된다는 것을 발견했다. 그는 하늘을 상징하는 한 획(▬)을 긋고, 땅을 상징하는 두 번째 획을 추가하여 부호(▬)를 만들었다. 또한 하늘과 땅 사이의 만물을 상징하는 세 번째 획을 추가하여 부호(▬)를 그어 삼재의 부호를 완성했다. 삼재에는 양의 기운과 음의 기운이 있으며, 이를 조합하여 팔괘(☰, ☷, ☳, ☵, ☶, ☱, ☲, ☴)를 만들었다. 팔괘는 크게는 우주를, 작게는 가족 구성원과 신체 구조를 나타낸다.

서백(西伯: 서쪽 제후의 우두머리)이었던 희창(姬昌: 훗날 아들인 무왕에 의해 문왕으로 추존)이 훌륭한 덕으로 나라를 다스리자 은나라 주왕(紂王)은 이를 두려워하여 그를 유리옥(羑里獄)에 투옥하였다. 문왕은 기원전 1000년경 유리옥에 수감된 상태에서 64괘를

정리하고 괘사를 지었다. 그 후 문왕의 아들 주공은 384효에 설명을 붙인 효사를 지었으니, 괘사와 효사를 주역의 경문이라 한다.

주역은 역경(易經)과 역전(易傳)으로 구성되는데, 역경은 괘(卦)와 사(辭)이고, 역전은 역경을 해설한 십익(十翼)이다. 구체적으로 주역은 상경, 하경과 십익으로 구성되어 있다. 상경(上經)은 30괘로 성인의 도를 설명하고, 하경(下經)은 34괘로 군자의 도를 설명한다. 계사전(繫辭傳)은 주역의 개론으로 계사전 상편은 상경의 해설서이고, 계사전 하편은 하경의 해설서이다. 설괘전(說卦傳)은 64괘의 구성 원리, 서괘전(序卦傳)은 64괘의 차례, 잡괘편(雜卦傳)은 64괘의 뜻을 설명한 것이다.

[그림 1-2] 주역의 구성

주역(周易)의 구성	
상경	하경
성인의 도	군자의 도

계사전 상	계사전 하	설괘전	서괘전	잡괘전
상경 설명	하경 설명	64괘 구성원리	64괘 차례 설명	64괘 뜻 설명

3. 주역의 용어

주역(周易)은 단순한 점술서가 아니라, 우주와 인간의 변화를 설명하는 철학적 이론이다. 주역은 중국 고대의 철학서로 독특한 용어가 있다. 주역을 이해하려면 이러한 용어를 아는 것은 필수적이다. 따라서 본서에 소개한 주역의 용어는 반드시 이해한다.

태극(太極)

무극(無極)은 '끝이 없다' 또는 '무한하다'는 뜻으로, 아무것도 없는 상태를 의미한다. 무극은 만물이 돌아가야 하는 근본적인 도이며, 시작도 끝도 없는 존재로서 생명의 본체이다. 이는 그림으로 원(○)으로 나타낸다. 태극(太極)은 음과 양의 두 가지 요소로, 양의(兩儀)는 다시 사상(四象)으로, 사상은 팔괘(八卦)로 분화된다. 태극은 음양이 분화되기 이전의 혼돈 상태로, 만물을 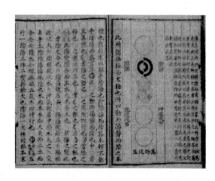 생성하는 우주의 근원인 기운이다. 이는 하늘과 땅이 분리되기 이전의 만물의 원시 상태이며,

그림으로는 태극(☯)으로 표현된다.

[그림 1-3] 태극의 진화

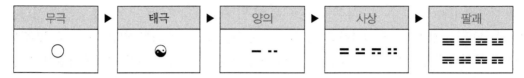

음양(陰陽)과 양의(兩儀)

태극은 음양이 혼재되어 있는 상태로 만물을 생성하는 우주의 근원이다. 태극이 음과 양으로 분화되는 것을 양의(兩儀)라고 하며, 양은 ━로 표기하고 음은 ╌로 표기하고, 이 부호를 효(爻)라고 한다. 양효(陽爻)는 하늘을 상징하고 음효(陰爻)는 땅을 상징하고, 주역은 양효와 음효로 천지만물의 변화를 설명한다.

[그림 1-4] 양효와 음효

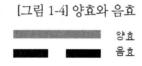

만물은 반드시 음양(陰陽)으로 나뉜다. 예를 들어, 남자가 있으면 여자가 있고, 하늘이 있으면 땅이 있으며, 낮이 있으면 밤이 있고, 여름이 있으면 겨울이 있으며, 오르막이 있으면 내리막이 있다. 또한, 찬 것이 있으면 더운 것이 있고, 움직이는 것이 있으면 정지하는 것이 있으며, 삶이 있으면 죽음이 있다.

효(爻)

효(爻)란 가로로 그은 획이다. 효는 만물이 변하고 움직이는 것을 본떠 만든 기호이며 이는 상황이 변한다는 뜻으로 양효(━)와 음효(╌)가 있다. 양효(陽爻)는 양을 표시하는 기호이며, 음효(陰爻)는 음을 표시하는 기호이다. 양효(陽爻)는 끊어지지 않아 강하고 실하고 기운이 외부로 발산하나, 음효(陰爻)는 끊어져 약하고 비어있고 기운이 내부로 수렴한다. 양효는 양적 기운을 쓰나 음효는 음적 기운을 쓴다.

효의 위치는 사회적 역할이나 위치를 말하고, 효의 명칭은 아래로부터 초효, 이효, 삼효, 사효, 오효, 상효가 되고, 재질에 따라 양효가 구(9), 음효가 육(6)이 된다. 양효는 초구, 구이, 구삼, 구사, 구오, 상구로 나타내고, 음효는 초육, 육이, 육삼, 육사, 육오, 상육으로 나타낸다.

효의 명칭은 효의 재질과 위치를 나타내는데, 초(初)는 시간 개념이며 상(上)은 공간 개념이므로 시공 속에 존재하는 현상이다. 초위는 시작이고 상위는 끝이므로 초위와 상위는 중요한 때이고, 이위, 삼위, 사위, 오위는 상황이 진행되는 때이다. 괘를 그릴 때는 아래로부터 위(↑)로 그리지만, 괘를 읽을 때는 위에서부터 아래(↓)로 읽는다.

[표1-1] 효의 순서와 명칭

효명(爻名)		양효(陽爻)		음효(陰爻)	
효위(爻位)	효명(爻名)	건괘(乾卦)의 예		곤괘(坤卦)의 예	
상위(上位)	상효	상구(上九)	▬▬▬	상육(上九)	▬▬
오위(五位)	오효	구오(九五)	▬▬▬	육오(六五)	▬▬
사위(四位)	사효	구사(九四)	▬▬▬	육사(六四)	▬▬
삼위(三位)	삼효	구삼(九三)	▬▬▬	육삼(六三)	▬▬
이위(二位)	이효	구이(九二)	▬▬▬	육이(六二)	▬▬
초위(初位)	초효	초구(初九)	▬▬▬	초육(初六)	▬▬

효는 지위를 가지며, 가장 낮은 초효에서 가장 높은 상효까지 배열되며, 중요도와 권한이 차등적이고 서열적이다. 효의 지위를 삼재(三才)로 나누면 초효와 이효는 지(地), 삼효와 사효는 인(人), 오효와 상효는 천(天)에 해당하는 공간적 분류가 된다. 또한, 초효는 발단, 이효는 전개, 삼효와 사효는 위기, 오효는 절정, 상효는 결말을 나타내는 시간적 분류로도 적용된다.

[그림 1-5] 삼재와 시간적 분류

효의 지위는 신분이나 계급으로 분류할 수 있다. 왕조국가는 계급과 신분이 있는 사회였으므로, 하층인 초효는 노동력과 납세 의무가 있는 백성, 이효는 최하층의 지배계급인 하급관리, 삼효는 지방관, 사효는 대신, 오효는 왕, 상효는 상왕으로 구분된다. 이러한 구분을 회사, 가족, 연령, 인간, 동물 등에 적용하여 표로 비교할 수 있다.

[표 1-2] 효의 지위와 신분

지위	사건	왕조국가	회사	가족	연령	인간	동물
상효	결말	上王/國師	회장	조부	60	머리	머리
오효	절정	天子(왕)	사장	부모	50	어깨	앞발
사효	위기	公卿(대신)	임원	형(자)	40	몸통	앞몸
삼효	위기	大夫(지방관)	부장	제(매)	30	넓적다리	뒷몸
이효	전개	士(하급관리)	대리	막내	20	정강이	뒷발
초효	발단	民(백성)	사원	손자	10	발	꼬리

▌ 사상(四象)

만물의 생성과 변화는 음의 기운과 양의 기운인 음양이다. 음양(陰陽)은 서로 대립적이면서도 상호작용을 하면서 만물을 형성한다. 양(陽)은 다시 양과 음으로 분리되고, 음(陰)도 다시 양과 음으로 분리되는데, 이를 사상(四象)이라고 한다. 즉, 태극이 분화되어 음양이 되고, 음양이 분화되어 네 가지 형상이 된다. 사상은 우주 자연과 인간 사회의 현상을 상징한다. 상(象)은 괘가 상징하는 형상이다.

음양 중에서 가장 먼저 생긴 태양(太陽: ☰)은 아래도 양이고 위도 양이다. 양이 많고 새로 생긴 것도 양이고 오래된 것도 양으로 노양(老陽)이다. 소음(少陰: ☲)은 양에서 출발하여 새로 음이 생겨나니 어린 음이다. 소양(少陽: ☳)은 음에서 출발하여 생겨나니 어린 양이다. 가장 늦게 생긴 태음(太陰: ☷)은 음에서 음이 생기고, 음이 많고 새로 생긴 것도 음이고, 오래된 것도 음으로 노음(老陰)이다. 사상은 태양(太陽), 소음(少陰), 소양(少陽), 태음(太陰)이다. 한의학에서 사람의 체형을 태양인(太陽人), 소음인(少陰人), 소양인(少陽人), 태음인(太陰人)으로 분류한다.

[그림 1-6] 사상의 생성

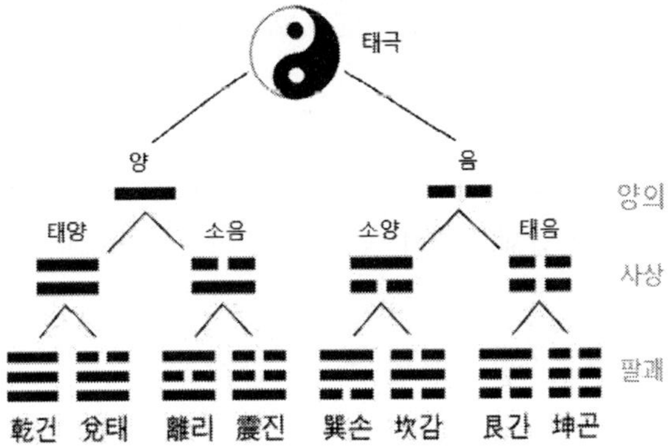

▌ 괘(卦)

팔괘는 복희(伏羲)가 만든 여덟개의 괘로 인간의 길흉화복을 점치는데 이용된다. 괘(卦)란 어떤 상황을 '걸어놓다'는 뜻이다. 걸어놓다는 것은 천지만물의 형상을 걸어놓았다는 뜻이다. 이러한 괘를 통해 천지간의 변화를 파악하고 인간의 길흉화복을 판단할 수 있다.

괘는 음효(--)와 양효(—)가 있다. 하나의 괘는 독립된 소우주를 나타내는데, 우주는 8개의 기본 요소로 구성된다. 또 하나의 괘가 세 효로 이루어지는데 이는 삼재(三才)인 천지인(天地人)을 상징한다. 삼재는 천위(天位), 인위(人位)와 지위(地位)이다. 천위는 하늘을, 인위는 사람을, 지위는 땅을 상징한다. 따라서 괘는 사물의 형상[體]을 뜻하나, 효는 사물의 쓰임[用]을 뜻한다.

[그림 1-7] 괘의 상징

天 　上
人 　中
地 　下

괘에는 소성괘와 대성괘가 있다. 소성괘(小成卦)는 세 개의 효로 구성된 괘로 작게 이룬 괘이고, 대성괘(大成卦)는 두 개의 소성괘로 구성된 괘로 크게 이룬 괘이다. 팔괘는 소성괘로 이루어지고, 64괘는 대성괘로 이루어진다. 팔괘 생성의 기본 괘는 건괘(乾卦)와 곤괘(坤卦)로 주역의 첫째와 둘째 괘이다. 건괘는 하늘이나 아버지, 곤괘는 땅이나 어머니를 뜻한다.

[그림 1-8] 소성괘와 대성괘

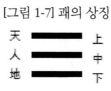

소성괘(건괘): 3개의 효(—)	대성괘(중천건): 2개의 괘(☰)
 효	 소성괘 / 소성괘

▌ 팔괘의 생성

태극(太極)이 음과 양으로 분화되면 이는 양의(兩儀)가 된다. 두 효가 겹쳐서 태양(太陽)·소음(少陰)·소양(少陽)·태음(太陰)의 사상을 만든다. 사상(四象)이 다시 음양으로 분화되면 팔괘를 이룬다. 사상(四象)은 다시 건(乾: 하늘), 태(兌: 연못), 리(離: 불), 진(震: 우레), 손(巽: 바람), 감(坎: 물), 간(艮: 산), 곤(坤: 땅)인 팔괘로 분화된다. 이 팔괘가 상하 여섯 효로 중첩되어 64괘가 된다. 태극이 한 번 변하면 음양이 생기고, 음양이 다시 변하면 사상이 생기고, 사상이 다시 변하면 팔괘가 생기고, 팔괘가 다시 변하면 육십사괘가 생긴다. 즉, 태극(太極) → 양의 (兩儀) → 사상(四象) → 팔괘(八卦) → 64괘로 분화가 이루어진다.

팔괘(八卦)는 세 개의 효로 이루어진 소성괘이며 주역의 기본 단위이다. 팔괘는 우주만물의 기본 구조로 천지와 인간에게 일어날 수 있는 구체적 상황을 나타낸다. 주역에서 첫 괘는 건괘 (乾卦)로 하늘이고, 둘째 괘는 곤괘(坤卦)로 땅이다. 하늘과 땅이 먼저 생겼고, 셋째 괘부터는 하늘과 땅 사이에서 일어나는 현상을 설명한다. 63번째 괘는 완성한다는 기제괘(旣濟卦)이며, 64번째 괘는 미완성한다는 미제괘(未濟卦)로 끝난다. 이것은 우주의 변화가 끝이 없으니 인간 의 운명도 변화가 무궁하다는 것을 의미한다.

[그림 1-9] 팔괘의 생성

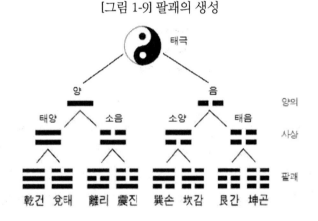

[표 1-3] 팔괘의 생성

숫자	1	2	3	4	5	6	7	8
부호	☰	☱	☲	☳	☴	☵	☶	☷
팔괘	건(乾)	태(兌)	리(離)	진(震)	손(巽)	감(坎)	간(艮)	곤(坤)
사상	太陽		少陰		少陽		太陰	
양의	양(陽)				음(陰)			
태극	일음일양(一陰一陽)							

4. 팔괘의 의미

팔괘는 8개의 소성괘로 이루어지고, 주역을 구성하는 기본 단위이다. 소성괘는 음양이 변하 여 만들어지는데, 동인, 성정, 대표하는 사물과 방향을 갖고 있다. 동인(動因)은 만물이 변하는 이유이고, 성정(性情)은 괘의 속성을 뜻한다. 소성괘는 "숫자 + 이름 + 상징"을 결합하여 괘를 읽는다. 팔괘의 의미는 매우 중요하므로 이해와 암기가 꼭 필요하다.

- 건(☰)은 하늘이 굳건하니 일건천(一乾天)
- 태(☱)는 연못이 기뻐하니 이태택(二兌澤)
- 리(☲)는 불이 걸려있으니 삼리화(三離火)
- 진(☳)은 우레가 움직이니 사진뢰(四震雷)
- 손(☴)은 바람이 들어가니 오손풍(五巽風)
- 감(☵)은 물이 험난하니 육감수(六坎水)
- 간(☶)은 산이 멈추니 칠간산(七艮山)
- 곤(☷)은 천도에 순응하니 팔곤지(八坤地)

☑ 건(乾 : ☰)

부호	순서	괘명	상징	읽기	성정	구조
☰	1	건(乾)	천(天)	일건천(一乾天)	健	건삼련(乾三連)

 건(乾)은 하늘 건/마를 건이다. 괘의 순서는 1, 괘명은 건(乾), 상징은 하늘 천(天), 읽기는 일건천(一乾天), 성정(性情)은 강건할 건(健), 구조는 세 효가 모두 이어진 건삼련(乾三連)이다.

주역에서 건(乾)은 첫 번째로 나오고, 세 효가 모두 양으로 이루어져 천지인을 거느리고 다스리는 하늘이고 부모이고 만물의 근원이며, 지극히 강건하다. 사람으로는 머리, 동물로는 말이 해당하고, 방향은 추운 서북방이며, 날씨는 쾌청하고 춥다.

☑ 태(兌 : ☱)

부호	순서	괘명	상징	읽기	성정	구조
☱	2	태(兌)	택(澤)	이태택(二兌澤)	說	태상절(兌上絕)

 태(兌)는 바꿀 태/기쁠 태이다. 괘의 순서는 2, 괘명은 태(兌), 상징은 못[澤], 읽기는 이태택(二兌澤), 성정은 기쁠 열(說), 구조는 상효만 끊어진 음효로 태상절(兌上絕)이다. 태는 음효가 두 개의 양효 위에 있어 고여있는 물의 형상으로 못이고, 상효만 끊어져 태상절이다. 說(열)자는 주역에서는 주로 기뻐할 열의 의미이다.

물이 고여있는 못의 주변은 비옥하여 산출이 풍성하니 기쁘다. 두 개의 양효 위에 하나의 음효가 있으므로 분수에 맞지 않게 말하고, 먹고 즐거워하니 구설수가 생길 수 있어 절제가 필요하다. 사람으로는 입, 동물로는 양이 해당하고, 방향은 서방이다.

☑ 리(離: ☲)

부호	순서	괘명	상징	읽기	성정	구조
☲	3	리(離)	화(火)	삼리화(三離火)	麗明	리중절(離中絕)

리(離)는 떠날 리/걸릴 리이다. 괘의 순서는 3, 괘명은 리(離), 상징은 불 화(火), 읽기는 삼리화(三離火), 성정은 하늘에 해가 걸려있을 리(麗)와 밝을 명(明), 구조는 가운데만 끊어진 음효이므로 리중절(離中絕)이다.

가운데 심지는 상하 두 개의 양효로 불길에 둘러싸여 있어, 속은 어둡더라도 밖을 현명하게 비추고, 슬기롭게 살피는 속성이다. 사람으로는 눈, 물상으로는 밝은 해, 꿩, 조개가 해당하고, 방향은 남방이며, 날씨는 맑다.

☑ 진(震: ☳)

부호	순서	괘명	상징	읽기	성정	구조
☳	4	진(震)	뢰(雷)	사진뢰(四震雷)	動	진하련(震下連)

진(震)은 우레 진이다. 괘의 순서는 4, 괘명은 진(震), 상징은 우레 뢰(雷), 읽기는 사진뢰(四震雷), 성정은 움직일 동(動), 구조는 아래 양효 하나만 이어져 있는 진하련(震下連)이다.

진(震)은 희소성 우선의 원칙으로 양이 부족하니 양 위주로 움직이고, 두 개의 음이 밖을 향하여 있고, 위에 있어야 할 양이 아래에 있어 반발이 심하다. 사람으로는 발, 동물로는 용이 해당하고, 방향은 해가 뜨는 동방이다.

☑ 손(巽: ☴)

부호	순서	괘명	상징	읽기	성정	구조
☴	5	손(巽)	풍(風)	오손풍(五巽風)	入	손하절(巽下絕)

손(巽)은 부드러울 손이다. 괘의 순서는 5, 괘명은 손(巽), 상징은 바람 풍(風), 읽기는 오손풍(五巽風), 성정은 들 입(入), 구조는 아래가 끊어진 손하절(巽下絕)이다. 바람은 통하여 오고가니 손(巽)이다.

손(巽)은 음이 부족하니 음 위주로 움직인다. 두 손을 모으는 자세는 부드럽고 공손하여 바람과 같다. 바람이 불면 물체 사이로 바람이 들어가니 자신을 낮추고 남에게 겸손한 것은 남의 견해에 들어가는 것이다. 사람은 넓적다리, 동물은 닭이 해당하고, 방향은 동남방이다.

☑ 감(坎 : ☵)

부호	순서	괘명	상징	읽기	성정	구조
☵	6	감(坎)	수(水)	육감수(六坎水)	陷險	감중련(坎中連)

감(坎)은 구덩이 감이다. 괘의 순서는 6, 괘명은 감(坎), 상징은 물 수(水), 읽기는 육감수(六坎水), 성정은 빠질 함(陷), 험할 험(險), 구조는 가운데만 이어져 있는 감중련(坎中連)이다.

한 양이 두 음 사이에 빠져 있으니 험난하고 위험하다. 양이 가운데 있어 중심이 견실하고 안은 밝다. 숨어서 지내고 인내하는 속성이 있다. 사람은 귀, 동물은 어리석은 돼지가 해당하고, 방향은 추운 북방이다.

☑ 간(艮 : ☶)

부호	순서	괘명	상징	읽기	성정	구조
☶	7	간(艮)	산(山)	칠간산(七艮山)	止	간상련(艮上連)

간(艮)은 그칠 간이다. 괘의 순서는 7, 괘명은 간(艮), 상징은 메 산(山), 읽기는 칠간산(七艮山), 성정은 그칠 지(止), 구조는 위만 이어져 간상련(艮上連)이다.
간(艮)은 양이 부족하여 양 위주로 움직이고, 양이 더 나아갈 곳이 없으니 그친다는 뜻이다. 사람은 손, 동물은 개, 자연은 작은 길이 해당하고, 방향은 새벽을 여는 동북방이다.

☑ 곤(坤 : ☷)

부호	순서	괘명	상징	읽기	성정	구조
☷	8	곤(坤)	지(地)	팔곤지(八坤地)	順	곤삼절(坤三絶)

곤(坤)은 땅 곤이다. 괘의 순서는 8, 괘명은 곤(坤), 상징은 땅 지(地), 읽기는 팔곤지(八坤地), 성정은 순할 순(順), 구조는 세 효가 모두 끊어진 곤삼절(坤三絶)이다.
순(順)은 천도와 이치에 순응하는 것이므로 땅은 지극히 순응하고, 광활하며, 습하여 만물을 길러낸다. 사람은 배, 동물은 소, 방향은 따뜻한 서남방이다.

☑ 후천팔괘 차서도(後天八卦 次序圖)

후천팔괘 차서도는 건괘와 곤괘가 서로 교합하여 자녀의 출생 순서를 설명한다. 건(乾)이 곤(坤)에서 초효를 얻어 손(巽)이 되니 장녀(長女)이고, 중효를 얻어 리(離)가 되니 중녀(中女)이고, 상효를 얻어 태(兌)가 되니 소녀(少女)이다. 반면에 곤(坤)이 건(乾)에서 초효를 얻어 진(震)이 되니 장남(長男), 중효를 얻어 감(坎)이 되니 중남(中男), 상효를 얻어 간(艮)이 되니 소남(少男)이다.

[표 1-4] 차서도

乾(☰ : 父)			坤(☷ : 母)		
☱	☲	☴	☳	☵	☶
兌	離	巽	震	坎	艮
少女	中女	長女	長男	中男	少男
곤의 상효	곤의 중효	곤의 초효	건의 초효	건의 중효	건의 상효

[표 1-5] 팔괘의 요약

괘상	☰	☱	☲	☳	☴	☵	☶	☷
순서	1	2	3	4	5	6	7	8
괘명	건(乾)	태(兌)	리(離)	진(震)	손(巽)	감(坎)	간(艮)	곤(坤)
상징	천(天)	택(澤)	화(火)	뢰(雷)	풍(風)	수(水)	산(山)	지(地)
읽기	일건천	이태택	삼리화	사진뢰	오손풍	육감수	칠간산	팔곤지
	一乾天	二兌澤	三離火	四震雷	五巽風	六坎水	七艮山	八坤地
성정 (괘덕)	건	열	리명	동	입	함험	지	순
	健	說	麗明	動	入	陷險	止	順
괘 구조	건삼련	태상절	리중절	진하련	손하절	감중련	간상련	곤삼절
	乾三連	兌上絶	離中絶	震下連	巽下絶	坎中連	艮上連	坤三絶
인간	父	少女	中女	長男	長女	中男	少男	母
신체	수(首)	구(口)	목(目)	족(足)	고(股)	이(耳)	수(手)	복(腹)
동물	마(馬)	양(羊)	치(雉)	용(龍)	계(鷄)	축(豕)	구(狗)	우(牛)
방위	서북방	서방	남방	동방	동남방	북방	동북방	서남방
사상	太陽	太陽	少陰	少陰	少陽	少陽	太陰	太陰
양의	양(陽)				음(陰)			

5. 괘의 구조와 관계

괘는 인간과 자연의 변화를 설명하는 부호이다. 주역은 8괘를 상괘와 하괘로 중첩하여 발생할 수 있는 상황을 64괘로 설명하고, 하나의 괘는 6효로 이루어진다. 64괘는 효가 384개(=6x64)이며 이는 인간이 삶에서 겪을 수 있는 384가지 상황을 나타낸다. 효가 모두 양으로만 이뤄진 용구(用九)와 음으로만 이뤄진 용육(用六)을 더하면 총 386개 효사가 된다.

▌괘의 구조

중국 위나라의 학자 왕필(王弼)은 64괘를 시(時), 즉 인간이 처한 상황이라고 한다. 각 효가 놓여진 위치, 상하 효와의 관계, 음양 여부 등으로 효와 괘를 풀이한다. 주역은 괘상, 괘명, 괘사와 효사를 설명한다. 괘상(卦象)은 괘체(卦體)에 대한 형상(形象), 효사(爻辭)는 6개의 효(爻)에 대한 설명이다. 괘명(卦名)은 괘의 이름, 괘사(卦辭)는 괘의 풀이, 괘체(卦體)는 괘의 몸체로서 대성괘(大成卦)이다.

대성괘에서 위 세 개의 효는 상괘(上卦)이고, 아래 세 개의 효는 하괘(下卦)이다. 상괘는 밖에 있어 외괘이고, 하괘는 안에 있어 내괘이다. 상괘와 하괘가 합쳐져 된 괘는 대성괘(大成卦)이다. 초효부터 상효 순으로 괘를 뽑거나 그리고, 위에서 아래로(상괘에서 하괘순으로) 읽는다.

천화동인괘의 구조를 예로 들어 설명한다. 천화동인괘(天火同人卦)는 상괘 건괘(☰)와 하괘 리괘(☲)를 합하여 이루어진 괘이다. 건은 하늘이고 리는 불이니, 괘는 불이 하늘로 치솟는 성질이 있어 일이 순조롭게 해결된다. 동인(同人)은 뜻을 같이 하는 사람이다. 하늘 아래 불 밑에서 모임을 갖는다. 괘상은 어두운 하늘 아래 불이 타오르며, 이 빛은 세상을 밝히는 상이다. 동인과 뜻을 함께하니 불이 하늘로 치솟는다. 따라서 어두운 밤길에 등불을 얻는 상으로, 뜻이 맞고, 정의롭고, 겸손한 사람들이 모이면 오래 가고 유익하다.

[그림 1-10] 대성괘의 구조와 특성

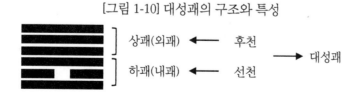

[표 1-6] 상괘와 하괘의 특성 비교

상괘(외괘)	오후	후천	외적	쇠퇴	해체	成	用	客	彼
하괘(내괘)	오전	선천	내적	도래	창조	生	體	主	我

　괘상(卦象)은 괘가 상징하는 사물의 형상이다. 상괘의 괘상을 읽고, 하괘의 괘상을 읽은 다음에 대성괘의 고유 이름을 읽는다. 예제는 건괘(乾卦)의 상징인 천(天)과 리괘(離卦)의 상징인 화(火)를 합하여 천화(天火)라고 하고, 대성괘의 고유 이름인 동인(同人)을 붙여 천화동인(天火同人)이 된다. 동일괘가 거듭되는 괘는 중천건(重天乾), 중지곤(重地坤), 중수감(重水坎), 중화리(重火離)가 있다. 따라서 소성괘를 중첩하여 대성괘가 되어 하나의 괘를 형성하나, 소성괘 본래의 성질은 남아있다.

- 괘의 이름: 상괘의 괘상 + 하괘의 괘상 + 고유 이름
- 괘명의 예(天火同人): 天 + 火 + 同人

▌ 괘의 관계

　주역을 철학으로 해석하는 것은 의리역이고, 점서로 해석하는 것은 상수역이다. 의리역(義理易)은 의리, 도덕을 위주로 한 철학이나 상수역(象數易)은 점을 해석하는 점서(占辭)로 본괘(本卦)와 지괘(之卦)의 괘상(卦象)을 중시한다.

　본괘를 변화하여 지괘, 호괘, 배합괘, 도전괘나 착종괘를 만든다. 본괘는 체(體)가 되고 지괘는 용(用)이 된다. 체(體)는 현재 처해 있는 상태나 용(用)은 자신의 노력과 환경의 영향으로 일이 진행되는 과정과 결과이다. 작괘(作卦)로 처음 얻은 괘는 본괘(本卦) 또는 체괘(體卦), 본괘가 동효(動爻)에 의해 음양이 변한 괘는 지괘(之卦)와 호괘(互卦)이다. 본괘는 대체로 현재의 상황을, 지괘는 일의 진행 상황과 결과를 설명한다.

- 본괘 : 전체 내용과 현재 상황
- 지괘 : 일의 진행 상황과 결과
- 호괘 : 일 속에 숨겨진 구체적인 상황

　득괘(得卦)하여 길흉화복을 판단할 때 본괘는 중심이고, 지괘는 추가적인 사항으로 비중은 본괘보다 낮다. 괘점의 해석은 본괘, 지괘와 호괘의 내용에 의해서 대부분 결정된다. 괘를 해석

할 때는 본괘의 구성을 살펴서 현재의 능력과 환경을 분석하고, 지괘로 일의 진행 과정을 분석하고, 호괘로 숨어있는 속성이나 특성을 탐구한다.

☑ 본괘

　본괘(本卦)는 설시(揲蓍: 점을 침)하여 나온 괘이다. 이것은 점을 쳐서 나온 본래의 괘이다. 본괘는 전체 내용과 현재 상황을 나타낸다. 즉, 현재의 상황을 분석하는 것이다. 본괘는 괘의 의리를 나타내는데, 예를 들어, 건(乾)은 굳건하고, 태(兌)는 기뻐하고, 리(離)는 걸려있고, 진(震)은 움직이고, 손(巽)은 들어가고, 감(坎)은 빠져서 위험하고, 간(艮)은 그치고, 곤(坤)은 유순하다.

☑ 지괘

　지괘(之卦)는 본괘에서 효가 동(動)하여 변한 괘이다. 이것은 본괘가 변하여 갔다 하여 지괘라 하고 효사로 설명한다. 지괘는 용(用)으로 자신의 노력과 주변 환경에 의해 진행되는 과정과 결과를 나타낸다. 384의 효사는 지괘를 설명한 것이다. 예를 들면, 중천건(重天乾)의 구삼효가 동(動)하면 천택리(天澤履)로 간다. 중천건 구삼 효사에 "군자가 종일토록 부지런히 도를 행하다가 저녁이 되어도 두려워하면 위태로우나 허물이 없다"고 하고, 천택리 육삼 효사에 "애꾸눈이 볼 수 있고 절름발이가 걸을 수 있다. 호랑이 꼬리를 밟아서 사람을 무니 흉하고 무인이 대군이 된다"고 한다. 따라서 세상이 험하더라도 조심하면서 굳건히 힘쓴다면 허물이 없으니, 과도한 욕심을 부리지 말고 분수를 지켜야 한다.

[그림 1-11] 지괘(之卦)

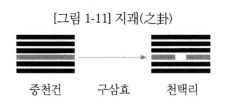

중천건　　구삼효　　천택리

☑ 호괘(互卦)

　괘의 초효와 상효는 일의 시작과 끝이나, 지위가 없는 자리로 괘의 의미를 결정하는 역할이 적다. 그래서 초효와 상효를 제외한 이·삼·사·오효로 새로운 괘를 만들어 해석을 하는데, 이를 호괘설(互卦說) 또는 호체설(互體說)이다.

　호괘(互卦)는 본괘의 외호괘와 내호괘로 이루어지는 괘이다. 본괘의 2, 3, 4효는 안에 있는 내호괘(內互卦)를 하괘로 하고, 본괘의 3, 4, 5효는 밖에 있는 외호괘(外互卦)를 상괘로 하는 괘이다. 호괘는 숨겨진 속성을 나타낸다. 본괘는 현재의 상황을, 호괘는 장래의 추세를 설명한다. 예를 들면, 중화리괘(重火離卦)의 호괘는 택풍대과괘(澤風大過卦)이다.

[그림 1-12] 호괘(互卦)

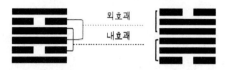

외호괘
내호괘

☑ 도전괘(倒顚卦)

도전괘(倒顚卦)는 본괘(本卦)가 뒤집히고 엎어진 괘로 괘를 180도 회전하고, 종괘(綜卦)라고 한다. 부도전괘(不倒顚卦)는 도전괘가 되어도 동일한 괘가 되는 괘이다. 도전괘는 제삼자적 입장에서 객관적으로 일의 진행 상황을 살펴볼 때 사용한다. 예를 들면, 화수미제(火水未濟)의 도전괘는 수화기제(水火旣濟)이다.

[그림 1-13] 도전괘(倒顚卦)

☑ 배합괘(配合卦)

배합괘(配合卦)는 본괘의 음양이 모두 반대되는 괘로 착괘(錯卦)라고 한다. 도전괘와 배합괘는 그 뜻이 대체로 본괘와 반대가 된다. 배합괘는 본괘의 성질이 내재하면서 외부로는 배합괘의 성질을 나타낸다. 예를 들면, 화뢰서합(火雷噬嗑)의 배합괘는 수풍정(水風井)이다.

[그림 1-14] 배합괘(配合卦)

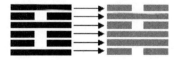

☑ 착종괘(錯綜卦)

착종괘(錯綜卦)는 상괘와 하괘의 위치를 바꾸어 만들어진 괘이다. 예를 들면, 천화동인(天火同人)의 착종괘는 화천대유(火天大有)이다.

[그림 1-15] 착종괘(錯綜卦)

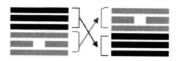

64괘의 구조

여덟 개의 소성괘는 우주를 표시하는 기본 요소이다. 대성괘는 소성괘가 둘씩 짝을 이루어 우주의 현상과 인간의 생활 상황을 나타내는 괘이다. 64괘를 해석하려면, 소성괘의 형질을 관찰하고, 괘의 관계와 효의 관계를 살피고, 해당하는 괘사와 효사를 살핀다.

64괘는 상경에 30괘와 하경에 34괘로 이루어졌다. 64괘는 8괘를 둘씩 쌍으로 이루어진 괘로 64괘를 이해하려면 8괘의 재질을 이해해야 한다. 건(☰)은 굳건하고, 태(☱)는 기뻐하고, 리(☲)는 걸려있고, 진(☳)은 움직이고, 손(☴)은 들어가고, 감(☵)은 험난하고 위험하고, 간(☶)은 멈추고, 곤(☷)은 천도와 이치에 순응한다.

[그림 1-16] 64괘(괘명순)

1 중천건 重天乾	2 중지곤 重地坤	3 수뢰둔 水雷屯	4 산수몽 山水蒙	5 수천수 水天需	6 천수송 天水訟	7 지수사 地水師	8 수지비 水地比
9 풍천소축 風天小畜	10 천택리 天澤履	11 지천태 地天泰	12 천지비 天地否	13 천화동인 天火同人	14 화천대유 火天大有	15 지산겸 地山謙	16 뇌지예 雷地豫
17 택뢰수 澤雷隨	18 산풍고 山風蠱	19 지택림 地澤臨	20 풍지관 風地觀	21 화뢰서합 火雷噬嗑	22 산화비 山火賁	23 산지박 山地剝	24 지뢰복 地雷復
25 천뢰무망 天雷无妄	26 산천대축 山天大畜	27 산뢰이 山雷頤	28 택풍대과 澤風大過	29 중수감 重水坎	30 중화리 重火離	31 택산함 澤山咸	32 뇌풍항 雷風恒
33 천산둔 天山遯	34 뇌천대장 雷天大壯	35 화지진 火地晉	36 지화명이 地火明夷	37 풍화가인 風火家人	38 화택규 火澤睽	39 수산건 水山蹇	40 뇌수해 雷水解
41 산택손 山澤損	42 풍뢰익 風雷益	43 택천쾌 澤天夬	44 천풍구 天風姤	45 택지췌 澤地萃	46 지풍승 地風升	47 택수곤 澤水困	48 수풍정 水風井
49 택화혁 澤火革	50 화풍정 火風鼎	51 중뢰진 重雷震	52 중산간 重山艮	53 풍산점 風山漸	54 뇌택귀매 雷澤歸妹	55 뇌화풍 雷火豐	56 화산려 火山旅
57 중풍손 重風巽	58 중택태 重澤兌	59 풍수환 風水渙	60 수택절 水澤節	61 풍택중부 風澤中孚	62 뇌산소과 雷山小過	63 수화기제 水火旣濟	64 화수미제 火水未濟

6. 효의 관계

전체적인 관계를 괘로 먼저 파악한 후 효의 관계를 파악한다(先卦後爻). 효가 정, 부정, 중인 지를 살피고, 효들이 어떤 관계를 맺는지도 살핀다. 또한 응(應), 비(比), 승(承) 및 승(乘)은 효의 배치와 관계를 살피는 방법이다.

☑ 동효(動爻)·변효(變爻)

동(動)한다는 것은 양효(━)가 음효(--)로 변하거나 음효(--)가 양효(━)로 변하는 것이다. 동(動)하는 효는 동효(動爻)이고, 변하는 효는 변효(變爻) 또는 화효(化爻)이다. 효가 변하면 괘도 변하는데 변하기 전의 괘는 본괘(本卦)이고, 변한 괘는 변괘(變卦) 또는 지괘(之卦)이다.

여섯 개의 효를 변효(變爻)와 불변효(不變爻)로 구분한다. 즉, 노양과 노음은 이미 그 기운이 다했으니 변하나, 소양과 소음은 막 시작하는 기운이므로 변하지 않는다. 따라서 노양과 노음은 변효가 되고, 소양과 소음은 불변효가 된다.

[그림 1-17] 변효(變爻)의 판별

老陽 9	변효
少陰 8	불변효
少陽 7	불변효
老陰 6	변효

☑ 정(正)·부정(不正): 득정(得正)·부정(不正)

효(爻)는 고유한 재질과 위치가 있다. 1, 3, 5는 양수이므로 양의 자리[陽位]이고, 2, 4, 6은 음수이므로 음의 자리[陰位]이다.

정(正)은 양효가 양위(陽位)에, 음효가 음위(陰位)에 위치한 것이나 부정(不正)은 이와 반대로 양효가 음위에, 음효가 양위에 위치한 것이다. 양효가 양의 자리에 오고, 음효가 음의 자리에 오면 득정(得正), 득위(得位), 당위(當位)라고 한다. 정은 효가 바른 자리에 있는 것으로 "능력에 맞는 자리를 얻었다"는 뜻이다. 이와 달리 양의 자리에 음효가 오고 음의 자리에 양효가 오면 부정(不正), 실정(失正), 부득위(不得位) 또는 실위(失位), 부당위(不當位)라고 한다.

[그림 1-18] 정(正)·부정(不正)의 예

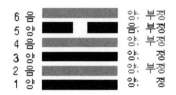

☑ 중(中)·부중(不中)

육효에서 2, 5효를 중(中)이라 하고, 1, 3, 4, 6효를 부중(不中)이라 한다. 2효는 하괘의 중(中)이고, 5효는 상괘의 중(中)이다. 예를 들면, 그림에서 상괘는 리(離)괘이고, 하괘는 손(巽)괘이다.

중(中)은 우주의 중심, 사고와 행동의 중심, 중용이나 중도로 "잘못될 일이 없어 길하다"는 뜻이다. 또한 "때를 얻었다"는 뜻이 있다. 중(中)은 균형감으로 현명하게 판단할 수 있는 상황이고, 덕이 가득하고, 나아갈 때가 되었다는 뜻이다.

득중(得中)은 지나치거나 모자람이 없이 꼭 알맞다는 것으로 "중도(中道)나 때를 얻었다"는 뜻이다. 중은 하괘와 상괘의 중간에 위치하고, 천지인(天地人) 중에서 사람을 상징하는 효이다. 사람은 과유불급의 중도가 있어야 유부가 있다. 유부(有孚)는 믿음, 충실, 성실이 있음을 의미한다. 상효(上爻)는 중도를 지나쳐 교만하고, 초효(初爻)를 중도에 미치지 못하여 아직은 미숙하다.

[그림 1-18] 득중(得中)

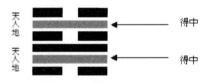

중정(中正)은 이효가 음효이고 오효는 양효인 경우이다. 즉, 중정은 중과 정을 동시에 얻는 경우로 가장 좋은 효이다. 육이효와 구오효는 중과 정을 동시에 얻어 각각 유순중정(柔順中正)과 강건중정(剛健中正)이라 한다. 따라서 중정(中正)은 "중도를 바르게 행하여 길하고 바르다"는 뜻이다.

☑ 응(應)

응(應)은 "서로 호응한다"는 뜻으로 효가 정당한 관계로 어울리는 것이다. 초효와 사효, 이효와 오효, 삼효와 상효가 호응한다. 즉, 음효와 양효가 호응하면 정응(正應) 또는 합응(合應), 음효와 음효 또는 양효와 양효가 대치되면 적응(敵應) 또는 무응(无應)이다. 음과 양은 서로 좋아 호응하지만, 음과 음 또는 양과 양은 서로 밀어낸다. 예를 들면, 삼효와 상효는 양과 음이 호응하므로 정응(正應)이나 나머지는 적응(敵應)이다.

[그림 1-19] 정응(正應)·적응(敵應)

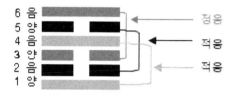

☑ 비(比)·상비(相比)·불비(不比)

비(比)는 상하로 이웃하는 두 효를 말한다. 즉, 정당한 관계가 아니라 사적으로 친한 관계이다. 예를 들면, 서로 이웃한 효 간의 관계는 초효와 이효, 이효와 삼효, 삼효과 사효, 사효와 오효, 오효와 상효이다. 상비(相比)는 음효와 양효가 서로 이웃하나, 불비(不比)는 음효와 음효 또는 양효와 양효가 서로 이웃한다. 예를 들면, 초효와 이효는 음효와 양효로 서로 돕는다는 뜻으로 상비이나, 이효와 삼효는 모두 양효로 이웃하나 상비는 아니고 불비이다.

[그림 1-20] 상비(相比)·불비(不比)

☑ 승(承)·리(履)·승(乘)

승(承)·리(履)·승(乘)은 서로 이웃한 두 효 사이의 관계이며, 서로 이웃한 효의 음과 양이 다를 때만 성립한다. 양효가 음효 위에 있다면 승(承: 받듦)과 리(履: 밟음), 음효가 양효 위에 있다면 승(乘: 탐)이다. 양이 높고 음이 낮거나 음 위에 양이 있는 승(承)과 리(履)는 받들고 따르니 좋은 것이나 이와 반대는 무시하고 핍박하니 불길한 것이다.

[그림 1-21] 承 · 乘

☑ 길흉회린(吉凶悔吝)

길(吉)은 '운이 좋다', '착하다'는 뜻이다. 길흉(吉凶)이란 잃고 얻음의 조짐이고, 회린(悔吝)이란 염려하는 상이고, 변화(變化)란 나아가고 물러감의 상이요, 강유(剛柔)란 낮과 밤의 상이다(是故吉凶者 失得之象也 悔吝者 憂虞之象也 變化者 進退之象也 剛柔者 晝夜之象也: 계사상전 제2장). 길(吉)은 효가 정위(正位)인 경우이나 흉(凶)은 효가 부정위(不正位)인 경우이다. 길은 묻는 일이 이루어질 것이나 흉은 묻는 일이 이루어지지 않을 것이다. 한편 회린(悔吝)은 효가 부정위(不正位)인 경우이나 정응이 있으므로 대처하기에 따라서 근심이 없어질 수 있다.

☑ 야호의(也乎矣) 종결사

종결사는 문장의 끝에 붙어 단정, 서술, 의문, 반어, 한정, 시제, 명령, 감탄 등을 나타내는 말이다.[1] 야(也)는 단정종결사로 성인이 하신 말씀이 완전하여 의심할 필요가 없다는 종결사이다. 호(乎)는 말 속에 숨은 뜻이 있어 생각해보라는 종결사다. 의(矣)는 중요성을 강조한 종결사다.

7. 주역의 구성

주역은 경(經)과 전(傳)으로 구성된다. 경(經)은 성인이 하신 말씀이고, 전(傳)은 현인이 성인의 말씀을 설명한 것이다. 괘사와 효사는 경이고, 십익은 전이나 공자께서 쓰셨으니 일반 전(傳)과 구별하여 대전(大傳)이라고 한다. 경(經)은 上經과 下經이 있고, 전(傳)은 십익(十翼)이 있는데 이것은 공자께서 역경에 대해 설명하신 글이다.

---

1) 유순근(2023), 평생 읽는 이야기 論語 해설 상편, 박문사.

[표 1-7] 경문의 구성과 의미

구성	세분	의미
본주(本註)	상괘(上卦)	위의 괘상
	하괘(下卦)	아래의 괘상
괘사(卦辭)		괘의 주제문, 괘의 개괄적 설명
효사(爻辭)	효위(爻位)	효의 자리
	효상(爻象)	효가 처한 현재 상황
	효점(爻占)	행동방향을 제시해주는 점(占)
단전(彖傳)		괘사의 설명
상전(象傳)	대상전(大象傳)	괘상의 설명
	소상전(小象傳)	효상의 설명
문언전(文言傳)	건문언전(乾文言傳)	중천건의 괘사나 효사 부연 설명
	곤문언전(坤文言傳)	중지곤의 괘사나 효사 부연 설명
계사전(繫辭傳)	상하	역도(易道)에 관한 개론
설괘전(說卦傳)		소성괘의 만들어진 경위와 변화 작용
서괘전(序卦傳)	상하	괘의 순서를 정한 이유
잡괘전(雜卦傳)		괘를 섞어 배열하여 설명

▌ 괘사(卦辭)

괘사(卦辭)는 주역의 괘에 대한 주제문으로 괘의 개괄적인 설명이다. 괘사는 주나라 문왕이 괘의 뜻을 풀어 판단을 내린 글로 단(彖)이라고 하여 단사(彖辭) 또는 단경(彖經)이라고도 한다. 단(彖)은 '판단할 단'으로 괘를 한 덩어리로 분석하여 풀이한 말씀이다.

▌ 효사(爻辭)

옛날에는 거북 껍질의 교차된 무늬를 보고 길흉화복을 예측했다. 효(爻)는 가로 '그을 효'와 '사귈 효'의 뜻이 있다. 거북 껍질의 가로와 세로가 교차된 무늬를 천지만물의 변화로 판단하는데, 효(爻)는 선을 그은 부호로 음과 양이 서로 교통한다는 의미이다.

효사(爻辭)는 주공(周公)이 각 효를 구체적으로 설명한 것으로 상(象)이라고 하며, 각 효의 이해길흉(利害吉凶)을 판단한 말이다. 상(象)은 코끼리 상인데, 효로 만물의 이치를 표현한 상황이다. 효사는 효(爻)가 드러내는 자연 기운의 외양을 설명하고, 그 외양을 인간사로 바꾸어 설명하는데, 효사(爻辭)의 앞부분은 상(象)이고 뒷부분은 점(占)이다.

▌ 십익(十翼)

역경(易經)은 64괘, 괘사와 효사로 구성되는데, 공자께서 이를 이해하기 쉽고 자세하게 설명한 것이 십익(十翼)이다. 익(翼)이란 '새의 날개'라는 뜻이다. 괘사와 효사는 추상적이고 은유로 되어 있어 해석이 어려워 공자가 이를 해설한 것으로 주역의 해석에 날개를 단 것이다. 십익이란 공자가 역(易)의 원문을 해석하고 그 이치를 밝힌 것으로 단전(彖傳), 상전(象傳), 건문언전(乾文言傳), 곤문언전(坤文言傳), 계사전(繫辭傳), 설괘전(說卦傳), 서괘전(序卦傳), 잡괘전(雜卦傳)의 열 개의 전(傳)을 말한다.

☑ 단전(彖傳)

단전상하(彖傳上下)는 '상황을 판단한다'는 뜻이며, 문왕이 쓴 괘사를 공자께서 해석한 글이다. 괘사와 구별하기 위해 "단전에서 말하였다(彖曰)"로 시작한다.

☑ 상전(象傳)

상전상하(象傳上下)는 괘의 상(象)을 해석한 대상전(大象傳)이 있고, 효의 상을 설명한 소상전(小象傳)이 있다. "상전에서 말하였다(象曰)"로 시작한다. 코끼리보다 더 큰 것이 없다고 여겨 코끼리를 취해서 상(象)으로 삼은 것이다. 대상(大象)은 복희씨가 보여준 괘상을 풀이한 것이고, 소상(小象)은 주공의 말을 풀이한 것이다.

☑ 건문언전(乾文言傳)

건문언전(乾文言傳)은 중천건(重天乾)을 부연·설명한 글이다. 원형이정(元亨利貞)을 건도(乾道)로 설명한다. 건괘와 곤괘는 만물의 벼리와 부모의 괘에 해당하는 괘이다. "문언전에서 말하였다(文言曰)"로 시작한다.

☑ 곤문언전(坤文言傳)

곤문언전(坤文言傳)은 중지곤(重地坤)을 부연·설명한 글이다. 유순중정(柔順中正)을 곤도(坤道)로 설명한다. "문언전에서 말하였다(文言曰)"로 시작한다.

☑ 계사전(繫辭傳)

계사전상하(繫辭傳上下)는 주역의 개론으로 난해한 괘사와 효사를 총괄하여 체계적이고 철학적으로 서술한 글이다. 계사전상은 형이상학적, 천도적, 본체적으로 설명한 글이나, 계사전

하는 형이하학적, 인사적, 구체적, 현상적으로 설명한 글이다.

☑ 설괘전(說卦傳)

설괘전(說卦傳)은 소성괘(小成卦)의 성질, 만들어진 경위, 변화 작용, 해당 방위를 설명한 글이다. 소성괘를 구체적이고 직설적으로 풀이하였다.

☑ 서괘전(序卦傳)

서괘전상(序卦傳上)은 상경 30괘의 순서를 정한 이유를 설명한 글로 순서는 천도의 운행에 따라 배열한 것이다. 서괘전하(序卦傳下)는 하경 34괘의 순서를 정한 이유를 설명한 글로 순서는 인사적 내용에 따라 배열한 것이다.

☑ 잡괘전(雜卦傳)

잡괘전(雜卦傳)은 64괘를 순서와 달리 괘를 섞어 배열하여 설명한 글로 괘의 특징을 압축적으로 풀이하였다. 즉, 같음과 다름으로 분류하고 밝힌 것이다.

Ⅱ. 주역상경(周易上經)

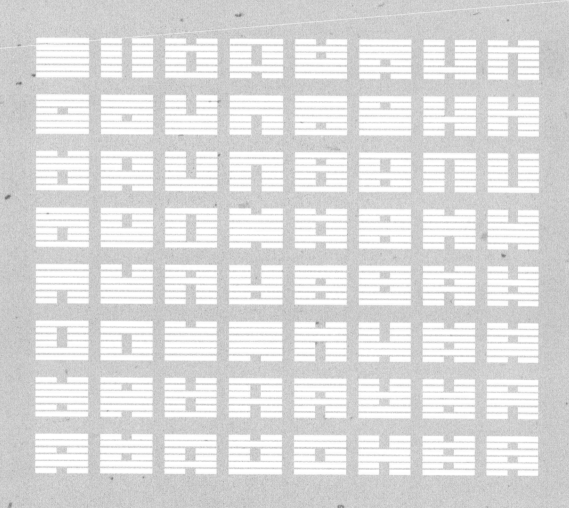

강건하고 위대한 하늘 중천건(重天乾)

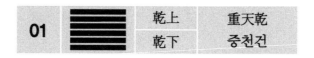

중천건괘(重天乾卦)는 상괘와 하괘가 모두 하늘[天]을 상징하는 건괘(乾卦: ☰)로, 이는 하늘이 열리는 형상이다. 우주에서는 먼저 하늘이 형성되고 그 다음으로 땅이 생겨 건괘는 주역에서 첫 번째로 배열된다. 상괘는 일의 결과를 나타내고, 미래에 이루어질 작용을 상징하며, 하괘는 일의 시작과 현재 상태를 의미한다. 만물은 땅의 영향을 받아 생명을 유지하며, 땅은 하늘의 영향을 받아 만물을 운행한다. 하늘의 운행이 만물의 근원이 된다. 따라서 괘상은 하늘이 열리는 중천(重天) 상이요, 괘명은 하늘 건(乾)이다. 주역 64괘의 첫 괘인 건괘는 천도를 준수하고 행하면 만사가 형통하는 때이다.

용은 출중한 인간으로 세상을 이끌어갈 군자(지도자)를 상징한다. 중천건은 잠룡(潛龍), 현룡(見龍), 척룡(惕龍), 약룡(躍龍), 비룡(飛龍), 항룡(亢龍)의 때에 군자가 대처해야 할 방도를 제시한다. 초효는 잠룡물용(潛龍勿用)으로, 이는 깊은 못에 잠긴 용의 상황이니, 때를 기다리며 조용히 힘을 기르면 길하다. 이효는 현룡재전(見龍在田)으로, 이는 나타난 용이 밭에 있는 상황이니, 대인을 만나 재능과 덕을 널리 베풀면 이롭다. 삼효는 석척약(夕惕若)으로, 이는 하루 종일 근면하고 밤에 경계하는 상황이니, 장차 재앙이 닥칠 것을 경계하면 허물이 없다. 사효는 혹약재연(或躍在淵)으로, 이는 용이 못에서 뛰어올랐다 돌아오는 상황이니, 의심스런 상황에서 경솔하게 나아가면 안 된다. 오효는 비룡재천(飛龍在天)으로, 이는 나는 용이 하늘에 있는 상황이니, 대인이 재능과 덕을 세상에 펼치니 백성들은 은덕을 받는다. 육효는 항룡유회(亢龍有悔)로, 이는 끝까지 올라간 용의 상황이니, 지나치면 후회가 있다.

▌괘사

_건 _{원형이정}
乾은 元亨利貞하니라

건(乾)은 위대하고 강건하며 (만물이) 형통하니 이롭고 (마음이) 바르게 된다.

▶ 乾: 하늘 건/마를 건   元: 으뜸 원, 크다, 시초, 근본   亨: 형통할 형, 제사   貞: 곧을 정, 바르다, 점치다.

☑ 중천건(重天乾)

건곤(乾坤)은 형이상학적 성정이며, 천지(天地)는 형이하학적인 형상이다. 건(乾)은 하늘의 성정(性情)이고, 천(天)은 하늘의 형상이다. 건은 만물의 시초로 하늘이 열리고 땅이 열리고 만물이 생긴다. 하늘의 운행은 강건하고, 질서는 정연하고, 성정은 일정하다.

여섯 효에는 사회적 신분과 시간의 관점이 있다. 사회적 신분에서 초효는 일반 백성, 이효는 하급관리, 삼효는 대부, 사효는 군주의 측근인 대신, 오효는 군주, 육효는 상왕을 상징한다. 한편 시간의 관점에서 초효는 십대, 이효는 이십대, 삼효는 삼십대, 사효는 사십대, 오효는 오십대, 육효는 육십대를 상징한다.

☑ 건(乾)

건(乾)은 만물의 시작으로 하늘, 임금, 아버지, 남자를 상징하며, 가장 높고 크고 강건하다. 중천건(重天乾)의 괘명은 건(乾)이며 괘사는 원형이정(元亨利貞)이다. 건이란 도가 위대하고 강건하며 운행불식하는 하늘의 정신이다. 건은 변하지 않고 위대하고 강건하고, 만물을 형통하니 이롭고, 하늘의 뜻을 따르니 마음이 바르게 된다. 따라서 하늘의 뜻을 따르고, 근면하고, 노력하면 만사가 형통하고 길하다.

☑ 원형(元亨)

하늘은 만물의 근원이며 땅은 만물의 성장이다. 원(元)은 위대[大], 처음과 시작, 만물의 근원이며, 형(亨)은 통하다는 뜻이다. 원(元)은 하늘이 만물을 생겨나게 하는 봄[春]이요, 태어나 살아가야 할 삶의 가치관이나 목표이다. 형(亨)은 만물이 생겨 형통하게 하니 만물을 무성하게 성장하는 여름[夏]이다. 따라서 건은 크고 강건하며 만물을 형통한다.

☑ 이정(利貞)

이(利)는 이롭다, 정(貞)은 마음이 바르다는 뜻이다. 이(利)는 만물을 거두어들이는 가을[秋]이니 이로움을 준다. 정(貞)은 만물을 완성하여 저장하는 겨울[冬]이니 마음이 바르게 된다. 한편 정(貞)은 점에 묻다[問占], 천도(天道)를 묻다는 뜻이 있다.

☑ 건지사덕(乾之四德)

건(乾)의 사덕은 원형이정(元亨利貞)이다. 원(元)은 만물을 시작하는 봄[春], 형(亨)은 만물을 성장하는 여름[夏], 이(利)는 만물이 익어 추수하니 이로움을 주는 가을[秋], 정(貞)은 만물을 완성하고 거두어 들이는 겨울[冬]이다. 봄은 만물을 생기게 하고[生], 여름은 만물을 자라게 하고[長], 가을은 무르익은 만물을 거두어들이고[收], 겨울은 이를 저장한다[藏]. 하늘은 춘하추동(春夏秋冬)을 운행하고, 땅은 생장수장(生長收藏)을 이룬다. 따라서 괘상은 사철을 운행하는 상으로, 점사는 천도를 지키고 행하면 만사가 형통하고 길하다.

■ 괘사에 대한 단전

단왈 대재   건원   만물자시   내통천
象曰 大哉라! 乾元이여! 萬物資始하니 乃統天이로다!
운행우시   물품유형
雲行雨施하여 品物流形하니라
대명종시   육위시성   시승육룡   이어천
大明終始하면 六位時成하니 時乘六龍하여 以御天하니라
건도변화   각정성명   보합대화   내이정
乾道變化에 各正性命하고 保合大和하여 乃利貞이니라
수출서물   만국함녕
首出庶物하니 萬國咸寧하니라

「단전」에서 말했다. 위대하도다! 건의 원이여! 만물이 (건원에) 의하여 시작하였으니 하늘을 거느리도다! 구름이 일어나고 비가 내리니 만물이 그 형체를 이룬다. 처음과 끝을 크게 밝히면 여섯 위가 때에 따라 이루어지니, 때에 맞게 여섯 용을 타고 하늘을 다스린다. 건의 도가 변하여 자신의 천성과 천명을 바르게 하고, 한 마음을 이루면 큰 화합이 이루어져 이롭고 바르다. 하늘은 만물을 내보내니 천하가 다 편안하다.

▶ 象: 판단할 단 大: 클(큰) 대(태), 위대하다. 資: 재물 자, 의지하다. 施: 베풀 시, 흩뿌리다. 流: 흐를 류, 내뿜다. 御: 어거할 어/막을 어, 다스리다, 주관하다. 首: 머리 수, 으뜸 庶: 여러 서, 많다.

☑ 단전(彖傳)

단(彖)은 괘사를 단정하거나 판단하는 것이다. 단왈(彖曰)은 단의 뜻을 풀이한 것이다. 단(彖)은 문왕이 붙인 말이고, 전(傳)은 공자가 경문을 해석한 말이다. 단전(彖傳)은 공자께서 역경에 날개를 붙인 십익(十翼)의 한 편이다. 성인의 말씀은 경(經)이요 현인이 설명한 글은 전(傳)으로, 공자께서 십익을 전술하고 창작하지 않은 것(述而不作)이므로 전이다.

☑ 건원형이정(元亨利貞)

단전에서 건원형이정(乾元亨利貞)의 괘사를 설명하여 하늘이 크고 위대한 이유를 풀이했다. 즉, 하늘은 만물을 창조하고, 천성과 천명을 바르게 하고 보전하고 화합하여 세상을 편안하게 한다. 원(元)은 형체를 이루고, 형(亨)은 드러내고, 리(利)는 모이고, 정(貞)은 수렴한다.

☑ 대재건원(大哉乾元)

만물이 건(乾)으로부터 시작되었으니 건은 크고, 위대하고, 으뜸이다. 건은 형상이 크고 위대한 이유(大哉乾元)를 제시한다. 건은 만물의 근원이며 시작이니 위대하다. 건은 크니(大) 위대하고, 곤은 지극하니(至) 유순하다.

☑ 만물자시 내통천(萬物資始 乃統天)

건(乾)은 만물을 시작하게 하고, 곤(坤)은 만물을 낳고 기른다. 건에 의하여 만물이 처음으로 시작되었으니(萬物資始), 건이 하늘을 다스리기 때문이다(乃統天). 자시(資始)는 '의하여 시작하다'는 뜻으로 기운의 시작이고, 자생(資生)은 '의하여 생기다'는 뜻으로 형체의 시작이다.

☑ 운행우시 물품유형(雲行雨施 品物流形)

건의 형통(亨通)을 해석한 것이다. 하늘이 구름을 일게 하고 비를 뿌리니(雲行雨施), 만물이 그 형체를 갖춘다(品物流形). 만물(萬物)은 세상에 존재하는 모든 물건이나 품물(品物)은 형체가 있는 물건이다. 운행우시(雲行雨施)는 천지음양의 작용이요, 품물유형(品物流形)은 각기 그 형체를 갖추는 작용이다.

☑ 대명종시(大明終始)

대명(大明)은 하늘의 운행을 크게 밝히는 것이고, 종시(終始)는 끝나도 다시 시작하니 건괘는 초효로 시작하여 상효로 끝을 맺는 순환 과정이다. 하늘의 운행은 주기적으로 일정하게 순환하고 또 영원무궁하다.

건괘에서 가장 중요한 사덕은 원과 정이다. 왜냐하면 원(元)은 시작이고 정(貞)은 끝이기 때문이다. 원이 아니면 생겨날 수 없고, 정이 아니면 마칠 수 없다. 따라서 끝나지 않으면 시작할 수 없고, 시작하지 않으면 마칠 수 없다.

☑ 육위시성(六位時成)

여섯 자리가 때에 맞게 이루어진다(六位時成). 육위(六位)란 육효로 천지인 삼재(天地人 三才)의 자리이다. 초효와 이효는 땅의 자리, 삼효와 사효는 사람의 자리, 오효와 상효는 천의 자리이다. 위치와 시간에 따라 순환하는 것은 괘를 이루는 여섯 효이다.

☑ 시승육룡 이어천(時乘六龍 以御天)

육룡은 여섯 효(爻)를 비유한 것이다. 생장수장(生長收藏)은 위치와 때에 맞는 역할이 진행되는 건의 운행이다. 어천(御天)은 하늘 길을 운행한다는 말이다. 여섯 용을 때에 맞게 타고서(時乘六龍) 하늘을 다스리는 것(以御天)은 사물이 이로움을 함께하는 것이다. 성인은 바로 하늘이고, 하늘은 바로 성인이다.

☑ 건도변화(乾道變化)

하늘의 도가 변하여 만물은 생장한다. 변(變)은 현재를 바꾸는 것이고, 화(化)는 새로운 것을 이루는 것이다. 변(變)은 음이 다하면 양을 낳고, 화(化)는 양이 다하면 음을 낳는다. 따라서 천도가 원형에서 이정으로 변하고, 생장(生長)에서 수성(收成)으로 변한다.

☑ 각정성명(各正性命)

성(性)은 天性이요 명(命)은 天命이다. 天性은 사람이 태어날 때 하늘이 부여한 성품이고, 天命은 하늘이 부여한 生命이다. 자신의 천성과 천명을 바르게 하여 자신의 바른 위치로 돌아가는 것이다(各正性命). 사람이 사람이 되는 이유와 사물이 사물이 되는 이유가 모두 성명을 바르게 하여 조화로운 기운을 보전하고 합하기 때문이다.

☑ 보합대화 내이정(保合大和 乃利貞)

천성과 천명을 바르게 하여 보전하고 합해서 크게 화합하니(保合大和) 이롭고 바르다(乃利貞). 보(保)는 보존하다, 합(合)은 하나가 된다는 뜻이다. 보합(保合)은 음과 양, 성과 명이 하나가 되는 것이요, 대화(大和)는 큰 화합 또는 큰 조화이다. 보합대화(保合大和)란 모두가 한마음이면 대화합을 이룰 수 있다는 뜻이다.

☑ 수출서물 만국다녕(首出庶物 萬國咸寧)

수(首)는 만물을 창조한 근원인 건이다. 서(庶)는 많다는 뜻으로 서물(庶物)은 만물이다. 하늘이 만물을 내보내니(首出庶物) 비로소 만물이 생겨나게 되었다. 하늘이 만물을 창조하니 세상이 다 편안하다(萬國咸寧).

수(首)를 으뜸으로 해석하면 사람 중에서 으뜸은 성인을 뜻하니, 성인이 많은 일을 하여 세상이 편안하다. 따라서 만물 중에서 으뜸은 성인이고, 성인은 만물 중에 총명하여 임금 노릇하니 천하가 다 편안하다.

▌ 괘사에 대한 대상전

象曰 天行健하니 君子 以하여 自彊不息하니라
<small>상 왈　천 행 건　　　군 자　이　　　자 강 불 식</small>

「상전」에서 말했다. 하늘의 운행이 굳건하니, 군자는 이를 본받아 스스로 굳세게 하여 쉬지 않아야 한다.

▸ **象**: 코끼리 상, 모양, 형상　**健**: 굳셀 건　**以**: 써 이, ~에 근거하다, ~로써, 본받다.　**彊**: 굳셀 강　**息**: 쉴 식

☑ 상전(象傳)

상전(象傳)은 괘상과 효상을 보고 군자가 본받아야 할 덕목을 제시한다. 상전에는 괘상(卦象)을 풀이한 대상전(大象傳)과 효상(爻象)을 풀이한 소상전(小象傳)이 있다. 단전(彖傳) 아래에 대상전이 오고, 효사 아래에 소상전이 온다. 대상전은 64괘의 괘상을 설명한 것이고, 소상전은 384효의 효사를 설명한 것이다.

상(象)은 자연적인 형상이며, 상(像)은 자연적인 형상을 본뜬 인위적인 형상이다. 상(象)은 비슷한 것을 본뜬다는 의미이니 괘상(卦象)이란 공자가 복희씨가 그은 괘획을 본뜬 형상이고, 효상(爻象)이란 공자가 주공의 효사를 본뜬 형상이다.

상전의 문장 형식은 "괘에 대한 설명 + 君子(대인, 성인, 선왕, 상) + 以 + 무엇을 해야 한다."이다. 以는 '~로써, 본받다, ~에 근거하다'는 뜻이며 '以之'의 생략형이다. 예를 들면, 天行+ 健(괘 설명) + 君子 + 以(본받다) + 自彊不息(스스로 굳세게 하여 쉬지 않아야 한다.)

☑ 천행건(天行健)

중천건괘에는 위아래로 두 개의 건괘(☰)가 중첩되어 있으니 건(健)은 굳건하면서 쉼이 없다. 하늘의 운행이 굳건하여(天行健) 영원히 그치는 법이 없는 것이 건괘의 상인데, 이는 괘상의 이치를 설명한 것이다. 따라서 하늘은 오직 굳건하기 때문에 쉬지 않는다.

본체는 체(體)이고 작용은 용(用)이다. 본체가 있으면 작용이 있고, 작용이 있으면 본체가 있다. 예를 들어, 건괘는 하늘의 운행, 곤괘는 땅의 형세, 감괘는 물, 리괘는 밝음은 본체를 먼저 말하고, 작용을 뒤에 말한 것이다. 거듭된 우레, 겹쳐있는 산, 따르는 바람, 걸려있는 못은 작용을 먼저 말한 후 본체를 말한 것이다.

☑ 군자이 자강불식(君子以 自彊不息)

군자는 괘상의 이치를 알고 행동하라는 덕목이다. 以(之)는 이것을 본받는대(法), 즉 "괘상의 이치를 본받는다"는 뜻이다. 하늘은 굳건하니(健) 군자는 스스로 강해져야만(自彊) 쉬지 않고 노력할 수 있다(不息). 따라서 괘상은 하늘의 운행이 굳건한 상이요, 점사는 하늘의 운행을 본받아 스스로 쉬지 않고 노력하라는 덕목이다.

▌초구 효사와 소상전 ─────────

초 구　　잠 룡 물 용
初九는 潛龍勿用이니라
상 왈 잠 룡 물 용　　양 재 하 야
象曰 潛龍勿用은 陽在下也요

초구는 잠긴 용이니 쓰지 말라. 「상전」에서 말했다. "잠긴 용이니 쓰지 말라"는 것은 양이 아래에 있기 때문이다.

▶ 潛: 잠길 잠　勿: 말 물　用: 쓸 용, 하다.

☑ 초구(初九)

소상전(小象傳)은 효사를 해석한 문장으로 "~은 ~때문이다"의 인과형식이거나 "~은 ~이다"로 해석한다. 소상전은 문미가 야(也)의 단정종결사인데 이는 매우 확실한 말이니 더 이상 이의를 제기할 수 없다는 뜻이다. 초(初)는 위치이고, 구(九)는 효(爻)의 이름이다. 초구는 양의 자리에 양효가 왔으니 초구이다. 초구는 처음 나온 양으로 아직은 굳건하지 않고 약하고 미숙하다.

☑ 잠룡(潛龍)

　용(龍)이란 중국 전설 속에 나오는 구름과 비를 만들어내는 신비하고 변화불측한 상상 속의 동물이다. 용은 황제를 상징하거나 신비하고 예사롭지 않은 사람을 비유한다. 용은 사람들에게 몸을 절대로 드러내지 않고, 행동이 자주 변하여 행동방향을 예측할 수 없다. 변화무상(變化無常)은 용의 정신이며, 모든 것은 변하고 변하지 않는 것이 없다는 주역의 원리와 상통한다.

　용은 출중한 인재로 세상을 이끌어가는 지도자를 상징한다. 서로 다른 여섯 가지 상황에 처한 용 중에서 첫 번째 건괘의 용은 깊은 연못에 엎드려 있는 잠룡이다. 못은 용이 편안히 거처할 수 있는 곳이나 깊고 또한 어두워서 예측할 수 없는 곳이다. 못에 잠긴 용, 즉 엎드려 있는 용은 지도자의 자질을 갖추고 있으나 아직은 힘을 비축해야 한다.

　잠룡이란 군주의 자질이 있으나 힘을 비축하는 단계에 있어 쓰지 않는다(勿用). 즉, 스스로 자신의 능력을 드러내지 않는다. 은나라 주왕(紂王)이 포악무도하니 문왕(文王)이 물러나 조용히 힘을 준비하고 있던 것을 비유한 것이다.

☑ 물용(勿用)

　용(用)은 '행하다, 행동하다'의 뜻으로 물용(勿用)은 움직이지 말라[勿動], 행동하지 말라[勿行]는 뜻이다. 물용(勿用)은 잠재능력이 크지만 아직은 힘을 쓸 시기가 아니므로 능력을 감추고 때를 기다리라는 것이다. 용은 능력과 조화가 탁월한 신비한 동물이나 몸을 낮추고 행동할 시기를 찾을 때까지 준비가 필요하다. 잠겨 있어야 할 때에 드러난다면, 즉 때를 거스르면 재앙을 받는다. 천도를 본받고, 경거망동하지 말고, 시기와 관계, 능력, 인맥, 금전 등을 준비하면서 때를 기다리라는 교훈이다.

☑ 잠룡물용 양재하야(潛龍勿用 陽在下也)

　잠룡물용의 효사를 붙인 이유를 인과형식으로 설명하였다. 잠룡물용(潛龍勿用)이란 양이 아래에 있기 때문이다(陽在下也). 건괘의 맨 아래에 있어 양기가 처음 생긴 상태로 아직은 힘이 약하다. 초구를 잠룡물용이라고 효사를 붙인 이유는 양이 아래에 있기 때문이다. 따라서 효상은 깊은 못에 잠긴 용의 상으로, 점사는 때를 기다리고 조용히 힘을 기르면 길하다.

■ 구이 효사와 소상전

구 이　　　현 룡 재 전　　　이 견 대 인
九二는 見龍在田이니 利見大人이니라
상 왈　현 룡 재 전　　덕 시 보 야
象曰 見龍在田은 德施普也요

구이는 나타난 용이 밭에 있으니 대인을 만나보는 것이 이롭다. 「상전」에서 말했다. "나타난 용이 밭에 있음"은 덕을 널리 베풀었다는 것이다.

▶ 見 : 볼 견/나타날 현　施 : 베풀 시　普 : 넓을 보

☑ 현룡재전(見龍在田)

　　초구는 못속에 있는 용이나 구이는 땅에 나온 용이다. 구이는 지상의 자리이며 내괘의 중이고 외괘의 중인 구오와 상응하는 관계이다. 구이는 아래에 있으니 신하에 해당하고, 구오는 위에 있으니 군주에 해당한다.

　　현룡(見龍)은 나타난 용으로 못에 잠겨 있던 용이 드디어 땅 위에 몸을 드러냈으나 아직 날아 오르지는 않은 용이다. 못에 잠긴 용이 드디어 모습을 밭에 드러냈다(見龍在田). 밭은 광활하여 사람이 모이기에 좋은 장소로 현룡은 아직 주류에 진입하지 못한 신흥 지도자로 몸을 드러냈으나 경거망동하면 안 된다.

☑ 이견대인(利見大人)

　　이견대인(利見大人)은 능력을 알아주는 대인을 만나보는 것이 이롭지만 소인을 보면 불리하다는 뜻이다. 대인은 덕을 지닌 인격적 이상인(理想人)인데, 유교에서는 성인(聖人), 도교에서는 선인(仙人), 불교에서는 각인(覺人), 주역에서는 대인(大人)이다. 따라서 현룡은 자신의 능력, 경륜과 학덕을 알아주고 등용해 주는 대인을 만나면 이롭다.

☑ 덕시보야(德施普也)

　　현룡은 땅에 나타나 활동을 시작할 수 있는 용으로 들판에서 활동을 시작하고 덕을 널리 베풀었다(德施普也). 현룡은 대인을 만나면 자신의 재능과 덕을 널리 베풀 수 있다. 따라서 효상은 나타난 용이 밭에 있는 상으로, 점사는 대인을 만나 재능과 덕을 널리 베풀면 이롭다.

▌구삼 효사와 소상전

九三은 君子 終日乾乾하여 夕惕若하면 厲无咎이니라
象曰 終日乾乾은 反復道也요

구삼은 군자가 종일토록 부지런히 (도를) 행하다가 저녁이 되어도 두려워하면 위태로우나 허물이 없다. 「상전」에서 말했다. "종일토록 부지런히 (도를) 행함"은 도를 반복하는 것이다.

▶ 乾 : 마를 건/하늘 건, 굳세다, 부지런하다. 惕 : 두려워할 척 若 : 같을 약, 만약 厲 : 갈 려(여), 위태롭다.
无 : 없을 무

☑ 군자 종일건건(君子 終日乾乾)

군자는 학식과 덕행이 높아 도덕적으로 완성된 인격자이다. 하괘의 乾이 다하면 상괘의 乾이 이어서 오니 굳세게 도를 행한다(乾乾). 군자는 종일토록 쉬지 않고 정진하니 학식과 덕행이 더욱 강건하다(終日乾乾). 재야 지도자가 기존 정치권에 진입하여 종일토록 쉬지 않고 노력한다. 따라서 군자는 하루 종일 오직 스스로 힘쓰고 쉬지 않는다.

☑ 석척약 려무구(夕惕若 厲无咎)

척(惕)은 마음 심(忄)에 바꿀 역(易)을 합친 것으로 평상시의 마음을 바꾸어 무서워하는 마음을 갖는 것이다. 척룡(惕龍)은 두려움으로 근심하고 경계하는 용이다. 약(若)자는 만약이라는 가정부사이다. 저녁이 되어도 두려워하니(夕惕), 잠룡에서 비룡이 될 때까지 많은 장애물이 있어 위험을 겪는 것을 경계한다.

은나라 주왕이 문왕을 유리옥(羑里獄)에 투옥하였다. 문왕은 하루 종일 근심하고 밤에는 경계하여 결국은 감옥에서 풀려났으니 허물이 없게 된 것이다. 멀리 내다보고 미리 걱정하면 위험을 사전에 방지할 수 있다.

위태롭더라도 어떠한 경우에는 허물이 없다(厲无咎). 어떠한 경우는 위기를 인식하고 경계하고 이를 극복하려고 노력하는 경우이다. 무구(无咎)는 과실이나 재앙이 없다는 뜻이다. 위태로움에 처하더라도 항상 경계하고 굳건하게 행하면 재앙이 없다.

☑ 반복도야(反復道也)

종일건건(終日乾乾)은 도를 반복하는 것이다(反復道也). 위기를 인식하고 경계하고 이를 극복하려고 노력하는 것을 반복하면 재앙을 막을 수 있다. 따라서 효상은 하루종일 근면하고 밤에 경계하는 상으로, 점사는 장차 재앙이 닥칠 것을 경계하면 위태롭더라도 허물은 없을 것이다.

▌구사 효사와 소상전

구 사 　　혹 약 재 연 　 무 구 야
九四는 或躍在淵은 无咎也요
상 왈 　혹 약 재 연 　　진 무 구 야
象曰 或躍在淵은 進无咎也요

구사는 혹 뛰어 올랐다가 못에 돌아오면 허물이 없다. 「상전」에서 말했다. "혹 뛰어 올랐다가 못에 돌아옴"은 (살펴서) 나아가면 허물이 없다.

▶ 躍: 뛸 약　淵: 못 연　无: 없을 무　咎: 허물 구, 재앙

☑ 혹약재연(或躍在淵)

구사는 상괘의 아래에 있고 상괘와 하괘가 교차하는 곳에 있어, 진퇴를 아직 결정하지 못한 때이다. 구사는 대신(大臣)으로 때가 되면 비룡(飛龍)으로 뛸 자리이다. 못은 잠룡이 있던 곳이다. 구사의 용은 못으로 다시 돌아와 힘을 기르고 때를 기다리기도 한다.

혹(或)은 의심스런 상황이니, 때를 잘 헤아려 뛰어 오르거나 못으로 돌아오면 허물이 없다. 혹 용이 뛰어 올랐다가 못에 돌아오면 허물이 없다(躍在淵 无咎也). 약룡(躍龍)은 뛰어오른 위치가 구이의 현룡보다는 높으나 구오의 비룡보다는 낮다.

☑ 진무구야(進无咎也)

나아간다[進]는 것은 무엇인가를 시도한다는 뜻이다. 신하로서 군사를 일으켜 혁명하면 도에 어긋난다. 의심스런 상황에서 진퇴를 살펴서 행하면 허물이 없다(進无咎也). 때로는 도약하거나 때로는 물러날 시기를 살펴 행하면 화가 없다. 따라서 효상은 용이 못에서 뛰어올랐다 돌아오는 상으로, 점사는 의심스런 상황에서 경솔하게 나아가면 안 된다.

▌구오 효사와 소상전

　　　　구 오　　비 룡 재 천　　　이 견 대 인
九五는 飛龍在天이니 利見大人이니라
　　　상 왈　비 룡 재 천　　　대 인 조 야
象曰 飛龍在天은 大人造也요

구오는 나는 용이 하늘에 있으니 대인을 만나보는 것이 이롭다.「상전」에서 말했다. "나는 용이 하늘에 있음"은 대인에 이른 것이다.

▶ 飛: 날 비　造: 지을 조, 이르다, 성취하다.

☑ 비룡재천(飛龍在天)

구오는 임금의 지위에 있고 용이 날아서 하늘에 있는 상이다. 구오의 효상은 비룡(飛龍)이요, 점사는 이견대인(利見大人)이다.

용이 날아 하늘에 있다는 것(飛龍在天)은 용이 덕을 이미 갖추었고 힘을 얻어 큰 일을 할 수 있는 상황에 이르렀다는 뜻이다. 비룡은 대덕을 갖춘 인물이 나라를 다스릴 위치에 오른 것을 상징한다. 따라서 자질을 갖춘 인재가 군주가 되어 백성을 다스린다.

☑ 이견대인(利見大人)

대인은 백성들에게 은덕을 베푸니 백성들은 대인을 만나보는 것이 이롭다(利見大人). 비룡은 천명을 받은 왕이고, 훌륭한 정치를 베푸니 사람들은 비룡을 만나 도움을 받으면 이롭다. 구오는 하늘의 자리로 비룡이 하늘에 있어 만물이 모두 우러러보고 그로부터 혜택을 입는다. 대인은 대덕을 지닌 임금이고, 사람들은 진실로 대인을 만나야 이롭다.

☑ 비룡재천 대인조야(飛龍在天 大人造也)

비룡재천(飛龍在天)은 큰 덕을 쌓은 위대한 사람이 대업을 성취할 수 있게 된다(大人造也). 대인은 큰 덕을 쌓은 위대한 사람으로 성인이나 영웅을 상징한다. 조(造)는 무엇을 성취한다는 뜻이다. 비룡은 덕을 이미 이룬 임금으로 백성들은 그로부터 혜택을 입으니 만나보면 이롭다. 따라서 효상은 나는 용이 하늘에 있는 상으로, 점사는 대인이 재능과 덕을 세상에 펼치니 백성들은 은덕을 받는다.

▌상구 효사와 소상전

上九는 亢龍有悔이니라
상구   항룡유회
象曰 亢龍有悔는 盈不可久也요
상왈 항룡유회   영불가구야

상구는 너무 높이 오른 용이니 후회가 있다. 「상전」에서 말했다. "너무 높이 오른 용이니 후회가 있음"은 가득차면 오래가지 못하기 때문이다.

▷ 亢: 높을 항, 높이 오르다. 悔: 뉘우칠 회 盈: 찰 영, 가득하다.

☑ 항룡유회(亢龍有悔)

　너무 높이 오른 용은 끝까지 올라간 용으로 위치는 높으나, 실질적인 권한이 없고, 따르는 백성들도 없다. 항(亢)은 '높이 오르다, 끝까지 오르다'는 뜻이다. 항룡(亢龍)은 너무 높이 끝까지 오르면 더 이상 오를 곳도 없고, 오히려 떨어지는 일만 남게 된다는 뜻이다. 따라서 반드시 올라감을 염려해야 한다.

☑ 영불가구야(盈不可久也)

　가득찬 것은 오래가지 못한다(盈不可久也). 자연의 일은 극에 다다르면 반드시 원래로 되돌아오고(物極必反), 인간의 일은 지나치면 화를 초래한다. 따라서 효상은 끝까지 올라간 용의 상으로, 점사는 일이 지나치면 후회가 있다.

▌용구 효사와 소상전

用九는 見羣龍하되 无首吉하니라
용구   견군룡   무수길
象曰 用九는 天德不可爲首也이니라
상왈 용구   천덕불가위수야

용구는 여러 용을 보되 우두머리가 없으면 길하다. 「상전」에서 말했다. 용구는 하늘의 덕이 으뜸이 될 수 없기 때문이다.

▷ 羣: 무리 군(群) 吉: 운이 좋다, 착하다. 爲: 할 위, 되다. 首: 머리 수, 으뜸, 우두머리

☑ 군룡무수 길(群龍无首 吉)

용구(用九) 또는 통구(通九)란 여섯 양효를 모두 사용하여 해석하는 방법이다. 여섯 효가 모두 양효이거나 모두 음인 경우는 용구(用九) 또는 용육(用六)을 붙인다. 따라서 건괘는 용구, 곤괘는 용육이 있다.

끝까지 올라간 항룡(亢龍)이 사라지고 여러 용들이 출현하였다. 용들의 우두머리가 없어 (난세로 나서지) 않으면 모두가 길하다. 여러 용들의 우두머리가 없음(群龍无首)은 현재 지도자가 없는 난세이다. 나타난 용들은 지도자가 없어 혼란스러우니 지금 나서지 않는다면 길하다.

☑ 천덕불가위수야(天德不可爲首也)

하늘의 덕만으로는 으뜸이 될 수 없다(天德不可爲首也). 하늘의 덕은 굳셈이며 땅의 덕은 유순이다. 군자가 이를 체득하면 마땅히 겸손하고 공손하며 순종하니, 천하에 앞장서지 않는다. 따라서 괘상은 지도자가 없어 혼란스러운 상으로, 점사는 지금 나서지 않는다면 길하다.

■ 괘사에 대한 문언전

文言曰 元者 善之長也요 亨者 嘉之會也요
利者 義之和也요 貞者 事之幹也요
君子 體仁이 足以長人이며 嘉會 足以合禮며
利物 足以和義며 貞固 足以幹事니라
君子 行此四德者라 故로 曰乾元亨利貞이라

문언전에서 말했다. 원(元)은 착함의 으뜸이요, 형(亨)은 아름다움의 모임이요, 이(利)는 의로움의 화합이요, 정(貞)은 일의 근본이다. 군자는 인(仁)을 본받아 행하면 남의 우두머리가 될 수 있고, 모임을 아름답게 하니 예에 맞을 수 있고, 만물을 이롭게 하니 의로움을 화합할 수 있으며, 바르고 굳게 하는 것은 일의 근간이다. 군자는 이 사덕을 행한다. 이런 까닭에 "건(乾)은 위대하고 형통하며 이롭고 바르다"고 한 것이다.

▶ 嘉 : 아름다울 가 會 : 모일 회 貞 : 곧을 정 幹 : 줄기 간/주관할 관, 근본 體 : 몸 체, 본받다. 合 : 합할 합, 들어맞다, 적합하다.

☑ 문언전(文言傳)

문언전(文言傳)은 건괘와 곤괘에만 있는데 이는 단전과 상전에 대한 해석이다. 문언전(文言傳)은 글[文]로 이치를 말하는[言] 것으로 건괘의 괘사와 효사를 해석한 것이다. 건의 사덕인 원형이정을 풀이한다. 원은 착함, 형은 모임, 이는 화합, 정은 근간을 뜻한다. 따라서 사덕(四德)을 실천하여 남의 우두머리가 된다는 것은 군자의 으뜸이다.

☑ 원자 선지장야(元者 善之長也)

원(元)은 착함의 으뜸이다(元者 善之長也). 원형이정(元亨利貞)은 모두 선이다. 원(元)은 만물의 시작으로 사계절에서는 봄이 되고 사람에서는 인(仁)으로, 모든 착함의 으뜸이다. 인은 통달하는 도이니 충서(忠恕)이다. 자신이 바라는 것을 남에게 베푸는 것은 충(忠)이며, 자신이 바라지 않는 것을 남에게 시키지 않는 것은 서(恕)이다. 따라서 충서로써 남을 대하는 것은 곧 자신을 위하는 방법이다.

☑ 형자 가지회야(亨者 嘉之會也)

형(亨)은 아름다움의 모임이다(亨者 嘉之會也). 형(亨)은 만물을 무성하게 하고 성대하게 하여 아름답게 하니 아름다움의 모임이다. 아름다움은 봄에 만물이 생겨서 여름에 무성하고 번성한 결과이다. 형(亨)은 만물의 소통이고, 계절은 여름이 되고, 사람은 예가 된다. 예(禮)는 융성하게 하며 장성하게 하고 나타내며 드러나게 하는 도이니, 절문(節文: 예절의 규정)이 해당한다. 따라서 아름답게 하니 모이게 되고, 아름다운 것이 모여 합해지니 형통하다.

☑ 이자 의지화야(利者 義之和也)

이(利)는 만물의 성취이고, 계절은 가을이 되고, 사람은 의로움이 있어야 분수에 따른 조화를 얻는다. 어짊을 베풀어서 사람들은 두루 두텁게 하고, 자신은 덜어내어 간사함을 다스린다.

의(義)는 정의(正義)이다. 합당함은 분수와 지극함으로, 이는 이로움이다. 이로움은 정의 속에서 생겨난다. 모든 일을 합당하게 하면 정의롭고, 정의로우면 이롭다. 그래서 이로움은 정의와 화합하는 것이다(利者義之和). 의로움이 있을 때 사람들과 화목하게 되고, 화목할 때 이로움이 유지된다. 따라서 이로움을 얻으려면 의로워야 한다.

☑ 정자 사지건야(貞者 事之幹也)

정(貞)은 만물이 생기고 만물이 완성되는 이치로 계절로는 겨울이고, 사람에게는 지혜와 믿음으로 모든 사물의 근간이 된다. 봄·여름·가을에는 만물이 생겨나지만 겨울에는 만물이 생겨나지 않으니 자취가 없다. 이러한 이치가 사람에게는 지혜[智]가 된다. 정(貞)은 이치를 알아서 모든 일을 주재한다. 따라서 바르고 굳음은 만물의 근간이 된다.

☑ 체인 족이장인(體仁 足以長人)

체(體)는 '본받다'는 뜻이다. 군자가 인을 본받아 행하면 남의 우두머리가 될 수 있다(體仁足以長人). 군자가 몸소 인을 본받으면 널리 베풀고 대중을 구제하니 남의 우두머리가 될 수 있다. 따라서 어짊을 실천하면 남의 우두머리가 된다는 것은 군자의 도이다.

☑ 가회 족이합례(嘉會 足以合禮)

회(會)는 '일시에 모인다'는 뜻이다. 모임을 아름답게 하는 것이 예(禮)에 맞는다(嘉會 足以合禮). 예에 맞지 않으면 이치가 아니니 아름다울 수 없으며 형통할 수 없다. 모임을 아름답게 하여 예에 맞게 하는 것은 군자의 형통이다. 모임을 전례와 예법에 따라 행하니 모임이 아름답게 되고, 예를 따르니 만물을 이롭게 하고 의에 화합하게 된다. 따라서 모임을 아름답게 하여 예에 맞고, 천리의 절문(節文: 예절의 규정)과 인사의 의칙(儀則: 의식의 규칙)에 합당하게 된다.

☑ 이물 족이화의(利物 足以和義)

만물을 이롭게 하니 의로움에 화합한다(利物 足以和義). 이로움이 의로움과 화합하는 것은 선이고, 의로움을 해치는 것은 불선(不善)이다. 이로움이란 만물이 각각의 분수를 얻는 것이다. 따라서 사물을 이롭게 하여 의로움이 화합하는 것은 군자의 이로움이다.

☑ 정고 족이간사(貞固 足以幹事)

정(貞)은 '바르고[正] 굳세다[固]'는 뜻이다. 오직 바르고 굳센 자만이 일을 잘 주관할 수 있다(貞固 足以幹事). 모임을 아름답게 하면 예와 합치되며, 만물이 이로움을 얻으면 의로움이 화합한다. 따라서 바르고 굳게 하는 깃은 일의 근본이 되는 것이다.

▌ 초구에 대한 문언전

초 구 왈 잠 룡 물 용　　　하 위 야
初九曰 潛龍勿用은 何謂也오?
자 왈 용 덕 이 은 자 야　　불 역 호 세　　불 성 호 명
子曰 龍德而隱者也니 不易乎世하며 不成乎名하여

^{돈 세 무 민} ^{불 견 시 이 무 민}
遯世无悶하며 不見是而无悶하니라
^{낙 즉 행 지} ^{우 즉 위 지} ^{확 호 불 가 발} ^{잠 룡 야}
樂則行之하고 憂則違之하여 確乎不可拔이 潛龍也니라

초구에 "못에 잠긴 용이니 쓰지 말라"고 한 것은 무엇을 말하는가? 공자가 말씀하셨다. "용(군자)과 같은 덕이 있으면서 은둔한 자이니 (지조가) 세상에 따라 변하지 않으며, 명성을 이루지 않고 세상을 은둔해도 번민하지 아니하며, 옳음을 알아주지 않아도 번민하지 않는다. 즐거우면 도를 행하고 근심하면 떠나니, (그 뜻이) 확고하여 뽑을 수 없는 것이 못에 잠긴 용이다."

▶ 隱: 숨을 은 遯: 달아날 둔, 숨다. 悶: 번민할 민 憂: 근심 우 違: 어긋날 위 拔: 뽑을 발

☑ 용덕이은자야(龍德而隱者也)

초구의 효사에 대한 부연 해설이며, 자왈(子曰)은 여러 가지 설이 있지만 공자의 말씀이다. 초구는 건(乾)의 쓰임을 말하며 구(九)를 쓰는 도를 말한다. 초구에서는 성인이 사덕(四德)을 실천하는 것이다.

못에 잠긴 용은 용의 덕을 가지고 은둔한 자로 쓰지 말라는 이유를 설명한다. 양은 용이고 용은 군자로 용덕(龍德)은 군자나 성인의 덕이다. 용이 물속에 잠겨 있는 것은 처음 시작하는 단계로 아직은 미천한 때이다. 용의 덕이 잠겨 있는 것은 성현이 미천할 때이다. 따라서 잠룡은 군자의 덕이 있으면서 은둔한 자로 쓰지 말라고 한 것이다.

☑ 불역호세 불성호명(不易乎世 不成乎名)

역(易)은 바꾸는 것이다. 용의 덕은 숨어 있어 세상에 따라 지조가 변하지 않는다. 지조가 세상에 따라 변하지 않는 이유(不易乎世)는 쓰이거나 버림[用捨]이 자신에게 달려있기 때문이다. 잠룡은 난세에도 세속에 빠져들지 않고 도를 지키니 세상을 어지럽게 하지 않는다.

명성을 이루지 않는 이유(不成乎名)는 본질에 힘쓰나 세속에서 명예를 구하지 않기 때문이다. 따라서 군자는 만세의 중용을 행하고, 일시의 이로움을 탐하지 않는다.

☑ 돈세무민 불견시이무민(遯世无悶 不見是而无悶)

세상을 은둔해도 번민하지 않는다(遯世无悶). 즉, 머문 곳을 편안히 여기고 천성을 즐긴다. 옳음을 알아주지 않아도 번민하지 않는다(不見是而无悶). 따라서 세상이 자신을 알아주지 않아 세상을 은둔해도 번민하지 않는다.

☑ 낙즉행지 우즉위지(樂則行之 憂則違之)

세상이 즐겁다면 나아가 도를 행하니(樂則行之), 마음이 즐거우면 도를 행한다. 그러나 즐겁지 않으면 도를 행하지 않는다(憂則違之). 성인은 도를 행하거나 은둔하는 것이 편안하다. 따라서 즐거우면 행하고 근심스러우면 떠나니 이는 때를 따르는 것이다.

☑ 확호불가발 잠룡야(確乎不可拔 潛龍也)

발(拔)은 인재를 발탁하는 것으로 천거하여 등용하는 것이다. 뜻이 견고하고 확실하여 등용하여 쓸 수 없다(確乎不可拔). 즐거우면 행하고 근심스러우면 떠나는 사람은 뜻이 확고하여 인재로 발탁할 수 없기 때문이다.

군자의 도는 만물이 이로움을 함께하고, 학문은 자신을 세우고, 백성들을 편안하게 만드는 방법이다. 비록 세상에 은둔하여 사람들에게 주목받지 못해도 번민하지 않고, 마음이 즐거우면 도를 행하고, 거슬리면 떠나는 것은 잠룡의 덕이다. 따라서 세상에서 큰 일을 할 인물이지만 아직까지 준비가 되지 않았으니 나서면 안 된다.

■ 구이에 대한 문언전

구 이 왈　현 룡 재 전　이 견 대 인　　하 위 야
九二曰 見龍在田 利見大人은 何謂也오?
자 왈　용 덕 이 정 중 자 야　　용 언 지 신　　용 행 지 근
子曰 龍德而正中者也니 庸言之信하며 庸行之謹하며
한 사 존 기 성　　선 세 이 불 벌　　덕 박 이 화
閑邪存其誠하며 善世而不伐하며 德博而化니라
역 왈　현 룡 재 전　이 견 대 인　　군 덕 야
易曰 見龍在田 利見大人하니 君德也니라

구이에서 "나타난 용이 밭에 있으니 대인을 만나보는 것이 이롭다"고 한 것은 무엇을 말하는가? 공자께서 말씀하셨다. "용의 덕을 갖추고 참으로 중용을 얻은 사이니 평소 말을 미덥게 하고, 평소 행동을 삼가며, 사악을 막고 그 성실을 보존하며, 세상을 좋게 만들어도 자랑하지 않으며, 덕이 넓어서 교화하는 것이다. 역에서 말했다. "나타난 용이 밭에 있으니 대인을 만나보면 이롭다"하니 이는 임금의 덕이다."

▶ 庸 : 떳떳할 용/쓸 용, 평소　謹 : 삼갈 근　閑 : 한가할 한/막을 한　邪 : 간사할 사, 사악　伐 : 칠 벌, 자랑하다.　見 : 볼 견/뵈올 현, 나타나다.

☑ 용덕 이정중자야(龍德 而正中者也)

　구이의 효사에 대한 설명이다. 정(正)은 참으로, 중(中)은 중용, 알맞다를 뜻한다. 현룡은 용의 덕을 갖추고 참으로 중용을 얻은 자로(龍德 而正中者也) 임금의 덕을 갖추었기 때문에 행동이 적절하고 바르다.

☑ 용언지신 용행지근(庸言之信 庸行之謹)

　용(庸)은 평소, 지(之)는 목적격 후치사이다. 평소 말을 미덥게 하고, 평소 행동을 삼간다(庸言之信 庸行之謹). 즉, 마음을 바르게 하고 뜻을 정성스럽게 하는 것으로, 성인의 학문이 곧 나라를 다스리고 세상을 공평히 다스리는 일이다. 성실과 믿음은 행동이 말을 되돌아보고, 말이 행동을 되돌아보는 것이다.

☑ 한사존기성(閑邪存其誠)

　한(閑)은 막다, 벌(伐)은 자랑하다를 뜻한다. 간사함을 막으면 정성은 저절로 보존된다(閑邪存其誠). 미덥지 못하고 삼가지 못하는 것은 간사함에서 비롯된 것을 막지 못하기 때문이다. 선을 버리면 곧 악이고, 악을 버리면 곧 선이다. 간사함은 나쁘고 밖에서 들어오기 때문에 막는 것이고, 정성은 좋고 자신에게 있기 때문에 보존하는 것이다.

☑ 선세이불벌 덕박이화(善世而不伐 德博而化)

　세상을 좋게 만들고도 자랑하지 않음(善世而不伐)은 좋은 일을 하고도 겸손한 것이다. 덕이 넓어서 교화함(德博而化)은 덕으로 세상을 교화하는 것이다. 교화(敎化)란 가르치고 이끌어서 좋은 방향으로 변화시키는 것이다. 세상을 좋게 만듦(善世)은 세상을 바꾸는 것이며, 덕이 넓음(德博)은 남에게 은혜를 베푸는 것이다. 대인은 평소 한 말을 반드시 지키고 행동을 절제하는 사람이다. 나타난 용이 밭에 있다는 것은 품격과 학덕을 갖춘 군주가 나타남이다. 따라서 아직까지 역량이 완성되지 못했으니 현인을 찾아 도움을 받아야 한다.

▌ 구삼에 대한 문언전

　구삼왈 군자 종일건건　　석척약 려무구　 하위야
九三曰 君子 終日乾乾하니 夕惕若 厲无咎는 何謂也오?
　자왈 군자 진덕수업　　충신　 소이진덕야
子曰 君子 進德修業하고 忠信이 所以進德也요

^{수 사 립 기 성}   ^{소 이 거 업 야}
修辭立其誠이 **所以居業也**라

^{지 지 지 지}   ^{가 여 언 기 야}   ^{지 종 종 지}   ^{가 여 존 의 야}
知至至之라 **可與言幾也**며 **知終終之**라 **可與存義也**니라

^{시 고}   ^{거 상 위 이 불 교}   ^{재 하 위 이 불 우}
是故로 **居上位而不驕**하며 **在下位而不憂**니라

^고   ^{건 건}   ^{곤 기 시 이 척}   ^{수 위}   ^{무 구 의}
故로 **乾乾**하여 **因其時而惕**하면 **雖危**나 **无咎矣**리라

구삼에서 "군자가 종일토록 부지런히 (도를) 행하다가 저녁이 되어도 두려워하면 위태로우나 허물이 없다"고 한 것은 무엇을 말하는가? 공자께서 말씀하셨다. "군자가 덕에 힘쓰고 학문을 쌓아야 하니 정성과 믿음으로 덕에 힘쓰는 이치요, 말을 수양하고 성실을 세우는 것은 학문을 쌓는 이치이다. 이를 곳을 알고 그것에 이르니 더불어 기미를 헤아릴 수 있고, 끝낼 곳을 알고 그것을 끝내므로 더불어 의리를 보존할 수가 있다. 이러한 까닭에 높은 자리에 있으면서도 교만하지 않고, 낮은 자리에 있으면서도 근심하지 않는다. 그러므로 부지런히 (도를) 행하다가 때에 따라 두려워하면 비록 위태롭더라도 허물이 없다."

▶ 惕: 두려워할 척　厲: 갈 려, 위태롭다.　進: 나아갈 진, 힘쓰다.　修: 닦을 수　居: 살 거, 있다, 쌓다.　言: 말씀 언, 헤아리다.　驕: 교만할 교　憂: 근심 우　因: 인할 인, 따르다.

☑ 군자 종일건건(君子 終日乾乾)

군자는 학식과 덕행이 높은 인격자이다. 군자는 종일토록 쉬지 않고 도에 정진하니 학식과 덕행이 더욱 강건하다(終日乾乾).

☑ 석척약 려무구(夕惕若 厲无咎)

저녁이 되어도 두려워하니(夕惕), 잠룡에서 비룡이 될 때까지 많은 장애물이 있어 위험을 겪는 것을 경계한다. 위태롭더라도 어떠한 경우에는 허물이 없다(厲无咎).

☑ 진덕수업(進德修業)

진(進)은 힘쓰다, 업(業)은 학업, 학문, 기예, 사업, 직업을 뜻한다. 진덕(進德)은 인품과 덕을 쌓는 것이며, 수업(修業)은 학문을 수행하는 것이다. 덕에 힘쓰고 학문을 쌓는 것(進德修業)은 도의 기준이며, 군자는 덕을 기르고 말을 수양하고 정성과 믿음을 똑바로 세운다.

☑ 충신 소이진덕야(忠信 所以進德也)

마음이 성실하고 정성된 것은 충(忠)이요, 말이나 행동이 진실되어 믿을 수 있는 것은 신

(信)이다. 소이(所以)는 까닭이나 이치이다. 따라서 군자의 도란 정성과 믿음으로 덕에 힘쓰는 이치이다(忠信 所以進德也).

☑ 수사립기성 소이거업야(修辭立其誠 所以居業也)

수(修)는 수양하다, 거(居)는 쌓다를 뜻한다. 말을 수양하고 성실을 똑바로 세우는 것(修辭立其誠)이 학문을 쌓는 이치이다(所以居業也). 따라서 성실과 믿음으로 덕을 기르고, 말을 바르게 하고, 그 정성을 세움이 학문을 쌓은 이치이다.

☑ 지지지지 가여언기야(知至至之 可與言幾也)

지(至)는 이르다, 언(言)은 헤아리다를 뜻한다. 이를 곳을 알고(知至) 그것에 이르니(至之) 더불어 기미를 헤아릴 수 있다(可與言幾也). 학문을 이루는 것으로 덕을 기르는 일이다. 먼저 이를 곳을 안 다음에 이르는 것이다. 군자의 도는 먼저 학문을 알고 덕에 이르는 것이다.

☑ 지종종지 가여존의야(知終終之 可與存義也)

일을 할 때는 끝낼 곳을 알아서 그것을 끝내므로(知終終之) 의라를 보존하는 것이다(可與存義也). 멈출 때를 알고 멈추는 것이 의에 따라 행하는 것이다. 군자의 도는 아는 것이 없으면 행할 수 없다.

☑ 거상위이불교 재하위이불우(居上位而不驕 在下位而不憂)

구삼이 높은 자리에 있는 것은 하괘의 위에 있는 것이며, 낮은 자리에 있는 것은 상괘의 아래에 있는 것이다. 구삼은 높은 자리에 있지만 교만하지 않고(居上位而不驕), 낮은 자리에 있지만 걱정하지 않는다(在下位而不憂). 교만하지 않고 종일토록 도에 힘쓰고, 저녁이 되도록 걱정하고 조심하면 군자가 되지 못할 일이 없다.

☑ 건건 인기시이척 수위 무구의(乾乾 因其時而惕 雖危 无咎矣)

굳세게 도를 행하다가 때에 따라 두려워하면(乾乾 因其時而惕) 비록 위태롭더라도 허물이 없다(雖危 无咎矣). 학문을 닦고 덕을 기르는 일에 종일토록 힘쓰고 한 순간이라도 멈출 수 없다. 따라서 종일토록 열심히 노력하고 행동을 조심하면 허물이 없다.

■ 구사에 대한 문언전

구 사 왈　혹 약 재 연　무 구　　하 위 야
九四曰 或躍在淵 无咎는 何謂也오?
자 왈　상 하 무 상　　비 위 사 야
子曰 上下无常이 非爲邪也며
진 퇴 무 항　　비 리 군 야
進退无恒이 非離群也라
군 자　진 덕 수 업　　욕 급 시 야　　고　　무 구
君子 進德修業은 欲及時也니 故로 无咎니라

구사에서 "혹 뛰었다가 못에 돌아오면 허물이 없다"고 한 것은 무엇을 말하는가? 공자께서 말씀하셨다. "오르고 내림에 항상함이 없다는 것은 간사하지 않다는 것이고, 나아가고 물러남에 항상함이 없다는 것은 무리를 떠나는 것이 아니다. 군자가 덕에 힘쓰고 학문을 수양하는 것을 때에 맞게 함이니 허물이 없다."

▶ 躍: 뛸 약　常: 떳떳할 상/항상 상　邪: 간사할 사　恒: 항상 항　及: 미칠 급, 맞게 하다.

☑ 혹약재연 무구(或躍在淵 无咎)

비룡(躍龍)은 혹 뛰었다가 마땅하지 않아 다시 못에 들어간다(或躍在淵). 깊은 못은 용이 편안히 있는 곳으로, 못에 있음(在淵)은 용이 편안한 곳으로 나아가는 것이다.

☑ 상하무상 비위사야(上下无常 非爲邪也)

용은 연못에 잠겨 숨어 있기도 하고, 위로 올라가 도약하려고 하고, 아래로 내려가 숨어 있기도 하니, 일정한 규칙이 없이 변한다(上下无常). 위로 올라가는 것을 일정한 규칙으로 삼는다면, 분수에 넘치는 것을 바라고 마음이 사특하게 된다. 그러나 뛰어 오르기도 하고 내려가기도 하니, 일정함이 없어서(上下无常) 간사하지 않다(非爲邪也).

☑ 진퇴무항 비리군야(進退无恒 非離群也)

상하와 진퇴는 간사하지도 않고 무리를 떠나는 것도 아니며(非離群也) 대중과 달리하지 않으니 허물이 없다. 따라서 때를 기다리면서 수양하는 군자의 덕이 필요하다.

☑ 진덕수업 욕급시야 고무구(進德修業 欲及時也 故无咎)

군자가 덕에 힘쓰고, 학문을 수양하는 것을 때에 맞게 하면 허물이 없다(進德修業 欲及時也 故无咎). 이는 단지 자신만을 위해서가 아니라 세상에 큰 일을 하기 위함이다. 급시(及時)는 좋은 때를 만나 나아가는 것이고, 무구(无咎)는 과실이나 재앙이 없다는 뜻이다. 군자가 진퇴를 일정하지 않게 하지만 사악한 마음에서 하는 것이 아니며, 대중과 다르게 행동하는 것도 아니다. 따라서 좋은 기회가 왔다면 뛰어올라야 하지만, 때가 아니면 다시 신중하게 때를 기다려야 한다.

▌ 구오에 대한 문언전

구 오 왈 비 룡 재 천 이 견 대 인   하 위 야
九五日 飛龍在天 利見大人은 何謂也오?
자 왈 동 성 상 응   동 기 상 구
子日 同聲相應하고 同氣相求하니
수 류 습   화 취 조   운 종 룡   풍 종 호
水流濕하고 火就燥하며 雲從龍하고 風從虎라
성 인 작 이 만 물 도   본 호 천 자   친 상   본 호 지 자   친 하
聖人作而萬物覩하고 本乎天者는 親上하고 本乎地者는 親下하니
즉 각 종 기 류 야
則各從其類也니라

구오에서 "나는 용이 하늘에 있으니 대인을 만나보는 것이 이롭다"고 한 것은 무엇을 말하는가? 공자가 말씀하셨다. "같은 소리는 서로 호응하고 같은 기운은 서로 구하니, 물은 젖은 곳으로 흐르고 불은 마른 곳으로 나아가며, 구름은 용을 따르고 바람은 범을 따른다. 성인이 나타나니 만물이 우러러보고, 하늘에 근본한 것은 위를 가까이하고, 땅에 근본한 것은 아래를 가까이하니, 각기 그 동류를 따르는 것이다."

▶ 濕: 젖을 습 燥: 마를 조 就: 나아갈 취 從: 좇을 종 作: 지을 작, 일어나다. 覩: 볼 도

☑ 동성상응 동기상구(同聲相應 同氣相求)

구오는 존귀한 자로 나는 용이다. 동류(同類)는 속성이나 재질이 같은 무리이다. 동성상응(同聲相應)은 새가 울면 다른 새가 울고, 개가 짖으면 다른 개들이 짖는 것처럼 같은 소리는 서로 응하는 이치이다.

동기상구(同氣相求)는 같은 기운은 서로 찾으니, 해는 불을 취하고, 자석은 서로 끌어당기는 것과 같은 이치다. 따라서 같은 소리가 서로 호응하고, 같은 기운이 서로 구하는 것은 감응하여 변화하는 것이다.

☑ 수류습 화취조 운종룡 풍종호(水流濕 火就燥 雲從龍 風從虎)

습(濕)은 축축함으로 물은 젖은 곳으로 흘러 들어가고(水流濕), 조(燥)는 마른 것으로 불은

마른 곳으로 타 들어간다(火就燥). 용이 나타나면 구름을 일으키니 구름은 용을 따르고(雲從龍), 범이 울부짖으면 바람이 생겨나니 바람은 범을 따른다(風從虎).

☑ 성인작이만물도(聖人作而萬物覩)

작(作)은 일어나다, 도(覩)는 보다를 뜻한다. 성인은 곧 대인이다. 성인이 일어남(聖人作)은 비룡이 하늘에 있는 것이며, 만물이 바라봄(萬物覩)은 사람들이 성인을 우러러 보는 것이다. 성인이 세상을 훌륭하게 다스리니 만물이 그를 우러러 본다.

☑ 본호천자 친상(本乎天者 親上)

하늘에 근본한 것은 동물이니, 하늘에 근본한 것이 위와 친하다(本乎天者 親上). 모든 동물은 머리를 위로 향하고 있으니 위와 친하다.

☑ 본호지자 친하(本乎地者 親下)

땅에 근본한 것은 식물이니, 땅에 근본한 것은 아래와 친하다(本乎地者 親下). 모든 식물은 뿌리를 밑으로 향하고 있으니, 바로 아래와 친하다.

☑ 각종기류야(各從其類也)

동물과 식물이 각각 그 부류를 따른다(各從其類也). 종류가 같은 부류는 서로 상응한다. 따라서 용이 드디어 기회를 얻어 큰 일을 할 때가 왔지만, 반드시 세상의 지혜로운 사람을 찾아 도움을 받는다면 이롭다.

▌ 상구에 대한 문언전

上九曰 亢龍有悔는 何謂也오?
<small>상 구 왈 항 룡 유 회   하 위 야</small>

子曰 貴而无位하며 高而无民하며
<small>자 왈 귀 이 무 위   고 이 무 민</small>

賢人이 在下位而无輔라 是以動而有悔也니라
<small>현 인   재 하 위 이 무 보   시 이 동 이 유 회 야</small>

상구에서 "너무 높이 오른 용이니 후회가 있다"는 것은 무엇을 말하는가? 공자가 말씀하셨다. "귀하더라도 지위가 없고, 높더라도 백성이 없으며, 현인이 아래에 있더라도 도와주는 사람이 없다. 이런 까닭

에 움직이면 후회가 있는 것이다."

▶ 亢: 높을 항 輔: 도울 보 悔: 뉘우칠 회

☑ 귀이무위 고이무민(貴而无位 高而无民)

　항룡(亢龍)은 육룡 중에서 우두머리로 귀하고 높다. 구(九)가 용이 되어 귀하고(貴), 상이 끝까지 올라가 항이다(亢). 상구는 상왕으로 위에 있어 귀하더라도 실제적 권한이 없고(貴而无位), 지위가 높더라도 다스리는 권한이 구오에게 있기 때문에 백성이 없다(高而无民).

☑ 현인재하위이무보(賢人在下位而无輔)

　구이, 구삼, 구사의 어진 사람은 아래에 있어(賢人在下位) 구오를 도우나, 상구는 도와주는 자가 없다(无輔). 상구는 지나치게 지위만 높고 권한이 없으니 도와주는 자가 없는 것이다.

☑ 동이유회야(動而有悔也)

　움직이면 후회가 있는 이유(動而有悔)는 지위는 존귀하나 실제적인 권한이 없기 때문이다. 끝까지 올라감(亢)은 하늘의 때이나, 경거망동하지 말고 때를 알고 잘 대처하면 끝까지 올라가더라도 후회가 없다(有悔). 따라서 용이 너무 높이 날아올라 지나치게 높아지면 재앙이 온다.

▌ 건괘에 대한 문언전

　　　잠 룡 물 용　　　하 야　　　현 룡 재 전　　　시 사 야
　　　潛龍勿用은 下也요 見龍在田은 時舍也요
　　　종 일 건 건　　　행 사 야　　　혹 약 재 연　　　자 시 야
　　　終日乾乾은 行事也요 或躍在淵은 自試也요
　　　비 룡 재 천　　　상 치 야　　　항 룡 유 회　　　궁 지 재 야　　　건 원 용 구　　　천 하 치 야
　　　飛龍在天은 上治也요 亢龍有悔는 窮之災也요 乾元用九는 天下治也요

"잠긴 용이니 쓰지 말라"는 아래에 있기 때문이요. "나타난 용이 밭에 있음"은 때가 그침이요. "종일토록 부지런히 힘씀"은 일을 행함이요. "혹 용이 뛰었다가 못에 돌아옴"은 스스로 시험하는 것이다. "나는 용이 하늘에 있음"은 위에서 다스림이다. "너무 높이 오른 용으로 후회가 있음"은 궁함이 재앙이다. "건원이 구를 씀"은 천하가 다스려짐이다.

▶ 舍: 집 사/버릴 사 乾: 마를 건/하늘 건, 굳세다, 부지런하다. 試: 시험 시 窮: 다할 궁/궁할 궁

治 : 다스릴 치   災 : 재앙 재

☑ 잠룡물용 하야(潛龍勿用 下也)

건괘의 효에 대한 해석이다. 못에 잠긴 용으로 쓰지 말라(潛龍勿用)는 아래에 있기 때문이다(下也). 초구는 숨기고 있는 때이며, 아래는 지위가 낮다는 뜻이다. 쓰지 말라는 이유는 초구가 아래에 있어서 아직은 지위가 없기 때문이다.

☑ 현룡재전 시사야(見龍在田 時舍也)

건괘의 구이는 때를, 구오는 자리를 말한다. 구오는 임금의 지위이다. 그침[舍]은 지위에서 멈추는 것이며, 때 맞춰 그쳐야 한다(時舍也). 용이 밭에 있음(見龍在田)은 "아래 지위에 있다"는 뜻으로, 아직 쓰일 때를 만나지 못했다. 따라서 현룡(見龍)은 때를 기다려야 한다.

☑ 종일건건 행사야(終日乾乾 行事也)

군자는 덕을 종일토록 부지런히 힘쓰고(終日乾乾) 학문을 수양한다(行事也). 마땅히 덕을 기르고 학문을 닦아야 한다. 따라서 군자는 힘쓰며 꾸준히 노력해야 한다.

☑ 혹약재연 자시야(或躍在淵 自試也)

혹(或)은 의심스런 상황이다. 시험한다는 것(試)은 가능한지를 확인하기 위해 조금 해본다는 뜻이다. 혹 못에서 뛰어 오르거나 못에 있는 것이 어떠한지 스스로 시험한다(自試也). 따라서 때에 따라 스스로 나아가도 되는지를 시험해 본다.

☑ 비룡재천 상치야(飛龍在天 上治也)

비룡(飛龍)은 최상의 지위에 오른 것으로 군주의 자리이다. 상(上)은 군주를 뜻하고 치(治)는 나라를 밝게 다스리는 것이다. 나는 용이 하늘에 있음(飛龍在天)은 높은 자리에 거하여 아래를 다스리는 것이다(上治也). 따라서 존귀한 지위에 거하여 교화의 도리를 완성하는 시기이다.

☑ 항룡유회 궁지재야(亢龍有悔 窮之災也)

궁(窮)은 끝까지 이른 것을 뜻한다. 끝까지 올라감(窮)은 궁극에 도달한 때[時]와 자리[位]를 뜻한다. 궁(窮)은 항(亢)을, 재(災)는 후회가 있음[有悔]을 말한다. 끝까지 올라간 용이 후회가 있음(亢龍有悔)은 다함이 재앙이 되기 때문이다(窮之災也). 따라서 항룡(亢龍)은 너무 높이 올라간 용으로 궁함이 극에 달하여 재앙에 이르게 된다.

☑ 건원용구 천하치야(乾元用九 天下治也)

건원(乾元)은 천하를 다스리는 군주이며, 용구(用九)는 강건하면서도 낮은 자세로 천도를 쓰는 것이다. 군주가 부드러운 도로 천하를 다스리기 때문에 천하가 저절로 다스려진다(天下治也). 따라서 천하의 큰 다스림은 대세를 따르는 것이다.

■ 건괘에 대한 문언전

잠룡물용   양기잠장   현룡재전   천하문명
潛龍勿用은 陽氣潛藏이요 見龍在田은 天下文明이요
종일건건   여시해행   혹약재연   건도내혁
終日乾乾은 與時偕行이요 或躍在淵은 乾道乃革이요
비룡재천   내위호천덕   항룡유회   여시해극
飛龍在天은 乃位乎天德이요 亢龍有悔는 與時偕極이요
건원용구   내견천칙
乾元用九는 乃見天則이라

"잠긴 용은 쓰지 말라"는 것은 양의 기운이 잠겨 감추어졌기 때문이다. "나타난 용이 밭에 있음"은 천하가 문명으로 교화됨이다. "종일토록 부지런히 도를 행함"은 때에 따라 함께 행하는 것이다. "혹 뛰었다가 못에 돌아옴"은 건도가 곧 변혁함이다. "나는 용이 하늘에 있음"은 곧 하늘의 덕에 자리함이다. "너무 높이 오른 용은 후회가 있음"은 때와 함께 궁극에 도달한 것이다. "건원이 구를 씀"은 곧 하늘의 법칙을 보는 것이다.

▶ 藏: 감출 장 與: 줄 여/참여할 여, 따르다. 偕: 함께 해 革: 가죽 혁, 고치다. 極: 극진할 극/다할 극

☑ 잠룡물용 양기잠장(潛龍勿用 陽氣潛藏)

초구는 양의 기운이 아래에 있고 못 속에 잠겨있다(陽氣潛藏). 용이 잠기고 감춰지는 것(潛藏)은 재능을 펼치지 말아야 한다는 뜻으로 양이 아랫자리에 있기 때문이다. 따라서 힘이 미약하여 잠기고 감춰질 때는 군자는 숨어 있으면서 나서지 않아야 한다.

☑ 현룡재전 천하문명(見龍在田 天下文明)

구이는 양기가 땅 위로 올라와서 만물을 비추는 상이다. 현룡은 아랫자리에 있지만 양기가 밭

에 있어 군주의 덕을 갖추고 있는 자이다. 용이 밭에 나타났으니(見龍在田) 덕이 넓어서 천하가 문명으로 교화된다(天下文明). 따라서 구이는 어진 군주가 덕을 베풀어 천하가 문명으로 교화된다.

☑ 종일건건 여시해행(終日乾乾 與時偕行)

여(與)는 따르다, 해(偕)는 함께하다를 뜻한다. 종일토록 덕과 학문에 부지런히 힘씀(終日乾乾)은 때에 따라 함께 행하는 것이다(與時偕行). 때에 따라 함께 행함은 군자는 힘써야 할 때 힘쓴다는 뜻이다. 하늘은 굳건하여 종일토록 쉬지 않는 것처럼, 구삼은 덕을 기르고 학문을 닦음도 쉬지 않는다. 따라서 구삼은 때에 따라 할 일을 한다.

☑ 혹약재연 건도내혁(或躍在淵 乾道乃革)

아랫자리를 떠나 윗자리로 올라가니 상하가 변혁되어 세상을 교화한다. 구삼은 함께 행하고, 구사는 변혁하는 것이다. 못을 떠나서 뛰어오르는 것은 변화이니 조선이 변하여 대한민국이 된 것과 같다. 따라서 하늘의 도가 변혁함(乾道乃革)은 시작을 뜻한다.

☑ 비룡재천 내위호천덕(飛龍在天 乃位乎天德)

초구는 잠겨 있고, 구사는 뛰어 오르며, 구오는 곧 날아서 하늘 덕에 위치한다. 건괘의 여섯 효는 모두 하늘의 덕에 해당한다. 구오는 하늘의 자리[天位]가 되고, 구(九)는 양의 덕이 되기 때문에 이는 하늘의 덕을 지닌 자가 지위를 얻은 것이다. 하늘의 덕은 굳센 도이다. 따라서 구오는 하늘의 자리를 얻어 하늘의 덕을 품고 있는 자리이다.

☑ 항룡유회 여시해극(亢龍有悔 與時偕極)

극(極)은 최고점, 궁극을 뜻한다. 끝까지 올라간 용은 후회가 있다는 것은 때와 함께 궁극에 달한 것이다(與時偕極). 가득차면 반드시 이지러지게 되니, 때가 궁극에 달하면 또한 반전이 일어난다. 따라서 극에 오르면 반전이 일어나니 끝까지 오른 용은 후회가 있다.

☑ 건원용구 내견천칙(乾元用九 乃見天則)

하늘의 원이 구를 쓰는 것은 하늘의 법칙으로(乾元用九 乃見天則), 하늘의 법칙이란 천도를 말한다. 하늘의 법칙은 굳세면서도 부드러운 법칙이다. 따라서 육룡을 쓰는 용구(用九)는 천칙을 본받아야 한다.

건괘에 대한 문언전

乾元者_는 始而亨者也_요 利貞者_는 性情也_라

乾始 能以美利_로 利天下_라 不言所利_{하니} 大矣哉_라

大哉_라 乾乎_여! 剛健中正 純粹精也_요

六爻發揮_는 旁通情也_요 時乘六龍_{하여} 以御天也_니

雲行雨施_라 天下平也_라

건원(乾元)은 시작하여 형통한 것이요, 이정(利貞)은 (건의) 성정이다. 건의 시작이 아름다움과 이로움으로 천하를 이롭게 하나 이로움을 말하지 않더라도 위대하다. 위대하도다, 건이여! 강건하고 중정하며 순수하여 정하다. 육효가 발휘하여 두루 정을 통하게 한다. 때에 따라 육룡을 타고 하늘을 다스리니, 구름이 다니고 비가 내려 천하가 평안하다.

▶ 粹: 순수할 수　精: 정할 정/찧을 정　揮: 휘두를 휘　旁: 곁 방, 널리, 두루　御: 거느릴 어/막을 어
　行: 다닐 행, 다니다, 떠나다.

☑ 건원자 시이형자야(乾元者 始而亨者也)

시작하는 것도 원(元)이고, 형통하게 하는 것도 원(元)이다. 건원(乾元)은 만물을 시작하고 만물의 형체를 이루기 때문에 시작하여 형통하다(乾元者 始而亨者也). 따라서 건원은 시작하여 형통한 것이다.

☑ 이정자 성정야(利貞者 性情也)

이롭고 곧음은 건의 성정이다(利貞者 性情也). 성은 성품이고, 정은 감정이다. 원형이정(元亨利貞)의 본체가 성(性)이고, 작용이 정(情)이다. 이정(利貞)은 성에서, 원형(元亨)은 정에서 드러난다. 원형(元亨)은 쓰임이고, 이정(利貞)은 본체로 귀의하는 곳이다. 예를 들면, 봄에는 만물이 생겨나고, 여름에는 자라나 무성해지며, 가을에는 결실을 맺어 각각 수렴된다. 따라서 이롭고 곧음에 이르면 성정은 바르다.

☑ 건시 능이미리 리천하(乾始 能以美利 利天下)

앞의 利는 이로움의 명사요 뒤의 利는 이롭게 하다는 동사이다. 건은 시작부터 아름다움과

이로움으로 천하를 이롭게 한다(乾始 能以美利 利天下). 건이 아름다움과 이로움을 낳아 천하
를 이롭게 한다. 따라서 건의 시작으로 천하가 아름다움과 이로움을 받게 된다.

☑ 불언소리 대의재(不言所利 大矣哉)

하늘이 이롭게 한 것을 다 이루 말로 표현할 수 없다(不言所利). 은혜를 말하지 않으나 하늘
은 위대하다(大矣哉). 따라서 천하를 이롭게 하는 것은 이로움[利]이고, 이로움을 말하지 않는
것은 바름이다.

☑ 강건중정 순수정야(剛健中正 純粹精也)

강(剛)·건(健)·중(中)·정(正)·순(純)·수(粹)·정(精)은 건(乾)의 칠덕(七德)이다. 강
(剛)은 견고하고, 건(健)은 강건하고, 중(中)은 행실이 지나치거나 미치지 않아 알맞다. 정(正)
은 언행이 사리에 어긋나지 않고, 순(純)은 음유(陰柔: 밖은 유순하나 속은 검은 것)가 섞이지
않고, 수(粹)는 사악함이 섞이지 않는다. 정(精)은 껍질을 벗겨 놓은 흰 쌀처럼 알차고 깨끗하
다. 따라서 하늘의 칠덕을 찬양한 것이다.

☑ 육효발휘 방통정야(六爻發揮 旁通情也)

발(發)은 드러남이며 휘(揮)는 흩어짐이다. 여섯 효가 드러나 흩어져 만물의 실정에 두루 통
한다(六爻發揮 旁通情也). 여섯 효가 모두 변한 방통괘는 곤괘가 된다. 양효는 음효로 변하고,
음효는 양효로 변한다. 따라서 여섯 효를 함께 써서 그 뜻을 느끼고 통하는 것이다.

☑ 시승육룡 이어천야(時乘六龍 以御天也)

천도가 여섯 단계로 변하는 데 이를 육룡의 상태로 비유한 것이다. 여섯 효의 때를 타고서
(時乘六龍) 천하를 다스리니 (以御天也) 실정이 사방으로 널리 통하는데, 이것은 여섯 자리가
때에 알맞게 완성되어 마침내 천하가 화평한 경지에 도달한다.

☑ 운행우시 천하평야(雲行雨施 天下平也)

구름이 떠다니고 비가 내리니(雲行雨施), 음과 양이 널리 통하면 천하가 평안하다(天下平
也). 따라서 건도(乾道)의 위대함을 찬양한 것이다.

■ 초구에 대한 문언전

군자 이성덕위행   일가견지 행야
君子 以成德爲行하니 **日可見之 行也**라
잠지위언야   은이미현   행이미성
潛之爲言也는 **隱而未見**하며 **行而未成**이라
시이군자 불용야
是以君子 弗用也하니라

군자는 덕을 이루는 것을 행실로 삼으니 날마다 볼 수 있는 것이 행실이다. 잠(潛)이란 말은 숨어서 드러나지 않으며 행하여도 이루지 못한다. 이 때문에 군자가 쓰지 않는다.

▶ **潛**: 잠길 잠   **隱**: 숨을 은

☑ 이성덕위행 일가견지 행야(以成德爲行 日可見之 行也)

초구에 대한 해석이다. 덕은 행실의 근본이다. 군자는 이미 이루어진 덕을 행실로 삼으니(以成德爲行), 행실은 덕 안에 있다. 덕은 마음에서 얻어 밖으로 행하여야 드러나니, 군자는 날마다 행한 행실을 살피고 행한다(日可見之 行也). 以~爲~는 ~을 ~로 삼다(생각하다).

☑ 잠지위언야 은이미현 행이미성(潛之爲言也 隱而未見 行而未成)

잠겨 있다는 말(潛之爲言也)은 숨어서 드러나지 않는 것이며(隱而未見), 행실이 아직 완성되지 않았기 때문이다(行而未成). 이 때문에 군자가 재능을 쓰지 않고 은거하는 것이다(是以君子 弗用也). 따라서 군자는 덕을 이루나, 재능을 드러내지 않고 때를 기다린다.

■ 구이에 대한 문언전

군자 학이취지   문이변지
君子 學以聚之하고 **問以辨之**하며
관이거지   인이행지
寬以居之하고 **仁以行之**라
역왈 현룡재전 이견대인   군덕야
易曰 見龍在田 利見大人하니 **君德也**라

군자가 배워서 (지식을) 모으고, 물어서 (사물을) 분별하며, 너그럽게 (남을) 대하고, 어질게 (덕을) 행한다. 주역에서 "나타난 용이 밭에 있으니 대인을 만나보는 것이 이롭다"고 하니 이는 임금의 덕이다.

▶ 聚 : 모을 취 辨 : 분별할 변 寬 : 너그러울 관 居 : 살 거/있을 거, 평상시, 있다.

☑ 학이취지 문이변지(學以聚之 問以辨之)

　　구이에 대한 해석이다. 취(聚)는 지식을 쌓는 것으로 널리 배우고 많이 듣고 많이 기억하는 것이다. 관(寬)은 도량 크니 너그럽고, 거(居)는 남을 대하는 것이다. 인(仁)은 인덕(仁德)을 실천하는 것이다.

　　대인이 덕을 이루는 방법은 학문변관인(學問辨寬仁)이다. 널리 배워서 지식을 모으고(學聚), 물어서 사물을 분별하고(問辨), 다른 사람을 너그럽게 대하고(寬居), 사악한 것을 막고 인덕(仁德)을 실천하여 세상을 편안하게 하는 것(仁行)이다. 따라서 배워서 지식을 모으면 지식이 넓어지고, 물어서 변별하면 명확해지고, 너그럽게 대하면 조화가 이루어지고, 어질게 덕을 행하면 세상이 편안해진다.

▌구삼에 대한 문언전

九三은 重剛而不中하여 上不在天하며 下不在田이라
구삼　중강이부중　　상부재천　　하부재전

故로 乾乾하여 因其時而惕하면 雖危나 无咎矣니라
고　건건　　인기시이척　　수위　무구의

구삼은 거듭 강하나 중을 얻지 못하여, 위로는 하늘에 있지 않고 아래로는 밭에 있지 않다. 그러므로 부지런히 힘써 때에 따라 두려워하면 비록 위태롭지만 허물이 없다.

▶ 惕 : 두려워할 척, 근심하다, 삼가다.

☑ 중강이부중 인기시이척(重剛而不中 因其時而惕)

　　구삼은 거듭된 굳셈이다. 거듭된 굳셈은 양효가 양의 자리에 있다. 구삼은 하괘에서 위에 있고 구사는 상괘에서 아래에 있는데, 서로 이어지는 굳셈과 접하여 거듭된 굳셈이다(重剛). 구삼은 때로써 말하고, 구사는 자리로써 말하므로 힘쓰고 힘써(乾乾) 때에 따르는 것이다. 구삼은 거듭 강하나 내괘의 중을 얻지 못했다(重剛而不中).

☑ 상부재천 하부재전(上不在天 下不在田)

　　하늘은 구오요 밭은 구이다. 구삼은 하괘의 위에 있으나 위로는 아직 하늘에 이르지 못하고

(上不在天), 아래로는 이미 밭에서 떠났으니(下不在田) 위태롭고 두려운 자리이다.

☑ 인기시이척(因其時而惕)

　구삼은 사람의 자리에 있어 사람의 도에 부지런히 힘쓰며(乾乾) 내괘에서 외괘로 올라가는 변화의 때에 조심하고 두려워하여(因其時而惕) 위험을 방비한다. 따라서 비록 위태롭지만 경계하면 위험을 방비할 수 있다.

▌구사에 대한 문언전

구사　중강이부중　상부재천　하부재전
九四는 重剛而不中하여 上不在天하며 下不在田하며
중부재인　고　혹지　혹지자　의지야　고　무구
中不在人이라 故로 或之하니 或之者는 疑之也니 故로 无咎라

구사는 거듭 강하나 중을 얻지 못하여, 위로는 하늘에 있지 않고, 아래로는 밭에 있지 않고, 가운데로는 사람에도 있지 않다. 그러므로 혹이라고 하니 혹이란 의심하는 것이므로 허물이 없다.

▶ 疑: 의심할 의

☑ 중부재인 의지야(中不在人 疑之也)

　구사는 음의 자리에 양이 있는데 중을 얻지 못했고(重剛而不中), 거듭된 양이 쌓여서 중첩된 굳셈이다(重剛). 구사는 위로는 천위에 있지 않고(上不在天), 아래로는 지위에 있지 않다(下不在田). 구삼과 구사는 모두 인위(人位)이다. 그러나 구사는 뛸 때 천위에 가깝고 다시 못에 돌아와서는 인위에 가까워도 인위에 있지 않다(中不在人). 의(疑)는 아직 결정하지 못한 말이다. 천지인의 어느 자리에도 속하지 않아 의심하고(或之), 의심이 있어도 시도하면(或之者 疑之也) 허물이 없다(无咎). 따라서 다소 의심이 있어도 시도해 보면 허물은 아니다.

▌구오에 대한 문언전

부대인자　여천지합기덕　여일월합기명
夫大人者는 與天也合其德하며 與日月合其明하며
여사시합기서　여귀신합기길흉
與四時合其序하며 與鬼神合其吉凶하니라

　　　　선천이천불위　　　후천이봉천시
先天而天弗違하며 後天而奉天時라
　　　천차불위　　이황어인호　　황어귀신호
天且弗違은 而況於人乎며 況於鬼神乎여!

대인은 천지와 덕에 부합하며, 해와 달과 밝음에 부합하고, 사계절과 질서에 부합하고, 귀신과 길흉에 부합한다. 하늘보다 먼저 해도 하늘의 (뜻을) 어기지 않고, 하늘보다 뒤에 해도 하늘의 때를 받든다. 하늘이 또한 어기지 않는데 하물며 사람이 어기며, 하물며 귀신이 (어기랴)!

▶ 合: 합할 합, 들어맞다, 일치하다, 적합하다.　吉: 운이 좋다, 착하다.

☑ 덕명서길흉(德明序吉凶)

구오를 해석한 것으로 대인(大人)은 주역에서 최고의 인격과 대덕을 갖춘 성인이다. 대인의 네 가지 조건을 제시한 것이다. 첫째, 대인은 큰 덕을 갖추고 있으니, 대인의 인품과 덕이 하늘의 덕에 부합해야 한다(與天也合其德). 둘째, 대인은 지혜를 갖추고 있으니, 해와 달의 운행 법칙에 부합해야 밝음이 있다(與日月合其明). 셋째, 대인은 질서를 존중하니, 사계절의 운행 법칙에 부합해야 한다(與四時合其序). 넷째, 대인은 신묘하니, 인도가 천도에 부합해야 길흉을 주재할 수 있다(與鬼神合其吉凶).

☑ 선천이천불위 후천이봉천시(先天而天弗違 後天而奉天時)

선천(先天)은 사람이 태어나기 전으로 천도(天道)이고, 후천(後天)은 사람이 태어난 후로 인도(人道)이다. 대인은 천도를 따르니 하늘도 대인의 뜻을 거스르지 않고 대인을 돕는다(先天而天弗違). 세상에 태어난 후에는 천시를 받들어 하늘에 어긋나지 않는다(後天而奉天時). 대인은 하늘보다 먼저 행하여도 하늘의 뜻을 어기지 않는다(先天不違). 이는 대인이 곧 하늘이고, 하늘이 곧 대인이기 때문이다. 하늘도 천도를 위배하지 않는데(天且弗違), 하물며 사람이나 귀신이 천도를 위배하겠는가(況於人乎 況於鬼神乎)? 따라서 천도를 따라야 하늘도 거스르지 않는다.

▊ 상구에 대한 문언전

　　　　항지위언야　　지진이부지퇴　　지존이부지망
亢之爲言也는 知進而不知退하며 知存而不知亡하며
　　지득이부지상　　기유성인호
知得而不知喪이니 其唯聖人乎아!

지 진 퇴 존 망　　이 불 실 기 정 자　　기 유 성 인 호
知進退存亡　而不失其正者　其唯聖人乎인제!

항(亢)이란 말은 나아갈 줄만 알고 물러설 줄은 모르며, 보존하는 것만 알고 망하는 것은 모르며, 얻는 것만 알고 잃는 것은 모르니, 이것이 성인이신가! 진퇴존망을 알고 그 바름을 잃지 않는 자가 성인이신가!

☑ 지존이부지망(知存而不知亡)

　　상구의 효사(亢龍有悔)를 해설한 것이다. 항룡(亢龍)은 창업을 할 줄만 알지 수성할 줄 모르고, 전진만 알지 후퇴를 모르고(知進而不知退), 얻는 것만 알지 잃는 것은 모른다(知得而不知喪). 상구는 끝까지 올라갔다가 돌이켜 내려가니 곧 물러남이고, 백성이 없고 도움이 없으니 곧 잃음이다.

　　나아감이 극에 달하면 물러나고, 보존함이 극에 달하면 없어지며(知存而不知亡), 얻음이 극에 이르면 잃어버리는 것이 이치이다. 성인은 알아서 미리 대처하고 위험을 방비한다. 따라서 상구는 전진과 후퇴, 보존과 상실, 이득과 손실을 알고 미리 대처해야 한다.

만물을 포용하는 땅 중지곤(重地坤)

02		坤上	重地坤
		坤下	중지곤

    중지곤괘(重地坤卦)는 상괘와 하괘가 모두 땅(地)을 의미하는 곤괘(坤卦: ☷)로, 이는 만물을 포용하는 상이다. 땅은 유순하며, 두 개의 곤이 중첩되어 있어 만물을 싣고, 하늘에 순응하여 만물을 낳고 기른다. 이는 편안하고 도량이 넓은 상태를 의미한다. 땅은 만물을 낳는 어머니를 뜻한다. 따라서 괘상은 상하가 모두 땅이 중첩된 중지(重地) 상이요, 괘명은 땅을 의미하는 곤괘(坤卦)이다. 땅의 원리에 순응하면 길한 결과를 얻을 수 있다. 곤괘는 건괘의 양효가 모두 음효로 변한 착괘(錯卦)이며, 곤괘는 여섯 효가 모두 음인 순음괘(純陰卦)이다.

    하늘이 열리고 땅이 열리면서 중천건 다음에 중지곤이 온다. 태초에는 가벼우면서 맑은 양의 기운이 올라가 하늘이 되고, 무거우면서 탁한 음의 기운이 아래에서 엉겨 땅이 되었다. 곤이 중첩되어 있어 지극히 유순하다. 곤은 하늘에 순응하여 천도를 이어받고, 땅은 만물을 육성한다. 곤(坤)은 땅의 성정을 상징하며, 지(地)는 땅의 형상이다.

    중지곤(重地坤)은 천도를 이어받아 유순하게 만물을 싣고 기르는 상이다. 초효는 이상견빙(履霜堅氷)으로, 이는 서리를 밟으면 얼음이 되는 상황이니, 일을 일찍 도모하지 않으면 커진다. 이효는 불습(不習)으로, 이는 익숙하지 않은 일을 하는 상황이니, 곧고 바르니 이롭다. 삼효는 함장가정(含章可貞)으로, 이는 아름다움을 머금어 바를 수 있는 상황이니, 지혜가 크고 빛난다. 사효는 괄낭(括囊)으로, 이는 자루를 묶는 상황이니, 말을 신중히 하면 설화에 시달리지 않는다. 오효는 황상원길(黃裳元吉)으로, 이는 황색치마를 입은 상황이니, 분수를 지키면 크게 길하다. 육효는 용전우야(龍戰于野)로, 이는 용들이 들에서 싸워 피가 줄줄 흘러내리는 상황이니, 일보 후퇴하지 않는다면 흉하다.

▌ 괘사

坤은 元亨하고 利牝馬之貞이니 君子는 有攸往이니라
先迷하고 後得하니 主利하니라
西南得朋이요 東北喪朋이니 安貞하면 吉하니라

곤(坤)은 위대하고 형통하고 암말의 바름이 이로우니, 군자는 갈 바가 있다. 먼저 가면 미혹하나 뒤에 가면 (길을) 알고 주관하니 이롭다. 서쪽과 남쪽은 벗을 얻고, 동쪽과 북쪽은 벗을 잃는다. 편안하고 바르게 하면 길하다.

▶ 坤: 땅 곤　牝: 암컷 빈　貞: 곧을 정, 바르다.　攸: 바 유　往: 갈 왕　迷: 미혹할 미, 길을 잃다.　得: 얻을 득, 알다.　主: 임금 주, 주관하다.　朋: 벗 붕

☑ 건(乾)과 곤(坤)

　건괘(乾卦)는 하늘, 군주, 아버지, 남성과 강건을 상징하나, 곤괘(坤卦)는 땅, 신하, 어머니, 여성과 유순을 상징한다. 건괘와 곤괘는 우주에서 하늘과 대지를, 국가에서 군주와 신하를, 가정에서 아버지와 어머니를 상징하는 가장 중추적인 괘이다. 건은 만물의 생성을 시작하는 선천을 주장하고, 곤은 결실의 이로움을 거두어들이는 후천을 주장한다. 건은 양을 대표하고 만물을 낳고, 곤은 음을 대표하고 만물을 기른다.

☑ 곤원형 이빈마지정(坤元亨 利牝馬之貞)

　곤은 만물을 기르니 위대하고 형통하다(坤元亨). 곤괘는 유순을 바름으로 삼는다. 암말의 성정이 유순한 것을 땅의 성정에 비유한다. 곤은 천도에 순응하고 유순하게 만물을 기른다. 암말은 유순하고 끈기 있게 잘 달리고, 굳은 정조가 있고, 새끼를 낳고 잘 기르는 덕성이 있듯이, 대지는 암말처럼 만물을 생장하는 성정이 있다. 따라서 암말은 유순하고 바르니 이롭다(利牝馬之貞).

☑ 군자 유유왕(君子 有攸往)

　유(攸)는 ~하는 바[所], 왕(往)은 나아가다[行]를 뜻한다. 군자는 암말의 유순하고 바르고 굳건한 행실을 본받아 나아갈 바가 있다(君子 有攸往). 왕(往)은 목표를 하고 간다, 정(征)은 바르게 나아간다는 뜻이다.

☑ 선미후득 주리(先迷後得 主利)

선(先)은 먼저 가다, 미(迷)는 길을 잃다, 후(後)는 뒤에 가다, 득(得)은 길을 알다를 뜻한다. 건(乾)은 천도를 주도하니 군주에 해당하고, 곤(坤)은 군주를 보조하니 신하에 해당한다.

무왕은 은나라를 정벌할 때 암말을 타고 먼저 출병하여 길을 잃었으나(先迷) 뒤에 길을 알고 주관하니 이롭다(後得 主利). 군주는 먼저 길을 알고 백성을 통치하는 결정을 내리나 신하는 뒤에 군주의 결정을 따른다. 곤괘는 신하의 도리로 마땅히 군주의 뒤를 따르고 순종해야 군주를 이롭게 하지만, 스스로를 앞서면 길을 찾지 못한다.

☑ 서남득붕 동북상붕 안정 길(西南得朋 東北喪朋 安貞 吉)

곤괘의 자리는 서남방이다. 서남쪽은 좋고 동북쪽은 해롭다(西南得朋 東北喪朋). 서남쪽은 주나라의 우방이 있어 벗을 얻고, 동북쪽은 주나라의 강적이 있다. 주나라 문왕이 동북쪽으로 가면 적을 만난다는 말이다. 백성을 혹세무민하고 선동하는 정치는 결국은 백성의 신뢰를 잃게 될 것이다. 따라서 괘상은 땅의 도를 순응하는 상으로, 점사는 땅의 도를 순응하면 길을 찾고 길하다.

▌괘사에 대한 단전

단 왈 지 재　　곤 원　　만물자생　　내 순 승 천
象曰 至哉라! **坤元**이여! **萬物資生**하니 **乃順承天**이라
곤 후 재 물　　덕 합 무 강　　함 홍 광 대　　품 물 함 형
坤厚載物이 **德合无疆**하며 **含弘光大**하니 **品物咸亨**하니라
빈 마 지 류　　행 지 무 강　　유 순 리 정　　군 자 유 행
牝馬地類니 **行地无疆**하고 **柔順利貞**이니 **君子攸行**이라
선 미 실 도　　후 순 득 상　　서 남 득 붕　　내 여 류 행
先迷失道하고 **後順得常**하니라 **西南得朋**하면 **乃與類行**이요
동 북 상 붕　　내 종 유 경　　안 정 지 길　　응 지 무 강
東北喪朋이어도 **乃終有慶**이라 **安貞之吉**하니 **應地无疆**이니라

「단전」에서 말했다. 지극하도다! 곤의 원이여! 만물이 (곤에) 의하여 생겨나니 곧 순응하여 하늘을 받든다. 곤의 두터움이 만물을 싣고, 그 덕이 끝없이 합하고, 넓게 포용하며 빛나고 위대하니 만물이 다 형통하다. 암말은 땅에 있는 무리로 땅을 걸어감이 끝이 없고, 유순하고 바르게 함이 이로우니 군자가 행하는 바이다. 먼저 가면 혼미하여 길을 잃고, 뒤에 가면 길을 따라가서 항구함을 얻는다. 서남쪽에서 벗을 얻으면 곧 무리와 함께 감이요, 동북쪽에서 벗을 잃어도 마침내 경사가 있게 될 것이다. (마음을) 편안하고 바르게 하면 길하니 끝없이 땅의 (섭리에) 응한다.

▶ 資 : 재물 자, 의지하다. 承 : 이을 승, 받들다. 載 : 실을 재 合 : 합할 합, 들어맞다. 疆 : 지경 강, 끝, 한계
含 : 머금을 함, 품다. 弘 : 클 홍, 넓다. 順 : 순할 순, 따르다.

☑ 지재곤원 만물자생 내순승천(至哉坤元 萬物資生 乃順承天)

자생(資生)은 의하여 생기다는 뜻이다. 시(始)는 기운이 시작하는 것이고, 생(生)은 형체가 시작하는 것이다. 하늘은 위대하고(大哉), 땅은 지극하다(至哉). 하늘은 만물을 시작하고, 곤은 만물을 생기게 하니(萬物資生) 땅이 순응하여 천도를 받든다(乃順承天). 따라서 하늘의 운행을 순응하고 받드는 것이 땅의 도이다.

☑ 곤후재물 덕합무강(坤厚載物 德合无疆)

건은 쉬지 않고(不息), 곤은 끝이 없다(无疆). 쉼이란 시간의 표현이고, 끝이란 지형의 표현이다. 끝이 없다는 것은 곧 하늘이 쉬지 않는 것이다. 따라서 곤은 쉬지 않아 오래할 수 있고, 끝이 없어 위대할 수 있다.

만물이 건에 의하여 시작하고 곤에 의하여 낳으니 부모의 도이다. 곤은 덕이 두터워 만물을 싣고, 그 덕은 끝없이 합하고 빛나고 위대하니 만물이 다 형통하다(坤厚載物 德合无疆). 곤은 덕이 두텁기 때문에 하늘을 이어서 만물을 실으니, 땅의 덕은 끝이 없는 경지에 이른다.

☑ 함홍광대 물품함형(含弘光大 品物咸亨)

함홍(含弘)은 넓고 관대하게 포용하는 것이고, 광대(光大)는 빛나고 위대한 대지의 덕이다. 땅의 덕은 끝이 없어서 만물을 빛나고 위대하게 하니 만물이 모두 형통하다(品物咸亨). 곤은 관대하게 포용하고, 빛나고 위대하니(含弘光大) 만물이 다 형통하다. 형통(亨通)하다는 일이 뜻과 같이 잘되어 가다, 길(吉)하다는 목적을 이루다는 뜻이다.

☑ 빈마지류 행지무강(牝馬地類 行地无疆)

암말은 음의 성질이 있는 땅에 속한 부류로(牝馬地類) 끝없이 잘 뛰며 성정이 유순하고 굳건하다. 암말은 땅을 가는 데 한계가 없으니(行地无疆) 숫말에 비해 인내심과 지구력이 더 크고 더 멀리 갈 수 있으니 이는 암말의 굳셈이다.

☑ 유순리정 군자수행(柔順利貞 君子攸行)

군자는 암말이 유순하고 바르고 이로운 덕(柔順利貞)을 본받아 바르게 행하여야 한다(君子攸行).

☑ 선미실도 후순득상(先迷失道 後順得常)

곤괘는 신하의 도리이며 순종의 도리이다. 먼저 가면 혼미하여 길을 잃게 되는 것(先迷失道)은 길을 안내하는 자가 없으니 길을 찾지 못해서 길을 잃는다. 뒤에 가면 안내를 따라가는 것(後順得常)은 편안하고 바른 길을 갈 수 있다.

☑ 서남득붕 내여류행(西南得朋 乃與類行)

서남쪽에서 벗을 얻으면 같은 무리들끼리는 함께 지낸다(西南得朋 乃與類行). 서남쪽은 주나라의 우방이 있어 벗을 얻고, 동북쪽은 주나라의 강적이 있어 벗을 잃는다.

☑ 동북상붕 내종유경(東北喪朋 乃終有慶)

동북쪽에서 벗을 잃어도(東北喪朋) 반드시 서남쪽으로 되돌아오게 되니 마침내 경사가 있다(乃終有慶). 동북쪽에서는 벗을 잃게 될지라도 서남쪽으로 돌아오면 벗을 얻게 되어 경사가 있다.

☑ 안정지길 응지무강(安貞之吉 應地无疆)

마음을 편안하고 바르게 하면 길하니 끝없이 땅의 섭리에 응한다(安貞之吉 應地无疆). 마음을 편안히 하고 바르게 하는 것은 광대한 곤의 덕과 같이 끝이 없어서 무한히 넓고 크다. 따라서 군자는 땅을 본받아 덕이 두텁고 깊고 끝이 없다.

▌ 괘사에 대한 대상전

 象曰 地勢坤이니 君子 以하여 厚德載物하니라
(상왈 지세곤 / 군자 이 / 후덕재물)

「상전」에서 말했다. 땅의 형세가 유순하니 군자는 이를 본받아 두터운 덕으로 만물을 싣는다.

▶ 勢: 형세 세 坤: 땅 곤, 유순 以: 써 이, 본받다. 載: 실을 재

☑ 지세곤 군자이 후덕재물(地勢坤 君子以 厚德載物)

곤(坤)은 유순하다, 이(以)는 본받는다, 후(厚)는 두텁고 깊다, 덕(德)은 품격과 덕성을 뜻한다. 하늘은 양이고 굳세고, 땅은 음이고 순하다. 곤은 하늘을 순응하고 받드니 순하다.

　　건괘는 하늘의 운행이 강건하니(天行健) 기운으로써 운행함이요, 곤괘는 땅의 형세가 순하니(地勢坤) 형체로써 실어줌이다. 땅의 형세는 서북쪽이 높고 동남쪽이 낮지만 그 높고 낮음은 끝이 없어서, 지극히 크고 두터워 실어주지 않는 것이 없다(厚德載物). 땅의 형세는 항상 유순한 도리가 있고, 두터움이 지극하다. 따라서 군자가 곤의 상을 보고 본받아 깊고 두터운 덕으로 모든 백성을 포용한다.

▌초육 효사와 소상전

초 육　　　이 상 견 빙 지
初六은 履霜堅氷至니라
상 왈　이 상 견 빙　　음 시 응 야　　순 치 기 도　　　지 견 빙 야
象曰 履霜堅氷은 陰始凝也니 馴致其道하여 至堅氷也라

초육은 서리를 밟으면 단단한 얼음이 된다. 「상전」에서 말했다. "서리를 밟으면 단단한 얼음이 됨"은 음이 처음 응결한 것으로, 그 도를 길들여 이루어 단단한 얼음이 되는 것이다.

▶ 履: 밟을 리(이)/신 리(이)　霜: 서리 상　堅: 굳을 견　氷: 얼음 빙　至: 이를 지, 이루다.　凝: 엉길 응,
　얼다.　馴: 길들일 순, 익숙하다.

☑ 이상견빙지(履霜堅氷至)

　　초육의 음은 미약하나 방심하면 성대해져 재앙이 된다. 서리를 밟으면 얼음이 됨(履霜堅氷至)은 날씨가 추워지면 서리가 내리고, 서리가 쌓이면 단단한 얼음이 되는 것을 비유한 것이다. 서리[霜]는 음의 기운이 처음 응결된 것인데, 응결됨이 오래되면 단단해지고, 응결된 음의 기운이 점차적으로 자라서 단단한 얼음에 이르니, 단단하면 강하고 견고하다.

　　서리를 밟음(履霜)은 잘못과 죄를 저지른다는 뜻이다. 서리를 밟았는데도 분별하지 않고 과거처럼 행하면 반드시 얼음을 밟게 될 것이다. 마치 악(惡)이 처음에는 작아서 해가 되지 않더라도 그 형세는 반드시 커진다. 처음에는 미약하더라도 후에는 커져 심각한 문제가 되니 미리 경계하고 대비해야 한다.

☑ 음시응야 순치기도 지견빙야(陰始凝也 馴致其道 至堅氷也)

　　순(馴)은 익혀서 성대함에 도달하고, 습(習)은 그대로 따르는 것이다. 음이 처음 응결하여 서리가 되니(陰始凝也) 점점 성대해지면 단단한 얼음이 된다(至堅氷也). 비록 시작은 미약하더

라도 끝은 성대해지니, 일찍 도모하지 않고 길들여지면 커지는 것이다. 따라서 효상은 서리를 밟으면 얼음이 되는 상으로, 점사는 일을 일찍 도모하지 않으면 커진다.

▌육이 효사와 소상전

육 이 직 방 대 불 습 무 불 리
六二는 直方大라 不習无不利니라
상 왈 육 이 지 동 직 이 방 야 불 습 무 불 리 지 도 광 야
象曰 六二之動이 直以方也니 不習无不利는 地道光也라

육이는 곧고 바르고 위대하니 익히지 않아도 이롭지 않음이 없다. 「상전」에서 말했다. 육이의 행동은 곧고 바르니, "익히지 않아도 이롭지 않음이 없음"은 땅의 도가 빛나기 때문이다.

▶ 直: 곧을 직 方: 모 방/본뜰 방, 바르다. 動: 움직일 동

☑ 직방대(直方大)

　육이는 하괘의 중(中)을 얻고 음의 자리에 음효가 왔으니 정(正)을 얻어 곤괘의 중심이 된다. 직(直)은 정직하고 곧다, 방(方)은 바르다, 대(大)는 위대하다는 의미이다. 곤은 곧고 바르고 위대하다(直方大). 이것은 대지의 속성으로 대인의 속성이다. 무왕이 익숙하지 않은 지역을 군사를 거느리고 행군하였다. 무왕이 곧고 반듯하니 그 지역 백성들이 무왕에게 순종하였다.

☑ 불습 무불리(不習 无不利)

　곤은 곧고 바르고 위대하기(直方大) 때문에 배워 익히지 않아도(不習) 이롭지 않음이 없다(无不利). 불습(不習)은 배우지 않아도 저절로 아는 것으로, 곤의 도는 애쓰지 않아도 되고, 성인은 덕을 갖추어 저절로 도에 합치한다. 대지는 선악을 분별하지 않고도 포용한다.
　땅은 유순하여 억지로 힘쓰지 않아도 이롭지 않음이 없으니, 땅의 도는 광대하다. 땅은 선악 시비를 분별하지 않고, 어떤 것도 차별하지 않고 있는 그대로 수용하니, 이런 정신을 체득한 사람은 더 익힐 것이 없다. 덕은 안으로는 곧고 밖으로는 방정하고 또 성대하니, 굳이 학습하지 않아도 이롭지 않음이 없다.

☑ 동 직이방야 불습무불리(動 直以方也 不習无不利)

　움직임[動]은 행동이다. 움직임은 하늘을 이어서 땅이 행하는 것이다. 직(直)은 건이 운행하

는 길을 곤이 조금도 어긋나지 않고 순응하는 것이다. 땅은 조금도 자기 뜻을 보태지 않고 하늘의 길을 따라가니, 땅의 도는 안으로 곧고 밖으로 바르니(直以方也) 익히지 않아도 저절로 이롭다(不習无不利).

☑ 지도광야(地道光也)

밝음[光]은 만물을 포용하여 빛나는 것이다. 땅이 만물을 기를 때에 속에 감추어진 것들이 모두 밖으로 드러내니, 땅의 바름이다. 땅의 도가 곧고 바르고 위대하니 저절로 빛난다(地道光也). 따라서 효상은 익히지 않은 일을 하는 상으로, 점사는 곧고 바르니 이롭다.

■ 육삼 효사와 소상전

육삼 함 장 가 정   혹 종 왕 사   무 성 유 종
六三은 含章可貞이니 或從王事이라도 无成有終이라
상 왈 함 장 가 정   이 시 발 야   혹 종 왕 사   지 광 대 야
象日 含章可貞은 以時發也요 或從王事는 知光大也라

육삼은 아름다움을 머금고 바르게 할 수 있으나, 혹 왕의 일을 따르더라도 이룸은 없어도 마침은 있을 것이다. 「상전」에서 말했다. "아름다움을 머금어 바르게 할 수 있음"은 때에 맞추어 드러내는 것이다. 혹 왕의 일을 따르는 것은 지혜가 빛나고 큰 것이다.

▶ 含: 머금을 함, 드러내지 아니하다. 章: 글 장, 문채, 밝다. 貞: 곧을 정, 바르다.

☑ 함장가정(含章可貞)

함(含)은 속에 숨기어 겉으로 드러내지 않는 것이다. 장(章)은 아름다운 문채를 말하며, 아름다운 재능이나 지혜를 뜻한다. 육삼은 내괘의 맨 위에 있고, 양자리에 음이 있으니 안에 아름다움을 머금고 곧게 지킬 수 있는데(含章可貞) 이는 자신의 재능을 감추면 바른 도를 지킬 수 있다.

☑ 혹종왕사 무성유종(或從王事 无成有終)

육삼은 아름다움[章]에다 곧음[貞]까지 갖추었다. 곧음이란 암말의 곧음, 즉 신하로서의 곧음이다. 이런 신하가 임금과 같이 일을 하면 모든 업적을 당연히 임금에게 돌릴 것으로, 비록 개인적으로는 얻는 바가 없어도 나라 전체로는 큰 성과가 있을 것이다. 왕의 일을 따르더라도(或從王事) 큰 업적을 내지는 못하나 끝은 아름답다(无成有終).

신하는 자신의 빛나는 아름다움[재능]을 속에 넣어 겉으로 드러내지 아니하고, 잘한 것이 있으면 그것을 임금에게 돌려야 바름을 얻을 수 있다. 이렇게 하면 윗사람은 시기하지 않고, 아랫사람은 유순한 도를 얻는다. 따라서 재능이 있더라도 윗사람의 뜻을 따른다.

☑ 이시발야(以時發也)

신하는 자신의 아름다움[재능]을 머금고 감추어 바르게 되어 떳떳할 수 있으나, 의리상 당연히 때에 맞춰 드러내지만(以時發也) 그 공을 차지하지 않는다. 그 마땅함을 잃지 않는 것은 바로 때에 맞추는 것이고, 아름다움을 머금는 것은 곤의 고요함이고, 때에 맞춰 드러내는 것은 곤의 움직임이다.

☑ 혹종왕사 지광대야(或從王事 知光大也)

혹 왕의 일을 따르는 것은 지혜가 빛나고 큰 것이다(或從王事 知光大也). 자신의 공을 감추니 지혜가 빛나고 크다. 따라서 효상은 아름다움을 머금어 바를 수 있는 상으로, 점사는 재능이 있더라도 윗사람의 뜻을 따르면 지혜가 크고 빛난다.

■ 육사 효사와 소상전

_{육 사} _{괄 낭} _{무 구 무 예}
六四는 括囊이면 无咎无譽리라
_{상 왈} _{괄 낭 무 구} _{신 불 해 야}
象曰 括囊无咎는 愼不害也라

육사는 자루를 묶듯 감추면 허물도 없고 칭찬도 없을 것이다. 「상전」에서 말했다. "자루를 묶듯 감추면 허물이 없음"은 삼가면 해롭지 않은 것이다.

▶ 括: 묶을 괄　囊: 주머니 낭, 자루　譽: 기릴 예/명예 예, 칭찬

☑ 괄낭 무구무예(括囊 无咎无譽)

괄(括)은 묶다, 낭(囊)은 자루로 괄낭(括囊)은 자루를 묶다는 뜻으로 재능을 감추어 드러내지 않거나 말을 조심한다는 말이다. 자루를 묶어놓은 듯이 감춤(括囊)은 자루의 입구를 묶어서 나오지 못하게 한다. 조용히 있으면서 나가지 않아야 허물도 없고(无咎), 드러낼 만한 일을 행하지 않으므로 또한 칭찬받을 만한 것도 없다(无譽).

　　육사는 임금을 곁에서 보좌하는 대신의 자리다. 권력의 핵심에 있어 위험한 자리로 자신의 의견을 주장하지 말고 대세에 맞게 처신해야 한다. 따라서 자루를 묶듯이 재능을 숨겨 행동을 삼가야 위태로움이 없다.

☑ 괄낭무구 신불해야(括囊无咎 愼不害也).

　　자루를 묶듯 감추는 것(括囊)은 재능을 감추고 말을 삼가는 것이고(愼), 허물이 없기 때문에 (无咎) 해롭지 않은 것이다(不害也). 무구(无咎)는 과실이나 재앙이 없다는 뜻이다. 때에 따라 재능을 감추고 말을 지극히 삼가면 재앙이 없다. 따라서 효상은 자루를 묶는 상으로, 점사는 말을 신중히 하면 설화에 시달리지 않는다.

■ 육오 효사와 소상전

　　　　육 오　　　황 상 원 길
六五는 黃裳元吉이라
　　　　상 왈　황 상 원 길　　　문 재 중 야
象曰 黃裳元吉은 文在中也라

육오는 황색치마를 걸치면 크게 길하다. 「상전」에서 말했다. "황색치마를 걸치면 크게 길함"은 문채가 중에 있기 때문이다.

▶ 裳: 치마 상　文: 글월 문, 문채, 아름답다.　吉: 길할 길, 운이 좋다, 착하다.

☑ 황상원길(黃裳元吉)

　　黃(황)은 길하고 상서로운 색으로 地色이며 중앙의 색인데, 이는 군자가 中庸의 덕을 가진 것을 말한다. 황색은 군주의 신분을 상징한다. 의(衣)는 윗도리, 상(裳)은 아랫도리이다. 치마는 여자를 상징하니 황색치마(黃裳)는 왕비나 큰 권력을 갖고 있는 신하를 상징한다. 곤괘는 신하의 도리로 신하가 황색치마를 걸치면 크게 길하다(黃裳元吉). 신하가 큰 권력을 갖고 있으면서도 분수를 지키면 길하다는 말이다.

☑ 황상원길 문재중야(黃裳元吉 文在中也)

　　황색치마를 걸치면서도 크게 길한 이유(黃裳元吉)는 문채가 중앙에 있기 때문이다(文在中也). 황색은 중앙을 상징하는 문채이며, 중앙에 있다는 것은 중도를 지켜 지나침이 없음이다.

큰 권력이 있으면서도 중도를 행하고 자신의 위치와 분수를 지키면 크게 길하다. 따라서 효상은 황색치마를 입은 상으로, 점사는 분수를 지키면 크게 길하다.

상육 효사와 소상전

상 육   용 전 우 야   기 혈 현 황
上六은 龍戰于野하니 其血玄黃이니라
象 왈   용 전 우 야   기 도 궁 야
象曰 龍戰于野는 其道窮也라

상육은 용이 들에서 싸우니 그 피가 검고 누렇다. 「상전」에서 말했다. "용이 들에서 싸움"은 그 도가 끝에 이르렀기 때문이다.

▶ 戰: 싸움 전 玄: 검을 현

☑ 용전우야 기혈현황(龍戰于野 其血玄黃)

상육에서 용은 본분을 망각하고 권력을 장악하려고 투쟁한다. 건괘 상육이 너무 높이 올라 후회가 있다면, 곤괘 상육은 자신의 본분을 망각하고 군주의 지위를 차지하려고 한다. 용이 싸운다면 한 용은 기존에 있던 용이요, 다른 용은 새롭게 나타난 용이다.

음은 양을 따르지만 성대함이 지극하면 대항해서 싸운다. 용은 양의 기운으로 하늘이고, 들은 음의 기운으로 땅이며, 싸움은 음양의 교합이다. 음효가 이미 극에 달했으니 나아가기를 멈추지 않으면, 용들은 들에서 권력을 장악하려고 싸운다(龍戰于野).

서로 싸우는 두 용은 모두 피를 흘린다. 신흥 용은 아직 힘을 갖추지 못하였고, 기존 용은 이미 힘이 약화되었다. 대적하면 반드시 모두 상처를 입고, 피를 많이 흘린다(其血玄黃). 그 피가 검고 누렇다는 것은 쌍방이 격렬한 싸움으로 모두 상처를 입었다는 것이다.

☑ 용전우야 기도궁야(龍戰于野 其道窮也)

용들이 들에서 싸움(龍戰于野)은 그 도가 끝에 이르렀기 때문이다(其道窮也). 음의 성대함이 끝까지 가면 반드시 다투고 상처를 입는다. 따라서 효상은 용들이 들에서 싸워 피가 줄줄 흘러내리는 상으로, 점사는 일보 후퇴하지 않는다면 흉하다.

▌ 용육 효사와 소상전

용육 　 이영정
用六은 利永貞이니라
상왈 용육영정 　 이대종야
象曰 用六永貞은 以大終也라

용육은 영원히 바르게 하는 것이 이롭다. 「상전」에서 말했다. "용육이 영원히 바르게 함"은 끝을 성대히 하기 때문이다.

▶ 大: 클 대(태)/큰 대, 성대하다, 고귀하다, 훌륭하다.

☑ 용육 이영정(用六 利永貞)

용육(用六)은 여섯 음효를 모두 사용하여 해석하는 방법이다. 용육은 영원히 바르게 하는 것이 이롭다(用六 利永貞). 주공이 두 동생의 난을 평정하니 주나라는 오랫동안 안정되었다. 오랜 기간 이로운 상황으로 좋은 운을 만났으니 하는 일이 오래도록 이롭다.

☑ 이대종야(以大終也)

음이 바름[貞]과 단단함[固]이 부족하면 영원할 수 없고 끝마칠 수 없으므로 육을 사용하는 방법은 이로움이 끝을 성대하게 하는 데 있다(以大終也). 끝을 성대하게 할 수 있어야 영원하고 곧은 것이다. 시작은 작지만 끝이 성대하다(始小而終大). 따라서 곤괘의 음이 시작은 작지만 변화를 다하면 크다.

▌ 괘사에 대한 문언전

문언왈 곤 　 지유이동야강 　 지정이덕방
文言曰 坤은 至柔而動也剛하고 至靜而德方이니라
후득 　 주 리 이유상 　 함만물이화광
後得하여 主(利)而有常하며 含萬物而化光하니
곤도 기순호 　 승천이시행
坤道 其順乎인져! 承天而時行하니라

문언전에서 말했다. 곤은 지극히 유순하되 움직임이 강건하고, 지극히 고요하되 덕이 바르다. 뒤에 하면 얻어서 이로움을 주관하여 상도가 있고, 만물을 포용하여 조화가 빛나니, 곤의 도가 순하구나! 하늘을 받들어 때에 맞게 행한다.

▶ 靜: 고요할 정   方: 모 방, 바르다.   含: 머금을 함, 포용하다.

☑ 곤지유이동야강(坤至柔而動也剛)

　양효는 강건하나 음효는 유순하다. 곤괘는 음효로 이루어진 순음괘로 지극히 유순하다(坤至柔). 음은 유순하나 한 번 움직이면 강건하다(動也剛). 예를 들면, 바닷물은 유순해 보이지만 한 번 태풍이 불면 힘이 강건하고 무섭다. 동(動)은 변하는 것으로 곤괘의 음효가 모두 변하면 건괘가 되어 가장 강건하다.

☑ 지정이덕방(至靜而德方)

　곤이 지극히 유순하되 움직임이 강건함(坤至柔而動也剛)은 음의 도요, 지극히 고요하되 덕이 바름(至靜而德方)은 땅의 도다. 강건[剛]과 바름[方]은 암말의 곧음이다. 따라서 대지의 덕은 고요하고 바르다.

☑ 후득 주리이유상(後得 主利而有常)

　땅은 하늘 뒤에 하면 도를 얻어서 이로움을 주관하여 상도(常道)가 있다(後得 主利而有常). 음이 양을 따라 이로움을 주관하는 것이 바로 상도이다. 땅은 뒤에 하면서 건에 순응하면 그 도를 얻어 이로움을 주관할 수 있다. 하늘이 비를 뿌리니 땅은 만물을 생장수장(生長收藏)하고 이로움을 주관한다.

☑ 함만물이화광(含萬物而化光)

　만물을 포용하여 조화가 빛남(含萬物而化光)은 곤이 만물을 포용하여 낳고 기르니, 그 조화의 덕이 지극히 크다는 의미이다. 고요히 닫혀 있을 때는 속에 만물을 낳으려는 뜻을 품고 있고, 움직여서 열리면 만물을 낳아 길러 빛낸다는 말이다. 예를 들면, 암탉이 알을 품을 때는 조용하나 알을 낳을 때는 요란하다.

☑ 곤도기순호 승천이시행(坤道其順乎 承天而時行)

　원(元)은 곤의 도가 하늘을 받들어 때에 맞게 행하는 것이고, 형(亨)은 만물을 포용하여 조화가 빛나는 것이며, 리(利)는 뒤에 하면 얻어서 이로움을 주장하여 상도가 있는 것이다.

　곤의 도는 유순하니(坤道其順乎) 하늘의 도를 받들어 때에 맞춰 운행한다(承天而時行). 하늘의 베풂을 받들어 행함이 때에 어긋나지 않는다는 것으로, 곤도가 유순함을 찬미한 것이다. 음의 도는 하늘을 기다려 화답한다. 뒤에 있는 것이 얻음이 되어 만물을 이롭게 주관하니 곤의 상도이고, 만물을 받아들이므로 그 조화가 빛나고 크다.

▌ 괘사에 대한 문언전

積善之家는 必有餘慶하고 積不善之家는 必有餘殃이라
臣弑其君하며 子弑其父는 非一朝一夕之故라
其所由來者 漸矣이나 由辯之不早辯也니라

착한 일을 쌓은 집안은 반드시 남은 경사가 있고, 착하지 않은 일을 쌓은 집안은 반드시 남은 재앙이
있다. 신하가 그 임금을 시해하고 자식이 그 부모를 죽이는 것은 하루아침이나 하루저녁의 연고가 아
니다. 그 이유가 점차 자란 것이나 분별할 것을 일찍 분별하지 않았기 때문이다.

▶ 積: 쌓을 적　殃: 재앙 앙　弑: 윗사람 죽일 시　漸: 점점 점/적실 점, 자라다.　由: 말미암을 유, 까닭　辯:
말씀 변, 분별하다.

☑ 적선지가 필유여경(積善之家 必有餘慶)

　선행과 악행은 경사와 재앙으로 인과응보한다. 착한 일을 쌓은 집안은 반드시 자신과 자손
에게 경사가 있다(積善之家 必有餘慶). 세상의 일은 쌓여서 이루어지지 않은 것이 없으니, 집안
에서 쌓은 것이 좋은 일이면 복과 경사가 자손에게 있다.

☑ 적불선지가 필유여앙(積不善之家 必有餘殃)

　착하지 않은 일을 쌓은 집안은 반드시 자신과 자손에게 재앙이 있다(積不善之家 必有餘殃).
쌓은 것이 좋지 않으면 재앙이 후세에게 미친다. 따라서 선행을 쌓은 집안은 반드시 자손에게
길한 일이 생기나 악행을 쌓은 집안은 반드시 자손에게 재앙이 생긴다.

☑ 신시기군 자시기부(臣弑其君 子弑其父)

　신하가 임금을 시해하고(臣弑其君) 자식이 부모를 죽이는 것(子弑其父)은 하루아침이나 하
루저녁의 연고가 아니다(非一朝一夕之故). 이러한 패륜은 갑자기 나타나는 것이 아니라 오랜
세월에 걸쳐 쌓여진 결과이다.

☑ 기소유래자 점의 유변지부조변야(其所由來者 漸矣 由辯之不早辯也)

　그 이유가 점차 자란 것이나(其所由來者 漸矣), 분별할 것을 일찍 분별하지 않았기 때문이다(由辯之不早辯也). 군주나 부모를 죽이는 큰 죄는 모두 쌓이고 쌓여서 된 것이지 갑자기 생긴 일이 아니다. 따라서 악행과 패륜은 오랜 세월에 걸쳐 쌓여진 결과이다.

▌초육에 대한 문언전

역 왈 이 상 견 빙 지　　개 언 순 야
易曰 履霜堅氷至하니 蓋言順也라

주역에서 말했다. "서리를 밟으면 굳은 얼음이 얼게 된다"고 했으니, 대개 순리대로 이루어짐을 말한다.

▶ 履: 밟을 리(이)/신 리(이)　霜: 서리 상　順: 순할 순, 순서

☑ 이상견빙지 개언순야(履霜堅氷至 蓋言順也)

　서리를 밟으면 굳은 얼음이 얼게 되고(履霜堅氷至), 작은 잘못이 큰 잘못이 되는 것은 모두 일이 순차적으로 일어나는 것을 말한다(蓋言順也). 미약한 초기때부터 반드시 삼가야 하고, 분별해야 할 것을 일찍부터 분별해야 악행이 자라지 않는다. 따라서 미리 악행의 조짐을 분별하면 재앙을 면할 수 있다.

▌육이에 대한 문언전

직　 기 정 야　 방　 기 의 야
直은 其正也요 方은 其義也니라
군 자　경 이 직 내　　의 이 방 외　　경 의 립 이 덕 불 고
君子 敬以直內하고 義以方外하여 敬義立而德不孤하니라
직 방 대　불 습 무 불 리　　즉 불 의 기 소 행 야
直方大 不習无不利는 則不疑其所行也라

직(直)은 바름이요 방(方)은 의로움이다. 군자가 공경으로써 안을 곧게 하고 의로움로써 밖을 바르게 하여, 공경과 의로움이 확립되면 덕 있는 사람은 외롭지 않다. "곧고 바르고 커서 익히지 않아도 이롭지 않음이 없음"은 그 행하는 바를 의심하지 않는 것이다.

▶ 直: 곧을 직 方: 모 방, 의리, 바르다. 敬: 공경 경 立: 설 립(입) 孤: 외로울 고

☑ 직기정야 방기의야(直其正也 方其義也)

직(直)은 품성이 바르고 정직한 것이고(直其正也), 방(方)은 행동이 바르고 점잖으니 의로운 것이다(方其義也). 곧게 하고 바르게 하는 것은 사람의 도리이다.

☑ 경이직내 의이방외(敬以直內 義以方外)

경(敬)은 자신의 도를 지키는 것으로 곧은 것이다(直內). 의(義)는 이치대로 행동하는 것으로 바른 것이다(方外). 정직(正直)은 내적인 마음의 상태이며, 공경(恭敬)과 방의(方義)는 외적 행동의 표현이다. 내적으로 마음이 정직하면 외적으로 공경이 드러나고(敬以直內), 외적으로 의로우면 바르게 행동하는 것이다(義以方外).

☑ 경의립이덕불고(敬義立而德不孤)

공경과 의로움은 정직한 마음이 외부로 드러난 행동이다. 공경과 의로움이 있으면 덕이 성대해지니, 덕이 있는 사람은 반드시 따르는 사람이 있으므로(德必有隣) 외롭지 않다(敬義立而德不孤). 따라서 군자가 공경과 의로움을 실천하면 사람들이 따르니 외롭지 않다.

☑ 직방대 불습무불리(直方大 不習 无不利)

곤은 곧고 바르고 위대하기(直方大) 때문에 땅은 배워 익히지 않아도(不習) 이롭지 않음이 없다(无不利). 곤의 도는 넓고 크기 때문에 배우지 않아도 잘 할 수 있다.

☑ 불의기소행야(不疑其所行也)

곧고 바름은 대지의 속성으로 대인의 속성이다. 땅의 움직임은 위대해서 곧고 바르게 행하는 품행을 조금도 의심하지 않는다(則不疑其所行也). 정직과 방정은 통하지 않는 곳이 없고, 베풀어서 이롭지 않은 곳이 없으니, 덕이 있는 사람의 품행을 조금도 의심하지 않는다. 따라서 내외로 곧고 바르고 공경하고 의롭게 행동하면 사람들이 따라 주니 외롭지 않다.

▌육삼에 대한 문언전

^{음 수 유 미} ^{함 지} ^{이 종 왕 사} ^{불 감 성 야}

陰雖有美나 含之하여 以從王事하여 弗敢成也니

^{지 도 야} ^{처 도 야} ^{신 도 야} ^{지 도} ^{무 성 이 대 유 종 야}

地道也며 妻道也며 臣道也니 地道는 无成而代有終也니라

음이 비록 아름다움이 있어도 재능을 드러내지 않고 왕을 따라 일하여 감히 공을 차지하지 않는다. 땅의 도이고 부인의 도이며 신하의 도로, 땅의 도는 이룸은 없지만 대신 끝맺음은 있다.

▶ 含 : 머금을 함, 넣다, 드러내지 아니하다, 품다.

☑ 음수유미 함지(陰雖有美 含之)

육삼에 대한 해석이다. 신하의 도리는 빛나고 아름다움이 있어도(陰雖有美) 신하는 공을 차지하지 않으며 재능을 드러내지 않고(含之), 왕의 일을 따라하면서 왕을 대신하여 일을 끝맺어도(以從王事) 감히 공을 차지하지 않는다(弗敢成也). 신하는 재능이 부족해서가 아니라 분수를 지키니 감히 자신의 공을 이루려 하지 않는다.

☑ 지도야 처도야 신도야(地道也 妻道也 臣道也)

양(陽)은 하늘의 도, 남편의 도, 임금의 도이다. 음(陰)은 땅의 도, 부인의 도, 신하의 도이다(地道也 妻道也 臣道也). 땅은 하늘에 대해, 부인은 남편에 대해, 신하는 임금에 대해 도리가 있다. 땅은 하늘을 대신하여 사물을 끝맺으나 성공은 하늘에서 주관한다. 사람의 도는 남편이 집안을 주관하고 부인이 돕고, 임금이 나라의 일을 주관하고 신하가 돕는다.

☑ 지도 무성이대유종야(地道 无成而代有終也)

양은 하늘의 도이고 음은 땅의 도이다. 만물은 하늘에서 기를 받아 땅에 사물을 이루니 공을 하늘과 임금에게 돌리고(无成), 땅의 도가 하늘의 도를 대신해서 사물을 끝맺는 것이다(代有終也). 따라서 땅의 도는 부인의 도요 신하의 도로, 하늘, 남편과 임금에게 공을 돌린다.

▌육사에 대한 문언전

天_천地_지變_변化_화하면 草_초木_목蕃_번하고 天_천地_지閉_폐하면 賢_현人_인隱_은하니라
易_역曰_왈 括_괄囊_낭 无_무咎_구无_무譽_예라하니 蓋_개言_언謹_근也_야라

천지가 변화하면 초목이 번성하고, 천지가 닫히면 현인이 은둔한다. 주역에서 "자루를 묶어 놓은 듯이 하면 허물도 없고 칭찬도 없다"라고 한 것은 대개 행동을 삼가라고 말한 것이다.

▶ 蕃: 우거질 번   括: 묶을 괄   囊: 주머니 낭   蓋: 덮을 개/어찌 합, 대개   謹: 삼갈 근

☑ 천지변화 초목번(天地變化 草木蕃)

육사는 위에 있어 군주와 가깝지만 서로 사이가 좋지 않아 막히고 끊어진 상이다. 천지가 변화하면 초목이 무성하다(天地變化 草木蕃). 임금이 현명하면 군자가 공을 이루고 나라가 안정되어 백성들이 편안하다.

☑ 천지폐 현인은(天地閉 賢人隱)

음은 교감하지 않기 때문에 하늘과 땅이 닫힌다. 천지가 막히면(天地閉) 음과 양의 기운이 교통하지 않고 군신의 도가 끊어지며 현자가 은둔한다(賢人隱). 군주가 옹졸하고 소인들이 악행을 저지르고 부패하니, 인덕을 갖춘 군자가 은거하게 된다. 사람은 편안하면 나타나고 막히면 은둔하니, 봄에 만물이 나오고 가을에 쇠락하는 것과 같다.

☑ 괄낭무구무예 개언근야(括囊无咎无譽 蓋言謹也)

육사는 닫히고 막힌 때이다. 자루를 묶어놓은 듯이 드러나지 않게 감춘다면, 비록 허물도 없고 명예도 없으니(括囊无咎无譽), 행동을 삼가야 한다(蓋言謹也). 자루를 묶으면 재앙은 없으나 칭찬도 없으니 신중하게 일을 처리해야 한다. 따라서 군주가 현명하면 군자들이 나타나 공을 이루니, 마침내 나라가 부강해지고 백성들이 편안해진다.

▌육오에 대한 문언전

君子 黃中通理하고 正位居體하며
美在其中而暢於四支하며 發於事業하니 美之至也라

군자는 황색이 가운데 있어 이치에 통달하고, 바른 자리에 몸을 두며, 아름다움이 그 가운데 있어 사지에 퍼지며, 사업에서 드러나니 아름다움이 지극하다.

▶ **暢**: 펼 창/화창할 창 **支**: 지탱할 지, 팔과 다리

☑ 황중통리(黃中通理)

　중정(中正)은 이효가 음효이고 오효는 양효인 경우이다. 즉, 중정은 중과 정을 동시에 얻는 경우로 가장 좋은 효이다. 육이효와 구오효는 중과 정을 동시에 얻어 각각 유순중정(柔順中正)과 강건중정(剛健中正)이라 한다. 중정(中正)은 중도를 바르게 행하여 길하고 바르다.

　육오의 황상(黃裳)을 해석한 것이다. 신하가 중정(中正)의 도를 지키고 신하의 직책을 받들어서 사물의 이치를 깨달아 안다(黃中通理). 신하가 인간의 내면에 갖추어진 성품을 깨닫는 것이다. 황색이 가운데 있음(黃中)은 중용의 덕이 내면에 있다는 것이다.

☑ 정위거체 미재기중(正位居體 美在其中)

　바른 자리에 몸을 둠(正位居體)은 존귀한 자리에 있지만 겸손을 잃지 않은 것이다. 아름다움이 그 가운데 있음(美在其中)은 황색이 가운데 있음(黃中)을 재해석한 것이다. 땅속에 바른 자리를 얻어 생명을 갖추고 밖으로 나오니 아름다움이 그 안에 있다. 아름다움은 중덕(中德)을, 그 안은 내면을 뜻한다.

　유순과 겸손은 곤의 몸체[體]로, 존귀한 자리에 있을지라도 곤의 몸체를 잃지 않은 것이 바로 몸을 두는 것이다(居體). 횡색이 가운데 있음과 바른 자리에 몸을 둠은 아름다움이 중덕 속에 있다는 것이다. 따라서 몸을 바르게 해야 중덕이 내면에 있게 된다.

☑ 창어사지 발어사업 미지지야(暢於四支 發於事業 美之至也)

　사지(四支)에 퍼짐(暢於四支)은 바른 자리에 몸을 둠(正位居體)을 재해석한 것이다. 사지(四支)는 사람의 손과 발이므로 사방의 사물에 힘쓰는 것을 비유한다. 경영하는 대상은 일[事]이고, 경영한 일이 이루어진 결과는 업[業]이다. 몸이 바르게 있어야 중덕이 내면에 있어 온 몸에 퍼지

게 되어 사업에도 발휘된다. 따라서 황색이 가운데 있어 이치에 통하면 아름다움이 중덕 가운데 있고, 사지로 창달하고 바른 자리에 몸을 두면 사업에 발휘할 수 있다.

▌ 상육에 대한 문언전

陰疑於陽하면 必戰하니 爲其嫌於无陽也라
故로 稱龍焉하고 猶未離其類也라 故로 稱血焉하니
夫玄黃者는 天地之雜也니 天玄而地黃하니라

음이 양을 의심하면 반드시 싸우니, 양이 없다고 의심하는 까닭에 용(龍)이라 칭하고, 오히려 그 동류를 떠나지 않았기 때문에 혈(血)이라 칭한다. "무릇 검고 누런 것"은 하늘과 땅이 섞인 것으로, 하늘은 검고 땅은 누렇다.

▶ 疑: 의심할 의 嫌: 싫어할 혐, 의심하다. 猶: 오히려 稱: 일컬을 칭 玄: 검을 현

☑ 음의어양 필전 위기혐어무양야(陰疑於陽 必戰 爲其嫌於无陽也)

상육을 해석한 것이다. 음이 자신에게 양이 없다고 의심하면 반드시 싸운다(陰疑於陽 必戰). 전(戰)은 음과 양이 교합하는 것이다. 곤괘에는 음은 있으나 양이 없다고 의심할 수 있기 때문에(爲其嫌於无陽也) 양기를 불러들여 교합하는 것이다.

☑ 칭룡언(稱龍焉)

괘가 순음이므로 양이 없다고 의심을 받을까 염려하여 용이라고 칭했으니(稱龍焉), 양과 싸움을 드러낸 것이다. 따라서 용은 양기로 음기가 극에 이르렀으므로 양기를 불러와 교합한다.

☑ 유미리기류야 고칭혈언(猶未離其類也 故稱血焉)

음이 양과 교합하더라도 음이 양으로 바뀌는 것이 아니다(猶未離其類也). 비록 양기를 불러드렸으나 아직 음에 속했으므로 혈이라고 칭한다(稱血焉). 비록 음이 지극히 성대할지라도 음의 종류를 벗어나지 않고 양과 싸우니 그 상처를 알 수 있으므로 피라고 칭한다.

☑ 현황자 천지지잡야 천현이지황(玄黃者 天地之雜也 天玄而地黃)

검고 누런 것(玄黃者)은 하늘과 땅이 섞인 것으로(天地之雜也) 하늘은 검고 땅은 누렇다(天玄而地黃). 음이 이미 지극히 성대하여 양과 싸우니, 양일지라도 상처를 입을 수밖에 없으므로 그 피가 검고 누렇다. 하늘은 검고 땅은 누런 것은 모두 상처를 입었다는 말이다.

기(氣)는 양이고 피는 음이다. 검고 누런 것은 하늘과 땅의 색으로, 양과 음이 모두 다쳤다는 말이다. 검고 누렇다는 것은 상하가 구별이 없어 섞인 것이고, 하늘과 땅이 섞였다는 것은 모두 음이 양과 비슷하다는 뜻으로, 이는 신하가 군주와 비슷함을 비유한 것이다.

03

막히고 험한 수뢰둔(水雷屯)

03		坎上 震下	水雷屯 수뢰둔

　　수뢰둔괘(水雷屯卦)는 상괘가 물[水]과 구름[雲]을 상징하는 감괘(坎卦: ☵)이고, 하괘가 우레[震]를 상징하는 진괘(震卦: ☳)로, 이는 위에는 구름이 있고 아래에서는 우레가 움직이므로 험한 상이다. 감괘(坎: ☵)는 어려움을, 진괘(震: ☳)는 움직임을 나타낸다. 둔(屯)은 어렵다[險], 가득하다[滿]는 뜻이다. 따라서 괘상은 구름이 오고 우레가 몰아치는 험한 수뢰(水雷) 상이요, 괘명은 험난한 둔(屯)이다.

　　진괘(震卦: ☳)가 움직여 갑자기 나아가면 감괘(坎卦: ☵)의 험함에 빠질 수 있으므로 가지 말라고 경계하였다. 혼자서는 구제할 수 없으니 기다리며 어려움을 해결해 줄 협력자를 구해야 한다. 음양과 천지가 처음으로 교합할 때 험한 시기를 겪게 되므로, 경솔한 행동은 지양해야 한다. 건괘는 주도적인 관리를 의미하고, 곤괘는 보조적인 관리를 뜻하고, 둔괘는 새로운 왕조의 창설을 시사한다.

　　둔괘(屯卦)는 험난한 상황에서 조직을 이끌어가는 지도자에 대한 지혜를 알려준다. 초효는 반환(磐桓)으로, 이는 험한 때에 신중하고 주저하는 상황이니, 기꺼이 몸을 낮추면 이롭다. 이효는 십년내자(十年乃字)로, 이는 여자가 십 년이 되어서야 허혼하는 상황이니, 기나긴 세월이 지나서야 일이 해결되어 경사가 있다. 삼효는 즉록무우(卽鹿无虞)로, 이는 길잡이가 없이 사슴을 쫓다가 이미 숲 속으로 들어간 상황이니, 추적을 멈추지 않으면 길을 잃는다. 사효는 승마반여(乘馬班如)로, 이는 말을 타고 망설이며 청혼하러 가는 상황이니, 망설이지 말고 현인을 찾아가면 길하다. 오효는 둔기고(屯其膏)로, 이는 험한 것에 빠져서 덕을 베풂이 빛나지 못한 상황이니, 조직을 혁신하고 현인을 찾지 못하면 흉하다. 육효는 읍혈연여(泣血漣如)로, 이는 말을 타고 말에서 내려 피눈물을 흘리는 상황이니, 태도를 변경하고 통하는 방법을 찾아야 한다.

■ 괘사

둔   원 형 이 정   물 용 유 유 왕   이 건 후
屯은 **元亨利貞**하니 **勿用有攸往**이요 **利建侯**이니라

둔(屯)은 크게 형통하고 바르게 함이 이로우니 나아갈 곳이 있어도 가지 말라. (자신을 보좌할) 제후를 세우는 것이 이롭다.

▶ 屯: 진 칠 둔/어려울 준 用: 쓸 용, 행하다. 攸: 바 유 侯: 제후 후

☑ 둔 원형이정(屯 元亨利貞)

둔(屯)은 어려울 준이나 관행상 둔으로 읽는다. 둔(屯)은 어렵고[險], 가득하다[滿]는 뜻이다. 둔괘(屯卦)는 위로는 물과 구름이요 아래로는 우레이므로, 이들이 만나 비바람이 몰아치면 험난하다. 구름은 어려움을 상징하니 나라가 어려움으로 가득하면 아래로부터 새로운 변혁을 시도한다. 이것은 개국 초기의 국면이다.

둔괘는 우레가 치면 하늘을 가득 덮었던 어두운 구름은 비가 되어 대지를 적시는 상으로, 새로운 질서를 확립해 나가는 상이다. 처음부터 크게 형통하여 바르게 함이 이롭다(元亨利貞).

☑ 물용유유왕(勿用有攸往)

밖에는 감괘(☵)의 험함이 있기 때문에 나아갈 곳이 있어도 가지 말아야 하니(勿用有攸往) 의지는 굳건하고 행동은 신중해야 한다. 의지가 굳건해야 앞으로 갈 수 있으니 함부로 경솔하게 행동하지 말아야 한다. 비바람이 몰아치는 험난한 국면에서는 중대한 변화가 일어날 상황으로 갈 곳이 있어도 가지 말아야 한다.

☑ 이건후(利建侯)

군주는 제후(諸侯: 봉건 시대에 일정한 영토를 가지고 영내의 백성을 지배하던 권력가)를 봉하여 나라를 준다. 군주는 험난한 국면에 처하게 되니 자신을 보좌할 제후를 세우고 다가올 재난을 대비하는 것이 이롭다(利建侯). 어려운 상황을 대비하지 않고 경솔하게 행동하면 크게 실패할 것이다. 따라서 괘상은 험난한 때를 만난 상으로, 점사는 때를 기다리고 재난을 준비하면 전화위복이 될 것이다.

▌ 괘사에 대한 단전

단 왈 둔　강 유　시 교 이 난 생　　동 호 험 중　　대 형 정
象曰 屯은 剛柔 始交而難生하며 **動乎險中**하니 **大亨貞**이니라
뇌 우 지 동　　만 영　　천 조 초 매　　의 건 후　　이 불 녕
雷雨之動이 **滿盈**이라 **天造草昧**면 **宜建侯**요 **而不寧**이니라

「단전」에서 말했다. 둔(屯)은 강과 유가 처음 사귀어 어려움이 생겼고, 험한 가운데 움직이므로 크게 형통하고 바르다. 우레와 비의 움직임이 가득하기 때문이다. 하늘의 조화가 어지럽고 어두우면 마땅히 제후를 세워야 하고 편안히 여기지 말아야 한다.

▶ **滿**: 찰 만　**盈**: 찰 영　**造**: 지을 조, 때　**草**: 풀 초, 시초, 어지럽다.　**昧**: 어두울 매　**寧**: 편안할 녕(영)

☑ 둔 강유 시교이난생(屯 剛柔 始交而難生)

어려움은 사귐에서 나온다. 안으로는 부자, 형제, 부부간의 사귐이고, 밖으로는 군신, 장유, 붕우간의 사귐이며, 작게는 한 마을과 한 나라간의 사귐이고, 멀리는 나라와 나라간의 사귐에 어려운 일들이 발생한다.

둔(屯)은 강건한 양인 진괘(震卦: ☳)를 얻어 처음 사귐이 되었고, 유순한 음인 감괘(坎卦: ☵)를 얻어 어려움이 생겼다. 굳셈과 유순함이 이미 사귄 후라면 사물이 모두 통하여 편안하나, 처음 비로소 굳셈과 유순함이 사귀는 때에는 어려움이 생긴다(始交而難生).

☑ 동호험중(動乎險中)

동(動)은 하괘인 진괘이고, 험(險)은 상괘인 감괘이다. 구름과 우레는 굳셈과 유순함이 처음 사귄 것이고, 진괘(☳)와 감괘(☵)는 험한 가운데 움직이는 것이다(動乎險中). 굳셈과 유순함이 처음 사귀어 아직 통하지 못하여 어려움이 생겼다.

☑ 대형정(大亨貞)

내괘는 본체이고 외괘는 작용이다. 험함은 감괘이고 움직임은 진괘이다. 험한 가운데 움직이므로 마침내 험함을 벗어날 수 있어 크게 형통하고 바르다(大亨貞). 험한 중에 움직일 수 있는 것은 도가 형통하고 뜻이 바르기 때문이다.

☑ 뇌우지동 만영(雷雨之動 滿盈)

진괘(☳)는 우레이고 감괘(☵)는 비이다. 크게 형통하고 바른 것은 우레와 비의 움직임이 가

득하기 때문이다(雷雨之動 滿盈). 음과 양이 처음 사귀면 어려움으로 아직 통하지 못하고, 화합하면 우레와 비를 이룸이 천지에 가득하여 만물의 생명이 왕성해진다. 음과 양의 사귐이 처음에는 어려워서 막히지만, 우레와 비가 가득하면 만물이 통하여 형통하다.

☑ 천조초매 의건후 이불녕(天造草昧 宜建侯 而不寧)

천(天)은 천시(天時), 조(造)는 조화(造化)이므로 천조(天造)는 하늘의 조화, 시운(時運) 또는 천운(天運)을 말한다. 초(草)는 풀이 어지럽게 난 것, 매(昧)는 캄캄하여 어둡다를 뜻한다. 하늘의 조화가 어지럽고 어두워(天造草昧) 편안히 있을 때가 아니다. 어지럽고 어두움은 사회가 혼란스런 상황을 비유한 것이다.

어지럽고 어두운 때에 도와줄 사람을 세우면 어려움을 구제할 것이다. 제후를 세우는 것(宜建侯)이 군주를 도와 천하가 안정되도록 하는 것이지만, 모든 책임은 군주에게 있어 편안하게 생각해서는 안 된다(不寧). 따라서 괘상은 우레와 비의 움직임이 가득한 상으로, 점사는 제후를 세워야 하고 책임은 군주에게 있어 편안히 여기지 말아야 한다.

▌괘사에 대한 대상전

象曰 雲雷屯이니 君子 以하여 經綸하니라
<small>상 왈 운 뢰 둔　　 군 자 이 　　 경 륜</small>

「상전」에서 말했다. 구름과 우레가 둔이므로 군자는 이를 본받아 다스린다.

▶ 以: ~에 근거하다, ~로써, 본받다.　經: 지날 경/글 경, 다스리다.　綸: 벼리 륜(윤), 굵은 실, 하나로 묶다, 다스리다.

☑ 운뢰둔(雲雷屯)

구름이 아직 비가 되지 않은 때이다. 둔괘(屯卦)는 위에는 구름이 가득하고 아래에는 우레가 진동하여 비가 오기 전의 상황이다. 구름과 우레가 일어나는 것은 어려움의 시작이다.

☑ 군자이 경륜(君子以 經綸)

군자는 둔의 상을 본받아 천하의 일을 다스려(君子以 經綸) 어려운 세상을 구제한다. 以는 본받다는 뜻이며 以之의 생략형이다. 어려운 때에 반드시 꽉 얽혀있는 것을 풀려고 한다. 경

(經)은 먼저 하나로 묶은 다음에 나누는 것으로, 이는 우레가 하나에서 나누어지는 것을 본떴고, 륜(綸)은 실마리를 둘로 나눈 다음에 합하는 것으로 우레가 둘에서 합해지는 것을 본떴다. 따라서 군자는 어지러운 세상을 다스려 편안하게 한다.

초구 효사와 소상전

초구　　반환　　　이거정　　　이건후
初九는 磐桓이니 利居貞하며 利建侯하니라
상왈　수반환　　　지행정야　　이귀하천　　대득민야
象曰 雖磐桓하나 志行正也며 以貴下賤하니 大得民也로다

초구는 주저함이므로 바름에 있는 것이 이롭고 제후를 세우는 것이 이롭다. 「상전」에서 말했다. 비록 주저하더라도 뜻이 바름을 행하고, 귀한 자가 천한 자에게 몸을 낮추니 크게 백성의 민심을 얻는다.

▷ 磐: 너럭바위 반, 머뭇거리다.　桓: 굳셀 환, 머뭇거리다.

☑ 반환(磐桓)

초구는 양의 굳셈이 아래에 있어 어려운 때이므로 주저하며 나아가지 못한다. 이제 막 나라를 창건하여 통치하며 초석을 쌓는 상황에서 험난한 일이 많아 신중하니 주저하는 것처럼 보인다(磐桓).

☑ 이거정(利居貞)

초구는 막 시작하는 단계이므로 주저하더라도 마음을 굳게 하고 바르게 해야 공을 세우는데 이롭다(利居貞). 바름에 있음(居貞)은 바른 도를 지키는 것이다. 어려움에 처하면 바름을 지킬 수 있는 자가 드물다. 따라서 바르게 하지 않으면, 의를 잃고 어려움을 구제할 수 없다.

☑ 이건후(利建侯)

나라의 어려움을 구제할 수 있는 제후를 세우는 것이 이롭다(利建侯). 제후를 세운다는 것은 자신을 보필할 자를 구하는 것이다. 해결할 일이 산더미처럼 쌓여 있어 인재를 등용하여 대신 일하게 한다. 주공이 성왕을 대신하여 섭정하면서 왕기(王畿: 왕이 있는 도읍지 부근의 땅)에 제후를 세워 주왕실을 보필하도록 했다.

☑ 수반환 지행정야(雖磐桓 志行正也)

　비록 주저하더라도 어려움을 구제하려는 의지와 재능이 있다(雖磐桓 志行正也). 머물러 있으면 행하지 않고, 행하면 머물러 있지 않는다. 초구는 양이고 굳센 재질이므로 그 뜻은 진실로 바름을 행하는 데 있으니, 바른 뜻을 굳건히 지키고 때를 기다린다.

☑ 이귀하천 대득민야(以貴下賤 大得民也)

　귀한 신분이면서도 천한 자에게 몸을 낮추니(以貴下賤) 백성의 민심을 크게 얻는다(大得民也). 따라서 효상은 험한 때에 신중하고 주저하는 상으로, 점사는 기꺼이 몸을 낮추면 이롭다.

■ 육이 효사와 소상전

육 이　　둔 여 전 여　　　승 마 반 여　　　비 구 혼 구
六二는 屯如邅如하며 乘馬班如하니 匪寇婚媾니라
여 자 정　　부 자　　십 년 내 자
女子貞하여 不字라 十年乃字로다
상 왈　 육 이 지 난　　승 강 야　　십 년 내 자　　반 상 야
象曰 六二之難은 乘剛也요 十年乃字는 反常也라

육이는 어려워하고 머뭇거리며 말을 탔지만 내리니, 도적이 아니면 혼인할 것이다. 여자가 곧아 허혼하지 않다가 십 년이 되어서야 허혼한다. 「상전」에서 말했다. "육이의 어려움"은 강을 탔기 때문이고, "십 년이 되어서야 허혼함"은 상도로 돌아온 것이다.

▶ 邅: 머뭇거릴 전　班: 나눌 반, 이별하다, 되돌리다.　匪: 비적 비, 아니다.　寇: 도적 구　婚: 혼인할 혼
　媾: 화친할 구　字: 글자 자, 정혼하다, 낳다.　乃: 이에 내, 그리하여

☑ 둔여전여(屯如邅如)

　육이는 초구를 타고 구오를 만나는데 어려움이 있다. 육이는 음의 유순함으로 어려운 세상에 머물러 있으니, 바르게 응하는 구오가 위에 있어 초구의 청혼에 허혼하지 못하고 머뭇거리니(屯如邅如) 어려움을 벗어나지 못한다. 여(如)는 ~하고(而)의 접속사이다.

☑ 승마반여(乘馬班如)

　말을 타는 것(乘馬)은 혼인하는 것이고, 말에서 내려오는 것(班如)은 자신을 해칠 것을 의심하고 허혼하지 않는 것이다. 초구가 육이에게 청혼하니 육이는 초구의 말을 탔다가 인연이 아

니라 생각하고 허혼하지 않는다. 육이는 구오와 정응(正應)하니 마땅히 구오의 청혼을 수용해야 할 처지다. 중도를 얻어 반듯한 육이는 초구를 따라갈 수도 없고, 또한 구오에도 응하지 못하는 상황에 처했다.

☑ 비구혼구(匪寇婚媾)

혼인할 자는 바르게 오는 자이나 도적은 도리가 아닌데 찾아오는 자이다. 비구혼구(匪寇婚媾)는 도적이 아니면 혼인할 자이고, 강제 청혼이 아니었다면 허혼했을 것이다. 육이가 초구의 말을 탔다가 내린 것은 도적은 아니지만 혼인할 자가 아니라고 생각했기 때문이다.

☑ 여자정부자 십년내자(女子貞不字 十年乃字)

정(貞)은 변치 않는 지조와 절개이며, 자(字)는 시집감이요, 십 년(十年)은 오랜 세월이다. 기나긴 세월이 지나서야 변화가 생기니 마침내 육이 여인은 청혼을 허락한다. 여자는 절개를 지켜 청혼을 허락하지 않다가(女子貞不字) 십 년이 되어서야 나쁜 운수가 끝나고, 강제로 청혼하려는 자도 사라지고, 바르게 상응하는 구오가 나타나니 혼인을 허락할 수 있다(十年乃字).

☑ 승강야(乘剛也)

음과 양은 서로 사귀는데 사귀지 않으면 음이 거꾸로 굳셈을 올라탄다. 초구는 양효이고 육이는 음효이므로, 음효가 양효의 굳셈을 타고 있어(乘剛也) 길하지 않다. 육이가 어려운 때에 굳셈 위에 타고 있어 굳센 양에게 핍박을 당하니 환란이다.

☑ 십년내자 반상야(十年乃字 反常也)

십 년이 되어서야 시집감(十年乃字)은 바로 여자의 상도로 돌아온 것이다(反常也). 육이의 유순함이 바름을 얻었으니 어려움이 없다. 굳셈을 올라타고 있어 처음에는 어려움이 있었지만 바름을 얻어 끝내 상도로 돌아온다. 따라서 효상은 여자가 십 년이 되어서야 허혼하는 상으로, 점사는 기나긴 세월이 지나서야 해결되어 경사가 있다.

■ 육삼 효사와 소상전

육삼   즉록무우   유입우림중
六三은 卽鹿无虞라 惟入于林中이라

군자기   불여사   왕린
君子幾하여 不如舍니 往吝하리라

상왈 즉 록 무 우　이 종 금 야　군 자 사 지　왕 린 궁 야
象曰 卽鹿无虞는 以從禽也요 君子舍之는 往吝窮也라

육삼은 사슴을 추적하는데 길잡이가 없어 숲속으로 들어갈 뿐이다. 군자가 기미를 알아차리고 그치는 것만 못하니, 계속 추적하면 부끄럽게 된다. 「상전」에서 말했다. "사슴을 추적하는데 길잡이가 없으면" 날짐승만 쫓아가고, 군자가 그치는 것은 가면 부끄럽고 곤궁하기 때문이다.

▶ 卽: 곧 즉, 나아가다.　鹿: 사슴 록(녹)　虞: 염려할 우, 길잡이　幾: 몇 기, 기미　舍: 집 사/버릴 사, 그치다.　吝: 아낄 린(인), 부끄러워하다.　禽: 새 금/사로잡을 금, 날짐승

☑ 즉록무우 유입우림중(卽鹿无虞 惟入于林中)

즉(卽)은 바짝 뒤쫓아 가는 것이고, 우(虞)는 사냥을 할 때 길을 안내하는 산림 관리원이다. 사슴은 뿔이 화려하여 좋은 자리를 의미한다. 육삼은 짐승을 쫓아 숲속으로 뛰어드는 상이다.

사슴을 추적하는데 길잡이가 없다(卽鹿无虞). 숲속에 들어가는 자는 반드시 길잡이가 안내해 주어야 하나, 길잡이가 없으면 우거진 숲속에 빠질 뿐이다(无虞 惟入于林中). 한번도 가보지 않은 숲속으로 들어가 짐승을 뒤쫓다 보면 길을 잃기 쉽다. 길잡이가 없이 사슴을 쫓는 것은 어지러운 정치판에 대책 없이 이익을 쫓아 뛰어드는 것과 같다.

☑ 군자기 불여사 왕린(君子幾 不如舍 往吝)

왕(往)은 사슴을 추적하다, 린(吝)은 부끄럽다를 뜻한다. 음의 유순함이 아래에 있고 중정하지 않으며 위로 바르게 응함이 없어서 함부로 행동하여 곤궁하게 된다. 군자가 사슴을 추적하고 숲속으로 들어가는 것은 기미를 알아차리고(君子幾) 사슴 추적을 포기하고 떠나는 것만 못하다(不如舍). 계속 추적하고 포기하지 못하면 결국 길을 잃어 부끄럽게 된다(往吝).

☑ 즉록무우 이종금야(卽鹿无虞 以從禽也)

사슴을 추적하는데 길잡이가 없으면(卽鹿无虞) 사냥할 욕심만으로 날짐승만 쫓아간다(以從禽也). 기미를 알아차리고 날짐승만을 쫓아가는 것을 포기해야 한다. 따라서 능력이 부족한 데도 욕심만 앞세우면 곤궁하게 된다.

☑ 군자사지 왕린궁야(君子舍之 往吝窮也)

군자가 사슴 추적을 포기하는 것(君子舍之)은 사슴을 추적하기 위해 숲속으로 가면 부끄럽고 곤궁하기 때문이다(往吝窮也). 할 수 없는 일인데 함부로 움직이는 것은 욕심을 따랐기 때문

이고, 길잡이가 없는데 사슴을 추적한 것은 짐승을 탐했기 때문이다. 따라서 효상은 길잡이 없이 사슴을 쫓다가 이미 숲속으로 들어간 상으로, 점사는 추적을 멈추지 않으면 길을 잃는다.

■ 육사 효사와 소상전

육사   승마반여   구혼구   왕길   무불리
六四는 乘馬班如니 求婚媾하여 往吉하여 无不利리라
상왈   구이왕   명야
象曰 求而往은 明也라

육사는 말을 탔다가 말에서 내리니, 혼인할 자를 찾아 가면 길하여 이롭지 않음이 없다. 「상전」에서 말했다. "찾아 감"은 명철한 것이다.

▶ 班: 나눌 반, 이별하다, 되돌리다. 如: 같을 여, 어조사(≒而). 媾: 화친할 구 求: 구할 구, 찾다.

☑ 승마반여(乘馬班如)

육사는 음효의 유순함으로서 어려움에 있어 위로 나아가지 못하니, 말을 탔지만 말에서 내려오는 상이다. 육사는 임금과 가까운 지위에 있지만 음의 유순한 재질로 어려움을 구제하기에 부족하다. 나아가려고 하다가 다시 멈추니, 말을 탔다가 말에서 내려오는 것과 같다. 육사가 구오의 말을 타보니 자신의 짝이 아닌 것을 알고 말에서 내린다(乘馬班如). 육사는 이미 난세를 구제하기에 재능이 부족하다.

☑ 구혼구(求婚媾)

혼구(婚媾)는 혼인(婚姻)이다. 초구는 양효의 굳세고 현명한 자이고 바르게 상응하니 자신이 혼인할 자이다. 양효의 굳센 혼인을 찾아 가면(求婚媾) 시대의 어려움을 구제할 수 있다. 자신의 재능이 시대의 어려움을 구제하기에 부족하더라도 아래에 있는 현명한 자를 찾아서 등용하면 난세를 구제할 수 있다. 스스로 부족함을 알고 아래로 초구와 가까이 하고, 그와 함께 세상의 일을 함께하면 길하여 이롭다.

☑ 왕길 무불리(往吉 无不利)

육사는 임금과 가까운 자리에 있지만 자신의 재능이 어려움을 구제하기에 부족함을 알아서 아래로 초구를 찾아 가서 함께 임금을 도우면 길할 것이다(往吉 无不利).

☑ 구이왕 명야(求而往 明也)

　자신의 재능이 부족함을 알고 자신을 도울 현명한 자를 찾아 가니, 명철하다(求而往 明也). 초구의 어짊을 찾아 구오를 도우니 사람을 알아보는 명철함이 있다. 따라서 효상은 말을 타고 망설이며 청혼하러 가는 상으로, 점사는 망설이지 말고 현인을 찾으면 길하다.

구오 효사와 소상전

구 오　　둔 기 고　　소 정 길　　　대 정 흉
九五는 屯其膏니 小貞吉하고 大貞凶하니라
상 왈　　둔 기 고　　시 미 광 야
象曰 屯其膏는 施未光也라

구오는 은택을 베풀기 어려우니, 조금씩 바로잡으려고 하면 길하고 크게 바로잡으려고 하면 흉하다. 「상전」에서 말했다. "은택을 베푸는 것이 어려움"은 베풂이 빛나지 못하기 때문이다.

▶ 膏: 기름 고, 은택, 재산　施: 베풀 시　光: 빛 광, 크다, 넓다.

☑ 둔기고(屯其膏)

　구오는 양이 굳세고 중정함으로 군주의 자리에 있지만 초기에 어려운 때를 만나 험한 가운데 빠져 있고 육이가 바르게 응하고 있지만, 음의 유순함으로 재질이 약하여 구제하기에 부족하다. 초구는 아래에서 백성들의 마음을 얻어 사람들이 그에게로 귀의한다.

　기름[膏]은 백성에게 베푸는 은택이다. 굳건하고 밝은 현인이 보필해 준다면 어려움을 구제할 수 있으나, 신하가 없어 은택을 베풀기 어렵다(屯其膏). 굳세고 현명한 임금은 백성에게 은택을 베풀려고 하나 신하가 없어 어렵다.

☑ 소정길 대정흉(小貞吉 大貞凶)

　은택이 내려가지 못하면 위엄과 권위가 임금에게 있지 않다. 위엄과 권위가 없는데도 바로잡으려고 하면 흉하다. 조금씩 바로잡으면 의심을 받지 않아 길하나(小貞吉), 크게 바로잡으면 의심을 받아 흉하다(大貞凶). 크게 바로잡는 것은 해친다고 의심하기 때문이다. 따라서 무리하게 행하지 말고 분수를 지켜야 한다.

☑ 둔기고 시미광야(屯其膏 施未光也)

구오는 험한 것에 빠져서 덕을 베풂이 빛나지 못한 상이다. 은택이 아래로 미치지 못하기 때문에 덕을 베풂이 빛나고 크지 못하니(施未光也) 이는 임금의 어려움이다. 험한 시기에는 은택을 베풀더라도 아래에 미치지 못해 빛나지 않으니 조직을 혁신하고 때를 기다려야 한다. 따라서 효상은 험한 것에 빠져서 덕을 베풂이 빛나지 못한 상으로, 점사는 조직을 혁신하고 현인을 찾지 못하면 흉하다.

■ 상육 효사와 소상전

上六은 乘馬班如하여 泣血漣如로다
象曰 泣血漣如어니 何可長也리오?

상육은 말을 탔다가 말에서 내려와 피눈물을 줄줄 흘리고 있구나. 「상전」에서 말했다. "피눈물을 줄줄 흘리니" 어찌 오래 갈 수 있겠는가?

▶ 班: 나눌 반, 헤어지다. 如: 같을 여, 어조사(≒而). 泣: 울 읍 漣: 잔물결 련(연), 눈물 흘리다.

☑ 승마반여 읍혈연여(乘馬班如 泣血漣如)

상육은 구오의 양을 탔으나 정응이 아니므로 말에서 다시 내려야 한다(乘馬班如). 말을 타고 가려고 하다가 다시 말에서 내려와 나아가지 않고, 피눈물을 줄줄 흘리니(泣血漣如), 상응이 없고 어려움의 끝에 있어 갈 곳이 없으니 걱정하고 두려워할 뿐이다.

구오는 양으로 은택[膏], 상육은 음으로 피[血]라 하였다. 머물러도 편안함을 얻지 못하고, 가려고 해도 갈 곳이 없으며, 곤궁하여 막히니 피눈물이 흐르는 것이다.

☑ 하가장야(何可長也)

상육은 혼인이 성사되지 않아 피눈물을 줄줄 흘리는 막다른 길까지 왔으니 더 이상 오래 갈 수가 없다(何可長也). 도움 없이 홀로 가야하니 험함이 극에 달해서 슬퍼하고, 슬픈 일이 생겨나니 신중해야 한다. 따라서 효상은 말을 타고 말에서 내려 피눈물을 흘리는 상으로, 점사는 일을 이루려면 태도를 변경하고 통하는 방법을 찾아야 한다.

어리석음을 일깨우는 산수몽(山水蒙)

04	䷃	艮上 坎下	山水蒙 산수몽

산수몽괘(山水蒙卦)는 상괘가 산[山]과 그침[止]을 상징하는 간괘(艮卦: ☶)이고, 하괘가 물 [水]과 험(險)을 상징하는 감괘(坎卦: ☵)로, 이는 산 아래에 물이 솟아나는 상이다. 몽괘(蒙卦) 는 산 아래에 험한 것이 있어서 멈추어 있는 상태를 나타낸다. 몽(蒙)은 어리고 어리석다는 뜻 으로, 아직 미숙하고 어두운 상태를 의미한다. 따라서 괘상은 산 아래에 물이 솟아나오는 산수 (山水) 상이요, 괘명은 어리석음을 의미하는 몽(蒙)이다. 몽괘(蒙卦)는 가르치는 사람과 배우는 사람 간의 교육을 상징한다.

둔(屯)은 초기 단계로, 아직 펼쳐지지 않은 상태를 의미하고, 몽(蒙)은 이제 막 태어나 어리 기 때문에 아직 깨닫지 못한 상태를 나타낸다. 둔(屯)은 사물의 시작을 의미하며, 몽(蒙)은 인생 의 초기를 상징한다. 간(艮)은 막내아들[少男]을 상징하므로 계발이 필요하다. 스스로 스승을 찾아 깨우침을 얻으면 크게 형통하다. 몽괘(蒙卦)는 동몽(童蒙)이 어리고 어리석어 가르침이 필요한 계몽 교육을 상징한다.

어리고 어리석음을 일깨우는 몽괘(蒙卦)는 교육의 원리이다. 초효는 발몽(發蒙)으로, 이는 몽매함의 질곡을 벗겨주는 상황이니, 엄격하게 교육하면 오히려 교육의 성과가 떨어질 것이다. 이효는 포몽(包蒙)으로, 이는 몽매한 자를 포용하는 상황이니, 강건하고 중용의 덕으로 다스리 면 가정이 화목할 것이다. 삼효는 물용취녀(勿用取女)로, 이는 여자가 금부만 보면 쫓아가는 상 황이니, 그런 여자와 혼인하면 이롭지 않다. 사효는 곤몽(困蒙)으로, 이는 몽매하여 곤경에 처 한 상황이니, 스승이 없으면 어려울 것이다. 오효는 동몽(童蒙)으로, 이는 어리고 어리석은 사 람이 길한 상황이니, 도와주는 사람이 있어 길하다. 육효는 격몽(擊蒙)으로, 이는 몽매함을 깨 우치는 상황이니, 강하지 않고 유순하게 정도를 지키면 이롭다.

108

▊ 괘사

蒙亨하니 匪我 求童蒙이라 童蒙求我니라
몽 형   비 아 구 동 몽   동 몽 구 아

初筮告하고 再三瀆이라 瀆則不告이니 利貞하니라
초 서 곡   재 삼 독   독 즉 불 곡   이 정

몽(蒙)은 형통하니 내가 동몽을 찾는 것이 아니라 동몽이 나를 찾는 것이다. 처음 물으면 알려주고, 두 세 번 (물으면) 모독하는 것이다. 모독하면 알려주지 않으니 자신을 바르게 함이 이롭다.

▶ 蒙: 어두울 몽, 어리석다, 어리다. 求: 구할 구, 찾다. 筮: 점 서, 점치다. 告: 고할 고/ 뵙고 청할 곡
瀆: 도랑 독/더럽힐 독, 업신여기다.

☑ 몽형(蒙亨)

몽(蒙)은 어리고 어리석다는 뜻이다. 몽괘(蒙卦)는 상괘가 간이고, 하괘가 감이다. 간(艮: ☶)은 산이요, 감(坎: ☵)은 물이다. 괘상은 산 아래에 샘물이 나오는 상이다. 산 아래에 물이 있으니 험하여 멈추게 되고 앞으로 나아가지 못하는데, 험한 상황을 잘 알지 못하기 때문이다. 그래서 앞으로 나아가려면 가르침이 필요하다.

몽괘는 교육에 관한 괘로 가르치는 스승의 교육자세이다. 성왕(成王)은 나이가 어려 지금은 몽매하지만 앞길은 밝을 것이니 형통하다. 지금은 물이 흘러가는 방향을 알지 못하지만, 몽매함을 일깨워 교육하여 덕을 쌓고 행하면 형통하다(蒙亨).

☑ 비아구동몽 동몽구아(匪我求童蒙 童蒙求我)

아(我)는 점치는 관리나 스승, 동몽(童蒙)은 어리고 어리석은 어린아이를 말한다. 스승이 동몽을 찾는 것이 아니라 동몽이 스승을 찾는다(匪我求童蒙 童蒙求我). 육오가 배우는 동몽이고, 구이는 일깨워주는 스승이므로, 몽괘는 구이가 중심이다. 구이의 도를 씀으로써 몽매함을 계발할 수 있다. 따라서 동몽이 배우려는 자발적인 의지가 있을 때 계몽이 된다.

☑ 초서곡 독즉불곡(初筮告 瀆則不告)

동몽(童蒙)은 성왕이요, 서(筮)는 점을 치는 것으로 알려고 묻는 것(問)이다. 처음 물으면 알려주니(初筮告) 이는 지극한 정성으로 나에게 찾아오면 가르쳐 준다. 두세 번 물으면 스승을 욕되게 하는 것이므로(再三瀆) 가르쳐주지 않는다(瀆則不告). 처음 물으면 알려주지만, 의구심이 든다고 그 이상 물으면 알려주지 않는다.

109

처음 점을 치면 알려주고, 의심이 난다고 두세 번 점을 친다면 점을 욕되게 하는 것으로 올바른 길흉을 알려주지 않는다. 비록 성왕이 어려서 어리석지만 앞날은 밝고 형통하다. 관리에게 성왕이 점을 물으니 알려 드린다는 의미에서 곡(告)으로 읽는다.

☑ 이정(利貞)

몽매함을 계발하는 도는 바르게 해야 이롭다(利貞). 구이가 비록 굳세고 알맞으나 음의 자리에 있으므로 경계하는 말이 있다. 묻는 사람이 자발적으로 스승을 찾아 물을 때는 스승은 가르쳐 주지만, 가르쳐 준 것이 의심스럽다고 다시 물으면 가르쳐 주지 않는다. 이것은 스승의 도리와 교권을 보호하는 일이기 때문이다. 따라서 괘상은 산 아래에 물이 있고 안개가 자욱하여 험한 상으로, 점사는 동몽이 배우려는 자발적인 의지가 있으면 계몽이 될 것이다.

■ 괘사에 관한 단전

象曰 蒙은 山下有險하고 險而止 蒙이라
蒙亨은 以亨行이니 時中也요 匪我求童蒙 童蒙求我는
志應也요 初筮告은 以剛中也요 再三瀆 瀆則不告은 瀆蒙也이니
蒙以養正이 聖功也라

「단전」에서 말했다. 몽(蒙)은 산 아래 험함이 있고, 험해서 그치는 것이 몽이다. "몽이 형통함"은 형통함으로써 행하는 것으로 때에 맞게 (행하기) 때문이다. "내가 동몽을 찾는 것이 아니라 동몽이 나를 찾음"은 뜻이 호응함이다. "처음 물으면 알려줌"은 강이 중을 얻었기 때문이고, "두세 번 (물으면) 모독하는 것이고, 모독하면 알려주지 않음"은 몽을 욕되게 하기 때문이다. 몽으로써 바름을 기르는 것은 성인이 되는 공이다.

▶ 應 : 응할 응, 화답하다. 筮 : 점 서 中 : 가운데 중, 부합하다, 맞다. 養 : 기를 양 功 : 공 공, 공부

☑ 산하유험 험이지(山下有險 險而止)

산 아래에 샘이 솟아나 험함을 만나니 갈 곳이 없는 것이 몽(蒙)이다. 산 아래 험한 물이 있는 것(山下有險)은 몽괘의 상이고, 험해서 그치는 것(險而止)은 몽괘의 덕이다. 산 아래에 험함이 있음(山下有險)은 어둡고 어리석어서 판별의 어려움을 뜻한다.

☑ 몽형 이형행 시중야(蒙亨 以亨行 時中也)

몽형(蒙亨)은 형통함으로써 행하는 것으로(以亨行) 마땅히 형통하는 도를 행하는 것이고, 때에 맞게 행하는 것이다(時中也). 시(時)는 때를 맞추는 것이고, 중(中)은 중도를 얻는 것으로, 중도를 얻으면 때에 맞는다.

☑ 비아구동몽 동몽구아 지응야(匪我求童蒙 童蒙求我 志應也)

스승이 제자를 찾는 것이 아니라(匪我求童蒙), 제자가 스승을 찾는 것(童蒙求我)은 사제간에 뜻이 호응하기 때문이다(志應也). 구이는 강건하고 현명한 어진 스승이며, 육오는 어둡고 어리석은 철부지 어린아이다. 뜻이 호응함(志應也)은 구이와 육오가 서로 호응함이고, 한쪽이 감동하면 다른 쪽이 호응한다.

☑ 초서곡 이강중야(初筮告 以剛中也)

초서곡(初筮告)은 처음 물으면 알려준다는 것인데 이는 구이의 강이 중을 얻었기 때문이다. 구이는 몽매함을 계발하는 스승이다. 스승은 자애롭게 어린아이의 몽매함을 깨우쳐주기 위해 강건하고 중으로써 가르쳐서 계발시킨다(以剛中也). 따라서 제자가 스승에게 정성으로 묻는다면 구이의 스승이 강하여 중을 얻었기 때문에 일깨워줄 수 있다.

☑ 재삼독 독즉불곡 독몽야(再三瀆 瀆則不告 瀆蒙也)

재삼독(再三瀆)은 점친 결과가 흉하다고 하여 다시 점을 친다면 이는 신명을 모독하는 것이다. 신명을 모독하는 것으로 가르쳐 주지 말아야 한다(瀆則不告). 몽매함을 욕되게 하였으니(瀆蒙也), 묻는 사람과 가르치는 사람이 모두 번거롭고 욕된다.

제자가 이치를 이해하지 못하면 가르쳐 주지 않는다. 욕되게 하면 알려주지 않는다(瀆則不告)는 것은 노력하지 않으면 알려주지 않으며, 간절하지 않으면 말해주지 않는다는 뜻이다.

☑ 몽이양정 성공야(蒙以養正 聖功也)

몽으로써 바름을 기르는 것(蒙以養正)은 몽매한 사람을 가르치는 도(道)이다. 몽매할 때 바름을 기르는 것은 좋은 배움이다. 몽괘에서 두 양은 몽매함을 다스리는 자이고, 네 음은 몽매한 처지에 있는 자들이다. 제자가 순수한 마음이 있을 때 바르게 길러주는 것(蒙以養正)이 성인을 만드는 공부이다(聖功也). 따라서 괘상은 산 아래 험한 물이 있는 상으로, 점사는 비록 험하나 깨우치면 그칠 것이다.

괘사에 관한 대상전

 象曰 山下出泉이 蒙이니 君子 以하여 果行育德하나니라
(상왈 산하출천 몽 군자 이 과행육덕)

「상전」에서 말했다. 산 아래에 샘이 솟아나는 것이 몽(蒙)이므로, 군자는 이를 본받아 과감하게 행하며 덕을 기른다.

▶ 出: 날 출　泉: 샘 천　果: 실과 과, 과감하다.　育: 기를 육

☑ 산하출천 몽(山下出泉 蒙)

간(艮)의 상은 산이요, 덕은 그침이다. 산은 멈추어 있어서 샘물이 끊임없이 나오며 흘러간다. 산 아래에 샘이 솟아나니(山下出泉) 험함을 만나 갈 곳이 없는 것이 몽(蒙)의 상이다. 사람이 어리고 몽매하여 갈 바를 알지 못한다.

☑ 군자이 과행육덕(君子以 果行育德)

군자가 몽괘의 상을 보고 과감하게 행하며 덕을 기른다(君子以 果行育德). 과감하게 행함은 물줄기의 흐름을 터주는 것과 같고, 덕을 기름은 산의 흙을 높게 쌓는 것과 같다. 과감하게 행함(果行)은 물의 상이고, 덕을 기름(育德)은 산의 상이다. 따라서 과감하게 행하고 덕을 기른다.

초육 효사와 소상전

 初六은 發蒙하되 利用刑人하여 用說桎梏이니 以往吝하니라
(초육 발몽 이용형인 용탈질곡 이왕린)
象曰 利用刑人은 以正法也라
(상왈 이용형인 이정법야)

초육은 몽매함을 계발하되 사람을 형벌하여 (몽매함의) 질곡을 벗겨줌이 이로우니, (형벌로) 하면 부끄러울 것이다. 「상전」에서 말했다. "사람을 형벌하는 것이 이로움"은 법을 바르게 하는 것이다.

▶ 桎: 차꼬 질, 족쇄　梏: 수갑 곡　吝: 아낄 린(인), 부끄러워하다.　說: 말씀 설/ 기뻐할 열/벗을 탈

☑ 발몽 이용형인(發蒙 利用刑人)

발(發)은 계발하다, 몽(蒙)은 어리석고 어둡다는 뜻이다. 발몽(發蒙)은 몽매함을 일깨우는 것으로 계발하는 도는 형벌(刑罰)이다. 몽매함을 계발해 주는 초기에는 형벌로써 다스리듯 엄격하게 깨우쳐주는 것이 이롭다(利用刑人). 형벌로 다스리면 두려워하고 스스로 알게 된다. 따라서 초육은 몽매함을 일깨우는 도구로 형벌을 인정한다.

☑ 용탈질곡 이왕린(用說桎梏 以往吝)

탈(說)은 벗겨주다를 뜻한다. 용탈(用說)은 이탈(以說)과 같다. 桎(질)은 족쇄, 梏(곡)은 수갑으로 질곡(桎梏)은 구속을 뜻한다. 사람에게 형벌을 씀이 이롭다(利用刑人)는 것은 엄격하게 몽매함을 깨우쳐주는 것이다. 이로써 몽매함의 질곡을 벗겨 줌(用說桎梏)은 가르쳐 깨닫게 하여 스스로 새로워지게 하는 것이다. 몽매함은 죄인을, 질곡은 계발을 상징한다. 형벌을 집행하는 것처럼 엄격하게 교육하면 오히려 교육의 성과가 떨어져 부끄러울 것이다(以往吝).

☑ 이용형인 이정법야(利用刑人 以正法也)

이용형인(利用刑人)이란 교육방법을 바로잡기 위함이다(以正法也). 교육방법을 바로잡는 것은 몽매함을 계발하는 것이다. 따라서 효상은 몽매함의 질곡을 벗겨주는 상으로, 점사는 엄격하게 교육하면 오히려 교육의 성과가 떨어질 것이다.

▌구이 효사와 소상전

구 이　　포 몽 길　　납 부 길　　자 극 가
九二는 包蒙吉하고 納婦吉하니 子克家로다
상 왈　자 극 가　　강 유 접 야
象曰 子克家는 剛柔接也라

구이는 몽매한 자를 포용하면 길하고 (자식이) 부인을 들이면 길하니, 자식이 집안일을 잘 해낸다. 「상전」에서 말했다. "자식이 집안을 잘 해냄"은 강과 유가 만남이다.

▶ 包: 쌀 포, 포용하다.　納: 들일 납　克: 이길 극, 해내다, 이루다.

☑ 포몽길 납부길(包蒙吉 納婦吉)

포몽(包蒙)은 주공이 어린 성왕을 포용하여 섭정한 것에서 연유했다. 몽매한 자를 포용하는 것(包蒙)이나 자식이 부인을 들이는 것(納婦)은 모두 구이의 위아래에 놓인 음효를 비유한 것이다. 구이는 양효이고 중도를 갖춰 강하고 곧은 재능과 부드러운 중용의 덕을 갖춘 스승이다.

교화(敎化)란 가르치고 이끌어서 좋은 방향으로 변화시키는 것이다. 구이는 몽매한 사람을 포용하고 교화하면 길하다(包蒙吉). 자식이 부부의 인연을 맺고 부인을 맞아하면 길하다(納婦吉). 따라서 몽매한 음효를 포용하며 가르치면 밝음이 넓어진다.

☑ 자극가(子克家)

육오는 아비이고 구이는 자식이다. 구이가 계몽을 맡은 것은 육오의 신임이 있기 때문이다. 자식이 집안일을 잘 해낸다(子克家). 신하가 임금을 가르쳐 나라를 다스린 경우는 주공과 성왕이다. 요임금과 순임금은 뛰어난 성인인데도, 오히려 백성들에게 묻고 배워서 선덕을 행하였다.

☑ 강유접아(剛柔接也)

굳셈과 부드러움이 만남(剛柔接也)은 구이의 굳셈과 육오의 부드러움이 서로 만나는 것이다. 강과 유는 왕래의 감정이 있어 구이가 육오에 접근하는 것을 좋아한다. 구이와 육오가 호응하여 만나니 서로 받든다. 굳셈은 구이를, 부드러움은 육오를 가리키니, 임금과 신하가 서로 의지하여 다스린다. 따라서 효상은 몽매한 자를 포용하는 상으로, 점사는 강건하고 중용의 덕으로 다스리면 가정이 화목할 것이다.

▌ 육삼 효사와 소상전

육삼 물용취녀 견금부 불유궁 무유리
六三은 勿用取女니 見金夫하고 不有躬하니 无攸利하니라
상왈 물용취녀 행불순야
象曰 勿用取女는 行不順也라

육삼은 그런 여자에게 장가들지 말 것이니, 돈이 많은 사내를 보고 몸을 지키지 못하니 이로울 것이 없다. 「상전」에서 말했다. "그런 여자에게 장가들지 말라는 것"은 행실이 순하지 않기 때문이다.

▶ 取: 가질 취, 장가들다. 金: 쇠 금, 돈 躬: 몸 궁 攸: 바 유

☑ 물용취녀(勿用取女)

육삼은 어리석고 바르지 못한 여자이다. 즉, 육삼은 돈이나 권력이 있는 남자만 보면 쫓아가

는 문제 있는 여자다. 육삼은 유약한 음효이며, 또 중(中)도 아니고 정(正)도 아니니 줏대 없는 여인이다. 취(取)는 장가들다는 말이다. 그런 여자에게 장가들지 말 것이다(勿用取女). 돈 많은 사내만 마음에 두고 바르지 못한 여자에게 장가들지 말라는 말이다.

☑ 견금부 불유궁 무유리(見金夫 不有躬 无攸利)

금부(金夫)는 돈 많은 남자나 높은 지위에 있는 남자이다. 여자가 마땅히 예를 행하여야 하는데도, 돈 많은 사람을 보고(見金夫) 기꺼이 쫓아서 그 몸을 보존하지 못하니(不有躬), 부인으로 맞이하면 이로울 것이 없다(无攸利). 예에 맞지 않으니, 이를 취하면 이로움이 없을 것이다.

☑ 물용취녀 행불순야(勿用取女 行不順也)

육삼은 음이 양의 자리에 있어 부정하니, 여자가 남자와 즐기는 상이다. 음이 양을 올라타 행실이 바르지 않다. 또한 정응(正應)을 버리고 가까운 것을 따르니 여자의 행실이 바르지 않다. 그런 여자의 행실은 간사하고 편벽되어 남편을 순종하지 못하니(行不順也) 아내로 맞이하지 않는다(勿用取女). 따라서 효상은 여자가 금부만 보면 쫓아가는 상으로, 점사는 그런 여자와 혼인하면 이롭지 않다.

▍육사 효사와 소상전

六四는 困蒙이니 吝토다
象曰 困蒙之吝은 獨遠實也라

육사는 몽매한 사람이 곤경에 처해 있으니 어렵다. 「상전」에서 말했다. "몽매한 사람이 곤경에 처해 있으니 어려움"은 홀로 실질[陽]과 멀기 때문이다.

▶ 困: 곤할 곤 吝: 아낄 린(인), 부끄럽다, 어렵다. 獨: 홀로 독 遠: 멀 원 實: 열매 실

☑ 곤몽린(困蒙吝)

곤몽(困蒙)은 몽매한 사람이 곤경에 처해 있다는 뜻이다. 린(吝)은 처해 있는 상황이 어렵다는 뜻이다. 성왕의 숙부들이 난을 일으켜 어린 성왕이 곤경에 처하여 어려운 상황에 있다. 육사는 유약한 음으로서 교육하고 이끌어 주는 현명한 사람이 없고, 스스로 몽매함을 계발하지 못

해 어둡고 어리석어 곤란한 자이다(困蒙).

육사는 아래로는 돈 많은 남자만을 보는 여자와 인접해 있고, 위로는 비록 지위는 높으나 몽매한 사람으로 그 어려움이 심하다. 육사는 이미 양에서 멀고 정응(正應)도 없으니, 몽매함으로 곤경을 겪는 상이다.

육사가 구이를 따르고자 하면 아래로 육삼에 막히고, 상구를 따르고자 하면 위로 육오에 막힌다. 양으로부터 멀리 떨어져 있으니, 몽매함을 계발할 방법이 없어서 오랫동안 곤경하다. 만일 스승을 존중하고 벗들과 친하게 지낸다면, 곤궁하여 배우는 자(困而知之者)라도 나면서부터 아는 자(生而知之者)와 배워서 아는 자(學而知之者)와 같게 될 것이다.

☑ 곤몽지린 독원실야(困蒙之吝 獨遠實也)

양은 꽉 차고 음은 텅 비어있다. 음은 양을 취하면 현명한 사람이 된다. 육사는 음의 자리에 음이 있고 구이와 상구와도 멀어 양의 도움을 받지 못한다. 몽매함으로 인한 어려움은 혼자서 양에서 멀기 때문이다(獨遠實也). 어려운 독학생처럼 가르쳐줄 현명한 스승이 없기 때문이다. 따라서 효상은 몽매하여 곤경에 처한 상으로, 점사는 스승이 없으면 어려울 것이다.

▌ 육오 효사와 소상전

六五는 童蒙이니 吉하니라
<small>육 오</small> <small>동 몽</small> <small>길</small>

象日 童蒙之吉은 順以巽也라
<small>상 왈</small> <small>동 몽 지 길</small> <small>순 이 손 야</small>

육오는 동몽이니 길하다. 「상전」에서 말했다. "동몽이 길함"은 순하고 공손하기 때문이다.

▶ 巽: 부드러울 손, 공손하다. 吉: 운이 좋다, 착하다.

☑ 동몽길(童蒙吉)

구이와 육오는 이상적인 사제(師弟)의 상이다. 동몽(童蒙)은 어리고 어리석은 아이이며, 어리석음은 교육하고 계몽하여 변할 수 있다. 육오는 아래로 구이와 호응하고, 육이의 부드럽고 알맞는 덕으로 강건하고 현명한 재능으로 일깨우니, 몽매함을 다스릴 수 있어 길(吉)하다.

육오는 간괘(艮卦)의 몸체로 막내아들이므로 철부지 어린이이다. 어리면서 어리석은 몽매한 자는 성정(性情)이 진실하여 바르게 될 수 있다. 철부지 어린이로 자처하며 몽매함을 스스로 찾아서 계발하기 때문에 길하다. 주공이 두 동생의 난을 진압하여 나라의 질서를 회복하니 어린 성왕은 길하다.

☑ 동몽지길 순이손야(童蒙之吉 順以巽也)

    순(順)은 마음이 순종하는 것이며, 손(巽)은 행동이 겸손한 것이다. 동몽지길(童蒙之吉)은 순종하고 겸손함(順以巽也)이다. 음이 위로부터 내려오는 것은 순종이 되니, 육오가 와서 구이에게 구하는 것도 순종이다. 진실한 마음으로 도움을 구하는 것은 순종하는 덕이다. 상구를 우러러 받들며 친하게 가까이 하는 것은 순종이고, 구이에게 호응하며 따르는 것은 겸손이다. 따라서 효상은 어리고 어리석은 사람이 길한 상으로, 점사는 도와주는 사람이 있어 길하다.

▌ 상구 효사와 소상전

_{상 구} _{격 몽} _{불 리 위 구} _{이 어 구}
上九는 擊蒙이니 不利爲寇요 利禦寇하니라
_{상 왈} _{이 용 어 구} _{상 하 순 야}
象曰 利用禦寇는 上下順也라

상구는 몽매함을 쳐서 일깨워 주는 것이니, 도적이 되는 것은 이롭지 않으나 도적을 막는 것은 이롭다. 「상전」에서 말했다. "도적을 막는 것이 이로움"은 위아래가 순하기 때문이다.

▶ 擊: 칠 격 寇: 도적 구 禦: 막을 어

☑ 격몽 불리위구 이어구(擊蒙 不利爲寇 利禦寇)

    상구가 몽(蒙)의 끝에 있으니 몽이 지극한 때이다. 사람이 몽매하면 도적이 되고 난을 일으키니, 마땅히 그것을 쳐야 한다. 격몽(擊蒙)은 어리석음을 쳐서 깨우치게 하는 것으로 엄격한 교육 방법이다. 자신이 도적이 되어서는 안 되고, 남도 도적이 되어서는 안 된다. 그래서 내가 도적이 되는 것은 이롭지 않으나(不利爲寇), 남이 도적이 되지 않도록 도적을 막는 것은 이롭다(利禦寇). 따라서 몽매함을 일깨우도록 엄격한 방법으로 교육하여 도적이 되지 않고 도적을 막는 것이 이롭다.

☑ 이용어구 상하순야(利用禦寇 上下順也)

    도적을 막는 것이 이로움(利用禦寇)은 위아래가 순하기 때문이다(上下順也). 즉, 위에서는 지나치게 포학하지 않고, 아래에서는 그 몽매함을 일깨워 없애니 도적을 막는 것이다. 도적을 막는 방법은 위아래가 순하여 서로 순응하게 하는 것이다. 따라서 효상은 몽매함을 깨우치는 상으로, 점사는 강하지 않고 유순하게 정도를 지키면 이롭다.

05

때를 기다리는 수천수(水天需)

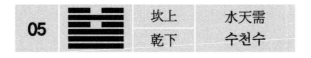

| 05 | | 坎上
乾下 | 水天需
수천수 |

수천수괘(水天需卦)는 상괘가 물[水]을 상징하는 감괘(坎卦: ☵)이고, 하괘가 하늘[天]을 상징하는 건괘(乾卦: ☰)로, 이는 물이 하늘 위로 올라가는 상이다. 수(需)는 우(雨)와 이(而)로 이루어져 비를 기다린다는 뜻을 가진다. 감(坎)은 험난을, 건(乾)은 강건을 뜻하므로, 외부의 어려움을 내부의 강인함으로 극복해 나간다. 구름이 하늘에 떠 있어, 때가 되면 비가 내릴 것이니 서두르지 말고 기회를 기다려야 할 때이다. 따라서 괘상은 물이 하늘 위로 올라가는 수천(水天) 상이요, 괘명은 기다릴 수(需)이다.

둔괘(屯卦)는 어려운 과정을 통해 새롭게 탄생한 왕조가 온갖 어려움을 극복해 나가는 것을 상징한다. 몽괘(蒙卦)는 새로운 기풍과 기강을 확립하기 위해 무지함을 깨우치는 데 힘쓴다. 수괘(需卦)는 새 왕조가 아직 안정되지 않아 곳곳에 어려움이 도사리고 있으므로, 오랜 시간을 기다리며 새로운 체제가 정착되기를 기다린다. 수괘는 세상의 어려움을 겪으며 때를 기다리면서 성장해 나가는 내면적 성숙에 중점을 둔다.

수괘(需卦)는 인내심과 신중에 관한 교훈이다. 초효는 수우교(需于郊)로, 이는 넓은 들에서 기다리는 상황이니, 항상심을 잃지 않고 때를 기다리면 재앙이 없다. 이효는 수우사(需于沙)로, 이는 모래사장에서 기다리는 상황이니, 기다리면 길하다. 삼효는 수우니(需于泥)로, 이는 진흙에서 기다리는 상황이니, 삼가고 공경하면 재앙이 없다. 사효는 수우혈(需于血)로, 이는 피투성이 못에 빠지나 구덩이로부터 나오는 상황이니, 재앙을 겪게 되나 결국은 길하다. 오효는 수우주식(需于酒食)으로, 이는 술과 음식에 젖는 상황이니, 겸손하고 중정을 지키고 기다리면 길하다. 육효는 입우혈(入于穴)로, 이는 구덩이에 들어가 있는데 불청객 세 사람이 오는 상황이니, 구원자가 아래에 있어 결국 길하다.

▌ 괘사

^수 ^{유 부} ^{광 형 정 길} ^{이 섭 대 천}
需는 有孚하여 光亨貞吉하니 利涉大川하니라

수(需)는 믿음이 있어서 빛나고 형통하고 바르게 하여 길하니, 큰 내를 건너는 것이 이롭다.

▶ 需: 쓰일 수/쓸 수, 기다리다. 孚: 미쁠 부, 믿다. 涉: 건널 섭

☑ 수유부 광형정길(需有孚 光亨貞吉)

수(需)는 나아가지 않고 기다린다는 뜻이다. 기다린다는 말은 인내한다는 의미이다. 건(乾)은 굳세고 감(坎)은 험하니, 굳셈이 험함을 만나 나아가지 못하고 험한 곳에 빠져 기다린다. 비가 그치기를 기다리는 것은 형세를 살피고 힘을 길러 때가 되면 나아간다는 말이다. 기다림은 일을 기다리는 것이고, 믿음은 마음을 믿는 것이다.

부(孚)는 자신의 마음 속에 스스로 믿음이 있는 것이다. 믿음이 있어야 인내하면서 기다릴 수 있고, 기다릴 수 있어야 빛나고 형통하다. 수(需)는 믿음이 있으면(有孚), 빛나고 형통하고(光亨), 바른 도를 지키면 길하다(貞吉).

☑ 이섭대천(利涉大川)

큰 내[大川]는 큰 어려움을 상징한다. 큰 어려움을 겪는 것이 이로운 것은 어려움을 겪은 후 성숙하기 때문이다. 큰 내를 건너면 이롭다(利涉大川)는 것은 큰 일을 해내면 이롭다는 뜻이다. 큰 내를 건너는 것은 위험하지만 건너가면 이롭다. 기회가 왔다는 믿음이 서면 도전하려는 모험이 있어야 하고, 큰 일을 해야 성취가 크다. 따라서 괘상은 믿음이 있어서 빛나고 형통한 상으로, 점사는 때를 기다리고 준비하면 이롭다.

▌ 괘사에 대한 단전

^{단 왈} ^{수 수 야} ^{험 재 전 야}
象曰 需須也니 險在前也니라
^{강 건 이 불 함} ^{기 의 불 곤 궁 의}
剛健而不陷하니 其義 不困窮矣라
^{수 유 부} ^{광 형 정 길} ^{위 호 천 위} ^{이 정 중 야}
需有孚 光亨貞吉은 位乎天位하여 以正中也요

利涉大川은 往有功也라

「단전」에서 말했다. 수(需)는 기다림이니 험함이 앞에 있다. 강건하되 빠지지 않으니 그 의가 곤궁하지 않다. "수(需)가 믿음이 있어 밝고 형통하고 바르게 하는 것이 길함"은 하늘 자리에 위치해서 정중(正中)하기 때문이다. "큰 내를 건너는 것이 이로움"은 가면 공이 있기 때문이다.

▶ 須: 모름지기 수, 기다리다.   險: 험할 험/검소할 검   陷: 빠질 함

☑ 수수야 험재전야 강건이불함(需須也 險在前也 剛健而不陷)

수(需)는 기다림이다(需須也). 험한 것이 앞에 있으니(險在前也) 선뜻 나아갈 수 없어 기다린 뒤에 나아가기 때문에 빠지지 않는다. 험한 데에 있으면서 기다릴 줄 알면 험한 것을 벗어날 것이다. 외괘가 감괘(坎卦)로 험한 데에 있더라도 내괘가 건괘(乾卦)로 굳세고 강건하니(剛健) 험함에 빠지지 않는다(不陷).

☑ 기의 불곤궁의(其義 不困窮矣)

험한 것이 앞에 있으면 빠지기 쉬우나 굳세고 강건한 덕이 있어 기다린 뒤에 가서 빠지지 않는다. 이 때문에 그 뜻이 곤궁하지 않다(其義 不困窮矣). 따라서 성정이 너그럽고 스스로 깨달으면 곤궁하지 않게 된다.

☑ 수유부 광형정길(需有孚 光亨貞吉)

수가 믿음이 있어 밝고 형통하고 바르게 하는 것이 길하다(需有孚 光亨 貞吉). 이것은 구오가 하늘 자리에 있어 정중하기 때문이다(位乎天位 以正中也). 구오가 굳세고 실함으로써 가운데 있으니 믿음이 있는 상이고, 그 기다림을 얻으니 또한 믿음이 있다.

☑ 위호천위 이정중야(位乎天位 以正中也)

하늘 자리에 있음(位乎天位)은 구오 임금이 정중을 얻은 것인데(以正中也) 구오가 양이 양의 자리에 오고 중의 자리에 있기 때문이다.

☑ 이섭대천 왕유공야(利涉大川 往有功也)

공(功)이란 일을 수행하여 얻은 구체적인 결실이다. 큰 내를 건너는 것은 큰 일을 하는 것으

로(利涉大川) 가면 구체적인 결실이 있다(往有功也). 이는 건괘가 때를 기다린 뒤에 가니 험준한 데에는 이르지 않기 때문이다. 따라서 비록 함하고 막힌 것을 건너더라도 이미 믿음이 있으면서 곧고 바르면 길하다.

■ 괘사에 대한 대상전

상왈 운상어천　수
象曰 雲上於天이 需니
군 자　이　　　음 식 연 락
君子 以하여 飮食宴樂하니라

「상전」에서 말했다. 구름이 하늘 위로 올라가는 것은 수(需)이니, 군자는 이를 본받아 마시고 먹고 잔치를 즐긴다.

▶ **飮**: 마실 음　**食**: 밥 식/먹을 식　**宴**: 잔치 연　**樂**: 노래 악/즐길 락(낙)/좋아할 요

☑ 운상어천 수(雲上於天 需)

상괘 감괘(坎卦)는 구름이요 하괘 건괘(乾卦)는 하늘이므로, 구름이 하늘로 올라갔으나(雲上於天) 음양이 화합하지 못해서 아직 비를 이루지 않아 비올 때를 기다린다(需). 구름이 하늘에 오르지만 아직 비가 되지 못한 것은 마치 군자가 아직 등용되지 않아 기다리는 때와 같다.

☑ 군자이 음식연락(君子以 飮食宴樂)

물의 기운이 하늘로 올라가서 응결되어 비가 되면 만물들이 기다려서 태어나기 때문에 수(需)이다. 군자는 괘상을 본받아(君子以) 마시고 먹으며 편안하게 즐기는 이유(飮食宴樂)는 군자가 때를 기다리고 있으면서 여유 있게 도를 얻기 때문이다.

구름의 기운이 올라가서 만물을 윤택하게 하니 음식의 상이고, 음과 양이 조화를 이루어서 비를 내리게 하니 군자는 편안히 즐긴다. 따라서 괘사는 구름이 하늘에 오르는 상으로, 점시는 여유 있게 기다리면 길하다.

초구 효사와 소상전

초구 수우교 이용항 무구
初九는 需于郊라 利用恒이니 无咎리라
상왈 수우교 불범난행야 이용항무구 미실상야
象曰 需于郊는 不犯難行也요 利用恒无咎는 未失常也라

초구는 넓은 들에서 기다리는 것이다. 항상함이 이로우니 허물이 없다. 「상전」에서 말했다. "넓은 들에서 기다림"은 어려움을 겪으면서까지 가지 않는다. "항상함이 이로우니 허물이 없음"은 항상심을 잃지 않기 때문이다.

▶ 郊: 들 교, 교외 恒: 항상 항 常: 떳떳할 상/항상 상 犯: 범할 범, 거스르다, 만나다, 일으키다.

☑ 수우교(需于郊)

수(需)는 험함을 만났기 때문에 기다린 다음에 나아가는 것이다. 교(郊)는 평평하고 넓은 들이다. 초구는 나그네가 넓은 들을 걸어가던 중에 비를 만났으니 비가 멈추기를 기다린다(需于郊). 넓은 들은 마을 밖의 멀리 떨어진 먼 땅이나 안전한 들이다. 초구는 멀리 떨어져 있는 넓은 들에서 비를 만났으니 내를 안전하게 건널 수 있을 때까지 안전한 곳에서 비를 피하면서 비가 멈출 때까지 기다린다.

☑ 이용항 무구(利用恒 无咎)

이용항(利用恒)은 利於恒이므로 변함이 없는 마음으로 기다리면 이롭다는 것이다. 즉, 비가 멈출 때까지 계속 기다리면 이롭다. 초구는 나그네가 넓은 들을 걸어가던 중에 비를 만났으니 비가 멈출 때까지 안전한 곳에서 계속 기다리면 이로우니 허물이 없다(利用恒 无咎).

☑ 불범난행야(不犯難行也)

비가 계속 오는 넓은 들에서 어려움을 겪으면서까지 가지 않는다(不犯難行也). 비를 맞으면서 어려움을 무릅쓰고서 가지 않는다. 따라서 모험을 하지 않고 험한 곳을 피해 안전한 들에서 편안하게 기다린다.

☑ 미실상야(未失常也)

항상심을 잃지 않는 이유(未失常也)는 비가 멈출 때까지 변함 없이 기다리는 것이다. 어려움을 무릅쓰고 앞으로 나아가지 않고 안전한 곳에서 기다린다. 험함을 멀리하기 때문에 어려움을 겪지 않고, 일정함을 유지하기 때문에 편안하다. 따라서 효상은 넓은 들에서 기다리는 상으로, 점사는 항상심을 잃지 않고 때를 기다리면 재앙이 없다.

▋ 구이 효사와 소상전

九二_는 需于沙_라 小有言_{하나} 終吉_{하니라}
象曰 需于沙_는 衍_{으로} 在中也_니 雖小有言_{이나} 以吉終也_{리라}

구이는 모래밭에서 기다림이다. 약간 말이 있으나 마침내 길하다. 「상전」에서 말했다. "모래밭에서 기다림"은 너그러움으로 중에 있기 때문이니, 비록 약간 말이 있으나 길함으로 마칠 것이다.

▶ 沙: 모래 사 終: 마칠 종 衍: 넓을 연

☑ 수우사 소유언 종길(需于沙 小有言 終吉)

구이는 가운데 자리에 있어 위태롭고 곤란하고 비록 약간 말실수가 있어도 결국 큰 해는 없어 잘 대처한다. 모래밭은 물에 가까이 있다. 구이의 모래밭은 초구의 들보다 물에 더 가까워 더 위험하다. 구이가 점차 험한 데에 가까워지므로 모래밭에서 기다린다(需于沙).

언(言)은 구오가 하는 말에 약간 말 실수가 있는 것이다. 구이는 초구보다 험한 데에 더 가까워 위태롭다는 말이 약간 실수가 있어(小有言) 마음이 상했으나, 큰 해는 없어 마침내 길하다(終吉). 말 때문에 서로 불화가 생길 수 있으니 말에 신중해야 한다.

☑ 연재중야(衍在中也)

연(衍)은 물이 흘러서 넘치니 너그러운 것이다. 물이 있으면 모래밭은 주변에 있다. 구이가 모래밭에 있는 것은 너그러움으로 가운데 자리에 있으므로(衍在中也) 급하게 나아가지 않는다. 구이는 강과 중의 덕으로 너그럽게 중도를 지키기 때문이다.

☑ 수소유언 이길종야(雖小有言 以吉終也)

비록 약간 실수한 말을 들어(雖小有言) 상처를 받을 수 있으나 강건하여 험함에 빠지지 않기 때문에 길함으로 마친다(以吉終也). 따라서 효상은 모래밭에서 기다리는 상으로, 점사는 기다리면 끝내 길하다.

▌구삼 효사와 소상전

구삼　　　수우니　　치구지
九三은 需于泥니 致寇至라
상왈　수우니　　재재외야　　자아치구　　경신불패야
象曰 需于泥는 災在外也라 自我致寇하니 敬愼不敗也라

구삼은 진흙에서 기다림이니 도적을 불러들인다. 「상전」에서 말했다. "진흙에서 기다림"은 재앙이 밖에 있는 것이요, 나 때문에 도적을 불러들였으니 공경하고 삼가면 패하지 않을 것이다.

▶ 泥: 진흙 니(이) 寇: 도적 구 敬: 공경 경 愼: 삼갈 신 敗: 패할 패

☑ 수우니 치구지(需于泥 致寇至)

니(泥)는 진흙, 치(致)는 이르다, 구(寇)는 도적을 뜻한다. 진흙에서 기다림(需于泥)은 구이의 모래밭에서 기다림보다 물에 더 가까이에서 기다리니 더 험하다. 진흙에 빠져 있는데 설상가상으로 더 걸어가면 더 험한 상황에 처하게 된다. 물로 들어가면 위험이 더 크니 이는 도적을 불러들이는 상황이다(致寇至). 물에 다가가서 죽은 사람은 물을 나무라지 말 것이며, 도적을 불러들여서 패한 사람도 역시 도적을 나무라지 말 것이다. 이는 스스로 재앙을 불러들였기 때문이다. 도적은 단지 도둑이니 나와 적대하여 해치면 모두 도적이다.

☑ 재재외야 자아치구 경신불패야(災在外也 自我致寇 敬愼不敗也)

진흙에서 기다리는 것은 구삼이 험난함에 매우 가까워 재앙이 바깥에 있는 것이다(災在外也). 감괘가 도적이므로 구삼이 조급하게 가서 스스로 재앙을 불러들여 나 때문에 도적을 불러들인 것이다(自我致寇). 그러나 매사를 삼가고 공경하면 잘못되지 않을 것이다(敬愼不敗也). 따라서 효상은 진흙에서 기다리는 상으로, 점사는 삼가고 공경하면 재앙이 없다.

▌육사 효사와 소상전

육사　　　수우혈　　　출자혈
六四는 需于血이니 出自穴이로다
상왈　수우혈　　순이청야
象曰 需于血은 順以聽也라

육사는 피투성이 못에서 기다림이니 구덩이로부터 나온다. 「상전」에서 말했다. "피투성이 못에서 기다

림"은 순종하여 듣는 것이다.

▷ 血: 피 혈   自: 스스로 자, ~으로부터   穴: 구멍 혈, 구덩이

☑ 수우혈 출자혈(需于血 出自穴)

피[血]는 피투성이고 구덩이[穴]는 험한 곳이다. 육사는 유약한 음으로 험한 데 있고 아래로
세 개의 양이 올라오니, 험함에서 상해를 받는 자이다. 피투성이 못에서 기다림(需于血)은 도적
에게 피투성이가 되는 험한 상황에 빠지는 것이다. 도적에게 상해를 입어 피투성이가 되어도
구덩이에서 탈출하여(出自穴) 재앙을 피한다.

피와 구덩이는 모두 감괘의 험한 상이다. 피투성이 못에서 기다림은 험함에 들어감이고, 구
덩이로부터 나옴은 험함에서 벗어남이다. 유순하고 바름을 얻고 양에 순종하기 때문에 구덩이
로부터 나오니(出自穴) 험함에서 빠져나올 수 있다. 따라서 때를 기다려 험한 데서 다투지 않으
니 흉하지 않다.

☑ 수우혈 순이청야(需于血 順以聽也)

육사는 유순한 효이기 때문에 순종한다(順). 순종하여 듣는 것(順以聽也)은 유순한 도로 저
절로 이치를 듣는 것이다. 잘못되었다가 가까스로 나온 것은 순종하여 들었기 때문이다. 험함
이 아직은 깊지 않아 순리를 따르면 흉함에 이르지 않는다. 따라서 효상은 피투성이 못에 빠지
나 구덩이로부터 나오는 상으로, 점사는 재앙을 겪게 되나 결국은 길하다.

■ 구오 효사와 소상전

九五는 需于酒食이니 貞吉하니라
象曰 酒食貞吉은 以中正也라

구오는 술과 음식 앞에서 기다리는 것이니 바르게 하면 길하다. 「상전」에서 말했다. "술과 음식 앞에
서 기다리니 바르게 하면 길함"은 중정하기 때문이다.

▷ 酒: 술 주   食: 밥 식/먹을 식, 음식

126

☑ 수우주식 정길(需于酒食 貞吉)

　구오는 굳센 양으로써 중정하고 군주의 자리에 있어 수괘(需卦)의 주인이다. 술을 취하게 마시고 음식을 배부르게 먹었으니 길한 상이다. 술을 마시고 음식을 먹으면서 때를 기다리니(需于酒食) 바르게 하면 길하다(貞吉). 술과 음식을 마시며 먹는 것은 정치를 잘하여 백성이 잘 먹고 태평성대를 누리는 것이다.

☑ 주식정길 이중정야(酒食貞吉 以中正也)

　술과 음식 앞에서 기다리니 바르게 하면 길한 이유(酒食貞吉)는 구오가 중정을 얻어 그 도를 다하기 때문이다(以中正也). 구오는 상괘의 중앙에 있고, 양이 양의 자리에 와서 중정을 얻었다. 구오는 존귀한 자이므로 거만하기 쉽고 기쁨에 빠지기 쉬우나 험함에 있으니 기다리면서 바르게 하면 길하다. 따라서 효상은 술과 음식에 젖는 상으로, 점사는 겸손하고 중정을 지키고 기다리면 길하다.

■ 상육 효사와 소상전

상육　입우혈　유불속지객삼인　래　경지종길
上六은 入于穴이니 有不速之客三人이 來인데 敬之終吉이라
상왈　불속지객래　경지종길　수부당위　미대실야
象曰 不速之客來 敬之終吉은 雖不當位나 未大失也라

상육은 구덩이에 들어감이니 불청객 세 사람이 올 것인데, 공경하면 마침내 길하다. 「상전」에서 말했다. "불청객이 오니 공경하면 마침내 길함"은 비록 지위가 마땅하지 않으나 크게 잃지 않기 때문이다.

▶ 穴: 구멍 혈, 동굴　速: 빠를 속, 부르다.　位: 자리 위, 지위　失: 잃을 실, 잘못

☑ 입우혈(入于穴)

　상육은 험한 것의 끝에 있으니, 기다림은 해소되는 상이다. 상육은 음이 음의 자리에 있고 기다림의 끝에 있으니 편안함이 구덩이 속에 있는 것과 같다. 음이 음의 자리에서 그 처소를 편안하게 여기므로 구덩이에 들어감이다(入于穴). 구덩이는 편안한 곳이다.

☑ 유불속지객삼인래(有不速之客三人來)

　부름[速]은 초청이요, 부르지 않음[不速]은 초청하지 않았는데도 스스로 옴을 뜻한다. 건괘의

삼효가 정응이기 때문에 손님 세 사람(客三人來)은 건괘의 세 양을 가리킨다. 초구와 구이가 구삼을 따라오니 건괘의 삼효가 불청객이 되어온다(有不速之客三人來). 불청객 세 사람은 아래에 있는 세 양, 즉 백성이다. 기다림이 이미 극도에 달했기 때문에 다 위로 나아가니, 부르지 않고 재촉하지 않아도 스스로 오는 것이다.

☑ 경지종길(敬之終吉)

음(陰)이 험한 것의 끝에 처해서 더 이상 기다릴 것이 없으니, 빠져서 구덩이로 들어가는 상이다. 청하지 않은 초구와 구이가 구삼을 따라왔다. 이 불청객 삼인은 유불선(儒佛仙)의 삼인이다. 상육이 험함에 있을 때에 불청객이 오니 공경하면 마침내 길할 것이다(敬之終吉).

☑ 수부당위 미대실야(雖不當位 未大失也)

불청객이 오니 공경하면 마침내 길한 이유는 비록 자리는 마땅하지 않으나 크게 잘못이 없기 때문이다(雖不當位 未大失也). 상육은 음인데 구오의 양 위에 있어 자리가 적절하지 않다. 공경하고 삼가면 크게 잃지 않는다(未大失也). 따라서 효상은 구덩이에 들어가 있는데 불청객 세 사람이 오는 상으로, 점사는 구원자가 아래에 있어 결국 길하다.

06

갈등을 해결하는 천수송(天水訟)

06	䷅	乾上	天水訟
		坎下	천수송

천수송괘(天水訟卦)는 상괘가 하늘[天]을 상징하는 건괘(乾卦: ☰)이고, 하괘가 물[水]을 상징하는 감괘(坎卦: ☵)로, 이는 하늘은 위로 올라가고 물은 아래로 내려가서 서로 어긋나는 상이다. 위는 강하고 아래는 험하니, 강함과 험함이 서로 부딪히면 다툼이 생긴다. 사람이 서로 어긋나면 결국 송사가 발생한다. 송(訟)은 말로 다투는 것이다. 따라서 괘상은 구름이 하늘 위로 올라가는 천수(天水) 상이요, 괘명은 다투는 송괘(訟卦)이다.

송괘(訟卦)는 수괘(需卦)를 뒤집어 놓은 괘이다. 수괘가 성장 과정에서 겪는 많은 어려움과 그 극복 과정을 묘사한다면, 송괘는 대인 관계와 왕조 내부에서 발생하는 갈등을 묘사한다. 분쟁이 발생하면 서로 소통하고 화해하여 해결하는 것이 중요하다고 강조한다. 사람에게 필요한 것은 음식이기 때문에, 필요한 것이 있으면 다툼이 발생하기 마련이다. 이 때문에 송괘가 수괘 다음에 위치하게 된다. 음식은 생존에 필수적이기 때문에, 이를 확보하기 위해 다툼이 생긴다.

송괘(訟卦)는 송사에 관한 상황분석과 다투지 않는 행동방향을 제시한다. 초효는 불영소사(不永所事)로, 이는 송사를 오래 끌지 않는 상황이니, 송사는 마침내 시비가 밝혀지니 길하다. 이효는 귀이포(歸而逋)로, 이는 읍주가 송사에 패할 것 같아 도망가는 상황이니, 강자와 맞대결을 피하면 재앙은 없다. 삼효는 식구덕(食舊德)으로, 이는 왕의 일을 따르나 이룬 것이 없는 상황이니, 힘써 나아가고 공을 주장하지 않고 겸손하면 길하다. 사효는 복즉명유(復卽命渝)로, 이는 송사에서 이기지 못한 상황이니, 송사하려는 마음을 바꾸면 길하다. 오효는 송원길(訟元吉)으로, 이는 현명한 대인이 공평하게 분별하는 상황이니, 송사하면 크게 길하다. 육효는 종조삼치지(終朝三褫之)로, 이는 임금이 하사한 관복의 띠를 박탈당하는 상황이니, 송사는 이기더라도 폐해가 많으니 송사하지 않으면 길하다.

▌ 괘사

송 　유 부　　질 척　　　중 길 종 흉
訟은 有孚나 窒惕하니 中吉終凶하니
이 견 대 인　　　불 리 섭 대 천
利見大人이요 不利涉大川하니라

송(訟)은 (이긴다는) 믿음이 있으나 (패할 것 같은 생각에) 막혀서 두려우니, 중도에 (송사를 포기하면) 길하고 끝까지 하면 흉하다. 대인을 만나보는 것은 이롭고, 큰 내를 건너는 것은 이롭지 않다.

▶ 訟: 송사할 송　孚: 미쁠 부, 믿음이 있다.　窒: 막힐 질　惕: 두려워할 척　涉: 건널 섭

☑ 송유부(訟有孚)

송사는 평소 명확하지 않은 언행으로 발생한다. 송(訟)은 말(言) + 공(公)으로 공적으로 말하는 것으로 소송이다. 쟁(爭)은 힘으로 다투는 것이요, 송(訟)은 말로 다투는 것이다. 송사(訟事)는 분쟁이 발생하여 다투고 변론하여 판사에게 판결을 기다리는 것이다.

건괘와 감괘가 위아래로 통하지 않고 당사자들의 뜻이 서로 막혀 송사가 일어난다. 뜻이 맞지 않을 때 이긴다는 믿음이 있어 송사한다(訟有孚). 이길 수 있다는 자신감으로 송사한다.

☑ 질척 중길종흉(窒惕 中吉終凶)

구이는 송사의 주인이고 구오는 송사를 맡은 자로, 구이와 구오가 모두 굳세고 호응하지 않고 막혀 송사한다. 시비가 밝혀지지 않거나 패할 것 같은 생각에 막혀서 송사가 두렵다(窒惕). 송사에 승산이 없을 것 같은 두려움으로 중도에 송사를 포기하니 길하다(中吉). 결국 송사에서 입는 피해가 있으니 끝까지 송사를 하면 흉하다(終凶).

☑ 이견대인(利見大人)

송사는 다투고 변론하는 것이다. 위에는 건이 있고 아래는 감이 있으니, 건은 굳세고 감은 험하다. 위는 굳셈으로 아래를 누르고 아래는 험함으로 위를 노리니 다툼이 있게 된다. 공정하고 현명한 구오가 송괘의 주체로 소송을 처리하면 이롭다(利見大人). 대인은 굳세고 현명하고 중정(中正)으로써 송사를 판결하는 사람이다.

☑ 불리섭대천(不利涉大川)

큰 내는 어려움이나 위험이므로 큰 내를 건널 때 물결에 옷이 젖듯이 소송에서 승소하더라

도 피해가 있다. 큰 내를 건너는 것은 소송을 끝까지 끌고 가는 것이다. 송사는 위험과 피해가 있으니 큰 내를 건너는 것이 이롭지 않다(不利涉大川). 따라서 괘상은 큰 내를 건너는 상으로, 점사는 송사해도 얻는 바가 없으니 타협하면 길하다.

■ 괘사에 대한 단전

단 왈 송　　상 강 하 험　　　험 이 건　　　송
彖曰 訟은 上剛下險하여 險而健이 訟이라
송 유 부 질 척　중 길　　 강 래 이 득 중 야　　종 흉　　송 불 가 성 야
訟有孚窒惕 中吉은 剛來而得中也요 終凶은 訟不可成也요
이 견 대 인　　상 중 정 야　　불 리 섭 대 천　　입 우 연 야
利見大人은 尙中正也요 不利涉大川은 入于淵也라

「단전」에서 말했다. 송(訟)은 위가 강하고 아래가 험하니, 험하고 굳건한 것이 송사이다. "송은 (이긴다는) 믿음이 있으나 막혀서 두려우니 중도에 (송사를 포기하면) 길함"은 강이 와서 중도를 얻었기 때문이요, "끝까지 (송사하면) 흉함"은 송사를 끝까지 할 수 없기 때문이다. "대인을 만나보는 것이 이로움"은 중정을 숭상하기 때문이고, "큰 내를 건너는 것이 이롭지 않음"은 못 속에 빠지기 때문이다.

▶ 尙: 오히려 상, 숭상하다.　中: 가운데 중, 중도　淵: 못 연

☑ 송상강하험 험이건송(訟上剛下險 險而健訟)

　건괘는 하늘이므로 강건하고(剛) 감괘는 물이므로 험하다(險). 송괘는 위가 강하고 아래가 험하니(上剛下險), 험하고 굳건한 것이 송사다(險而健 訟). 안은 험하고 바깥은 굳건하니 모두 송사하는 이유이다. 굳건하여도 험하지 않으면 송사가 생기지 않고, 험해도 굳건하지 않으면 송사할 수 없다.

☑ 송유부질척 강래이득중야(訟有孚窒惕 剛來而得中也)

　송(訟)은 송사를 이긴다는 믿음이 있으나 막혀서 두려운 이유(訟 有孚窒惕)는 송사의 시비가 밝혀지지 않고 소송에서 패할 것 같기 때문이다. 중도에 송사를 포기하면 길한 이유(中吉)는 굳셈이 와서 중도를 얻었기 때문이다(剛來而得中也).

☑ 종흉 송불가성야(終凶 訟不可成也)

　끝까지 송사하면 흉한 이유(終凶)는 송사에서 이기더라도 피해가 있기 때문이다. 송사는 좋

은 일이 아니고 마지못해 하는 것으로 송사를 끝까지 해서는 안 되는데(訟不可成也), 송사의 끝은 재앙이 올 수 있기 때문이다. 송가성(訟可成)은 송사를 끝까지 다함을 말한다.

☑ 이견대인 상중정야(利見大人 尙中正也)

구오는 대인으로 송사를 판결하는 주인이고, 송사를 명확하게 분별할 수 있다. 송사는 옳고 그름이 분별하는 것이다. 공정하게 분별하는 것이 중정이다. 중정(中正)은 이효가 음효이고 오효는 양효인 경우이다. 즉, 중정은 중과 정을 동시에 얻는 경우로 가장 좋은 효이다. 육이효와 구오효는 중과 정을 동시에 얻는 경우이다. 중정(中正)은 중도를 바르게 행하여 길하고 바르다.

대인을 만나봄이 이로운 이유(利見大人)는 중정을 숭상하기 때문이다(中正也). 강건하고 공정하게 판단하는 대인을 만나면 이롭다. 대인은 중정의 도를 숭상하고 소송을 공정하게 판단하기 때문이다. 우(虞)나라와 예(芮)나라가 영토를 다투는 송사할 때 문왕(文王)이 합리적이고 공정하게 판결하였다.

☑ 불리섭대천 입우연야(不利涉大川 入于淵也)

큰 내를 건너는 것이 이롭지 않음(不利涉大川)은 못 속에 빠지기 때문이다(入于淵也). 연(淵)은 감괘(坎卦)로 위험한 곳이다. 송사는 위험한 곳을 밟는 것과 같으니 바로 깊은 못으로 들어가는 것이다(入于淵也). 따라서 송사는 하천을 건너 험한 곳에 빠지는 것이므로 이롭지 않다.

괘사에 대한 대상전

象曰 天與水 違行이 訟이라
상 왈 천 여 수 위 행 송

君子 以하여 作事謀始하니라
군 자 이 작 사 모 시

「상전」에서 말했다. 하늘과 물이 어긋나게 가는 것이 송(訟)이다. 군자는 이를 본받아 일을 할 때에 시작을 잘 계획한다.

▶ 違: 어긋날 위 作: 지을 작, 일하다. 謀: 꾀 모, 도모하다. 始: 비로소 시, 처음

☑ 천여수위행 송(天與水違行 訟)

건괘는 하늘이고 감괘는 물이므로, 이들의 방향이 서로 엇갈린다. 하늘은 위에 있고 물은 아

래에 있어 두 몸체가 서로 어긋나게 가니(天與水違行) 송사가 생기는 까닭이다(訟).

☑ 군자이 작사모시(君子以 作事謀始)

군자는 하늘과 물이 어긋나는 상을 관찰하여(君子以) 사람들이 다투고 송사하는 것을 아는 까닭에, 무릇 일을 할 때에 반드시 시작을 잘 계획한다(作事謀始). 계획할 때 다툼의 단초를 없애는 것이 송사를 막는 최선의 방법이다. 일을 시작할 때부터 송사의 단서를 없애면 송사가 생겨날 수 없다. 일을 계획하는 뜻이 깊은 사람은 만남을 신중하게 하고, 계약을 명확하게 한다. 따라서 반드시 처음부터 일을 잘 도모하면 결국 뒤에 생기는 폐단을 끊는다.

▐ 초육 효사와 소상전

초 육   불 영 소 사   소 유 언   종 길
初六은 不永所事면 小有言하나 終吉이라
상 왈 불 영 소 사   송 불 가 장 야   수 소 유 언   기 변 명 야
象曰 不永所事는 訟不可長也니 雖小有言이나 其辯明也라

초육은 송사를 오래 끌지 않으면 조금 구설수는 있으나 마침내 길하다. 「상전」에서 말했다. "송사를 오래 끌지 않음"은 송사는 오래 할 수 없기 때문이니, 비록 조금 말썽이 있지만 그 분별은 밝다.

▷ 辯 : 말씀 변, 다투다, 변론하다, 말하다, 송사하다, 분별하다.

☑ 불영소사(不永所事)

사(事)는 송사(訟事), 소사(所事)는 송사하는 것을 말한다. 초육은 음효로 강하게 다투지 못하고, 구사와는 정응하니 송사를 오래 끌 수 없다(不永所事). 다투지 않고 잘 타협하여 분쟁이 나타나지 않도록 한다. 여섯 효에서 오직 초육과 육삼만 음이면서 부드러워 다투지 않는다. 초육은 음이면서 부드러운 사람으로 남과 분쟁하지 않고, 또 결코 남을 해치는 일도 없고, 다만 송사가 밝게 분별되면 그치니 길하다. 따라서 다툼은 일찍 해결하는 것이 길하다.

☑ 소유언 종길(小有言 終吉)

송사하면 결국 조금 구설수가 있으나(小有言), 송사는 마침내 시비가 밝혀지니 길하다(終吉). 조금 구설수가 있음(小有言)은 송사하면 말썽이 조금은 있는 것이다.

☑ 송불가장야(訟不可長也)

송사하지 않는 것이 좋은데, 불가피하게 송사하면 송사를 오래 끌지 않는다(訟不可長也). 송사를 오래 끈다면 결국은 이득도 얻지 못하고 어려움이 닥치게 된다.

☑ 수소유언 기변명야(雖小有言 其辯明也)

비록 조금 말썽이 있으나(雖小有言) 사실과 증거에 근거하면 분별은 밝다(其辯明也). 송사하면 작은 화는 있을 수 있다. 분별이 분명하면 송사를 그칠 수 있다. 따라서 괘상은 송사를 오래 끌지 않는 상으로, 점사는 송사는 마침내 시비가 밝혀지니 길하다.

▌구이 효사와 소상전

 구이 불극송 귀이포 기읍인 삼백호 무생
九二는 不克訟이니 歸而逋하여 其邑人이 三百戶면 无眚하니라
상왈 불극송 귀포찬야 자하송상 환지철야
象曰 不克訟하여 歸逋竄也니 自下訟上이 患至掇也니라

구이는 송사에 이기지 못하면 돌아가 도망가는 것이니 그 마을 사람이 삼백호이면 재앙이 없다. 「상전」에서 말했다. 송사에 이기지 못해 돌아가 도망가 숨으니, 아랫사람으로서 윗사람과 송사하면 후환이 있게 된다.

▶ 克: 이길 극, 해내다, 이루다. 逋: 도망갈 포 眚: 흐릴 생, 잘못, 재앙 竄: 숨을 찬, 달아나다. 掇: 주을 철, 선택하다.

☑ 불극송 귀이포 무생(不克訟 歸而逋 无眚)

구이는 낮은 관리로써 삼백호의 주민을 가진 작은 읍을 소유한 자이다. 구이와 구오는 서로 대응하는 자리인데 두 굳센 양이 서로 서로 다툰다. 구이는 구오 임금과 대적할 수 없고, 임금과 송사하더라도 이기지 못한다(不克訟). 신하의 도리로서 계속 싸울 수 없음을 깨닫고 자기 영지로 돌아가 숨는다(歸而逋).

☑ 기읍인 삼백호 무생(其邑人 三百戶 无眚)

삼백호 밖에 안 되는 작은 마을 주민에게는 재앙과 근심을 면할 수 있다(其邑人 三百戶 无眚). 송사에 이기지 못할 것 같아 삼백 호쯤 되는 자기 영지로 돌아가 도망가서 살면 경계하지

도 않고, 송사를 벌일 일도 없고, 겸손하게 처신할 수 있기 때문에 허물이나 재앙이 없다.

☑ 귀포찬야 자하송상 환지철야(歸逋竄也 自下訟上 患至掇也)

구이는 임금과 송사하면 이기지 못해 자기 영지로 돌아가 도망가 피하여 숨는다(歸逋竄也). 아랫사람으로서 윗사람과 송사하면(自下訟上) 의리에 어긋나고 힘이 부족하여 후환이 있게 된다(患至掇也). 따라서 효상은 읍주가 송사에 패할 것 같아 도망가는 상으로, 점사는 강자와 맞대결을 피하면 재앙은 없다.

■ 육삼 효사와 소상전 —————————————

六三은 食舊德하여 貞厲終吉이니라 或從王事라도 无成이로다
<small>육 삼　　식 구 덕　　　　　정 려 종 길　　　　　혹 종 왕 사　　　　무 성</small>

象曰 食舊德하니 從上吉也리라
<small>상 왈　식 구 덕　　　종 상 길 야</small>

육삼은 옛 은덕을 먹어 바르게 하면 (당장은) 위태로우나 마침내 길하다. 혹 왕의 일을 따르더라도 이룸이 없다. 「상전」에서 말했다. "옛 은덕을 먹음"은 윗사람을 따르더라도 길하다.

▶ 厲: 갈 려(여), 위태롭다.　從: 좇을 종, 따르다.

☑ 식구덕(食舊德)

육삼은 유약한 음의 재질이며 감괘(坎卦: ☵)의 험함에 있으면서 두 굳센 양 사이에 끼어 있으니, 위태롭고 두려워서 송사하는 자가 아니다. 구덕(舊德)은 이전에 이루어놓은 덕이다. 녹(祿)은 덕에 따라 받는 것으로 옛 은덕을 먹음(食舊德)은 임금의 은덕에 만족하여 욕심을 내지 않는다는 말이다. 즉, 예전의 녹봉을 누리면서 분수를 지킨다는 말이다.

☑ 정려종길(貞厲終吉)

바르게 함(貞)은 굳게 도를 지키는 것이다. 다투지 않고 바르게 살면 비록 당장은 위태롭더라도 마침내 길하다(貞厲 終吉). 분수를 지키면서 탐욕이 없으면 송사할 일이 없을 것이다.

☑ 혹종왕사 무성(或從王事 无成)

육삼은 간혹 왕의 일을 따르더라도 이룸이 없는 이유(或從王事 无成)는 자신의 공이라고 주

장하지 않기 때문이다. 모든 공을 왕에게 돌리고 자신은 물러서 조용히 있으면, 공이 없더라도 결국은 길하다. 왕의 일을 따르더라도 본래의 분수를 지키고 공을 주장하지 않는다.

☑ 식구덕 종상길야(食舊德 從上吉也)

　분수를 지키고(食舊德) 윗사람이 하는 것을 따르니 이룸은 없어도 마침내 길함을 얻는다(從上吉也). 윗사람을 따름(從上)은 구사의 뒤를 따른다는 말이므로 곧 명(命)이다. 육삼은 윗사람과 송사하지 않고, 힘써 나아가야 한다. 따라서 효상은 왕의 일을 따르나 이룬 것이 없는 상으로, 점사는 힘써 나아가고 공을 주장하지 않고 겸손하면 길하다.

▌구사 효사와 소상전

구 사　　불 극 송　　　복 즉 명 유　　　안 정 길
九四는 不克訟이라 復卽命渝하여 安貞吉하니라
상 왈　복 즉 명 유　안 정　　불 실 야
象曰 復卽命渝 安貞은 不失也라

구사는 송사를 이기지 못하니 돌아와 이치를 따르고 (송사하는 마음을) 변경하며 편안하고 바르게 하면 길하다. 「상전」에서 말했다. "돌아와 이치를 따르고 (송사하는 마음을) 변경하며 편안하고 바르게 함"은 도를 잃지 않는 것이다.

▷ 復: 회복할 복/다시 부, 돌아가다.　卽: 곧 즉, 나아가다.　命: 목숨 명, 도, 이법, 규칙　渝: 변할 투(유)

☑ 불극송 복즉명유 안정길(不克訟 復卽命渝 安貞吉)

　즉(卽)은 나아가는 것이고, 명(命)은 천명의 바른 이치이며, 유(渝)는 마음을 변경하는 것이다. 구사는 양으로 음의 자리에 있고 건괘(乾卦: ☰) 몸체의 아랫자리에 있어 다툼의 상이 있으니, 이치를 어기고 함부로 나아가 사람들과 다투려는 자이다.

　구오가 임금으로, 구사는 송사를 이기지 못한다(不克訟). 구사는 분쟁 이전의 상태로 돌아와 바른 이치를 따르고 마음을 변경하여(復卽命渝) 바른 도에 편안할 수 있다면 길하다(安貞吉). 잘못이 있으면 고치는 것으로, 이미 고쳤다면 잘못이 없는 것이다.

☑ 복즉명유 안정 불실야(復卽命渝 安貞 不失也)

돌아와 이치를 따르고 송사하는 마음을 변경하며 편안하고 바르게 함(復卽命渝安貞)은 도를 잃지 않는 것이다(不失也). 구이가 아름다운 것은 멈출 수 있기 때문이고, 구사가 곧아서 길한 것은 잘못이 없기 때문이다. 도를 잃지 않는 것(不失也)은 자신의 분수나 바른 도를 잃지 않는 것이다. 송사하려는 마음을 바꾸어서 바른 도리에 편안히 있으면 길하고 잘못이 없는 것이다. 따라서 효상은 송사에서 이기지 못한 상으로, 점사는 송사하려는 마음을 바꾸면 길하다.

■ 구오 효사와 소상전

구 오　　송　　원 길
九五는 訟에 元吉이라
상 왈　송 원 길　　이 중 정 야
象曰 訟元吉은 以中正也라

구오는 송사에 크게 길하다. 「상전」에서 말했다. "송사에 크게 길함"은 중정하기 때문이다.

☑ 송원길(訟元吉)

구오는 양의 굳셈이 중정하여 높은 자리에 있으면서 송사를 공평하게 판결하는 자이다. 바로잡아야 할 일이 있어 재판할 이상적인 대인을 만나면 크게 길하다(訟元吉). 송사를 바르게 판결하니 반드시 억울함을 풀 수 있기 때문이다.

송사가 없는 것이 귀하다. 초육은 오래 송사하지 않고, 육삼은 송사하지 않으며, 구사와 구이는 송사할 수 없다. 구오는 송사를 없도록 다스리고, 송사를 공평하게 분별하니 크게 길하다.

☑ 송원길 이중정야(訟元吉 以中正也)

송사에 크게 길한 이유(訟元吉)는 구오가 중정하기 때문이다(以中正也). 구오는 양이 양의 자리에 있고 중도를 얻어 송사를 공평하게 판결하는 자이다. 중정(中正)은 중도를 바르게 행한다는 의미이다. 가운데 있으면 다스리는 것이 공평하고, 바르면 이치에 맞게 결단한다. 따라서 효상은 현명한 대인이 공평하게 분별하는 상으로, 점사는 송사하면 크게 길하다.

▌ 상구 효사와 소상전

_{상 구} _{혹 석 지 반 대} _{종 조 삼 치 지}
上九는 或錫之鞶帶라도 終朝三褫之리라
_{상 왈} _{이 송 수 복} _{역 부 족 경 야}
象曰 以訟受服이 亦不足敬也라

상구는 혹 관복의 띠를 하사하더라도 조회를 끝낼 때까지 세 번 빼앗긴다. 「상전」에서 말했다. "송사로 관복을 하사받음"은 또한 공경할 만한 것이 못 된다.

▶ 錫: 주석 석/줄 사   鞶: 큰 띠 반   帶: 띠 대   褫: 빼앗을 치

☑ 혹석지반대 종조삼치지(或錫之鞶帶 終朝三褫之)

석(錫)은 하사하다, 반대(鞶帶)는 관복의 띠, 치(褫)는 박탈하다를 뜻한다. 반대(鞶帶)는 임금이 내려주는 벼슬아치가 입는 정복의 장식이다. 관복의 띠를 하사하는 것은 임금이 관직을 주거나 승진을 시키는 것이다.

상구는 양효이고 위에 있어 강건하고 괘의 마지막에 있으므로 송사를 끝까지 하는 자이다. 강건하여 끝까지 송사하면 화를 불러들이고 몸을 상하게 하는 것은 이치이다. 송사를 잘하여 이기고, 끝까지 하여 관복의 상을 받더라도 이는 남과 원수가 되고 다투어서 얻는 것이다.

처음에는 명을 내려 관복을 하사하더라도(錫之鞶帶) 공덕을 의심받아 조회를 끝낼 때까지 관복의 띠를 세 번 빼앗는다(終朝三褫之). 관복의 띠를 세 번 빼앗는 것은 탐욕으로 얻은 것으로 결국 박탈당한다.

☑ 이송수복 역부족경야(以訟受服 亦不足敬也)

초육은 오래 송사하지 않고, 구이는 송사를 할 수 없으며, 육삼은 옛 덕을 녹봉으로 받아 바름을 지키니 송사하지 않는다. 구사는 송사를 이길 수 없어 바른 이치를 따르고 마음을 바꾸어 편안히 있고, 구오는 송사를 공정하게 판결하여 크게 길하며, 상구는 송사에서 이겨 관복의 띠를 하사받으나(以訟受服) 하루아침에 세 번 박탈되니, 공경할 만한 것이 못된다(亦不足敬也). 따라서 효상은 임금이 하사한 관복의 띠를 다시 박탈당하는 상으로, 점사는 송사에 이기더라도 폐해가 많으니 송사하지 않으면 길하다.

전쟁을 이끄는 장수 지수사(地水師)

07		坤上	地水師
		坎下	지수사

　지수사괘(地水師卦)는 상괘가 땅[地]을 상징하는 곤괘(坤卦: ☷)이고, 하괘가 물[水]을 상징하는 감괘(坎卦: ☵)로, 이는 땅속에 물이 있는 상이다. 전시 상황에서 장수가 들판에서 군대를 지휘하고 있는 모습이다. 사(師)는 보통 2,500명으로 이루어진 군대를 말하며, 작은 충돌은 송사로 해결할 수 있지만, 큰 문제는 전쟁으로 해결한다. 전쟁에서 병사들을 이끄는 지도자가 바로 사(師)다. 사(師)는 스승, 무리, 군사를 의미한다. 사괘(師卦)는 군대를 동원하여 무능한 임금을 교체하고 새로운 왕조를 세우는 괘다. 명분이 바르고 훌륭한 장수가 있어야 길하다. 따라서 괘상은 땅속에 물이 있는 지수(地水) 상이요, 괘명은 무리를 이끄는 장수 사(師)다.

　사괘(師卦)는 땅 속에 물이 있는 형상으로, 무리가 모이는 모습을 나타낸다. 안은 험난하고 밖은 순응하여 험한 길이지만 순응함으로써 군대를 움직이는 괘이다. 사괘는 임금이 장수에게 군사를 맡겨 전쟁을 수행하게 하고, 승리하고 돌아왔을 때 논공행상(論功行賞)을 하는 괘이다.

　초효는 사출이율(師出以律)로, 이는 군대를 출병하여 군율을 준수하는 상황이니, 규율이 엄격하게 지키고 천도와 인륜을 따르면 길하다. 이효는 왕삼석명(王三錫命)으로, 이는 군대에 있는 장인에게 왕이 명령을 내리는 상황이니, 중도로 군대를 통솔하면 길하다. 삼효는 사혹여시(師或輿尸)로, 이는 군사를 여러 사람이 주장하는 상황이니, 지휘체계가 일원화되지 않으면 군사는 패할 것이다. 사효는 사좌차(師左次)로, 이는 군대가 후퇴하여 주둔하고 있는 상황이니, 가능하면 공격하고 어려울 땐 후퇴하면 재앙이 없다. 오효는 전유금(田有禽)으로, 이는 밭에 새가 있는 상황이니, 유능한 사람에게 책임을 맡기면 길하다. 육효는 이정공야(以正功也)로, 이는 전쟁에서 승리한 후 논공행상을 하는 상황이니, 군자에게는 공에 따라 제후나 대부로 봉하고 소인을 등용하지 않으면 길하다.

▌ 괘사

^{사 정} ^{장 인 길} ^{무 구}
師貞이니 丈人吉하고 无咎하니라

사(師)는 (명분을) 바르게 하니 장인이라야 길하고 허물이 없다.

▶ 師 : 스승 사, 스승, 무리, 군사(대) 丈 : 어른 장, 남자 노인 존칭

☑ 사정 장인길 무구(師貞 丈人吉 无咎)

　사(師)는 하나의 양이 다섯 음의 주인으로 장수가 병사를 통솔하는 상이다. 다섯 음은 하나의 양을 따르고 순종하니 위아래가 모여 군대의 상이 된다. 땅속에 물이 있는 것이 군대의 무리가 모이는 상으로, 감괘와 곤괘가 모두 무리가 된다. 무리가 움직이는 것은 군대이다. 옛날에 병사에게 농사를 짓게 했으니, 출동하지 않으면 백성이고 출동하면 병사이다.

　군대를 일으키고 무리를 움직이는 것은 세상에 해독을 끼치는 것인데 명분이 바르지 않으면 백성이 따르지 않는다. 임금은 부드러워야 하고 장수는 굳세어야 한다. 군대는 바르게 하는 것을 명분으로 하므로 거느리는 자가 장인이면 길하고 허물이 없다(師貞 丈人吉 无咎).

　장인(丈人)은 지모와 덕망이 있는 자이다. 대인을 장인으로 말한 것은 군대를 쓰는 도는 바름을 얻는 것이고, 지모와 덕망이 있는 사람에게 맡겨야 길하고 허물이 없기 때문이다. 따라서 전쟁은 명분을 바르게 하고(貞) 장수는 훌륭해야 길하다(丈人吉).

▌ 괘사에 대한 단전

^{단 왈} ^{사 중 야} ^{정 정 야} ^{능 이 중 정} ^{가 이 왕 의}
彖曰 師衆也요 貞正也니 能以衆正하면 可以王矣리라
^{강 중 이 응} ^{행 험 이 순}
剛中而應하고 行險而順하니라
^{이 차 독 천 하} ^{이 민 종 지} ^길 ^{우 하 구 의}
以此毒天下 而民從之니 吉하고 又何咎矣리오?

「단전」에서 말했다. 사(師)는 무리이고 정(貞)은 바름이니, 무리를 바르게 할 수 있으면 왕이 될 수 있다. 굳세고 알맞아서 호응하며 험한 일을 행하더라도 (백성이) 순종한다. 이로써 천하를 괴롭혀도 백성들이 그를 따르니 길하고 또 무슨 허물이 있겠는가?

▸ 衆: 무리 중   險: 험할 험/검소할 검   此: 이 차   毒: 독 독, 괴롭히다, 난폭하다.   順: 순할 순, 따르다, 순응하다.

☑ 사중야 정정야(師衆也 貞正也)

정(征)은 바르게 하는 것으로 바른 도이다. 탕임금이 걸왕(桀王)을 치며 "감히 바르게 하지 않을 수 없다" 라고 하였다. 사(師)는 무리 또는 여러 사람이고(師衆也), 정은 무리를 바르게 행동하게 하는 것이다(貞正也).

☑ 능이중정 가이왕의(能以衆正 可以王矣)

사괘(師卦)는 대인이 폭정을 제거하고 난세를 구제하는 뜻이므로 무리를 바르게 할 수 있으면(能以衆正) 왕이 될 수 있다(可以王矣).

☑ 강중이응 행험이순(剛中而應 行險而順)

사괘에서 구이는 유일한 양효로 중의 덕이 있고, 육오와 호응하고, 전쟁을 지휘하는 효이다. 강건한 구이가 육오와 호응하니(剛中而應) 임금의 명령을 받아 전쟁을 지휘한다.

사(師)는 위험한 방도를 행하더라도(行險), 백성이 순종한다(順). 육오가 바르고 구이가 이에 응하면 비록 전쟁을 일으켜도 그 대의명분이 분명하고, 훌륭한 장수가 있기 때문에 백성들이 따르니 길하고 허물이 없다.

☑ 이차독천하 이민종지(以此毒天下 而民從之)

군대를 일으키면 재물을 낭비하고 인명을 해치니 이는 천하를 괴롭히는 것이다(以此毒天下). 그런데도 민심이 따르는 것(民從之)은 군대를 의(義)에 따라 움직이기 때문이다. 전쟁은 험하고 위험하여 백성들이 고통스럽지만 나라를 안정시켜 백성들을 구제하는 명분이 있으니 백성들이 따르는 것이다.

☑ 길우하구의(吉又何咎矣)

길하다는 것(吉)은 승리하는 것이며, 허물이 없다는 것(无咎)은 의리에 부합하는 것이다. 또 무슨 허물이 있겠는가(又何咎矣)라고 한 것은 전쟁이 의롭기 때문에 허물이 없다는 말이다.

▍ 괘사에 대한 대상전

象曰 地中有水 師요 君子以하여 容民畜衆하니라
_{상왈 지중유수 사 군자이 용민휵중}

「상전」에서 말했다. 땅속에 물이 있는 것이 사(師)이다. 군자는 이를 본받아 백성을 포용하고 무리를 기른다.

▸ 容: 얼굴 용 畜: 짐승 축/쌓을 축/기를 휵

☑ 지중유수 사(地中有水 師)

　세상에 큰 것으로 땅만한 것이 없고, 세상에 많은 것으로 물만한 것이 없다. 땅속에 물이 있는 것이 사괘이다(地中有水 師). 땅속에 물이 있다는 것(地中有水)은 물이 땅속에서 모인 것으로 무리가 모이는 상이 된다. 그러므로 사(師)는 무리이며 군대가 된다.

☑ 군자이 용민휵중(君子以 容民畜衆)

　물은 담지 못하면 쏟아지니 백성을 포용하는 것이 백성을 기르는 방도이다. 물이 모이면 쓸 수 있듯이 무리를 모으면 쓸 수 있다. 군자가 땅속에 물이 있는 상을 보고서, 백성들을 포용하여 무리를 기른다(君子以 容民畜衆). 백성을 포용하면 유랑하는 백성이 없고, 무리를 기르면 배반하는 무리가 없다. 따라서 괘상은 물이 땅속으로 모이듯 많은 군사들이 모이는 상으로, 점사는 넓은 덕으로 무리를 포용하면 길하다.

▍ 초육 효사와 소상전

初六은 師出以律이니 否臧凶하니라
_{초육 사출이율 부장흉}
象曰 師出以律이니 失律凶也리라
_{상왈 사출이율 실률흉야}

초육은 군대가 출동하는데 규율에 맞게 하니, 그렇지 않으면 착하더라도 흉하다. 「상전」에서 말했다. "군대가 출동하는데 규율에 맞게 하니" 규율을 잃으면 흉하다.

▸ 律: 법칙 률(율), 법, 규칙, 법령 否: 아닐 부/막힐 비 臧: 착할 장/오장 장, 좋다. 凶: 흉할 흉, 앞일이

언짢다, 운수가 나쁘다.

☑ 사출이율 부장흉(師出以律 否臧凶)

초육은 부정(不正)하며, 중을 얻지도 못하고, 위로 정응하는 효도 없다. 사괘(師卦)는 군율이 강조되고, 군대나 전쟁은 엄격한 군율이 필요하다. 초육은 난리를 평정하고 포악한 이를 정벌하기 위하여 군대를 출동시키는 의리와 군대를 운용하는 도이다. 감괘는 규율이 되므로 군대를 출동할 때는 처음부터 엄격한 군율이 있어야 한다(師出以律). 군대가 이기고 지는 것은 군대를 출동시킬 때 결정나기 때문이다.

☑ 부장흉(否臧凶)

율(律)은 법으로 군대의 규율이고, 비(否)는 아니다[不], 장(臧)은 착하다[善]는 뜻이다. 군대가 엄격한 군율이 서지 않는다면 비록 착하더라도 흉하다(臧凶). 착함[臧]은 전쟁에서 이기는 것이고, 흉함[凶]은 백성에게 재앙을 끼치는 것이다. 군율은 군대를 운용하는 도로 호령과 절제가 근본이다. 군대가 군율이 엄격하지 않으면(否) 아무리 전쟁에서 승리하더라도(臧) 흉하다(凶). 따라서 군대를 규율로써 출동하면 길하고, 착하게 하지 않으면 흉하다.

☑ 사출이율 실률흉야(師出以律 失律凶也)

군대가 출동하는 것은 마땅히 규율로써 해야 하는데(師出以律), 규율을 잃으면 흉하게 된다(失律凶也). 따라서 효상은 군대를 출병하여 군율을 준수하는 상으로, 점사는 규율을 엄격하게 지키고 천도와 인륜을 따르면 길하다.

▌구이 효사와 소상전

구 이　재 사　중 길 무 구　왕 삼 석 명
九二는 在師하여 中吉无咎하니 王三錫命이니라
상 왈　재 사 중 길　승 천 총 야　왕 삼 석 명　회 만 방 야
象曰 在師中吉은 承天寵也요 王三錫命은 懷萬邦也라

구이는 군대 안에 있으면서 중을 얻어 길하고 허물이 없으니, 왕이 세 번 명령을 내린다. 「상전」에서 말했다. "군대 안에 있으면서 중을 얻어 길함"은 하늘의 총애를 받기 때문이요, "왕이 세 번 명령을 내림"은 만방을 품기 때문이다.

▶ **錫**: 주석 석, 주다. **承**: 이을 승, 받다. **寵**: 사랑할 총 **懷**: 품을 회

☑ 재사 중길무구(在師 中吉无咎)

구이는 군대의 장인(丈人)이요 육오는 왕이다. 구이는 하나의 양이 여러 음을 통솔하고 하괘의 가운데에 있어서 군대를 이끄는 상이다. 또한 구이는 육오에 호응하고 위임을 받아 군사를 전담하는 장수이다. 군대를 운용하는데 장수는 반드시 친히 군대 안에 있으면서(在師) 중을 얻고 바름을 행하여 공을 이루고 길하여 허물이 없다(中吉无咎). 장수는 중도로 군대를 통솔하여 공을 이루면 재앙이 없다.

☑ 왕인석명(王三錫命)

왕이 장수에게 명을 세 차례나 내렸다(王三錫命). 삼명(三命)은 장수 임명, 전쟁 독려, 전쟁 승리에 대한 왕의 명령이다. 임금이 장수에게 명령하여 군사를 전담하게 하고, 장수는 반드시 친히 군대 안에 있으면서 임금의 명을 받고 군사를 독려하고 중을 지킨다면 길하고 허물이 없다.

☑ 재사중길 승천총야(在師中吉 承天寵也)

군대에 있으면서 중도로써 군사를 통솔하므로 길함(在師中吉)은 임금의 총애를 받기 때문이다(承天寵也).

☑ 왕삼석명 회만방야(王三錫命 懷萬邦也)

왕이 세 번 명령을 내림(王三錫命)은 왕의 신임을 받고 정벌하는 군권에 관한 명령을 세 번 받는 것이다. 덕과 재능으로 전쟁에서 공을 이루니 나라를 통치하게 된 것이다(懷萬邦也). 따라서 효상은 군대에 있는 장인에게 왕이 명령을 내리는 상으로, 점사는 중도로 군대를 통솔하면 길하다.

█ 육삼 효사와 소상전

육 삼　　　사 혹 여 시　　　흉
六三은 師或輿尸면 凶하니라
상 왈　　사 혹 여 시　　　대 무 공 야
象曰 師或輿尸면 大无功也니라

육삼은 군사를 혹 여러 사람이 주관하면 흉하다. 「상전」에서 말했다. "군사를 혹 여러 사람이 주관하면" 크게 공이 없다.

▶ 輿: 수레 여, 많다. 尸: 주검 시, 주장하다, 주관하다.

☑ 사혹여시 흉(師或輿尸 凶)

수레를 뜻하는 여(輿)는 무리로 곤괘의 상이다. 혹(或)은 의심하는 것이다. 육삼은 하괘의 위에 있으니 지휘 책임을 맡은 사람이지만 그 재질이 유약한 음으로 중정하지 못하다. 군대의 일은 맡기는 것이 마땅하나 여러 사람이 명령을 내리면 반드시 엎어지고 패망한다.

구이가 이미 굳세고 알맞은 재질로써 윗사람이 신임하니, 반드시 일을 제 뜻대로 해야 공을 이룰 수 있으나, 혹시라도 여러 사람이 명령을 주관하면 흉하다(師或輿尸 凶). 여러 사람들이 주관하면 명령을 받음이 일정하지 않아서 병사들이 혼란스러워 공이 없다. 육삼은 여러 음이 위에 있는 것이 시체를 쌓는 것과 같아서 곤괘는 수레가 되고 감괘는 수레바퀴가 되어 수레에 시체를 싣는 상이 있다.

☑ 사혹여시 대무공야(師或輿尸 大无功也)

양은 큰 것이지만 여럿이 군사를 주관하면(師或輿尸) 전쟁에서 패하여 반드시 공을 크게 이루지 못할 것이다(大无功也). 장수들이 각자가 자신의 뜻대로 군사를 이끄는 것은 지휘체계를 혼란시켜 흉하다. 따라서 효상은 군사를 여러 사람이 주장하는 상으로, 점사는 지휘체계가 일원화되지 않으면 군사는 패할 것이다.

육사 효사와 소상전

육사　사좌차　무구
六四는 **師左次**니 **无咎**로다
상 왈　좌 차 무 구　미 실 상 야
象曰 左次无咎는 **未失常也**라

육사는 군대가 진영으로 물러나 주둔하니 허물이 없다. 「상전」에서 말했다. "진영으로 물러나 주둔하니 허물이 없음"은 아직 상도를 잃지 않기 때문이다.

▶ 左: 왼 좌, 멀리하다. 次: 버금 차/머뭇거릴 차, 묶다, 진영, 병영

☑ 사좌차 무구(師左次 无咎)

우(右)는 나아가는 것이요 좌(左)는 물러나는 것으로, 좌차(左次)는 진영으로 물러나 머무르

다는 뜻이다. 군대는 강함과 용맹으로써 전투하는데, 육사는 부드러운 음으로 음의 자리에 있어 나아가서 이길 수 있는 자가 아니다. 전황을 헤아려 군대가 물러나는 것은 마땅하니 허물이 없다(師左次 无咎). 가능하면 공격하고 어려우면 후퇴하여 주둔하는 것은 군대의 당연한 도다. 그러나 전진할 수 있는데도 후퇴하면 허물이 된다.

육사는 원래 임금을 보좌하는 최측근이요, 전시에는 군대를 통솔하는 장수이다. 군대를 잘 통솔하고, 후퇴하여 주둔하는 것은 무모하게 나아가 패하는 것보다 낫다.

☑ 좌차무구 미실상야(左次无咎 未失常也)

육사는 음의 자리에 음이 오니 바르지만 굳세지 않다. 군대가 강하지 않을 때는 후퇴하여 유리한 지형에 주둔하면 적보다 지형적 이점을 차지하는 것이 떳떳함을 잃지 않는다(未失常也). 군대가 물러나 머무른다고 해서 잘못이 아니다. 따라서 효상은 군대가 후퇴하여 주둔하고 있는 상으로, 점사는 가능하면 공격하고 어려우면 후퇴하면 재앙이 없다.

■ 육오 효사와 소상전

六五는 田有禽이거든 利執言하니 无咎리라
長子 帥師니 弟子輿尸하면 貞凶하리라
象曰 長子帥師는 以中行也요 弟子輿尸는 使不當也라

육오는 밭에 새가 있거든 새를 잡는 것이 이로우니 허물이 없다. 장자가 군사를 거느리니 제자들 여럿이 주관하면 바르더라도 흉하다. 「상전」에서 말했다. "장자가 군사를 거느림"은 중도로 행하는 것이고, "제자들 여럿이 주관함"은 부리는 것이 마땅하지 못하다.

▶ 禽: 새 금/사로잡을 금 執: 잡을 집 帥: 장수 수/거느릴 솔 師: 스승 사, 군사, 군대 輿: 수레 여, 많다.
　 尸: 주검 시, 주관하다.

☑ 전유금(田有禽)

육오는 출전 명령을 내리는 임금의 자리로 군사를 일으키고 장수를 임명하는 자이다. 밭은 나라의 영토이고, 새는 영토를 침범한 외적이다. 군대는 나라를 어지럽히고 도둑질하는 외적이 백성에게 폐해가 되어서 토벌하는 것이 임무이다. 새가 밭 가운데 들어와(田有禽) 농사를 침해

하니 사냥해 잡는 것은 마땅하다.

☑ 이집언 무구(利執言 无咎)

언(言)은 지(之)자의 오자(誤字)로 이집언(利執言)은 이집지(利執之)로 그것(새)을 붙잡는 것이 이롭다는 뜻이다. 외부의 침략자인 적이 육오에게 침범하여 부득이 대응하므로 밭에 있는 새를 잡는 것은 이로우니(利執言) 허물이 없다(无咎).

☑ 장자솔사 제자여시 정흉(長子帥師 弟子輿尸 貞凶)

구이, 육삼, 육사가 모두 장수요, 구오는 장수를 임명하는 임금이다. 장자(長子)는 재능과 덕이 있는 노련한 장수이나 제자(弟子)는 재능과 덕이 부족한 무능한 젊은 장수이다. 유능한 장수에게 전쟁을 맡겼을 때에는 군대를 잘 지휘하여 전쟁에 이기지만(長子帥師), 무능한 장수는 명령이 통일되지 못하고 갈팡질팡하다 전쟁에서 패한다. 무능한 장수 여럿이 주관하면(弟子輿尸) 명령체계가 통일되지 않아 군사 지휘가 바르더라도 흉하다(貞凶).

☑ 장자솔사 이중행야(長子帥師 以中行也)

행(行)은 군사를 보내어 전장에 가게 하는 것이요 사(使)는 군사를 맡겨서 부리는 것이다. 장자가 군사를 거느림(長子帥師)은 중도로 행하는 것이다(以中行也). 장자는 중을 얻어 군사를 바르게 통솔한다.

☑ 제자여시 사부당야(弟子輿尸 使不當也)

제자들 여럿이 명령을 주관하는 것(弟子輿尸)은 명령체계가 통일되지 않아 군사를 맡겨서 부리는 것이 마땅하지 못하다(使不當也). 무능한 장수로 하여금 군대의 일을 맡기면 부리는 것이 마땅하지 않다. 따라서 효상은 밭에 새가 있는 상으로, 점사는 유능한 사람에게 책임을 맡기면 길하다.

▌ 상육 효사와 소상전

상육 　 대군유명 　 개국승가 　 소인물용
上六은 大君有命이니 開國承家에 小人勿用이니라
상왈 　 대군유명 　 이정공야 　 소인물용 　 필란방야
象曰 大君有命은 以正功也요 小人勿用은 必亂邦也라

상육은 대군이 명을 내리니 나라를 열고 가문을 이음에 소인을 쓰지 말아야 한다. 「상전」에서 말했다. "대군이 명을 내림"은 공을 바르게 하는 것이고, "소인을 쓰지 말아야 함"은 반드시 나라를 어지럽히기 때문이다.

▶ 開: 열 개   承: 이을 승   亂: 어지러울 란(난)

☑ 대군유명 개국승가(大君有命 開國承家)

대군은 육오 임금이다. 곤괘는 땅이 되므로 나라를 열고 가문을 잇는 상이 있다. 초구는 군대를 출동하는 때이고, 상육은 군대가 돌아와 승리를 아뢰는 때이다. 이 때 임금은 신하의 공로에 따라 논공행상(論功行賞)을 한다. 상육은 군대가 돌아오면 공을 논하고 상을 시행하는 때이다. 임금은 전쟁이 끝난 후 공이 있는 자에게 벼슬로써 상을 내리는 명령을 한다(大君有命). 대군은 상을 주고 공을 치하하는 명을 내린다. 나라를 연다는 것(開國)은 공이 크니 제후로 봉하는 것이며, 가문을 잇는다는 것(承家)은 공이 조금 작으니 경과 대부로 삼는 것이다.

☑ 소인물용(小人勿用)

공을 이룬 사람이라고 반드시 모두 군자가 아니며, 소인은 평시에도 교만하기 쉽다. 소인은 비록 공이 있더라도 등용할 수 없기 때문에 쓰지 말 것이며(小人勿用), 작위와 땅을 갖게 해서는 안 되고, 단지 금이나 비단으로 우대하는 것이 좋다.

☑ 이정공야 소인물용 필란방야(以正功也 小人勿用 必亂邦也)

공(功)이란 일을 수행하여 얻은 구체적인 결실을 뜻한다. 군주는 장수가 군사를 거느리고 돌아와 상을 줄 때에 작위와 봉토를 하사하는데, 반드시 군자와 소인을 살펴 구분하니, 소인이 나라를 열어 제후가 되고, 가문을 이어 대부가 되는 일이 없게 하여야 한다.

대군은 은혜와 상으로 군사의 공을 바르게 한다(以正功). 공을 바르게 함(以正功也)은 여러 장수들이 세운 무공의 순서를 바르게 하는 것이다. 전쟁이 끝났을 때에 공에 따라 상을 주지만 소인은 공이 있더라도 쓸 수 없으나(小人勿用), 쓰면 반드시 나라를 어지럽히기 때문이다(必亂邦也). 소인은 공을 빙자하여 반드시 도적질하고 나라를 어지럽힐 것이다. 따라서 효상은 전쟁에서 승리한 후 논공행상을 하는 상으로, 점사는 군자에게는 공에 따라 제후나 대부로 봉하고 소인을 등용하지 않으면 길하다.

친하여 돕는 수지비(水地比)

08		坎上	水地比
		坤下	수지비

　수지비괘(水地比卦)는 상괘가 물[水]을 상징하는 감괘(坎卦: ☵)이고, 하괘가 땅[地]을 상징하는 곤괘(坤卦: ☷)로, 이는 땅 위에 물이 있는 형상이다. 비괘(比卦)는 물과 땅이 서로 친밀하게 돕는 모습을 나타내며, 비(比)는 비교하다, 친하다, 돕다의 의미를 가진다. 물이 땅 위에 있어 서로 가까워 틈이 없는 상태를 상징한다. 따라서 괘상은 땅 위에 물이 있는 수지(水地) 상이요, 괘명은 친하여 돕는 비(比)이다. 비괘(比卦)는 사괘(師卦)를 뒤집어 놓은 괘이다.

　비괘(比卦)는 임금을 중심으로 제후들이 새롭게 결집하는 모습을 상징한다. 비(比)는 서로 친밀하게 돕는 것이므로, 사람들은 서로 도와 편안함을 얻는다. 사(師)는 군대의 무리를 나타내며, 군대가 전쟁을 끝내면 평화로운 관계가 형성되는데, 이 평화로운 관계가 바로 비괘(比卦)이다. 따라서 비괘는 화합하고 협력하여 유대를 강화하는 괘이다.

　비괘(比卦)는 신흥 정치세력은 기존 정치세력을 통합하여 백성을 평안하게 하라는 교훈을 준다. 초효는 유부영부(有孚盈缶)로, 이는 믿음이 질그릇에 가득한 상황이니, 믿음과 정성이 있다면 장차 큰 성취를 이룬다. 이효는 비지자내(比之自內)로, 이는 신하가 조정 안에서 왕을 보필하는 상황이니, 중정의 덕을 갖고 바른 도를 지키면 길하다. 삼효는 비지비인(比之匪人)으로, 이는 왕이 온당하지 않은 사람에게 보필받는 상황이니, 악인을 멀리하지 않는다면 해롭다. 사효는 외비지(外比之)로, 이는 신하가 출사하여 왕을 보필하는 상황이니, 윗사람과 친하게 지내면서 바르게 하면 길하다. 오효는 실전금(失前禽)으로, 이는 왕이 사냥할 때 세 군데만 포위하고 앞의 한 길은 열어주는 상황이니, 사심 없이 중정의 도를 따르면 길하다. 육효는 비지무수(比之无首)로, 이는 처음부터 보필할 생각이 없는 상황이니, 끝을 맺지 못하고 흉하다.

▐ 괘사

_{비 길} _{원 서} _{원 영 정} _{무 구}
比吉하니 原筮하되 元永貞이면 无咎니라
_{불 녕} _{방 래} _{후 부 흉}
不寧이 方來니 後夫凶이니라

비(比)는 길하니 근원을 헤아리되 (임금이 덕이) 크고 영원히 바르면 허물이 없다. 편안하지 못한 이가 장차 올 것이니 뒤에 오면 장부라도 흉하다.

> ▶ 比: 견줄 비, 비교하다, 모방하다, 친하다, 돕다, 따르다, 편들다. 原: 언덕 원/근원 원, 캐묻다. 筮: 점서, 헤아리다. 方: 모 방/본뜰 방, 장차

☑ 비길 원서(比吉 原筮)

비(比)는 친하다, 돕다를 말하니, 사람이 서로 친하여 도우니 저절로 길한 도가 된다(比吉). 원(原)은 근원, 서(筮)는 헤아리다는 뜻이다. 근원을 헤아려서(原筮) 도울 만한 자를 돕는다. 원서(原筮)는 근원을 세밀히 살펴서 대처 방안을 결정한다는 뜻 외에도 점치다는 뜻도 있다.

☑ 원영정 무구(元永貞 无咎)

원(元)은 크다, 영(永)은 영원히, 정(貞)은 바른 도를 말한다. 대덕, 항상성과 바른 도가 있는 자를 따르면 허물이 없다. 임금이 덕이 크고, 영원히 바르게 정치하면 허물이 없다(元永貞 无咎).

비괘(比卦)는 땅 위에 물이 있어 돕고 친절한 상이다. 구오가 높은 자리에 있고 양의 굳셈이 중정하여 여러 음이 순하여 따른다. 임금이 백성을 친하게 하니 백성이 인(仁)으로 돌아가 임금을 우러러본다.

☑ 불녕방래 후부길(不寧方來 後夫凶)

편안하지 못한 제후(不寧)는 큰 어려움이 닥쳐야 왕에게 복종하기 위해 오는 제후이나 장부(丈夫)는 굳센 제후이다. 편안하지 못한 제후가 장차 조정에 와서 왕에게 복종하나(不寧方來) 늦게 오는 제후는 흉하다(後夫凶). 이미 다른 제후들이 서로 친하여 돕는 관계를 이루었는데, 늦게 오는 제후가 마지못해 참여하려고 하면 흉하다. 따라서 괘사는 편안하지 못한 이가 늦게 오는 상으로, 점사는 관계를 맺지 못하면 흉하다.

■ 괘사에 대한 단전

단왈 비길야 비보야 하순종야
象曰 比吉也며 比輔也니 下順從也라

원서 원영정 무구 이강중야
原筮 元永貞 无咎는 以剛中也요

불녕방래 상하응야 후부흉 기도궁야
不寧方來는 上下應也요 後夫凶은 其道窮也라

「단전」에서 말했다. 비(比)는 길한 것이며 비는 돕는 것이니, 아래가 순종하여 따른다. "근원을 헤아려 (임금이 덕이) 크고 영원하고 바르면 허물이 없다"는 것은 강이 중을 얻었기 때문이다. "편안하지 못한 이가 장차 옴"은 위아래가 호응하기 때문이고, "뒤에 오면 흉함"은 그 도가 다했기 때문이다.

▶ 輔 : 도울 보   窮 : 다할 궁/궁할 궁   順 : 순할 순, 순응하다.

☑ 비길야(比吉也)

비괘는 서로 친하여 돕다는 뜻이다. 비는 돕는 것이니 길하다(比吉也).

☑ 비보야 하순종야(比輔也 下順從也)

비(比)란 서로 친하여 돕는 것이다(比輔也). 아랫사람이 순종하여 따름(下順從也)은 곤괘인 땅이 순종하는 것이다. 구오는 양으로 존귀한 지위에 있고, 여러 아랫사람들이 순종하여 친하게 돕는다. 따라서 백성들이 구오를 순종하니 나라가 평화롭다.

☑ 원서 원영정 무구 이강중야(原筮 元永貞 无咎 以剛中也)

서로 친하여 돕는 도를 헤아려 임금이 덕이 크고 영원하고 바름을 얻은 뒤라야 허물이 없다 (原筮 元永貞 无咎). 이것은 굳센 양으로 중을 얻었기 때문이다(以剛中也). 임금은 덕이 크고 착하고 영원하고 곧아야 한다. 구오는 큼(元)으로 임금의 덕을 삼고, 영원하고 곧음(永貞)으로 임금의 도를 삼으니, 돕는 도를 다한다. 네 음이 구오를 돕는 것은 길하고, 구오가 아래의 음을 돕는 것은 크고 영원하고 곧다.

☑ 불녕방래 상하응야(不寧方來 上下應也)

백성은 스스로 자신을 보존할 수 없으므로 임금을 추대하여 편안함을 구하고, 임금은 홀로 설 수 없으므로 백성을 보호하여 편안함을 삼는다. 편안하지 못한 제후들이 복종해서(不寧方

來) 돕는 것은 위아래가 서로 호응하는 것이다(上下應也). 제후들이 구오를 돕고 구오가 그 무리를 도우니 바로 위아래가 호응하는 것이다.

☑ 후부흉 기도궁야(後夫凶 其道窮也)

무리는 서로 도운 뒤에 평화를 이룰 수 있다. 참여하는 것을 주저하다가 뒤에 오면 비록 장부라도 흉하다(後夫凶). 친하여 돕는 바가 없어서 막혀 흉하니 그 도가 다했다(其道窮也). 변화를 알지 못하고 늦게 합류하면 반드시 화를 면할 수 없을 것이다.

▌ 괘사에 대한 대상전

상 왈 지 상 유 수 비
象曰 地上有水 比니라
선 왕 이 건 만 국 친 제 후
先王이 以하여 建萬國하고 親諸侯하니라

「상전」에서 말했다. 땅 위에 물이 있는 것이 비(比)다. 선왕이 이를 본받아 여러 나라를 세우고 제후를 친근히 한다.

▶ 親: 친할 친 諸: 모두 제/어조사 저 侯: 제후 후/과녁 후

☑ 지상유수비(地上有水比)

땅 위에 물이 있는 것(地上有水)은 상괘인 감괘가 물의 상이고, 하괘인 곤괘가 땅의 상으로, 땅과 물이 서로 돕고 떨어지지 않는다.

☑ 선왕이 건만국 친제후(先王以 建萬國 親諸侯)

선왕은 땅과 물이 서로 돕고 떨어지지 않는 비괘의 상을 살펴(先王以) 만국을 세우고 제후를 친근히 하니(建萬國 親諸侯), 제후는 임금을 높이고 세상 사람들은 따른다. 제후(諸侯)는 천자로부터 각 지역을 분봉받아 그 지역을 지배하던 사람이다.

땅 위에 물이 있음(地上有水)은 백성 위에 임금이 있다는 것이고, 나라를 세움(建萬國)은 널리 백성을 보호하는 도이며, 제후를 친근히 함(親諸侯)은 널리 신하를 돕는 도이다.

▌ 초육 효사와 소상전

초육   유부비지   무구
初六은 有孚比之라야 无咎니라
유부   영부   종   래유타길
有孚 盈缶면 終에 來有他吉하니라
상왈   비지초육   유타길야
象曰 比之初六은 有他吉也니라

초육은 믿음을 가지고 도와야 허물이 없다. 믿음이 질그릇에 가득하면 마침내 뜻하지 않은 길함이 찾아온다. 「상전」에서 말했다. 비괘의 초육은 뜻하지 않은 길함이 있다.

▶ 孚: 미쁠 부 盈: 찰 영 缶: 장군 부, 질그릇

☑ 유부비지 무구(有孚比之 无咎)

부(孚)는 믿음이 마음속에 있는 것으로 감괘의 상이다. 초육은 백성의 자리요, 구오는 임금의 자리이다. 초육은 구오와 멀리 떨어져 있으나 친하면 허물이 없다. 서로 돕는 도는 정성과 믿음을 근본으로 한다. 초육 백성은 반드시 구오가 나라를 잘 다스릴 것이라는 믿음을 가지고 서로 협력하여 도와야(有孚比之) 허물이 없다(无咎).

☑ 유부영부 종 래유타길(有孚盈缶 終 來有他吉)

영(盈)은 구덩이의 안을 채우는 것이다. 질그릇(缶)은 진흙으로 빚은 그릇으로 곤괘인 흙 속이 텅 빈 상이다. 영(盈)은 감괘인 물의 상이고, 질그릇(缶)은 곤괘인 흙의 상이다. 이 때문에 물을 담을 수 있으니 감괘인 물은 곤괘인 흙에 담긴다.

믿음이 있으면 질그릇에 물이 가득 흘러 들어가듯이(有孚盈缶) 마침내 뜻하지 않은 길함이 찾아온다(終 來有他吉). 타(他)는 뜻하지 않은 좋은 일이다. 물이 질그릇 안에 가득한 것은 믿음과 정성이 안에 가득한 것이다. 믿음과 정성은 서로 협력하는 요소이다.

☑ 비지초육 유타길야(比之初六 有他吉也)

비괘의 초육(比之初六)이 믿음을 가지고 구오를 도우면 마침내 구오의 은혜를 받아 뜻하지 않은 길함이 있다(有他吉也). 관계나 협상의 근본은 처음부터 믿음과 정성이다. 믿음은 상대를 믿게 하고, 정성은 상대를 감동시킨다. 따라서 효상은 믿음이 질그릇에 가득한 상으로, 점사는 믿음과 정성이 있다면 장차 큰 성취를 이룬다.

■ 육이 효사와 소상전

六二는 比之自內니 貞吉하도다
象曰 比之自內는 不自失也라

육이는 돕기를 안으로부터 하니 바르게 함이 길하다. 「상전」에서 말했다. "돕기를 안으로부터 함"은 스스로 잃지 않는 것이다.

☑ 비지자내 정길(比之自內 貞吉)

육이와 구오는 정응(正應)하고 모두 중정(中正)을 얻어 바르고 좋은 효다. 괘는 아래를 안[內]이라 하고 위를 밖[外]이라 한다. 육이는 안으로부터 돕고(比之自內), 육사는 밖으로 돕는다(外比之). 정도를 지키고 아첨하지 않고 도우니 이는 바르게 함이 길하다(貞吉).

☑ 비지자내 부자실야(比之自內 不自失也)

육이는 하괘의 중앙에 있고 음의 자리에 음이 왔으므로 중정의 덕을 지녀 구오와 좋은 관계이다. 육이는 자신을 위해 출사를 도모하지 않고 본분을 지킨다. 그러면 스스로를 잃는 바가 없으니(不自失也) 다른 사람을 도울 수 있다. 따라서 효상은 신하가 조정 안에서 왕을 보필하는 상으로, 점사는 중정의 덕을 갖고 바른 도를 지키면 길하다.

■ 육삼 효사와 소상전

六三은 比之匪人이라
象曰 比之匪人이 不亦傷乎아?

육삼은 (온당한) 사람이 아닌데 돕는 것이다. 「상전」에서 말했다. "(온당한) 사람이 아닌데 도우니" 또한 상하지 않겠는가?

▶ 匪: 비적 비, 아니다. 傷: 다칠 상, 해치다.

☑ 비지비인(比之匪人)

육이는 구오와 정응하니 가장 이상적인 상이고, 육사는 구오 바로 곁에 있어 친하다. 초육은 믿음을 얻어 뜻하지 않게 좋은 일이 생긴다. 올바르지 않은 육삼은 중정하지 못하여 온당한 사람이 아니다. 온당하지 않은 사람을 도우면(比之匪人) 후회하고 해롭다.

☑ 비지비인 불역상호(比之匪人 不亦傷乎)

사람이 서로 돕는 것은 편안하고 길한데 이에 온당한 사람이 아닌데 도우니(比之匪人) 반드시 후회한다. 또한 해로울 만하다(不亦傷乎). 乎(호)는 말의 뜻이 숨어 있다는 어조사다. 따라서 돕지 말아야 할 사람을 돕는 것을 깊이 경계한 것이다.

육삼은 음으로 유약하고 가운데 있지 않고 바르지도 않으니, 그릇된 도[匪道]로써 임금을 따르는 자이다. 유약하고 사특함으로 임금을 따르니 온당한 사람이 아니다. 따라서 효상은 왕이 온당하지 않은 사람에게 보필받는 상으로, 점사는 악인을 멀리하지 않는다면 해롭다.

■ 육사 효사와 소상전

六四는 外比之하니 貞吉하니라
象曰 外比於賢은 以從上也라

육사는 밖으로 그를 도우니 바르게 함이 길하다. 「상전」에서 말했다. "밖으로 어진 이를 도움"은 윗사람을 따르기 때문이다.

☑ 외비지 정길(外比之 貞吉)

구오는 굳센 양으로 중정하니 어진 임금이다. 외(外)는 구오 임금이다. 육사가 출사하여 구오를 도우니 곧고 바르게 하여 길하다(外比之 貞吉). 외비지(外比之)는 신하가 출사하여 임금을 보필하는 것이다.

☑ 외비어현 이종상야(外比於賢 以從上也)

육사가 출사하여 어진 임금을 돕고(外比於賢) 윗사람을 따르니(以從上也) 길하다. 어진 이[賢]는 덕으로 말한 것이고, 윗사람[上]은 자리로 말한 것이다. 따라서 효상은 신하가 출사하여 왕을 보필하는 상으로, 점사는 윗사람과 친하게 지내면서 바르게 하면 길하다.

구오 효사와 소상전

 九五는 顯比니 王用三驅에 失前禽하며 邑人不誡니 吉하니라
象曰 顯比之吉은 位正中也요 舍逆取順이 失前禽也요
邑人不誡는 上使中也라

구오는 밝게 도우니 왕이 세 군데로 짐승을 몰다가 앞의 짐승을 놓쳐도 읍사람이 경계하지 않으니 길하다. 「상전」에서 말했다. "밝게 돕는 것이 길함"은 자리가 정중하기 때문이다. 거스르는 자를 버리고 순종하는 자를 취하는 것은 "앞의 짐승을 놓침"이며, "읍사람이 경계하지 않음"은 윗사람이 부림을 중도로 하기 때문이다.

▶ 顯: 나타날 현, 밝다. 驅: 몰 구 禽: 새 금, 짐승 誡: 경계할 계

☑ 현비(顯比)

　구오는 임금의 자리에 있고 가운데에 있으면서 바름을 얻었으니, 돕는 도를 최선으로 다한 자이다. 현(顯)은 밝고 사심이 없는 지도자이며, 이런 구오가 백성을 돕는다(顯比).

☑ 왕용삼구 실전금 읍인불계 길(王用三驅 失前禽 邑人不誡 吉)

　왕이 세 군데로 짐승을 모는 것(王用三驅)은 앞의 짐승을 놓쳐도(失前禽) 읍사람이 경계하지 않으니 길하다(邑人不誡 吉). 왕이 사냥할 때 세 군데만 포위하고 앞의 한 길은 열어 주어 짐승이 도망가게 한다. 쫓기는 짐승에게도 살 길을 터 주어 잡히는 짐승만 잡는다. 차마 짐승을 모두 잡지 않으니 살리기를 좋아하는 어짊이다. 앞에 있는 짐승을 놓치다(失前禽)는 열어놓은 앞면으로 짐승이 도망갔다는 것이다. 왕을 비방하며 떠나려는 신하에게도 꾸짖지 않고 보내주니, 이것은 큰 왕도이다.

☑ 현비지길 위정중야(顯比之吉 位正中也)

　밝게 돕는 것이 길한 까닭(顯比之吉)은 자리가 바르고 가운데를 얻었기(位正中也) 때문이다. 정중의 자리에 있음은 바로 정중한 도에 있는 것이다. 사심이 없는 도움은 선(善)이고 정중(正中)이며, 정중은 바른데 있고 가운데(알맞음)를 얻은 것이다.

☑ 사역취순 실전금야(舍逆取順 失前禽也)

거스르는 것을 버림(舍逆)은 맨 위의 한 음을 버리는 것인데, 임금의 뜻에 반대하는 자는 버리는 것이다. 따르는 것을 취함(取順)은 아래의 네 음을 취하는 것인데, 임금의 뜻에 순종하는 자는 등용하는 것이다. 눈앞의 짐승을 놓침(失前禽也)은 도망가는 짐승을 잡지 않으니 임금의 뜻에 반대하는 자는 취하지 않는다.

☑ 읍인불계 상사중야(邑人不誠 上使中也)

왕이 중도의 정치를 하므로 읍사람이 경계하지 않는다(邑人不誡). 임금이 중도에 맞게 정치하므로 백성들이 불만이 없다. 윗사람이 백성에게도 중정의 도를 따르도록 부린다(上使中也). 따라서 효상은 왕이 사냥할 때 세 군데만 포위하고 앞의 한 길은 열어주는 상으로, 점사는 사심 없이 중정의 도를 따르면 길하다.

▌ 상육 효사와 소상전

^{상 육} ^{비 지 무 수} ^흉
上六은 比之无首니 凶하니라
^{상 왈} ^{비 지 무 수} ^{무 소 종 야}
象曰 比之无首 无所終也니라

상육은 돕는 데 머리가 없으니 흉하다. 「상전」에서 말했다. "돕는 데 머리가 없음"은 끝마칠 바가 없는 것이다.

☑ 비지무수 흉(比之无首 凶)

상육은 음으로 맨 위에 있으니 비괘의 끝이다. 머리[首]는 처음[始]이므로 돕는 도는 처음이 좋으면 끝도 좋다. 처음부터 보필할 생각이 없으면 흉하다(比之无首 凶). 상육은 처음부터 보필할 생각이 없는 사람을 기대하지 말라는 교훈이다.

☑ 비지무수 무소종야(比之无首 无所終也)

시작이 없으면 마침이 없다. 처음부터 보필할 생각이 없으니 끝마칠 바가 없는 것은 당연하다(无所終也). 따라서 효상은 처음부터 보필할 생각이 없는 상으로, 점사는 끝을 맺지 못하고 실패하니 흉하다.

작은 것을 쌓아 이루는 풍천소축(風天小畜)

09		巽上	風天小畜
		乾下	풍천소축

풍천소축괘(風天小畜卦)는 상괘가 바람[風]을 상징하는 손괘(巽卦: ☴)이고, 하괘가 하늘[天]을 상징하는 건괘(乾卦: ☰)로, 이는 바람이 하늘 위로 부는 상이다. 신하가 군주의 뜻을 저지해야 하고, 아내가 남편의 의견에 대하여 견제하지 않으면 안될 상황을 상징한다. 소축(小畜)은 조금씩 쌓이다는 뜻이다. 따라서 괘상은 바람이 하늘 위로 부는 풍천(風天) 상이요, 괘명은 작은 것을 쌓아 큰 것을 이루는 소축(小畜)이다.

소축(小畜)은 작은 것으로 큰 것을 길러내는 것이다(以小畜大). 물건이 서로 돕고 따르면 모이게 되니 모임은 쌓이는 것이다. 쌓이는 것은 그침으로, 그치면 모이게 된다. 소축은 작은 것으로 큰 것을 쌓음을 이르는데, 쌓여 모이는 것이 작고 쌓여지는 일이 작은 것은 음이다.

소축괘는 군주의 선정으로 백성들이 바른 도로 회복되는 교훈을 제시한다. 초효는 복자도(復自道)로, 이는 바른 도로 돌아오는 상황이니, 자리가 바르고 뜻이 바르니 길하다. 이효는 견복(牽復)으로, 이는 백성이 이끌려 바른 도를 회복하는 상황이니, 중도를 잃지 않고 바른 도를 지키면 길하다. 삼효는 여탈복(輿說輻)으로, 이는 수레에서 바퀴살이 떨어져나가는 상황이니, 반목하고 배신하고 어긋나서 이루기 어렵다. 사효는 혈거척출(血去惕出)로, 이는 피가 사라지고 두려움에서 나오는 상황이니, 믿음을 얻으면 두려움에서 벗어날 것이다. 오효는 부이기린(富以其鄰)으로, 이는 백성을 이끌어서 부를 함께하는 상황이니, 백성들을 평안하고 부유하게 하면 길하다. 육효는 월기망(月幾望)으로, 이는 달이 보름에 가까운 상황이니, 미리 의심하고 저지할 방법을 찾는다면 흉하지 않다.

▌괘사

소 축　　형　　　밀 운 불 우　　자 아 서 교
小畜은 亨하니 密雲不雨는 自我西郊라

소축(小畜)은 형통하니 구름이 짙게 끼어 있으나 비가 오지 않는 것은 나의 서쪽 들에서부터 비가 오기 때문이다.

▶ 畜: 짐승 축/쌓을 축, 쌓다, 제지하다.　密: 빽빽할 밀　郊: 들 교

☑ 소축형(小畜亨)

소축(小畜)은 조금씩 쌓이다는 뜻이다. 소축은 상괘가 손괘(巽卦: ☴)이고, 하괘가 건괘(乾卦: ☰)이다. 건은 강건하고 손은 부드럽고 순하다. 건괘가 위로 나아가려고 하나 위에 있는 손괘가 붙들어 머물도록 한다. 신하가 군주를 힘으로 막을 수는 없으나 유순한 덕으로 군주의 마음을 막으니 신하의 뜻이 형통하다(小畜亨).

☑ 밀운불우(密雲不雨)

백성들은 은나라의 마지막 왕인 주왕(紂王)의 폭정으로 도탄에 빠지고, 제후와 백성들이 성인으로 알려진 문왕(文王)에게 다가가니, 주왕은 문왕을 서쪽 유리옥(羑里獄)에 유폐시켰다. 주왕은 동쪽에 있고, 문왕은 서쪽에 있었다. 문왕의 아들인 무왕은 문왕이 갇혀있어 주왕을 공격하지 못하니, 아직은 시기가 아니기 때문이다. 구름이 짙게 끼어 있더라도 비가 내리지 않는다(密雲不雨). 즉, 주왕의 폭정으로 난세인 폭정이 사라질 기미가 보이지 않는다.

☑ 자아서교(自我西郊)

서교(西郊)는 주나라가 있는 곳이다. 구름이 동쪽에서 서쪽으로 가면 서쪽 들에서부터 비가 오기 시작한다(自我西郊). 아직 비가 올 때가 아니니 비가 올 때까지 기다리라는 말이다. 아직은 문왕이 서쪽 유리옥에 갇혀있기 때문에 동쪽으로 가서 선정을 베풀 수가 없다. 따라서 괘상은 짙은 구름이 일어나더라도 비가 오지 않는 상으로, 점사는 군주의 마음을 바꾸도록 계속 노력하면 형통하다.

■ 괘사에 대한 단전

단 왈 소 축   유 득 위 이 상 하 응 지   왈 소 축
彖曰 小畜은 柔得位 而上下應之하니 曰小畜이라
건 이 손   중 강 이 지 행   내 형
健而巽하며 剛中而志行하여 乃亨하니라
밀 운 불 우   상 왕 야   자 아 서 교   시 미 행 야
密雲不雨는 尙往也요 自我西郊는 施未行也라

「단전」에서 말했다. 소축(小畜)은 유가 자리를 얻고 위아래가 호응하니 소축(小畜)이라고 한다. 굳건하고 겸손하며 강이 중을 얻고 뜻이 행해져 이에 형통한 것이다. "구름이 짙게 끼어 있으나 비가 오지 않음"은 오히려 감이고, "나의 서쪽 들로부터 비가 옴"은 베풂이 아직 행하여지지 않음이다.

▸ 健: 굳셀 건   巽: 부드러울 손   乃: 이에 내   尙: 오히려 상   往: 갈 왕

☑ 소축(小畜)

　육사의 음이 다섯 양을 그치게 하여 조금은 머물게 할 수는 있으나 견고하게 할 수 없는 까닭에 소축(小畜)이 된다.

☑ 유득위 이상하응지(柔得位 而上下應之)

　부드러운 음이 자리를 얻음(柔得位)은 음효인 육사가 음의 자리에 있다는 것이다. 위아래가 호응함(上下應之)은 다섯 양이 호응하는 것이다. 음인 육사는 소축괘의 주인이 된다. 육사는 제자리를 얻었으므로 위아래의 다섯 양을 모두 저지한다. 육사가 부드러운 음이기 때문에 크게 저지하지 못하니 괘가 소축(小畜)이 되는 까닭이다.

☑ 건이손(健而巽)

　손괘(巽卦: ☴)와 건괘(乾卦: ☰)가 결합된 소축괘는 안은 강건하고 밖은 겸손하다. 구이와 구오는 굳센 양이 가운데 있다. 굳센 양이 가운데 있음은 굳세면서 중(中)을 얻음이 된다. 굳건하고 겸손함(健而巽)은 하괘 건괘가 굳건하고 상괘 손괘가 겸손하기 때문이다. 안은 굳센 마음이나 밖은 모두에게 부드럽고 겸손하다.

☑ 중강이지행 내형(中剛而志行 乃亨)

　굳센 양이 가운데 있음(剛中)은 구이와 구오가 괘의 중을 얻었으므로 뜻이 세상에서 잘 실

행된다(志行). 육사의 뜻이 세상에 행해지니 이에 형통하다(乃亨). 오직 굳건하고 겸손해야만 저지하고 또 형통할 수 있다.

☑ 밀운불우(密雲不雨)

음과 양이 사귀어 화합하면 서로 견고해져서 비를 이루지만, 두 기운이 화합하지 못하면 양은 오히려 올라가므로 비를 이루지 못한다. 음기가 성대해져 빽빽하게 응결해야 비로소 비가 되어 내린다. 구름이 짙게 끼었지만 아직은 비가 오지 않으니(密雲不雨) 아직 때가 되지 않아 조금 기다려야 한다. 밀운(密雲)은 문왕이고, 불우(不雨)는 문왕의 뜻이 간신에 막히는 것을 비유한 것이다.

☑ 상왕야(尙往也)

한 음이 다섯 양을 그치게 할 수 없어 양이 오히려 올라가니(尙往也) 비가 오지 않는다. 구름이 비가 되기도 전에 바람에 날려간다. 주왕이 서쪽으로 가지 않고 동쪽으로 가니 화합이 이루어지지 않는다.

☑ 자아서교 시미행야(自我西郊 施未行也)

문왕이 있는 서쪽 들로부터 와야 하나 주왕은 오히려 동쪽 들로 가니(自我西郊) 이는 화합되지 못하여 나라가 안정되지 못한다. 문왕의 성덕이 아직은 베풀어 행해지지 못함(施未行也)은 음이 양을 저지하여 비를 이룰 수 없음을 말한다. 구름이 가고 비가 내리는 것은 곧 건괘의 형통함인데, 음에게 저지되므로 베풀어 행해지지 못함이다. 문왕이 유리옥에 갇혀 있어 선정을 베풀 수 없다.

■ 괘사에 대한 대상전

象曰 風行天上_이 小畜_{이니} 君子 以_{하여} 懿文德_{하니라}

「상전」에서 말했다. 바람이 하늘 위로 부는 것이 소축이니, 군자는 이를 본받아 학문과 덕을 아름답게 한다.

▶ 懿: 아름다울 의

☑ 풍행천상(風行天上)

바람이 하늘 위로 부는 것(風行天上)은 손괘(☴)가 바람이고 건괘(☰)가 하늘이므로 비가 내리려는 시기에 조금씩 쌓이므로 소축의 상이다. 바람이 불고 비가 막 내리려는 것은 학문과 덕을 조금씩 쌓아간다는 소축이다(小畜).

☑ 군자이 의문덕(君子以 懿文德)

바람은 기운이 있으나 형질이 없고, 쌓을 수는 있으나 오래할 수는 없으므로 소축(小畜)의 상이 된다. 바람은 형질이 없기 때문에 저지함이 작아서 하늘의 도가 드러나고, 산은 형질이 있기 때문에 저지함이 커서 하늘의 도가 숨는다. 군자는 문왕의 문덕을 본받아(君子以) 문덕을 아름답게 하고(懿文德), 문덕을 감추어 쌓는다. 주왕의 가혹한 폭정에 도탄에 빠진 백성들은 문왕의 문덕을 기다린다는 뜻이다.

■ 초구 효사와 소상전

初九는 復自道어니 何其咎리오? 吉하니라
象日 復自道는 其義吉也라

초구는 바른 도로 돌아오니 어찌 허물이 있겠는가? 길하다. 「상전」에서 말했다. "바른 도로 돌아옴"은 의리가 길한 것이다.

☑ 복자도 하기구 길(復自道 何其咎 吉)

소축(小畜)은 유약한 음이 강한 양을 막는 것이다. 초구는 양효이고 음인 육사와 응한다. 초구는 육사와 뜻을 같이하니 바른 도로 회복한다(復自道). 초구 백성이 육사의 진의를 의심했다가 진의를 알고 육사를 따른다. 바른 도를 회복하였으니 무슨 허물이 있겠는가(何其咎)? 바른 도를 회복하고 사회를 안정하니 재앙이 없고 길하다(吉).

☑ 복자도 기의길야(復自道 其義吉也)

초구가 육사인 음과 정응이 되지만 음에게 저지되지 않고 뜻을 회복하려는 것(復自道)은 양의 군센 도리를 스스로 행하는 것으로 의리가 마땅히 길하다(其義吉也). 따라서 효상은 바른 도로 돌아오는 상으로, 점사는 자리가 바르고 뜻이 바르니 길하다.

▌구이 효사와 소상전

九二는 牽復이니 吉하니라
<small>구 이　　견 복　　길</small>

象日 牽復은 在中이라 亦不自失也라
<small>상 왈　견 복　　재 중　　　역 부 자 실 야</small>

구이는 (백성을) 이끌어 회복하는 것이니 길하다. 「상전」에서 말했다. "(백성을) 이끌어 회복함"은 중에 있음이요, 또한 스스로 잃지 않기 때문이다.

▶ 牽: 이끌 견/끌 견　復: 회복할 복/다시 부

☑ 견복길(牽復吉)

견(牽)은 이끌어주고, 복(復)은 회복한다. 구이와 구오는 뜻을 같이 하므로 초구 백성들을 이끌어 주어 바른 도를 회복하여 길하다(牽復吉). 구이는 처음에 육사를 의심했으나 주위의 권유에 감응하여 결국 육사를 도왔다.

☑ 견복재중 역부자실야(牽復在中 亦不自失也)

구이가 초구 백성들을 이끌어주니 바른 도를 회복하는 것은 중을 얻었기 때문이다(牽復在中). 구이는 가운데에 있고 바름을 얻었으니, 굳세고 부드러우며 중도를 잃지 않았다(亦不自失也). 겸손하고 강유의 중도를 잃지 않는다. 따라서 효상은 백성을 이끌어 바른 도를 회복하는 상으로, 점사는 중도를 잃지 않고 바른 도를 지키면 길하다.

▌구삼 효사와 소상전

九三은 輿說輻이며 夫妻反目이니라
<small>구 삼　　여 탈 복　　　부 처 반 목</small>

象日 夫妻反目은 不能正室也라
<small>상 왈　부 처 반 목　　불 능 정 실 야</small>

구삼은 수레에서 바큇살이 빠지는 것이며 부부가 반목하는 것이다. 「상전」에서 말했다. "부부가 반목하면" 그 집안을 바로잡을 수 없다.

▶ 輿: 수레 여　說: 말씀 설/기뻐할 열/벗을 탈　輻: 바퀴살 복(폭)

163

☑ 여탈복 부처반목(輿說輻 夫妻反目)

수레에 바퀴살이 빠져나가 더 이상 앞으로 달릴 수 없으니(輿說輻) 이는 더 이상 관계가 지속될 수 없음을 말한다. 이는 부부가 상부상조하고 가정을 이루는 관계가 깨졌다는 말이다. 구삼은 남편이요 육사는 아내이다. 부부가 반목하니(夫妻反目) 원수가 되었다.

☑ 부처반목 불능정실야(夫妻反目 不能正室也)

부부가 반목하면(夫妻反目) 그 집안을 바로잡을 수 없다(不能正室也). 구삼이 스스로 도를 지키지 못하고 육사가 저지하여 나아가지 못하게 하기 때문에 집안을 바르게 할 수 없다. 따라서 효상은 수레에서 바퀴살이 떨어져나가는 상으로, 점사는 반목하고 배신하고 어긋나서 이루기 어렵다.

육사 효사와 소상전

육사   유부혈거   척출   무구
六四는 有孚血去하고 惕出하니 无咎리라
상왈 유부척출   상합지야
象曰 有孚惕出은 上合志也라

육사는 믿음이 있으면 피가 사라지고 두려움에서 나오니 허물이 없다. 「상전」에서 말했다. "믿음이 있으면 두려움에서 나옴"은 위와 뜻이 합하기 때문이다.

▶ 孚: 미쁠 부 惕: 두려워할 척 合: 합할 합, 들어맞다, 적합하다.

☑ 유부 혈거척출 무구(有孚 血去惕出 无咎)

육사는 다행히 군주의 신뢰가 있어 근심과 두려움을 벗어난다. 육사가 오직 믿음과 정성을 다하여(有孚) 호응하면 감동시킬 수 있어 피가 걷힐 것이다(血去). 피가 걷힘(血去)은 재앙을 피하고 근심과 두려움을 면하게 된다는 말이다(惕出). 육사가 구오와 뜻이 같고 도리에 맞기 때문이다. 험함에서 벗어나서 그 근심이 없어져 허물이 없다(无咎).

☑ 유부척출 상합지야(有孚惕出 上合志也)

육사가 이미 구오의 믿음을 가지고 있다면(有孚) 구오가 그를 신임하여 뜻을 합하는 까닭에 두려움에서 벗어나(惕出) 허물이 없게 된다. 두려움에서 나오면 재앙이 사라진다. 위(上)는 구오를 말한다. 구오가 육사를 믿기 때문에 위의 두 양에 의지하여 뜻을 합하여(上合志也) 함께 저지하면, 피가 제거되고 두려움에서 나와 허물이 없다. 따라서 효상은 피가 사라지고 두려움에서 나오는 상으로, 점사는 믿음을 얻으면 두려움에서 벗어날 것이다

▌구오 효사와 소상전

구 오　　유 부　　　연 여　　　부 이 기 린
九五는 有孚니라 攣如하여 富以其鄰이니라
상 왈　유 부 연 여　　부 독 부 야
象曰 有孚攣如는 不獨富也라

구오는 믿음이 있다. 이끌어서 부를 그 이웃과 (함께) 한다. 「상전」에서 말했다. "믿음이 있어 이끌음"은 홀로 부유하지 않는 것이다.

▶ 攣: 걸릴 련(연), 이어지다, 연관되다.　鄰: 이웃 린(인)

☑ 유부 연여 부이기린(有孚 攣如 富以其鄰)

구오는 육사의 진심을 알고 뜻을 합하여 돕는다. 구오는 중정한 도로 정치를 하니 믿음이 있다(有孚). 연여(攣如)는 서로 이어져 있는 것이다. 구오는 백성들을 평안하고 부유해지도록 이끈다(攣如). 구오가 홀로 부유해지는 것이 아니라 신하와 백성들과 부를 함께하여(富以其鄰) 백성들을 부유하게 한다.

☑ 유부연여 부독부야(有孚攣如 不獨富也)

믿음이 있어 이끌음(有孚攣如)은 백성들이 모두 믿고 따르는 것으로, 혼자 부유하지 않는다(不獨富也). 따라서 효상은 백성을 이끌어서 부를 함께하는 상으로, 점사는 백성들을 평안하고 부유하게 하면 길하다.

▌상구 효사와 소상전

상 구　　기 우 기 처　　상 덕 재　　부 정 려
上九는 旣雨旣處는 尙德載니 婦貞厲하니라
월 기 망　　군 자 정 흉
月幾望이니 君子征凶하니라

상 왈 기 우 기 처   덕 적 재 야   군 자 정 흉   유 소 의 야
象曰 旣雨旣處는 德積載也요 君子征凶은 有所疑也니라

상구는 이미 비가 오고 이미 그침은 덕을 숭상하여 가득참이니 아내가 고집하면 위태롭다. 달이 거의 보름에 가까우니 군자가 가면 흉하다. 「상전」에서 말했다. "이미 비가 오고 이미 그침"은 덕이 쌓여 가득차기 때문이고, "군자가 가면 흉함"은 의심하는 바가 있기 때문이다.

▶ 處: 곳 처, 멈추다. 載: 실을 재, 가득하다. 幾: 몇 기, 거의, 가깝다. 征: 칠 정, 가다. 厲: 갈 려(여), 위태롭다, 괴롭다.

☑ 기우기처(旣雨旣處)

처(處)는 멈추다[止]의 뜻이다. 상구는 괘의 맨 위에 있고, 육사에게 저지되어 멈춘 자이다. 이미 비가 옴(旣雨)은 나라가 화합하는 것이고, 이미 비가 그침(旣處)은 나라가 안정되는 것이다.

☑ 숭덕재(尙德載)

재(載)는 가득차다[滿]의 뜻이다. 기다리던 비가 온 것은 문왕의 덕이 높았기 때문으로 백성들이 문왕의 덕을 숭상하여 가득참(尙德)은 나라가 안정되어 문왕의 덕이 가득채워져(載) 화합이 이루어졌다는 것이다. 부드러운 음이 굳센 양을 저지하는 것은 단시일에 이룰 수 없고, 여러 번 쌓고 포개어 이루어진다.

☑ 부정려(婦貞厲)

아내는 음으로 음이 양을 저지하고 부드러움으로써 굳셈을 제어한다. 아내가 융통성 없이 굳게 고집하면 위태롭다(婦貞厲). 나라가 안정되고 조화가 이루어지려면 기존의 폐습이 저항하니 이를 염려해야 한다.

☑ 월기망 군자정흉(月幾望 君子征凶)

달[月]은 감괘의 상이다. 달이 보름에 가깝다(月幾望)는 것은 주왕을 따르던 소인들의 세력이 아직은 강하다는 뜻이다. 군자는 주왕의 측근들이 항상 넘치는 것을 경계하지 않고 그들을 쫓아가면 좋지 않다(君子征凶).

☑ 기우기처 덕적재야(旣雨旣處 德積載也)

이미 비가 오고 이미 그침(旣雨旣處)은 덕을 많이 쌓았기 때문에 나라의 안정이 이루어졌음

(德積載也)을 말한다. 비가 오고 그치는 것은 덕이 쌓여서 만물을 실을 수 있기 때문이다.

☑ 군자정흉 유소의야(君子征凶 有所疑也)

주왕의 세력들이 왕성하니 군자는 함부로 움직이면 흉하다(君子征凶). 소인들이 반드시 군자를 해치니 의심하고 염려해야 한다. 미리 의심하고 저지할 방법을 찾는다면 흉하지 않다. 의심하는 바가 있는 것(有所疑也)은 때의 어둡고 밝음을 아직 알지 못하기 때문이다. 따라서 효상은 달이 보름에 가까운 상으로, 점사는 미리 의심하고 저지할 방법을 찾는다면 흉하지 않다.

실천하는 천택리(天澤履)

		乾上	天澤履
10	▤	兌下	천택리

천택리괘(天澤履卦)는 상괘가 하늘[天]을 상징하는 건괘(乾卦: ☰)이고, 하괘가 연못[澤]을 상징하는 태괘(兌卦: ☱)로, 이는 위에 하늘이 있고 아래에 연못이 있는 형상이다. 유약한 연못이 강건한 하늘을 순종하는 것은 예절이다. 리(履)는 밟다, 실천하다[踐]는 뜻으로, 사람이 예를 실천하는 괘이다. 이 괘는 강건한 하늘의 뜻을 성인의 도로 받아들이고 기쁜 마음으로 실천하는 것을 상징한다. 따라서 괘상은 위에 하늘이 있고 아래에 연못이 있는 천택(天澤) 상이며, 괘명은 예를 실천하는 리(履)이다. 소축괘(小畜卦)를 뒤집으면 리괘(履卦)가 된다. 소축괘에는 정지의 의미가 있지만, 리괘에는 이행, 즉 실천의 의미가 담겨 있다.

유일한 육삼은 희소성 우선의 법칙에 따라 괘의 주인으로 여겨진다. 희소한 음은 양의 활동을 저지하면서도 휴식의 기회를 제공한다. 리괘(履卦)는 새로운 군주를 중심으로 나라의 질서가 새롭게 재편되는 상황을 묘사한다.

리괘(履卦)는 행위의 방향을 제시하는 괘이다. 초효는 소리왕(素履往)으로, 이는 평소대로 행하는 상황이니, 평소 원하는 대로 하면 허물이 없다. 이효는 리도탄탄(履道坦坦)으로, 이는 행하는 도가 평탄한 상황이니, 바른 도를 지키고 유혹에 빠지지 않는다면 길하다. 삼효는 묘능시 파능리(眇能視 跛能履)로, 이는 애꾸눈으로 잘 볼 수 없고 절름발이로 잘 걸을 수 없는 상황이니, 덕과 재능을 과신하고 무모하게 행동하면 큰 화를 당할 것이다. 사효는 리호미(履虎尾)로, 이는 호랑이 꼬리를 밟아 두려워하는 상황이니, 두려워하고 조심하면 재앙은 면할 것이다. 오효는 쾌리(夬履)로, 이는 자기의 총명을 믿고 과감하고 독단적으로 일을 결단하는 상황이니, 정도를 지켜도 백성의 호응이 없어 위험하다. 육효는 시리고상(視履考祥)으로, 이는 지금까지 했던 일을 회고해 보는 상황이니, 과거 행적을 평가하고 반성하면 경사가 크다.

▌괘사

리 호 미　　　부 질 인　　형
履虎尾라도 不咥人이라 亨하니라

호랑이 꼬리를 밟더라도 사람을 물지 않으니 형통하다.

▶ 履: 밟을 리(이)/신 리(이), 행하다, 겪다. 虎: 범 호 尾: 꼬리 미 咥: 웃을 희(질)/깨물 절(질)

☑ 리호미 부질인 형(履虎尾 不咥人 亨)

리(履)는 사람이 실천하는 도이다. 하늘은 위에 있고 못은 아래에 있으니, 유약한 음이 굳센 양에게 밟히고 깔린다. 호랑이 꼬리를 밟는데도 호랑이가 사람을 물지 않는다(履虎尾 不咥人). 조심하고 예를 실천하면 위험에 빠져도 상해를 입지 않기 때문에 형통하다(亨). 따라서 괘상은 호랑이 꼬리를 밟는 상으로, 점사는 신중하고 예를 지키면 형통하다.

▌괘사에 대한 단전

단 왈 리　　 유 리 강 야　　 열 이 응 호 건
彖曰 履는 柔履剛也니 說而應乎乾이라
시 이 리 호 미 부 질 인　형
是以 履虎尾 不咥人 亨이라
강 중 정　　리 제 위 이 불 구　　광 명 야
剛中正으로 履帝位 而不疚면 光明也라

「단전」에서 말했다. 리(履)는 유가 강을 밟으니 기뻐하면서 건에 호응한다. 이 때문에 호랑이 꼬리를 밟아도 사람을 물지 않아 형통하다. 강하고 중정함으로써 임금의 지위를 밟아도 병폐가 없는 것은 빛나고 밝기 때문이다.

▶ 說: 말씀 설/기뻐할 열/벗을 탈 帝: 임금 제 疚: 고질병 구

☑ 리 유리강야(履 柔履剛也)

하괘 태괘(兌卦: ☱)는 유약하고 상괘 건괘(乾卦: ☰)는 강건하다. 태괘의 유약한 음[柔]이 건괘의 굳센 양[剛]의 뒤를 밟은 것이다(柔履剛也). 약자가 강자의 뒤를 따라가는 것은 매우 위험하다.

169

☑ 열이응호건(說而應乎乾)

태괘는 유순하고 기쁘며, 건괘는 하늘이고 굳세다. 유순하고 기뻐하면서 건에 호응한다(說
而應乎乾). 힘들어도 약자가 기쁘게 강자를 따라간다.

☑ 리호미 부질인 형(履虎尾 不咥人 亨)

호랑이의 꼬리를 밟아도(履虎尾) 사람을 물지 않으니(不咥人) 형통하다(亨). 위험한 상황에
서도 신중하게 행동하고 예를 실천하면 상해를 입지 않으니 형통하다.

☑ 강중정 리제위 이불구 광명야(剛中正 履帝位 而不疚 光明也)

구오는 임금의 자리이고, 구(疚)는 허물과 병이다. 구오는 굳센 양으로서 중정하고(剛中正)
임금의 자리에서 나라를 다스리는데(履帝位) 진실로 병폐가 없으니(不疚), 실천하는 도가 지극
히 선하며 빛나고 밝다(光明也). 구오가 병폐가 없는 것(不疚)은 덕이 빛나고 밝기 때문이다. 빛
나고 밝음(光明也)은 광대한 덕이 넘쳐나서 빛남을 말한다.

▌ 괘사에 대한 대상전

象曰 上天下澤이 履니라
_{상 왈 상 천 하 택 리}

君子 以하여 辯上下하여 定民志하니라
_{군 자 이 변 상 하 정 민 지}

「상전」에서 말했다. 위에는 하늘이 있고 아래에는 못이 있는 것이 리괘(履卦)이다. 군자는 이를 본받
아 위아래를 분별하고 백성의 뜻을 안정시킨다.

▶ 辯: 말씀 변, 분별하다.   定: 정할 정, 안정시키다.

☑ 상천하택 리(上天下澤 履)

상괘 건괘(乾卦: ☰)가 하늘[天]이고, 하괘 태괘(兌卦: ☱)가 못[澤]으로, 위에 하늘이 있고 아
래에 못이 있다(上天下澤). 사람은 마땅히 있어야 할 자리가 있는 것으로 자신의 분수를 알아야
한다. 하늘과 못이 높고 낮은 것은 의리와 분수가 정해진 것이다.

☑ 군자이 변상하 정민지(君子以 辯上下 定民志)

　군자가 리(履)의 상을 본받아(君子以) 위아래의 구분을 변별하여(辯上下) 백성의 마음을 안정시킨다(定民志). 귀천을 분별하고 예법을 제정하여 백성이 따르게 하면 민심을 안정시킬 수 있다. 위아래의 구분이 분명한 뒤에야 백성의 마음이 안정되고, 백성의 마음이 안정된 뒤에야 다스릴 수 있다. 따라서 임금, 신하와 백성은 예에 따라 행해야 한다.

▌ 초구 효사와 소상전

　　초 구　　　소 리 왕　　　무 구
初九는　素履往하면　无咎리라
　　상 왈　소 리 지 왕　　　독 행 원 야
象曰　素履之往은　獨行願也라

초구는 평소대로 행하여 나아가면 허물이 없다. 「상전」에서 말했다. "평소대로 행하여 나아감"은 오로지 원하는 바를 하기 때문이다.

▶ 素 : 본디 소/흴 소, 평소　　獨 : 홀로 독, 오로지

☑ 소리왕 무구(素履往 无咎)

　소(素)는 꾸밈 없이 평소대로 하는 것이다. 평소대로 행하여 나아감(素履往)은 부귀하면 부귀한대로, 빈천하면 빈천한대로 하는 것이다. 평소의 본분대로 하면 허물이 없다(无咎).

☑ 소리지왕 독행원야(素履之往 獨行願也)

　평소대로 행하여 나아감(素履之往)은 오로지 마음이 원하는 것을 할 뿐이다(獨行願也). 평소대로 오로지 자신의 본분을 지키고 예를 실천하는 것이 마음이 원하는 것을 하는 것이다. 마음속으로 평소의 본분대로 대로 행동하면 화가 없을 것이다. 따라서 효상은 평소대로 행하는 상으로, 점사는 평소 원하는 대로 하면 허물이 없다.

▌ 구이 효사와 소상전

^{구 이} ^{리 도 탄 탄} ^{유 인 정 길}
九二는 履道坦坦하니 幽人貞吉하니라
^{상 왈} ^{유 인 정 길} ^{중 부 자 란 야}
象曰 幽人貞吉은 中不自亂也라

구이는 행하는 도가 평탄하니 은자라야 바르고 길하다. 「상전」에서 말했다. "은자라야 바르고 길함"은 마음이 스스로 어지럽지 않기 때문이다.

▶ 坦 : 평탄할 탄/너그러울 탄   幽 : 그윽할 유/검을 유, 숨다.   中 : 가운데 중, 마음   亂 : 어지러울 란(난)

☑ 리도탄탄 유인정길(履道坦坦 幽人貞吉)

　구이는 양이 음의 자리에 있고 중을 얻으니, 행하는 도가 평탄하다(履道坦坦). 행하는 도가 평탄하고 외로우면서도 바름을 지키는 상으로, 은자가 욕심을 버리고 도를 행하면 길하다(幽人貞吉). 유인(幽人)은 선비가 바른 도를 행하면서 시골에 은거하는 자이다.

☑ 유인정길 중부자란야(幽人貞吉 中不自亂也)

　바른 도를 지키고 사욕이 없기 때문에 은자라야 바르고 길하다(幽人貞吉). 마음이 안정되어 사욕으로써 스스로를 어지럽지 않기 때문이다(中不自亂也). 따라서 효상은 행하는 도가 평탄한 상으로, 점사는 바른 도를 지키고 유혹에 빠지지 않는다면 길하다.

▌ 육삼 효사와 소상전

^{육 삼} ^{묘 능 시} ^{파 능 리}
六三은 眇能視며 跛能履라
^{리 호 미} ^{질 인} ^흉 ^{무 인} ^{위 우 대 군}
履虎尾 咥人이니 凶하고 武人이 爲于大君이니라
^{상 왈} ^{묘 능 시} ^{부 족 이 유 명 야} ^{파 능 리} ^{부 족 이 여 행 야}
象曰 眇能視는 不足以有明也요 跛能履는 不足以與行也요
^{질 인 지 흉} ^{위 부 당 야} ^{무 인 위 우 대 군} ^{지 강 야}
咥人之凶은 位不當也요 武人爲于大君은 志剛也라

육삼은 애꾸눈이 볼 수 있고 절름발이가 걸을 수 있다. 호랑이 꼬리를 밟아서 사람을 무니 흉하고, 무인이 대군이 된다. 「상전」에서 말했다. "애꾸눈이 볼 수 있음"은 밝게 볼 수 없고, "절름발이가 걸을 수 있음"은 함께 갈 수 없다. "사람을 물어 흉함"은 자리가 마땅하지 않기 때문이고, "무인이 대군이 됨"은 뜻이 강하기 때문이다.

▶ 眇: 애꾸눈 묘   跛: 절름발이 파   咥: 웃을 희(질)/깨물 절(질)

☑ 묘능시 파능리(眇能視 跛能履)

육삼은 음이 양의 자리에 있고 중을 얻지 못해 흉하다. 묘(眇)는 한쪽 눈이 안 보이는 반맹(半盲)이다. 애꾸눈이 보는 것(眇能視)은 분명하게 보지 못하고, 절름발이가 걷는 것(跛能履)은 멀리 가지 못한다. 잘 보지도 못하면서 잘 보려고 하고, 잘 걷지도 못하면서 잘 걸으려고 하니 분수를 모르고 무모하게 행동하는 것이다. 덕과 재능이 부족한 데도 충분한 것처럼 착각하는 것을 비유한 것이다.

☑ 리호미 질인흉(履虎尾 咥人凶)

호랑이의 꼬리를 밟음(履虎尾)은 위험한 곳에 있으면 반드시 재앙과 근심이 미칠 것이므로 사람을 물어 흉하다(咥人凶). 호랑이의 꼬리를 밟음(履虎尾)은 어려운 국사를 행하는 것이다. 분명하게 보지 못하면서 억지로 걷는 것은 무모하게 행하다 위험을 자초하는 것이다.

☑ 무인위우대군(武人爲于大君)

무인이 대군이 됨(武人爲于大君)은 무사가 무력을 행사하여 권력을 찬탈하고 천자가 되는 것이다. 중정하지 못하면서 뜻만 강하여 무모하게 행동하니, 바른 도를 따르지 않고 위험한 곳을 밟아서 흉하다. 뜻만 군센 사람이 포악함을 부리는 상이다.

☑ 부족이유명야 부족이여행야(不足以有明也 不足以與行也)

애꾸눈은 밝게 볼 수 없고(不足以有明也), 절름발이는 함께 갈 수 없다(不足以與行也). 그 재질이 부족하여 밝게 볼 수 없고 멀리 갈 수 없는데도 군셈만으로 실천하면 오히려 해롭다.

☑ 질인지흉 위부당야(咥人之凶 位不當也)

육삼은 유약한 음인데 실천하는 것이 바르지 않으니, 재앙과 상해를 불러일으켜 호랑이에게 물려 흉하다(咥人之凶). 호랑이가 사람을 무는 것은 분수에 벗어난 행동으로 바른 자리에 있지 않기 때문이다(位不當也). 지위가 없는데도 제멋대로 행하면 재앙과 상해를 불러들인다.

☑ 무인위우대군 지강야(武人爲于大君 志剛也)

　무인으로 비유한 것은 육삼이 양의 자리에 있어 재질은 약하면서 뜻만 강하기 때문이다. 뜻
이 강하면(志剛也) 함부로 움직여 실천하는 바가 도에 어긋나니 이는 마치 무인이 대군이 된 것
과 같다(武人爲于大君). 따라서 효상은 애꾸눈으로 잘 볼 수 없고 절름발이로 잘 걸을 수 없는
상으로, 점사는 덕과 재능을 과신하고 무모하게 행동하면 큰 화를 당할 것이다.

▌구사 효사와 소상전

구 사　　리 호 미　　색 색 종 길
九四는 履虎尾니 愬愬終吉이니라
상 왈　색 색 종 길　　지 행 야
象日 愬愬終吉은 志行也라

구사는 호랑이 꼬리를 밟으나 두려워하고 조심하면 마침내 길하다. 「상전」에서 말했다. "두려워하고
조심하면 마침내 길함"은 (임금의) 뜻이 행해지기 때문이다.

▶ 愬: 하소연할 소/두려워할 색, 두렵다.

☑ 리호미 색색종길(履虎尾 愬愬終吉)

　구사는 양효로써 덕과 재능이 있으나 음의 자리에 있어 유약하다. 구사는 대신의 자리로 임
금의 자리와 가까워 호랑이 꼬리를 밟으나(履虎尾) 두려워하고 조심하면 마침내 길할 것이다
(愬愬終吉). 지혜를 갖추고 조심하고 두려워하면 위기에서 벗어나 길할 수 있다.

☑ 색색종길 지행야(愬愬終吉 志行也)

　육삼은 분수에 넘치는 뜻을 행하니 흉하고, 구사는 임금의 뜻을 행하니 길하다. 두려워하고
조심하면 마침내 길한 이유(愬愬終吉)는 임금의 뜻이 행해지기 때문으로(志行也), 위험한 곳에
서는 두려워하고 조심하고, 구오의 명령을 따라야 임금의 뜻을 행할 수 있다. 따라서 효상은 호
랑이 꼬리를 밟아 두려워하는 상으로, 점사는 두려워하고 조심하면 재앙은 면할 것이다.

구오 효사와 소상전

九五는 ^{구 오} 夬履貞厲^{쾌 리 정 려}하니라
象曰 夬履貞厲^{상 왈 쾌 리 정 려}는 位正當也^{위 정 당 야}라

구오는 결단하여 실천하니 바르게 하더라도 위태롭다. 「상전」에서 말했다. "결단하여 실천하니 바르게
하더라도 위태로움"은 자리가 마땅하기 때문이다.

▶ 夬 : 터놓을 쾌/결정하다, 나누다.   厲 : 갈 려(여), 위태롭다.

☑ 쾌리정려(夬履貞厲)

쾌(夬)는 과감하게 결단하는 것이다. 구오는 양효가 양의 자리에 있고 강건하고 덕과 재능
이 있어 국사를 과감하게 결단하는 자이다. 구오는 비록 일을 바르게 하더라도 독단적으로 결
단하여 실행하니(夬履) 민심을 얻지 못하여 위태롭다(貞厲).

☑ 쾌리정려 위정당야(夬履貞厲 位正當也)

높은 지위에 있고, 과감하고 독단적으로 결단하여 실천함(夬履)은 국사를 바르게 하더라도 위
험하다(貞厲). 구오가 양효 양위(陽爻 陽位)의 중정의 덕을 얻어 총명을 믿고 독단적으로 실천하
나 호응이 없어 백성과 소통하여 동의를 얻지 않고 독단적으로 결단하면 위험하다. 그나마 구오
는 강건한 군주의 지위에 있으니(位正當也) 화가 적다. 따라서 효상은 총명을 믿고 과감하고 독단
적으로 일을 결단하는 상으로, 점사는 정도를 지켜도 백성의 호응이 없어 위험하다.

상구 효사와 소상전

上九는 ^{상 구} 視履考祥^{시 리 고 상}하되 其旋元吉^{기 선 원 길}이리라
象曰 元吉在上^{상 왈 원 길 재 상}이 大有慶也^{대 유 경 야}니라

상구는 실천한 것을 살펴보며 상서로운 것을 헤아려보되 돌아오면 크게 길하다. 「상전」에서 말했다.
"크게 길함이 위에 있음"은 큰 경사가 있는 것이다.

▶ **考**: 생각할 고/살필 고   **祥**: 상서 상   **旋**: 돌 선

☑ 시리고상 기선원길(視履考祥 其旋元吉)

상구는 지금까지 했던 일을 회고해 보는 때이다. 상구는 양이 음의 자리에 있고 아래로 육삼과 정응하고 있어, 발걸음을 멈추고 아래로 관심을 돌려 지나온 행적들을 돌아보면서 세심하게 점검하는 상이다.

상서(祥瑞)는 길한 일이 일어날 조짐이다. 상구는 높은 자리에 있고 행한 바를 살펴보며 길함과 길하지 않음을 헤아려본다(視履考祥). 즉, 실천한 것을 회고하고 평가해 본다. 자세를 겸손히 하고 바른 도로 돌아오면 크게 길하다(其旋元吉). 지나온 행적을 살펴보아 스스로 강함을 억제하고 부드럽게 자신을 낮추는 도가 있다면, 비록 윗자리에 있더라도 크게 길하여 경사가 있다.

☑ 원길재상 대유경야(元吉在上 大有慶也)

실천한 것이 선하고 흠이 없으면 크게 경사가 있다. 대(大)는 큼[元]이며, 크게 길함이 위에 있음(元吉在上)은 임금과 신하가 바르게 정치하였다면 그들에게 경사가 있다. 따라서 효상은 지금까지 했던 일을 회고해 보는 상으로, 점사는 과거 행적을 평가하고 반성하면 경사가 크다.

통하여 편안한 지천태(地天泰)

| 11 | | 坤上
乾下 | 地天泰
지천태 |

지천태괘(地天泰卦)는 상괘가 땅을 상징하는 곤괘(坤卦: ☷)이고, 하괘가 하늘을 상징하는 건괘(乾卦: ☰)로, 이는 땅의 기운이 위로 오르고 하늘의 기운이 아래로 내려오는 상이다. 태(泰)는 통하여 편안하다는 의미이다. 곤은 순종을, 건은 강건을 상징한다. 초효, 삼효, 사효, 상효가 모두 바른 자리를 차지하고, 모든 효가 정응한다. 따라서 괘상은 땅의 기운이 위로 올라가고 하늘의 기운이 아래로 내려와 서로 교합하는 지천(地天) 상이요, 괘명은 하늘의 기운이 땅의 기운과 소통하는 태괘(泰卦)이다.

천지의 음양 기운이 서로 화합하면 만물이 생성된다. 태(泰)는 크고 편안하며 자유롭다는 뜻을 가지고 있다. 모든 일이 크게 평안하고 안정되어 대길하다. 음양의 기운이 화합하여 서로 존중하고 도우니, 화목하고 발전한다. 태괘는 가장 안정적이고 복이 많은 운세를 나타낸다.

지천태(地天泰)는 모순과 갈등을 해결하는 소통과 교류에 관한 교훈이다. 초효는 발모여(拔茅茹)로, 이는 문왕이 제을의 딸을 덩어리째로 친정으로 쫓아내는 상황이니, 무리들과 함께하면 길하다. 이효는 용빙하(用馮河)로, 이는 맨몸으로 큰 강을 무사히 건너는 상황이니, 관대한 포용, 용감한 결단, 총명한 지혜와 공평무사한 덕이 있다면 나라가 잘 다스려질 것이다. 삼효는 무평불피(无平不陂)로, 이는 평평하다가 기울어진 상황이니, 바르게 하면 재앙이 없다. 사효는 편편불부(翩翩不富)로, 이는 훨훨 날아 현인에게 가르침을 받고 이웃과 함께 부유하려고 하는 상황이니, 백성들이 믿으니 길하다. 오효는 제을귀매(帝乙歸妹)로, 이는 제을이 딸을 문왕에게 시집보내어 복이 있는 상황이니, 높음을 낮추어 순종하면 복을 받는다. 육효는 성복우황(城復于隍)으로, 이는 문왕의 혼사가 파경에 이르러 위태로운 상황이니, 소통하여 문제를 해결하면 길하다.

█ 괘사

<ruby>泰<rt>태</rt></ruby>는 <ruby>小往<rt>소 왕</rt></ruby>하고 <ruby>大來<rt>대 래</rt></ruby>하니 <ruby>吉亨<rt>길 형</rt></ruby>하니라

태괘(泰卦)는 작은 것(음)이 가고 큰 것(양)이 오니 길하고 형통하다.

▷ 泰: 클 태, 크다, 심하다, 편안하다, 통하다.

☑ 태(泰)

태(泰)는 통하여 편안하다. 작은 것(小)은 음이요, 큰 것(大)은 양이다. 왕(往)은 밖으로 가는 것이고, 래(來)는 밖에서 안으로 오는 것이다. 태괘는 땅이 위에 있고 하늘이 아래에 있어, 땅의 기운이 아래로 내려오고 하늘의 기운이 위로 올라가니 위아래가 통하여 편안하다(泰).

☑ 소왕대래 길형(小往大來 吉亨)

소(小)는 신하이며 대(大)는 임금이다. 임금은 믿음으로 일을 아랫사람에게 맡기고, 신하는 정성으로 임금을 섬기니, 위아래의 뜻이 통하여 조정이 태평하다. 양은 군자가 되고 음은 소인이 되는데, 군자가 와서 안에 위치하고 소인이 가서 밖에 거처하니, 군자가 지위를 얻고 소인이 낮은 자리에 있으므로 세상이 태평하다.

음양의 기운이 사귀어 만물이 태어나고 자라서 작은 것이 가고 큰 것이 오니(小往大來) 길하여 형통하다(吉亨). 음은 올라가고 양은 내려와서 만물을 교화하여 변화시킨다. 현명한 이들을 가까이 하고 간사한 이들을 멀리하면 길하여 형통하다. 따라서 괘상은 작은 것이 가고 큰 것이 오는 상으로, 점사는 사람들과 교류하고 화합하면 만사가 형통하다.

█ 괘사에 대한 단전

<ruby>象曰<rt>단 왈</rt></ruby> <ruby>泰小往大來<rt>태 소 왕 대 래</rt></ruby> <ruby>吉亨<rt>길 형</rt></ruby>은
<ruby>則是天地交<rt>즉 시 천 지 교</rt></ruby> <ruby>而萬物通也<rt>이 만 물 통 야</rt></ruby>며 <ruby>上下交<rt>상 하 교</rt></ruby> <ruby>而其志同也<rt>이 기 지 동 야</rt></ruby>라
<ruby>內陽而外陰<rt>내 양 이 외 음</rt></ruby>하며 <ruby>內健而外順<rt>내 건 이 외 순</rt></ruby>하며 <ruby>內君子而外小人<rt>내 군 자 이 외 소 인</rt></ruby>하니
<ruby>君子道長<rt>군 자 도 장</rt></ruby>하고 <ruby>小人道消也<rt>소 인 도 소 야</rt></ruby>라

「단전」에서 말했다. "태(泰)는 작은 것이 가고 큰 것이 오니 길하고 형통함"은 천지가 사귀어 만물이 형통하고, 위아래가 사귀어 그 뜻이 같아진다. 양이 안에 있고 음이 밖에 있으니, 안으로는 강건하고 밖으로는 유순하며, 군자가 안에 있고 소인이 밖에 있으니, 군자의 도는 자라나고 소인의 도가 사라진다.

▶ 交: 사귈 교   志: 뜻 지   長: 길 장/어른 장, 자라다.   消: 사라질 소

☑ 소왕대래 길형(小往大來 吉亨)

작은 것이 가고 큰 것이 오니(小往大來) 음이 가고 양이 온다. 왕(往)은 내괘에서 외괘로 올라 가고, 래(來)는 외괘에서 내괘로 내려 오는 것이다.

☑ 천지교 이만물통야(天地交 而萬物通)

작은 것이 가고 큰 것이 오니 길하여 형통하다고 한 것은 천지가 사귀어 만물이 형통한 것이다(天地交 而萬物通也). 상괘가 땅이요 하괘가 하늘이니 천지가 교류하여 세상 만물이 통하기 때문이다.

☑ 상하교 이기지동야(上下交 而其志同也)

위아래가 사귀어 그 뜻이 같아진다(上下交 而其志同也). 위아래는 임금과 신하를 가리키니, 하늘과 땅, 임금과 신하의 자리가 정해져 서로 소통하는데, 천지는 기(氣)로 소통하고 임금과 신하는 뜻[志]으로 소통한다. 태괘의 운행은 천지로부터 시작하고, 태괘의 조화는 군신으로부터 시작되니, 만물이 형통하고 나라가 태평하게 된다.

☑ 내양이외음 내건이외순(內陽而外陰 內健而外順)

양이 와서 안에 있고 음이 가서 밖에 있음(內陽而外陰)은 양이 나아가고 음이 물러간 것이다. 이는 내괘가 양이 셋인 건괘이고, 외괘가 음이 셋인 곤괘로 이루어진 것을 말한다. 건괘의 굳셈[健]이 안에 있고 곤괘의 유순함[順]이 밖에 있어서 안으로는 굳세고 밖으로는 순하게 되니(內健而外順) 군자의 도이다.

☑ 내군자이외소인(內君子而外小人)

군자가 안에 있고 소인이 밖에 있음(內君子而外小人)은 군자가 조정 안에서 중책을 맡고 나라를 다스리고, 소인은 조정 밖에서 살면서 군자의 명령을 따른다.

☑ 군자도장 소인도소야(君子道長 小人道消也)

군자는 양이요 소인은 음이다. 양이 자라면 음이 소멸하고, 음이 자라면 양이 소멸한다. 이리하여 군자의 도가 자라나고(君子道長) 소인의 도가 사라진다(小人道消也). 따라서 천기와 지기가 만나 만물이 생기고 자라듯이 군신의 뜻이 통하여 협력한다.

▌ 괘사에 대한 대상전

상 왈 천 지 교 태　　후 이　　재 성 천 지 지 도
象曰 天地交泰니 后以하여 財成天地之道하며
보 상 천 지 지 의　　이 좌 우 민
輔相天地之宜하며 以左右民하니라

「상전」에서 말했다. 천지가 서로 사귀는 것이 태(泰)이니, 임금이 이를 본받아 천지의 도를 마름질하여 이루며, 천지의 마땅함을 도와서 백성을 다스린다.

▶ 后 : 뒤 후/임금 후　財 : 재물 재, 마름질하다, 재단하다.　輔 : 도울 보　相 : 서로 상, 돕다, 다스리다.　宜 : 마땅 의

☑ 천지교태(天地交泰)

천지가 서로 사귀는 것(天地交)은 하늘의 기운이 위로 상승하고 땅의 기운이 아래로 내려오는 것이다. 하늘의 기운과 땅의 기운이 조화되어 만물이 무성하게 이루어져서 태(泰)가 된다.

☑ 후이 재성천지지도(后以 財成天地之道)

후(后)는 군주, 임금, 이(以)는 본받다를 뜻한다. 재성(財成)은 헤아려서 이루는 것이다. 임금은 천지가 조화하는 상을 보고 본받는다(后以). 천지의 도를 터득하고, 본받아 백성의 삶을 돕는다. 천지의 도를 헤아려서 이루는 것(財成天地之道)은 천지의 운행을 읽어내어 인간을 다스리는 법을 제정하여 백성의 삶을 돕는 것이다.

☑ 보상천지지의 이좌우민(輔相天地之宜 以左右民)

돕다(輔相)는 미치지 못한 것을 도와주는 것이요, 좌우(左右)는 다스리는 것이다. 천지의 마땅함을 도움(輔相天地之宜)은 임금이 법을 만들어서 백성들이 천시(天時)를 이용하고 지리(地利)를 따르도록 돕는 것이다. 임금이 법을 만들어서 백성들을 다스려(以左右民) 비로소 백성들

의 삶이 평안하니 이것이 임금이 백성을 도와주는 길이다.

초구 효사에 대한 소상전

초 구　　발 모 여　　이 기 휘　　정 길
初九는 拔茅茹라 以其彙로 征吉하니라
상 왈　발 모 정 길　　지 재 외 야
象曰 拔茅征吉은 志在外也라

초구는 띠풀을 뽑으면 덩어리째로 나오니 그 무리와 함께 가면 길하다. 「상전」에서 말했다. "띠풀을 뽑으면 (덩어리째로 나오니) (그 무리와 함께) 가면 길함"은 뜻이 밖에 있기 때문이다.

▶ 拔: 뽑을 발　茅: 띠 모　茹: 먹을 여, 뿌리, 섞다.　彙: 무리 휘, 동류　征: 칠 정, 가다.

☑ 발모여 이기휘 정길(拔茅茹 以其彙 征吉)

띠풀(茅)은 줄기에 세 모서리가 있고 뿌리가 땅속에서 서로 엉기어 덩어리로 있어 띠풀을 뽑으면(拔茅) 덩어리째로 나온다(茹). 以(이)는 ~와 함께, 휘(彙)는 무리, 동류이다. 띠풀은 제을의 딸을 비유하고, 무리는 그의 여동생을 비유한 것이다.

띠풀처럼 하나를 뽑으면 연결된 모든 띠풀이 뽑히듯 군자는 반드시 무리들과 함께 행한다. 문왕이 제을의 딸들을 친정으로 쫓아내니 띠풀 덩어리를 뽑아낸 것처럼 길하다. 현자가 동류들과 함께 뜻을 행하니 바른 도를 지켜 길하다(以其彙 征吉). 군자가 나라를 다스리면 현자들이 조정에 모여서 힘을 합하고 나라의 태평을 이룬다.

☑ 발모정길 지재외야(拔茅征吉 志在外也)

띠풀을 뽑으니 덩어리째로 나오는 것이 길한 이유(拔茅征吉)는 뜻이 밖에 있기 때문이다(志在外也). 지재외야(志在外也)는 세상이 태평해지면 현자들이 덩어리째로 모두 집 밖으로 나와 임금을 따르는 뜻이 있다. 따라서 효상은 문왕이 제을의 딸들을 덩어리째로 친정으로 쫓아내는 상으로, 점사는 무리들과 함께하면 길하다.

■ 구이 효사에 대한 소상전

구 이　포 황　용 빙 하　　불 하 유　　붕 망　득 상 우 중 행
九二는 包荒 用馮河하며 不遐遺하며 朋亡 得尚于中行하니라
상 왈　포 황　득 상 우 중 행　　이 광 대 야
象曰 包荒 得尚于中行은 以光大也라

구이는 거친 것을 포용하고, 황하를 맨몸으로 건너는 (용맹을) 쓰며, 멀리 있는 사람을 버리지 않고, 붕당을 없애면 중도를 행함에 숭상을 얻을 것이다. 「상전」에서 말했다. "거친 것을 포용하고 중도를 행함에 숭상을 얻음"은 빛나고 크기 때문이다.

▶ 包: 쌀 포/꾸러미 포　荒: 거칠 황　馮: 업신여길 빙, 걸어 건너다.　遐: 멀 하　遺: 남길 유, 버리다.　朋: 벗 붕　亡: 망할 망, 없애다.　尚: 오히려 상, 숭상하다.

☑ 포황 용빙하 불하유 붕망(包荒 用馮河 不遐遺 朋亡)

구이는 굳센 양으로 중을 얻어 육오와 호응하고, 육오는 유순함으로 중을 얻어 군신이 덕을 함께하니 태평한 세상이 된다. 구이는 비록 양이 음의 자리에 있지만 굳세고 알맞은 재질로 군주에게 신임을 받는다.

거친 것을 포용함(包荒)은 무능한 사람까지 포용할 정도로 도량이 넓다는 뜻이다. 용빙하(用馮河)는 맨몸으로 강을 건너다 물에 빠질 수 있는 무도한 사람까지도 포용한다는 말이다. 불하유(不遐遺)는 멀리 있는 사람까지도 포용한다는 것이다. 붕망(朋亡)은 패거리를 짓지 않는다는 것으로 포용력이 있는 사람은 굳이 사적인 집단을 만들지 않는다.

☑ 득상우중행(得尚于中行)

포황(包荒), 용빙하(用馮河), 불하유(不遐遺), 붕망(朋亡)의 네 가지 덕은 중도를 행함에 숭상을 얻는 것이다(得尚于中行). 중도에 부합하면 숭상을 받는다. 군자의 사덕은 무능한 자, 무도한 자, 멀리 있는 자를 관대하게 포용하는 도량, 용감한 결단, 총명한 지혜와 공평한 덕이다.

☑ 포황 득상우중행 이광대야(包荒 得尚于中行 以光大也)

네 가지 덕으로써 중도를 실천하는 것이 구이가 광명하고 큰 덕을 가지고 있기 때문이다(以光大也). 따라서 효상은 맨몸으로 큰 강을 무사히 건너는 상으로, 점사는 관대한 포용, 용감한 결단, 총명한 지혜와 공평무사한 덕이 있다면 나라가 잘 다스려질 것이다.

구삼 효사에 대한 소상전

구삼 무평불피 무왕불복 간정무구
九三은 无平不陂며 无往不復이니 艱貞无咎니라
물휼기부 우식유복 상왈 무왕불복 천지제야
勿恤其孚라 于食有福이니라 象曰 无往不復은 天地際也라

구삼은 평평하다가 기울지 않는 것이 없으며, 가기만 하다가 돌아오지 않는 것도 없으니, 어려워도 바르게 하면 허물이 없다. 근심하지 않더라도 믿음이 있기 때문에 음식에 복이 있다. 「상전」에서 말했다. "가기만 하고 돌아오지 않는 것이 없음"은 하늘과 땅이 사귀기 때문이다.

▶ 陂: 비탈 피(파)/기울 피 艱: 어려울 간 恤: 불쌍할 휼, 근심하다. 際: 즈음 제/가 제, 사귀다.

☑ 무평불피 무왕불복(无平不陂 无往不復)

만물은 순환하니 아래에 있는 것은 위로 올라가고, 위에 있는 것은 아래로 내려오고, 태평하면 위기가 온다. 항상 평평하다가 기울지 않는 것이 없음(无平不陂)은 항상 평탄할 수만은 없는 것이다. 또한 항상 가기만 하다가 돌아오지 않는 것이 없음(无往不復)은 마땅히 돌아오기도 한다. 평평함과 기울어짐은 지세의 상이고, 왕복은 하늘이 운행하는 상이다. 왕(往)은 목표를 하고 간다, 정(征)은 바르게 나아간다는 뜻이다.

☑ 간정무구(艱貞无咎)

소인들이 득세하여 어려워도 바름을 지키면 항상 근심하지 않더라도 재앙이 없다(艱貞无咎).

☑ 물휼기부 우식유복(勿恤其孚 于食有福)

근심하지 않더라도 믿음이 있기 때문에(勿恤其孚) 봉록과 음식에 복이 있다(于食有福). 믿음이 있고 바른 도를 지키며 순환하는 법칙을 믿으면 삶에 복이 있다.

☑ 무왕불복 천지제야(无往不復 天地際也)

가기만 하다가 돌아오지 않는 것이 없음(无往不復)은 하늘과 땅이 사귀는 이치이다(天地際也). 구삼은 건괘가 아래 있고, 곤괘가 위에 있어 천지가 사귀는 상이 된다. 따라서 효상은 평평하기만 하고 기울어진 상으로, 점사는 바르게 하면 재앙이 없다.

■ 육사 효사에 대한 소상전

六四는 翩翩히 不富以其鄰하니 不戒以孚로다
象曰 翩翩不富는 皆失實也요 不戒以孚는 中心願也라

육사는 훨훨 아래로 날아간다. 부유하려고 하지 않고 이웃과 함께하려고 하니 경계하지 않고 믿는다. 「상전」에서 말했다. "훨훨 아래로 날아가고, 부유하려고 하지 않음"은 모두가 실질을 잃었기 때문이고, "경계하지 않고 믿음"은 마음속에서 원하기 때문이다.

▶ 翩: 나부낄 편, 빨리 날다. 以: 써 이, 와 함께, 그리고 戒: 경계할 계

☑ 편편 불부 이기린 불계이부(翩翩 不富 以其鄰 不戒以孚)

훨훨 날아 아래로 날아감(翩翩)은 육사가 아래 현인에게 겸손하게 가르침을 받는 것이다. 이웃[鄰]은 육오와 상육이다. 무리가 따르는 것은 이익이 있거나 뜻을 같이 하기 때문이다. 육사 대신만 부유하려고 하지 말고 이웃과 함께함(不富以其鄰)은 자신만 부유하려고 하지 않는 것이다. 육사가 백성들과 함께 부유하려고 하면 육사가 정치를 잘하는지를 백성들이 경계하지 않고 믿는다(不戒以孚).

☑ 개실실야(皆失實也)

양은 가득차고 음은 비어 있어 실질을 잃었다. 육사, 육오와 상육이 음효로 허(虛)하여 실질을 잃음(失實也)은 부유하지 않음(不富)을 해석한 것이다. 실(實)은 물질, 부를 말한다.

☑ 불계이부 중심원야(不戒以孚 中心願也)

육사는 마음속(中心)이다. 믿음은 마음속에서 나오는 것이지 경계로부터 나오지 않는다(不戒以孚). 경계하지 않고 마음속에서 믿는 것은 백성들이 신하의 정치를 원하기 때문이다(不戒以孚 中心願也). 따라서 효상은 훨훨 날아 현인에게 가르침을 받고 이웃과 함께 부유하려고 하는 상으로, 점사는 백성들이 믿으니 길하다.

육오 효사에 대한 소상전

육 오　　　제 을 귀 매　　이 지 원 길
六五는 帝乙歸妹니 以祉元吉이라
상 왈　이 지 원 길　　중 이 행 원 야
象曰 以祉元吉은 中以行願也라

육오는 제을이 여동생을 시집보내니 복을 받고 크게 길하다. 「상전」에서 말했다. "복을 받고 크게 길함"은 마음으로 원하는 것을 행하기 때문이다.

▶ 歸: 돌아갈 귀, 시집가다.　妹: 누이 매　祉: 복 지

☑ 제을귀매 이지원길(帝乙歸妹 以祉元吉)

　주왕(紂王)의 부친인 제을(帝乙)이 그의 딸을 주나라 문왕에게 시집보냈다. 제을은 상나라의 천자였고 문왕은 제후에 불과하였으나 나라의 안정을 위해 혼인 관계를 맺은 것이다. 제을은 그의 딸을 하가(下嫁: 신분이 낮은 집안으로 시집감)시켰고, 예법을 제정해서 남편에게 순종하게 하였다. 귀(歸)는 시집가다, 매(妹)는 소녀를 말한다. 육오가 어진 신하를 신임하여 여동생을 시집보내니(帝乙歸妹), 높음을 낮추어 남편에게 순종하면 복을 받고 크게 길하다(以祉元吉).

☑ 이지원길 중이행원야(以祉元吉 中以行願也)

　복을 받고 크게 길함(以祉元吉)은 마음으로 원하는 것을 행하기 때문이다(中以行願也). 따라서 효상은 제을이 딸을 문왕에게 시집보내어 복이 있는 상으로, 점사는 높음을 낮추어 순종하면 복을 받는다.

상육 효사에 대한 소상전

상 육　　성 복 우 황　　　물 용 사　　자 읍 고 명　　　정 린
上六은 城復于隍이라 勿用師요 自邑告命이니 貞吝이라
상 왈　성 복 우 황　　　기 명 란 야
象曰 城復于隍은 其命亂也라

상육은 성이 무너져 해자로 돌아온다. 군대를 쓰지 말고 읍에서 명령하면 바르더라도 부끄러울 것이다. 「상전」에서 말했다. "성이 무너져 해자로 돌아옴"은 그 명이 어지럽기 때문이다.

▶ 復: 회복할 복/다시 부, 뒤집다. 隍: 해자 황 邑: 고을 읍, 마음, 근심하다. 吝: 아낄 린(인), 인색하다, 부끄러워하다.

☑ 성복우황 물용사(城復于隍 勿用師)

해자(垓子)는 성 밖을 둘러싼 성의 못인데, 물이 있는 것이 못[池]이요 물이 없는 것이 해자[隍]이다. 성이 무너져 해자로 돌아옴(城復于隍)은 성이 무너져 공터로 남은 것으로 나라가 망한 것이다. 이는 군대를 동원하여 전쟁하면 손실만 크니 군대를 쓰지 말고(勿用師), 소통하여 문제를 해결하라는 것이다.

☑ 자읍고명 정린(自邑告命 貞吝)

사람을 다스리는 곳은 마음이요 나라를 다스리는 곳은 읍이다. 나라의 읍은 사람의 마음인 것이다. 제을의 딸이 문왕에게 시집을 갔으나 친정으로 쫓겨나 성이 무너지는 듯한 충격을 받았다. 그래서 은나라와 주나라는 관계가 악화되었다. 제을이 군사를 동원하여 주나라를 공격하려고 하였으나, 읍에서 출병하지 말라고 명령을 내렸다(邑告命). 전쟁을 하여 바르게 하더라도 부끄럽다(貞吝). 소통하여 문제가 발생하지 않으면 명령을 내리지 않아도 되는 것이다.

☑ 기명란야(其命亂也)

성이 무너져 평지로 되돌아가니 힘으로 막을 수 없는 상황이다. 군대를 동원해 막아 보아도 희생만 증대시킬 뿐이다. 성이 있는 후에 군대가 있고, 군대가 있는 후에 명령을 할 수 있으니, 그 중에 하나라도 없으면 안 된다. 성이 해자로 돌아오면 나라는 이미 망한 것이다. 성과 군대 없이 명령을 내림으로써 침략을 대비하고 방어하는 것은 혼란스럽다(其命亂也). 따라서 효상은 문왕의 혼사가 파경에 이르러 위태로운 상으로, 점사는 소통하여 문제를 해결하면 길하다.

막혀서 통하지 않는 천지비(天地否)

12	䷋	乾上 坤下	天地否 천지비

　천지비괘(天地否卦)는 상괘가 하늘[天]을 상징하는 건괘(乾卦: ☰)이고, 하괘가 땅[地]을 상징하는 곤괘(坤卦: ☷)로, 이는 하늘과 땅이 교류하지 않는 상이다. 하늘의 기운은 위로만 올라가고, 땅의 기운은 아래로만 머물러서 서로 소통하지 못한다. 하늘과 땅이 소통하지 못하면 만물이 막히게 된다. 비(否)는 막힌다는 뜻으로, 서로 통하지 않는 것을 의미한다. 따라서 괘상은 하늘의 기운이 아래로 내려오지 못하고 땅의 기운이 위로 올라가지 못하는 천지(天地) 상이요, 괘명은 막힐 비(否)이다. 천지비괘(天地否卦)는 태괘(泰卦)를 뒤집어 놓은 괘이다.

　사물이 끝까지 통할 수 없기 때문에 비괘(否卦)이다. 통하는 것은 막힘으로 변하고, 막힌 것은 통함으로 변하니, 사물은 영원히 통할 수 없다. 비괘는 소인들이 득세하는 암울한 난세를 상징한다. 이 시대는 소인들이 바른 대인과 군자를 억압하고 박해하는 시기이다. 막힌 세상에서 군자는 벼슬에 나서지 않고 덕과 검소로 재앙을 피한다.

　비괘(否卦)는 소인이 지배하는 막힌 세상에서 살아가는 지혜를 가르친다. 초효는 발모여(拔茅茹)로, 이는 현자가 무리들을 데리고 나아가서 뜻을 함께하여 도를 행하는 상황이니, 소인을 제거하여 막힌 데를 뚫으면 길하다. 이효는 포승(包承)으로, 이는 대인이 지금 소인들의 권력에 막혀 경계하는 상황이니, 바른 도를 지키면 형통하다. 삼효는 포수(包羞)로, 이는 부당한 짓을 하는 소인을 포용하는 상황이니, 자리가 마땅하지 않아 흉하다. 사효는 유명무구(有命无咎)로, 이는 임금의 명으로 태평한 세상을 만드는 상황이니, 윗사람의 명을 받으면 재앙이 없다. 오효는 계우포상(繫于苞桑)으로, 이는 무성한 뽕나무에 맨 것과 같이 견고한 상황이니, 덕이 있고 자리가 높아 길하다. 육효는 비종즉경(否終則傾)으로, 이는 끝에 이르러 막힌 것이 뚫린 상황이니, 소통하는 태평한 세월이 온다.

▌괘사

^{비 지 비 인} ^{불 리 군 자 정} ^{대 왕 소 래}
否之匪人이니 不利君子貞하니 大往小來니라

비(否)는 사람의 도가 아니니 군자가 바르게 함이 이롭지 않으니, 큰 것이 가고 작은 것이 온다.

▶ 否 : 아닐 부/막힐 비   匪 : 비적 비, 아니다.

☑ 비지비인(否之匪人)

통하지(泰) 않으면 막힌다(否). 비인(匪人)은 악인이다. 비괘(否卦)는 하늘의 기운과 땅의 기운이 교류하지 못하면 만물을 낳지 못하고 소통이 막히는 때이다. 소인이 득세하고, 군자가 쇠약하는 것이 천지비(天地否)다.

소인이 득세하고 세상이 꽉 막혀 비(否)는 사람의 도가 아니다(否之匪人). 위아래나 앞뒤가 막힌 상황에서는 사람의 도가 없어진다. 제을의 딸이 친정으로 쫓겨나니 문왕의 소통이 막혔다.

☑ 불리군자정 대왕소래(不利君子貞 大往小來)

세상이 꽉 막혀 소인들이 득세하여 군자가 바르게 함이 이롭지 않음(不利君子貞)은 소인이 오히려 바르게 행하는 군자를 억압하는 것이다. 대(大)는 양이고 군주이며, 소(小)는 음이고 소인이다. 큰 것이 가고 작은 것이 오는 것(大往小來)은 군주의 세력이 약화되고, 소인의 세력이 강해지는 것이다. 소인의 악은 자라나고 군자의 도는 사라지는 상이다. 따라서 괘상은 제을의 딸이 친정으로 쫓겨난 후 문왕이 막힌 상으로, 점사는 만물이 막혀 통하지 않으니 막혀있는 상황을 무사히 넘겨야 길하다.

▌괘사에 대한 단전

^{단 왈} ^{비 지 비 인} ^{불 리 군 자 정} ^{대 왕 소 래}
象曰 否之匪人 不利君子貞 大往小來는
^{즉 시 천 지} ^{불 교 이 만 물} ^{불 통 야} ^{상 하} ^{불 교 이 천 하} ^{무 방 야}
則是天地 不交而萬物이 不通也며 上下 不交而天下 无邦也라
^{내 음 이 외 양} ^{내 유 이 외 강} ^{내 소 인 이 외 군 자}
內陰而外陽하며 內柔而外剛하며 內小人而外君子하니
^{소 인 도 장} ^{군 자 도 소 야}
小人道長하고 君子道消也라

「단전」에서 말했다. 비(否)는 사람의 도가 아니니 군자가 바르게 함이 이롭지 않으며, 큰 것이 가고 작은 것이 옴은 천지가 교류하지 않아 만물이 통하지 못하고, 위아래가 교류하지 않아 천하에 나라의 (도)가 없다. 음이 안에 있고 양이 밖에 있으며, 부드러운 것이 안에 있고 굳센 것이 밖에 있으며, 소인이 안에 있고 군자가 밖에 있으니, 소인의 도가 자라나고 군자의 도가 사라진다.

▶ 邦: 나라 방   消: 사라질 소

☑ 비지비인 불리군자정 대왕소래(否之匪人 不利君子貞 大往小來)

소인이 득세하고 세상이 꽉 막혀 비(否)는 사람의 도가 아니다(否之匪人). 위아래나 앞뒤가 막힌 상황에서는 사람의 도가 없어진다. 세상이 꽉 막혀 소인들이 득세하여 군자가 바르게 함이 이롭지 않음(不利君子貞)은 소인이 오히려 바르게 행하는 군자를 억압하는 것이다. 대(大)는 양이고 군주이며, 소(小)는 음이고 소인이다. 큰 것이 가고 작은 것이 오는 것(大往小來)은 군주의 세력이 약화되고, 소인의 세력이 강해지는 것이다.

☑ 천지 불교이만물 불통야(天地 不交而萬物 不通也)

비괘(否卦)는 천지가 막혀서 서로 교류하지 않아(是天地不交) 만물이 통하지 못한다(萬物不通也). 하늘은 높아 그 기가 땅에 미치지 못하며, 땅은 낮아 그 기가 하늘에 이르지 못하여, 서로 섞이고 교류하지 못하니 만물이 생장하지 못한다. 소인이 득세하여 군자가 실권을 잃으니 바른 정치가 행하여지지 않는다.

☑ 상하불교 이천하무방야(上下不交 而天下无邦也)

천지의 기운이 교류하지 않으면 만물이 생성되지 않고, 위아래의 뜻이 교류하지 않으면(上下不交) 천하에 나라의 도가 없다(天下无邦也). 임금은 백성을 다스리고 백성은 임금을 받들며, 임금과 백성이 서로 교류하여야 편안할 수 있는데, 위아래가 서로 교류하지 못하니 이는 천하에 나라의 도가 없는 것이다.

☑ 내음이외양 내유이외강(內陰而外陽 內柔而外剛)

음이 밖에 있고 양이 안에 있어야 하는데, 부드러운 음이 안에 있고 굳센 양이 밖에 있다(內陰而外陽 內柔而外剛). 내괘 곤인 음이 안에 있고 외괘 건인 양이 밖에 있음(內陰而外陽)은 음이 강성해지고 양이 쇠약해지는 것이다. 부드러운 것이 안에 있고 굳센 것이 밖에 있으면(內柔而外剛) 내면은 약하나 외면은 강경하니 이는 소인의 자세이다.

☑ 내소인이외군자(內小人而外君子)

소인이 조정 안에 있고 군자가 조정 밖에 있음(內小人而外君子)은 소인이 나라를 다스리고 군자가 은거하는 상황이다. 천하에 비록 나라가 있다 하더라도 나라가 없는 것과 같으니, 이 때문에 비색하게 된다.

☑ 소인도장 군자도소야(小人道長 君子道消也)

소인의 도가 자라나고 군자의 도가 사라진다(小人道長 君子道消也). 소인의 도가 더욱 강성해질수록 군자의 도는 더욱 약해진다. 소인이 실권을 잡고 군자가 쫓겨난다. 따라서 천지의 기가 교류하면 만물이 생겨나지만, 천지의 기가 교류하지 못하면 만물이 가로막혀 죽는다.

▌ 괘사에 대한 대상전

象曰 天地不交 否니라
_{상 왈 천 지 불 교 비}

君子 以하여 儉德辟難하여 不可榮以祿이니라
_{군 자 이 검 덕 피 난 불 가 영 이 록}

「상전」에서 말했다. 하늘과 땅이 교류하지 않는 것이 비(否)다. 군자는 이를 본받아 덕을 검소하게 하고 환난을 피하고 봉록으로 영화를 누리지 않는다.

▶ 儉: 검소할 검 辟: 피할 피 榮: 영화 영/꽃 영 祿: 녹 록(녹)

☑ 천지불교 비(天地不交 否)

천지가 서로 교류하여 통하지 않는 것이 비다(天地不交 否). 비색할 때에는 군자의 도가 사라진다. 천기는 위로 올라가고 지기는 아래로 내려오니, 두 기운이 서로 교통하고 화합하지 않고 막히게 된다.

☑ 군자이 검덕피난 불가영이록(君子以 儉德辟難 不可榮以祿)

검덕(儉德)은 덕을 드러내지 않고 안에 숨기는 것이다. 군자는 마땅히 비괘의 상을 관찰하여 (君子以) 소인들로부터 화를 당할 수 있으니 덕을 펼치지 말고 환난을 피하고(儉德辟難), 봉록과 지위로 영화를 누리지 않는다(不可榮以祿).

비괘는 소인이 뜻을 얻은 때이므로, 군자가 높은 지위에 있으면 재앙과 환난이 있게 되니 마땅히 숨어 살아간다. 덕을 펼치지 않고 환난을 피하는 이유(儉德辟難)는 해로움을 당하지 않기 때문이다. 봉록으로 영화를 누리지 않음(不可榮以祿)은 소인과 화합하여 벼슬하고 영화를 추구하지 않는 것이다.

■ 초육 효사와 소상전

초 육   발 모 여   이 기 휘   정 길
初六 拔茅茹라 以其彙로 征吉하니라
상 왈 발 모 정 길   지 재 군 야
象曰 拔茅貞吉은 志在君也라

초구는 띠풀을 뽑으면 덩어리째로 나온다. 그 무리와 함께 가니 길하다. 「상전」에서 말했다. "띠풀을 뽑음을 바르게 하는 것이 길함"은 뜻이 임금에게 있기 때문이다.

▸ 拔: 뽑을 발 茅: 띠 모 茹: 먹을 여, 뿌리, 섞다. 以: 써 이, ~와 함께 彙: 무리 휘 征: 칠 정, 가다.

☑ 발모여 이기휘 정길(拔茅茹 以其彙 征吉)

   띠풀(茅)은 줄기에 세 모서리가 있고 뿌리가 땅속에서 서로 엉기어 덩어리로 있어 띠풀 하나를 뽑으면(拔茅) 연결된 덩어리째로 나온다(茹). 띠풀 하나는 연약하지만 서로 연결된 무리는 쉽게 뽑히지 않는다. 군자가 행할 때에는 반드시 무리와 함께 행하니 길하다(以其彙 征吉).

☑ 발모정길 지재군야(拔茅征吉 志在君也)

   형통(亨通)하다는 말은 모든 일이 뜻과 같이 잘되어 가는 것이며, 길(吉)하다는 목적을 이루다는 뜻이다. 띠풀을 뽑음을 바르게 하는 것이 길함(拔茅征吉)은 뜻이 군주에게 있기 때문이다(志在君也). 군주를 보좌하여 막힌 데를 뚫어야 형통할 수 있다. 세상이 태평해지면 현자들이 무리로 모두 조정으로 나아와 임금을 돕는다. 따라서 효상은 현자가 무리들을 데리고 나아가서 뜻을 함께하여 도를 행하는 상으로, 점사는 소인을 제거하여 막힌 데를 뚫으면 길하다.

▌육이 효사와 소상전

六二는 包承이니 小人吉하고 大人否니 亨이라
육 이   포 승   소 인 길   대 인 비   형

象曰 大人否亨은 不亂群也라
상 왈 대 인 비 형   불 란 군 야

육이는 포용하고 받드니 소인은 길하고 대인은 막혀도 형통하다. 「상전」에서 말했다. "대인은 막혀도 형통함"은 무리들을 어지럽히지 않기 때문이다.

▸ 包 : 쌀 포/꾸러미 포, 포용하다. 承 : 이을 승, 받들다. 否 : 아닐 부, 막힐 비

☑ 포승 소인길 대인비 형(包承 小人吉 大人否 亨)

육이는 유약한 음이면서 중정에 자리하고 소인이면서 군자를 포용하며 받드니 소인이라 해도 길하다(包承 小人吉). 소인 중에서도 작은 덕을 지닌 소인이며 대인은 큰 덕을 지닌 사람이다. 대인은 소인들의 권력에 막혀 있지만 바른 도를 추구하니 형통하다(大人否亨).

☑ 대인비형 불란군야(大人否亨 不亂群也)

대인은 비색한 때에 바른 절개를 지켜서 소인의 무리들을 어지럽히지 않으니(不亂群也), 몸은 비록 비색하지만 도는 형통하다(否亨). 대인은 무리를 만들지 않는 덕이 큰 사람이요, 소인은 무리를 짓는 덕이 작은 사람이다. 따라서 효상은 대인이 지금 소인들의 권력에 막혀 경계하는 상으로, 점사는 바른 도를 지키면 형통하다.

▌육삼 효사와 소상전

六三은 包羞로다
육 삼   포 수

象曰 包羞는 位不當也라
상 왈 포 수   위 부 당 야

육삼은 포용하는 것이 부끄럽다. 「상전」에서 말했다. "포용하는 것이 부끄러움"은 자리가 마땅하지 않기 때문이다.

▸ 包 : 쌀 포/꾸러미 포, 용납하다. 羞 : 부끄러울 수

☑ 包羞(포수)

육삼은 음으로서 양의 자리에 있어 중정하지 못하다. 군자가 소인들의 앞잡이가 되어 소인을 포용하니 부끄럽다(包羞). 문왕이 제을의 딸을 친정으로 쫓아냈는데도 제을은 수치를 느꼈어도 문왕을 포용하고 있었다.

☑ 포수 위부당야(包羞 位不當也)

소인을 포용하는 이유는 자리가 마땅하지 않기 때문이다(包羞 位不當也). 군자가 소인의 권세에 막혀 견제할 힘이 없는 난세에 처했다. 따라서 효상은 부당한 짓을 하는 소인을 포용하는 상으로, 점사는 자리가 마땅하지 않아 흉하다.

■ 구사 효사와 소상전

九四는 有命无咎하여 疇離祉리라
象曰 有命无咎는 志行也라

구사는 임금의 명이 있으면 허물이 없어서 같은 무리가 모두 복을 누린다. 「상전」에서 말했다. "임금의 명이 있으면 허물이 없음"은 뜻이 펼쳐지기 때문이다.

▶ 疇: 이랑 주/누구 주, 무리, 짝 離: 떠날 리(이), 붙다. 祉: 복 지

☑ 유명무구 주리지(有命无咎 疇離祉)

구사는 굳센 양으로써 임금과 가까운 자리에서 비색(否塞)을 구제할 수 있는 재능을 가진 대신이다. 군자가 반드시 임금의 명을 받아서 국사를 처리하고(有命), 시기와 질투를 받을 수 있으니 위엄과 권세를 윗사람에게 돌린다면 허물이 없다(无咎). 임금의 명을 받아 국사를 처리해야 막힘을 구제할 수 있어서 함께하는 무리들은 모두 복을 누리게 된다(疇離祉).

☑ 유명무구 지행야(有命无咎 志行也)

임금의 명이 있으면 허물이 없으니(有命无咎), 비로소 비색함을 구제하여 태평한 세상을 만들려는 군자의 뜻을 행할 수 있다(志行也). 은나라 제을이 주나라를 공격하라는 명령을 내린 상황을 비유한 것이다. 따라서 효상은 임금의 명으로 태평한 세상을 민드는 상으로, 점사는 윗사

람의 명을 받으면 재앙이 없다.

▌구오 효사와 소상전

九五는 休否라 大人吉이니 其亡其亡이면 繫于苞桑이라
象曰 大人之吉은 位正當也라

구오는 막힘을 그치게 한다. 대인이 길하니 망할까 망할까 걱정하면 무더기로 난 뽕나무에 맬 수 있다. 「상전」에서 말했다. "대인이 길함"은 자리가 바르고 마땅하기 때문이다.

▶ 休: 쉴 휴, 그치다. 繫: 맬 계 苞: 쌀 포, 무성하다. 桑: 뽕나무 상

☑ 휴비 대인길 기망기망(休否 大人吉 其亡其亡)

구오는 굳센 양으로서 중정이 있다. 구오 대인은 나라의 막힘을 그치게 할 수 있으니 길하다 (休否 大人吉). 대인이 마땅한 자리에서 세상의 비색을 그치게 하지만 아직은 막힘에서 벗어나지 못해 나라가 망하지나 않을까(其亡其亡) 경계한다.

☑ 계우포상(繫于苞桑)

뿌리가 무더기로 난 뽕나무 뿌리에 맨 것(繫于苞桑)은 편안하고 굳게 하는 도를 단단하게 실천하는 것이다. 뽕나무는 그 뿌리가 깊고 견고하며, 포(苞)는 무더기로 난 것으로 견고하다. 군자는 편안해 하면서도 위태함과 어지러워짐을 잊지 않는다.

☑ 대인지길 위정당야(大人之吉 位正當也)

구오는 바른 도를 실천하는 대인이므로 세상의 막힌 데를 그치게 하니 길하다(大人之吉). 대인이 덕을 가지고 있으면서 지극히 높은 바른 자리에 있기 때문이다(位正當也). 따라서 효상은 무성한 뽕나무에 맨 것과 같이 견고한 상으로, 점사는 덕이 있고 자리가 높아 길하다.

▌상구 효사와 소상전

^{상 구} ^{경 비} ^{선 비 후 희}
上九는 傾否니 先否後喜로다
^{상 왈} ^{비 종 즉 경} ^{하 가 장 야}
象曰 否終則傾하니 何可長也리오?

상구는 막힘이 기울어지니 먼저 막히고 뒤에 기뻐한다. 「상전」에서 말했다. 막힘이 끝나면 기울어지니 어찌 오래갈 수 있겠는가?

▶ 傾: 기울 경/잠깐 경 喜: 기쁠 희

☑ 경비 선비후희(傾否 先否後喜)

상구는 비괘의 끝이므로 만물의 이치는 극에 도달하면 반드시 되돌아온다. 태평한 것이 지극해지면 막히게 되고, 막힘이 지극해지면 태평하게 된다. 상구는 처음에는 막혔지만 극에 이르면 막힘이 끝나(傾否) 태평한 세상이 오니 기쁘다(後喜).

☑ 비종즉경 하가장야(否終則傾 何可長也)

극에 달하여 반드시 되돌아오는 것은 변함없는 이치이다. 막힘이 끝나면 기울어지고 넘어진다(否終則傾). 세상은 언제까지고 막힌 상태로 있지 않는다. 기울어지니 어찌 오래 갈 수 있겠는가(何可長也), 즉 난세라고 해도 오래가지 않고 장차 태평하게 된다. 효상은 끝에 이르러 막힌 것이 뚫린 상으로, 점사는 소통하는 태평한 세월이 온다.

13

함께하는 천화동인(天火同人)

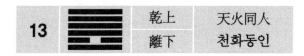

| 13 | ䷌ | 乾上 | 天火同人 |
| --- | --- | 離下 | 천화동인 |

천화동인괘(天火同人卦)는 상괘가 하늘[天]을 상징하는 건괘(乾卦: ☰)이고, 하괘가 불[火]을 상징하는 리괘(離卦: ☲)로, 이는 하늘과 불이 함께하는 상이다. 동인(同人)은 사람들과 함께한다는 뜻이다. 하늘과 불처럼 비슷한 동류끼리 어울리는 것이 동인(同人)이며, 뜻을 같이하는 사람들과 함께 막힌 것을 통하게 하는 것이 동인괘이다. 따라서 괘상은 하늘이 위에 있고 불이 타올라 하늘과 함께하는 천화(天火) 상이요, 괘명은 사람들과 함께하는 동인(同人)이다.

하늘과 땅이 서로 교류하지 못하면 비색하게 되고, 위와 아래가 서로 함께하면 동인괘(同人卦)가 된다. 동인괘(同人卦)는 뜻을 함께하는 사람들이 모여 힘을 합쳐서 일을 하는 도이다. 불이 하늘로 올라가는 성질을 지닌 것처럼, 둘이 같은 방향으로 움직이는 것이 바로 동인괘(同人卦)이다. 함께하는 사회라면 정의로운 사회이다.

동인괘(同人卦)는 정의로운 사회를 만들기 위해 다른 사람들을 분별하고 화합하는 교훈을 준다. 초효는 동인우문(同人于門)으로, 이는 많은 사람들을 문밖에 모으는 상황이니, 공정하면 이롭다. 이효는 동인우종(同人于宗)으로, 이는 종친의 무리를 모으는 상황이니, 편협하면 이루어지기 어렵다. 삼효는 복융우망(伏戎于莽)으로, 이는 숲속에 군사를 매복시키고 적의 헛점과 동태를 살피는 상황이니, 무리하면 재앙이 있다. 사효는 승기용(乘其墉)으로, 이는 성벽을 올라가지만 공격하지 않는 상황이니, 화평과 조화를 택하면 길하다. 오효는 선호도이후소(先號咷而後笑)로, 이는 성이 함락되어 먼저 울부짖다가 뒤에 원병이 와 적을 물리쳐 웃는 상황이니, 화합하면 결국엔 승리한다. 육효는 동인우교(同人于郊)로, 이는 동인들과 교외에서 한가로이 지내는 상황이니, 능력과 덕을 수양하면 후회는 없다.

괘사

同人于野면 亨하니 利涉大川이며 利君子貞하니라

들에서 사람들과 함께하면 형통하니, 큰 내를 건너는 것이 이롭고 군자가 바르게 하는 것이 이롭다.

▶ 同: 한가지 동, 같이 하다.   于: 어조사 우, ~에서   涉: 건널 섭

☑ 동인우야 형 이섭대천(同人于野 亨 利涉大川)

동인(同人)은 많은 사람들을 모아서 그들과 함께하는 것이다. 건(乾)은 하늘이고 리(離)는 불이다. 건은 임금이요 리는 신하와 백성으로 임금이 신하와 백성을 모으는 상이다.

들[野]은 광활한 들판으로 공정함을 말하고, 사람들과 함께함(同人)은 뜻이 같은 사람들과 뜻을 함께하는 것이다. 들[野]이란 광활하고 멀어서 공명정대하다는 뜻으로, 들에서 사람들과 함께하면 형통하다(同人于野 亨). 큰 내를 건너면 이롭다(利涉大川)는 것은 군자들이 함께 태평성대를 위해 큰 일을 도모하는 것이 이롭다.

☑ 이군자정(利君子貞)

군자가 바르게 함(君子貞)은 함께하는 도가 바르다를 뜻한다. 군자가 사람들과 조화를 이루면서 공명정대하게 함께하면 이롭다(利君子貞). 따라서 괘상은 동업자를 모아서 공명정대하게 협력하는 상으로, 점사는 좋은 동업자를 모은다면 번성하여 이롭다.

괘사에 대한 단전

彖曰 同人은 柔得位하며 得中而應乎乾하니 曰同人이라
同人曰 同人于野亨하니 利涉大川은 乾行也요
文明以健하고 中正而應이 君子正也니라
唯君子라야 爲能通天下之志하니라

「단전」에서 말했다. 동인(同人)은 유가 자리를 얻고 중을 얻어서 건에 호응하니 동인이라고 말하였

다. 동인에서 말했다. "들에서 사람들과 함께하면 형통하니, 큰 내를 건너는 것이 이로움"은 건의 도를 행하는 것이고, 문명하고 강건하며 중정하고 호응함은 군자의 바른 도다. 오직 군자라야 천하의 뜻을 통할 수 있다.

▶ 應 : 응할 응 乎 : 어조사 호, ~에, ~느냐? 唯 : 오직 유 爲 : 할 위, 만들다, 다스리다, 되다, 삼다, 생각하다, 배우다.

☑ 유득위 득중이응호건 왈동인(柔得位 得中而應乎乾 曰同人)

유순함이 자리를 얻음(柔得位)은 육이가 음으로써 음의 자리에 있고 바른 자리를 얻어 중도를 행하고 분수를 지킨다는 뜻이다. 유순함이 중을 얻어서 건괘에 호응하기 때문에(得中 而應乎乾) 동인이라 한다(曰同人). 구오는 강건하면서 중정하고, 육이는 유순하면서 중정하여 호응하니 각각 바름을 얻었고, 그 덕이 같기 때문에 동인이다.

☑ 동인우야형 이섭대천 건행야(同人于野亨 利涉大川 乾行也)

육이가 구오와 호응하므로 들에서 사람들과 함께하면 형통하다(同人于野亨). 동인괘가 광활하고 공명정대한 자이므로 동지들과 함께한다. 큰 내를 건너는 것이 이로운 이유(利涉大川)는 하늘의 운행처럼 굳세게 행하기 때문이다(乾行也).

☑ 문명이건 중정이응 군자정야(文明以健 中正而應 君子正也)

문명(文明)은 재능이 있고 이치에 밝다는 말이다. 안으로 문명하면 이치를 살필 수 있고, 밖으로 강건하면 의로움에 용감하다(文明以健). 중정하면 안으로 정의롭고, 건의 도에 호응하면 밖으로 하늘의 덕에 부합하니(中正而應) 이는 군자의 바른 도다(君子正也). 문명한 덕으로써 굳세게 중정의 도를 행하는 것이 군자의 바른 도다.

☑ 유군자 위능통천하지지(唯君子 爲能通天下之志)

오직 군자만이 이치에 밝아 천하의 뜻을 통할 수 있어(唯君子 爲能通天下之志) 민심을 알 수 있다. 따라서 문명하면 이치에 밝아 함께하는 뜻을 밝힐 수 있고, 강건하면 극기할 수 있어 함께하는 도를 다할 수 있다.

■ 괘사에 대한 대상전

象曰 天與火 同人이니 君子以하여 類族으로 辨物하니라
<small>상왈 천여화 동인   군자이   류족   변물</small>

「상전」에서 말했다. 하늘과 불이 동인(同人)이니, 군자는 이를 본받아 같은 무리를 (모아서) 사물을 분별한다.

▸ 類: 무리 류(유) 族: 겨레 족, 무리 辨: 분별할 변

☑ 천여화 동인(天與火 同人)

건괘는 하늘이고 리괘는 불로, 하늘이 불과 함께해서 동인의 상이 된다. 하늘과 불(天與火)은 하늘이 위에 있고 타 올라간 불이 하늘과 함께하기 때문에 동인(同人)이 된다. 동인은 뜻하는 바가 같다는 의미이다.

☑ 군자이 류족변물(君子以 類族辨物)

족(族)은 같은 씨족의 무리요, 류(類)는 같은 성질의 무리이다. 군자가 동인(同人)의 상을 관찰하여 같은 무리를 모아서 사물을 분별하니, 각각 그 류와 족으로써 사물의 같고 다름을 분별한다(君子以 類族辨物). 군자는 같고 다른 것을 분별할 수 있어 사물을 합당하게 처리한다. 따라서 군자는 사물을 합당하게 분류하고 분별해야 한다.

■ 초구 효사와 소상전

初九는 同人于門이니 无咎리라
<small>초구   동인우문   무구</small>
象曰 出門同人을 又誰咎也리오?
<small>상왈 출문동인   우수구야</small>

초구는 문 밖에서 사람들과 함께하면 허물이 없다. 「상전」에서 말했다. "문을 나가 사람들과 함께하면" 또 누가 허물하겠는가?

▸ 又: 또 우 誰: 누구 수, 무엇 咎: 허물 구, 꾸짖다.

☑ 동인우문 무구(同人于門 无咎)

　문 밖에서 사람들과 협동하면 공정하나, 문 안에서 가족들과 협동하면 정에 끌려 공정하지 못하다. 문 밖에 있는 사람들과 함께하니 공정하여 허물이 없다(同人于門 无咎). 초구가 구사와 호응하는 것은 허물이지만 문 밖에서 사람들과 함께하는 것은 허물이 없다. 동인우문(同人于門)이란 큰 일을 도모하기 위해 뜻이 맞는 사람들을 불러 모으는 것이다.

☑ 출문동인 우수구야(出門同人 又誰咎也)

　문을 나가 밖에서 사람들과 함께함(出門同人)은 편벽되지 않고 공정하게 일을 처리하는 것이다. 문을 나가서 함께하면 사사롭게 얽매이지 않아 공정하다. 문 밖에서 사람들과 공정하게 함께하면 또한 누가 탓하겠는가(又誰咎也)? 따라서 효상은 많은 사람들을 문 밖에 모으는 상으로, 점사는 동인들이 공정하면 허물이 없다.

▌ 육이 효사와 소상전

 六二는 同人于宗이니 吝하니라
象曰 同人于宗이 吝道也라

육이는 종친의 무리에서 사람들과 함께하니 부끄럽다. 「상전」에서 말했다. "종친의 무리에서 사람들과 함께함"은 부끄러운 도이다.

▶ 宗: 마루 종, 근본, 으뜸, 우두머리, 제사, 일족

☑ 동인우종 린(同人于宗 吝)

　종친의 무리[宗]는 종족, 친척, 붕당(朋黨)이다. 육이는 유순하고 중정하여 위로 굳세고 알맞은 구오와 호응하니 명예가 있다. 그러나 함께하는 자들이 오직 종친으로(同人于宗) 공정하게 하지 못하고 치우쳐 부끄럽다(吝). 육이가 편협하고 공정하지 못해 부끄럽다.

☑ 동인우종 린도야(同人于宗 吝道也)

　육이 음효는 여러 양들이 함께하는 데, 구오와 함께하는 것이 사사롭고 공정하지 못하니, 도가 부끄럽다(吝道也). 사사로움이 있으면 공정하지 못하고 바른 도를 잃기 때문에 부끄럽다. 따

라서 효상은 종친의 무리를 모으는 상으로, 점사는 공정하면 이롭다.

구삼 효사와 소상전

 九三은 伏戎于莽하고 升其高陵하여 三歲不興이로다
象曰 伏戎于莽은 敵剛也요 三歲不興이어니 安行也리오?

구삼은 숲속에 군사를 매복시키고 높은 언덕에 올라 삼 년 동안 일어나지 못한다. 「상전」에서 말했다. "숲속에 군사를 매복시킴"은 적이 강하기 때문이고, "삼 년 동안 일어나지 못하니" 어찌 행하겠는가?

▶ 伏: 엎드릴 복 戎: 병장기 융, 군사, 싸움 莽: 우거질 망, 숲 升: 되 승/오를 승 陵: 언덕 릉(능) 安:
편안할 안, 어찌

☑ 복융우망 승기고릉(伏戎于莽 升其高陵)

모이면 반드시 다투는 것이 세상의 이치이다. 구삼과 구사는 두 몸체가 변하여 바뀌는 사이에 있기 때문에 함께하지 않는 상이다. 구삼은 상구와 호응하지만 함께할 수 없어 군사를 숲속에 매복시켜(伏戎于莽) 대비하고, 높은 언덕에 올라가서 정찰한다(升其高陵).

☑ 삼세불흥(三歲不興)

숲속에 군사를 매복시키는 것은 적의 헛점을 엿보는 것이요, 높은 언덕에 오르는 것은 적의 동태를 살피는 것이다. 적의 헛점과 동태를 살펴보니 적이 너무도 강하여 삼 년이라는 긴 세월 동안 끝내 감히 전쟁을 일으키지 못한다(三歲不興).

☑ 적강야 삼세불흥 안행야(敵剛也 三歲不興 安行也)

구삼의 강한 적은 구오를 말하고, 적이 강한 것은 구오가 높은 자리에서 권세가 있기 때문이다. 숲속에 군사를 매복시키는 이유(伏戎于莽)는 적이 강하기 때문이다(敵剛也). 삼 년 동안 병사를 일으켜 전쟁하지 않은 것은 적이 강하기 때문이다. 따라서 효상은 숲속에 군사를 매복시키고 적의 헛점과 동태를 살피는 상으로, 점사는 무리하면 재앙이 있다.

▌구사 효사와 소상전

_{구사} _{승기용} _{불극공} _길
九四는 乘其墉하되 弗克攻이니 吉하니라
_{상왈} _{승기용} _{의불극야} _{기길} _{즉곤이반칙야}
象曰 乘其墉은 義弗克也요 其吉은 則困而反則也라

구사는 성벽에 올라가지만 공격하지 않으면 길하다. 「상전」에서 말했다. "성벽에 올라감"은 의리상 이길 수 없는 것이고, 길함은 곤경하여 법칙으로 돌아오기 때문이다.

▶ 乘: 탈 승, 오르다. 墉: 담 용 克: 이길 극, 능하다. 攻: 칠 공 反: 돌이킬 반/돌아올 반 則: 법칙 칙/곧 즉

☑ 승기용 불극공 길(乘其墉 弗克攻 吉)

용(墉)은 막아 경계를 두는 성벽이다. 구사는 구오와 아주 가까이 있다. 성벽에 올라가(乘其墉) 은나라 주왕을 공격하다가 의리상 신하로서 군주를 치는 것이 바르지 못함을 알고 공격하지 않으면 길하다(弗克攻 吉). 그러나 사특한 욕심을 품고 함부로 공격하고 빼앗으면 흉하다.

☑ 의불극야(義弗克也)

구사가 사특한 욕심으로 구오를 공격하면 의리상 이기지 못하니(義弗克也) 이는 공격하면 서로 적이 되기 때문이다.

☑ 기길 즉곤이반칙야(其吉 則困而反則也)

공격하려고 성벽에 올라갔으나 공격하지 않아 길함(其吉)은 의리상 공격할 명분이 곤궁해져 바른 법칙으로 돌아오기 때문이다(困而反則也). 강한 적을 공격하면 패하고 공격할 명분도 곤궁하니 바른 도로 돌아와 화평과 조화를 이룬다. 따라서 효상은 성벽을 올라가지만 공격하지 않는 상으로, 점사는 화평과 조화를 택하면 길하다.

▌구오 효사와 소상전

_{구오} _{동인} _{선호도이후소} _{대사극} _{상우}
九五는 同人이 先號咷而後笑니 大師克이라야 相遇로다
_{상왈} _{동인지선} _{이중직야} _{대사상우} _{언상극야}
象曰 同人之先은 以中直也요 大師相遇는 言相克也라

구오는 사람들과 함께하지만 먼저 울부짖고 뒤에 웃으니 큰 군사로 이겨야 서로 만날 것이다. 「상전」에서 말했다. "사람들과 함께하되 먼저 울부짖음"은 중도로 하고 바르게 하기 때문이며, "큰 군사로 서로 만남"은 서로 이김을 말한다.

▶ 號: 이름 호/부르짖을 호 咷: 울 도/노래할 조 笑: 웃음 소 師: 스승 사, 군사, 군대 遇: 만날 우

☑ 선호도이후소 대사극 상우(先號咷而後笑 大師克 相遇)

　구삼은 군사를 매복시키고, 구사는 성벽에 올라가고, 구오는 적에게 성이 함락되어 울부짖는 상황이다. 대사(大師)는 원병이요, 상우(相遇)는 원병과 승리한 후 서로 만나는 것이다.

　먼저 성이 함락되어 선발 군사들이 큰 소리로 울부짖다가 뒤에 원병이 도착하여 적을 물리치고 서로 만나니 웃는다(先號咷而後笑). 원병이 와서 승리하여 마침내 함께 만나기 때문이다(大師克 相遇). 먼저 울부짖는다는 것(先號咷)은 성이 적에게 함락되어 분개하는 것이고, 뒤에 기뻐서 웃는 것(後笑)은 원병이 와서 이기고 마침내 함께 만남을 기뻐하는 것이다.

☑ 동인지선 이중직야(同人之先 以中直也)

　사람들과 함께하지만 먼저 울부짖고 뒤에 웃는 까닭(同人之先)은 구오가 중정한 자리에서 이치가 바르기 때문이다(以中直也). 먼저 함락되어 울부짖지만 뒤에 원병이 와서 승리하여 웃는 것은 구오가 중도를 행하고 바른 도를 지키기 때문이다.

☑ 대사상우 언상극야(大師相遇 言相克也)

　현명한 임금의 군대가 가면 이길 수 있다고 말한다(言相克也). 큰 군사가 만나는 것(大師相遇)은 군사가 가면 승리하여 군사들이 만나기 때문이다. 따라서 효상은 성이 함락되어 먼저 울부짖다가 뒤에 원병이 와 적을 물리쳐 웃는 상으로, 점사는 화합하면 결국엔 승리한다.

▌상구 효사와 소상전

上九는 同人于郊니 无悔니라
象曰 同人于郊는 志未得也라

상구는 들에서 사람들과 함께하니 후회가 없다. 「상전」에서 말했다. "들에서 사람들과 함께함"은 뜻을

아직 얻지 못했기 때문이다.

▶ 郊 : 들 교, 야외, 성밖, 교외, 근교   悔 : 뉘우칠 회

☑ 동인우교 무회(同人于郊 无悔)

    수도 밖을 교(郊)라고 하고, 교 밖을 야(野)라고 한다. 들[郊]은 광활하고 매우 먼 곳으로, 거칠고 궁벽하여 함께 할 사람이 없다. 사람은 끝에 가서는 어그러지고 후회할 수 있지만, 정치를 떠나 먼 곳에서 뜻을 함께하는 사람과 한가로이 사니(同人于郊) 후회가 없다(无悔). 비록 함께하고자 하는 뜻은 이루지 못하였어도 후회가 없다.

☑ 동인우교 지미득야(同人于郊 志未得也)

    사람들과 함께하려는 뜻을 아직 얻지 못했으니(志未得也), 좋은 처신은 아니다. 능력과 덕이 부족하여 아직 이루지 못했으니 능력을 더욱 키우고 덕을 수양해야 한다. 따라서 효상은 동인들과 교외에서 한가로이 지내는 상으로, 점사는 능력과 덕을 수양하면 후회는 없다.

부를 유지하는 화천대유(火天大有)

| 14 | ䷍ | 離上
乾下 | 火天大有
화천대유 |

화천대유괘(火天大有卦)는 상괘가 불[火]을 상징하는 리괘(離卦: ☲)이고, 하괘가 하늘[天]을 상징하는 건괘(乾卦: ☰)로, 이는 불이 하늘 위에서 태양처럼 빛나는 상이다. 대유(大有)는 소유한 것이 많다는 뜻이다. 유순한 음이 존귀한 자리에 있고, 여러 양들이 호응하여 크게 소유할 수 있기 때문에 대유라고 하였다. 대유괘는 하나의 음으로 다섯 양을 다스리기 때문에 대(大)이다. 대(大)는 양을 의미한다. 내괘가 하늘이고, 외괘가 태양이므로 지상의 만물을 비추기 때문에 대유가 된다. 괘상은 불이 하늘에 있는 화천(火天) 상이요, 괘명은 많이 있는 대유(大有)이다.

동인괘(同人卦)를 뒤집으면 대유괘(大有卦)가 된다. 동인은 사람들이 한마음으로 뭉치는 괘로, 한마음으로 뭉쳐 일을 해야 큰 성과를 얻을 수 있다. 대유(大有)는 큰 부유함을 의미하며 이는 큰 부자이다. 큰 부(富)는 개인적 부, 집단적 부, 혹은 국가적 부를 말한다.

대유괘(大有卦)는 큰 부를 유지할 수 있는 이치를 상황별로 제시한다. 초효는 무교해(无交害)로, 이는 대유의 때는 서로 해치지 않고 선하게 사는 상황이니, 해악한 자와 사귀지 않으면 재앙이 없다. 이효는 대거이재(大車以載)로, 이는 큰 수레에 농작물을 가득 싣고 집으로 돌아가는 상황이니, 중정한 덕과 능력이 있으면 재앙이 없다. 삼효는 공용향우천자(公用亨于天子)로, 이는 천자에게 예물을 바치나 소인은 재물을 사적으로 소유하는 상황이니, 소인을 경계하지 않으면 흉하다. 사효는 비기팽(匪其彭)으로, 이는 신하가 과도한 재물이나 권력을 억제하는 상황이니, 청렴하고 겸손하면 재앙이 없다. 오효는 궐부교여 위여(厥孚交如 威如)로, 이는 믿음으로 관계하고 위엄이 있는 상황이니, 믿음과 위엄이 있다면 길하다. 육효는 자천우지(自天祐之)로, 이는 하늘이 돕고 있는 상황이니, 현인을 숭상하고 겸손하면 길하다.

▌ 괘사

대 유   원 형
大有는 元亨하니라

대유(大有)는 크게 형통하다.

☑ 대유원형(大有 元亨)

대유(大有)란 소유한 바가 큰 것으로 크게 형통하다(大有 元亨). 대유괘는 리괘(離卦)가 건 괘(乾卦) 위에 있으니 불이 하늘 위에서 만물을 비춘다. 건괘는 굳세고 리괘는 밝으며, 하늘에 호응하므로 형통하는 도가 있다.

▌ 괘사에 대한 단전

단 왈   대 유   유 득 존 위   대 중 이 상 하 응 지   왈 대 유
象曰 大有는 柔得尊位하고 大中而上下應之하니 曰大有니
기 덕   강 건 이 문 명   응 호 천 이 시 행   시 이 원 형
其德이 剛健而文明하고 應乎天而時行이라 是以元亨하니라

「단전」에서 말했다. 대유(大有)는 유가 존귀한 자리를 얻었고, 크게 가운데에 있으면서 위와 아래가 그에 호응하므로 대유라고 하니, 그 덕이 강건하면서 문명하고, 하늘에 호응하여 때에 맞게 행한다. 이 때문에 크게 형통하다.

☑ 대유 유득존위(大有 柔得尊位)

괘가 대유괘가 된 까닭이다. 육오는 음으로 임금의 자리에 있으니 유순한 음이 존귀한 자리 를 얻은 것이다(柔得尊位). 육오는 존귀한 자리이고, 음효가 하나로 가장 중요한 자리이다.

☑ 대중이상하 응지(大中而上下 應之)

육오는 가장 중요한 음효로 상괘의 중앙에 크게 있으니(大中) 크게 알맞은 도를 얻은 것이 며, 여러 양에게 높이고, 위아래 다섯 양효가 호응하니(上下應之) 이를 대유(大有)라고 한다.

☑ 기덕 강건이문명(其德 剛健而文明)

괘의 덕이 안으로는 강건하고 밖으로는 문명(文明)하다. 문(文)은 재능이요, 명(明)은 밝음이

다. 그 덕이 강건하면서 문명함(其德 剛健而文明)은 건괘가 강건하고 리괘가 문명하기 때문이다.

☑ 응호천이시행 시이원형(應乎天而時行 是以元亨)

육오 군주가 유순하면서도 밝아서 구이와 호응할 수 있다. 건괘의 양이 아래에서 위로 나아가고, 리괘(離卦)의 불이 그 위에 있어 서로 호응하여 더욱 밝아 하늘에 순응하고 때에 맞게 운행하니(應乎天而時行) 크게 형통하다(元亨). 시행(時行)은 알맞은 때에 행하는 것이다.

■ 괘사에 대한 대상전

象曰 火在天上이 大有니라
<small>상 왈 화 재 천 상 대 유</small>
君子 以하여 遏惡揚善하여 順天休命하니라
<small>군 자 이 알 악 양 선 순 천 휴 명</small>

「상전」에서 말했다. 불이 하늘 위에 있는 것이 대유(大有)이다. 군자는 이를 본받아 악을 막고 선을 드러내서 하늘의 아름다운 명을 따른다.

▶ 遏: 막을 알 揚: 날릴 양, 드러내다. 休: 쉴 휴, 아름답다, 편안하다. 命: 목숨 명, 수명, 운수, 명령, 천성, 규정

☑ 화재천상 대유(火在天上 大有)

리괘는 불이요 건괘는 하늘이다. 리(離: ☲)가 건(乾: ☰) 위에 있으므로 불이 높은 곳에 있기 때문에 멀리 비춰서 만물을 드러낸다. 불이 하늘 위에 있어 온 세상을 비추니 대유가 된다(火在天上 大有).

☑ 군자이 알악양선(君子以 遏惡揚善)

불이 하늘 위에 있으니 만물을 두루 비출 수가 있어서 만물은 그 형체를 숨길 수가 없고, 군자는 이를 본받아(君子以) 악을 막고 선을 드러낸다(遏惡揚善). 악을 막는 것(遏惡)은 건괘의 굳셈을 본받는 것이고, 선을 드러내는 것(揚善)은 리괘의 밝음을 본받는 것이다.

☑ 순천휴명(順天休命)

하늘의 아름다운 명을 순종하는 것(順天休命)은 악을 막고 선을 본받는 것이다. 악은 벌로써 막고, 선은 상으로써 장려한다.

▌ 초구 효사와 소상전

초 구　　무 교 해　비 구　　간 즉 무 구
初九는 无交害니 匪咎나 艱則无咎리라
상 왈　대 유 초 구　　무 교 해 야
象曰 大有初九는 无交害也라

초구는 해악한 자와 사귀지 않는 것은 허물이 아니다. (해악한 자를 헤아리는 것이) 어렵지만 재앙이 없다. 「상전」에서 말했다. 대유괘의 초구는 해악한 자와 사귀지 않는 것이다.

▸ 交: 사귈 교, 서로.　害: 해칠 해, 어찌 갈　匪: 비적 비/나눌 분, 아니다.　艱: 어려울 간, 괴롭다, 가난하다.
則: 법칙 칙/곧 즉

☑ 무교해 비구(无交害 匪咎)

초구는 자리가 낮고, 양이 양의 자리에 있으며, 겸손하고 바른 자세로 있으니 서로 해치지 않는 상이 있다. 해로움을 주는 자와 사귀지 않는 것은 허물이 아니다(无交害 匪咎).

☑ 간즉무구(艱則无咎)

대유(大有)의 때에는 재물이 많아 미혹될 수 있다. 과욕을 부려 남에게 해악을 주는 자를 헤아리는 것이 어렵겠지만 재앙이 없다(艱則无咎). 해악한 자와 일을 도모하면 재앙이 초래될 것이다. 무구(无咎)는 과실이나 재앙이 없다는 뜻이다.

☑ 대유초구 무교해야(大有初九 无交害也)

대유괘의 초구는 해악한 자와 사귀지 않는 것이다(无交害也). 따라서 효상은 대유의 때는 서로 해치지 않고 선하게 사는 상으로, 점사는 해악한 자와 사귀지 않으면 재앙이 없다.

▌ 구이 효사와 소상전

구 이　　대 거 이 재　　유 유 왕　　무 구
九二는 大車以載니 有攸往하여 无咎리라
상 왈　대 거 이 재　　적 중 불 패 야
象曰 大車以載는 積中不敗也라

구이는 큰 수레에 짐을 싣는 것이니 갈 바를 두면 허물이 없다. 「상전」에서 말했다. "큰 수레에 짐을 싣는 것"은 가운데에 짐을 쌓아도 망가지지 않기 때문이다.

▶ 車: 수레 거 載: 실을 재 攸: 바 유 敗: 패할 패, 무너지다.

☑ 대거이재 유유왕 무구(大車以載 有攸往 无咎)

큰 수레[大車]란 구이이고, 싣는다[載]란 맡은 임무이다. 큰 수레로 싣는다(大車以載)는 것은 임무가 크다는 뜻이다. 임무가 막중하고 멀리 가는 자는 뜻이 넓고 굳세야 한다. 소임을 감당해낼 수 있는 것은 마치 큰 수레는 강하여 무거운 물건들도 다 실을 수 있는 것과 같다. 구이는 강하고 현명하여 중책을 맡아 멀리 갈 수 있어 허물이 없다(有攸往 无咎). 갈 바를 둠(有攸往)은 중책을 맡아 뜻을 펼치는 것이다.

☑ 대거이재 적중불패야(大車以載 積中不敗也)

큰 수레는 가운데에 무거운 짐을 실어도 망가지지 않으니(積中不敗也) 아무리 중책을 맡기더라도 구이의 재질과 힘이 강하여 대유의 임무를 다 할 수 있다. 따라서 효상은 큰 수레에 농작물을 가득 싣고 집으로 돌아가는 상으로, 점사는 중정한 덕과 능력이 있으면 재앙이 없다.

▍구삼 효사와 소상전

九三은 公用亨于天子니 小人은 弗克이니라
象曰 公用亨于天子는 小人은 害也리라

구삼은 공이 천자에게 진상하나 소인은 할 수 없다. 「상전」에서 말했다. "공이 천자에게 진상함"은 소인에게는 해롭다.

▶ 亨: 형통할 형/드릴 향 弗: 아닐 불/근심할 불 克: 이길 극, 능하다.

☑ 공용향우천자 소인불극(公用亨于天子 小人弗克)

공(公)은 제후이다. 제후는 천자에게 예물을 바치나(公用亨于天), 소인은 예물을 천자에게 바치는 일을 감당할 수 없다(小人弗克). 따라서 신하들이 천자에게 예를 올리고 진상하는 것은 천도에 순응하는 것이다.

☑ 소인해야(小人害也)

　군자는 절개를 지켜 충직하고 왕에게 순종하지만, 소인은 나라의 재물을 낭비하고 왕을 순종하지 않는다. 소인이 재물이나 권력을 많이 소유하면 해롭다(小人害也). 따라서 효상은 제후는 천자에게 예물을 바치나 소인은 재물을 사적으로 소유하는 상으로, 점사는 소인을 경계하지 않으면 흉하다.

■ 구사 효사와 소상전

九四는 匪其彭이면 无咎리라
象曰 匪其彭无咎는 明辯晳也라

구사는 많이 소유하지 않으면 허물이 없다. 「상전」에서 말했다. "많이 소유하지 않으면 허물이 없음"은 밝게 분별하는 지혜 때문이다.

▶ 彭: 성 팽/옆 팽(방), 많다, 성하다, 팽창하다.　辨: 분별할 변/갖출 판　晳: 밝을 석, 지혜

☑ 비기팽 무구(匪其彭 无咎)

　팽(彭)은 크게 소유한다는 뜻이다. 신하가 재물이나 권력을 과도하게 많이 소유하여 낭비하고 탐욕을 부리지 않으면(匪其彭) 이는 재앙이나 화를 당하지 않는다(无咎).

☑ 비기팽무구 명변석야(匪其彭无咎 明辨晳也)

　석(晳)은 밝은 지혜이다. 과도하게 많이 소유하지 않아 허물이 없는 것(匪其彭无咎)은 밝게 분별할 수 있는 지혜가 있기 때문이다(明辨晳也). 어질고 지혜로운 사람은 물리(物理: 사물의 이치)를 밝게 분별하고 재물이나 권력이 가득하지 않는다. 따라서 효상은 신하가 과도한 재물이나 권력을 억제하는 상으로, 점사는 청렴하고 겸손하면 재앙이 없다.

육오 효사와 소상전

육오 궐부교여 위여길
六五는 厥孚交如니 威如吉하니라
상왈 궐부교여 신이발지야 위여지길 이이무비야
象曰 厥孚交如는 信以發志也요 威如之吉은 易而无備也라

육오는 믿음으로 서로 사귀니 위엄이 있으면 길하다. 「상전」에서 말했다. "믿음으로 서로 사귐"은 믿음으로 뜻을 드러내는 것이고, "위엄이 있으면 길함"은 (마음이) 안이해져서 대비함이 없기 때문이다.

▶ 厥: 그 궐　威: 위엄 위　易: 바꿀 역/쉬울 이　備: 갖출 비

☑ 궐부교여 위여길(厥孚交如 威如吉)

　육오가 마음을 비우니 믿음의 상이 된다. 부(孚)란 믿음이 마음에 있는 것이며, 여(如)란 실제로 일이 있는 것이 아니라 있는 듯한 것이거나 만약이란 가정부사이다. 군주가 믿음으로 백성을 대하면 백성도 믿음으로 군주를 섬기니 길하다(厥孚交如). 위엄 있음(威如)은 우유부단을 경계한 것이다. 군주가 되는 도는 굳세지만 난폭하지 않고 유순하다.

☑ 신이발지야(信以發志也)

　군주는 믿음으로 군주의 뜻을 드러낸다(信以發志也). 믿음은 상호작용을 한다. 군주가 믿음으로 백성을 대하면 백성도 또한 군주를 믿음으로 순종할 것이다.

☑ 위여지길 이이무비야(威如之吉 易而无備也)

　위엄이 있으면 길한 까닭(威如之吉)은 위엄이 없다면 아랫사람이 안이해지고 태만해져서 경계하고 대비함이 없게 된다(易而无備也). 따라서 효상은 믿음으로 관계하고 위엄이 있는 상으로, 점사는 믿음과 위엄이 있다면 길하다.

상구 효사와 소상전

상구 자천우지 길 무불리
上九는 自天祐之하니 吉하여 无不利로다
상왈 대유상길 자천우야
象曰 大有上吉은 自天祐也라

상구는 하늘로부터 도움을 받아 길하여 이롭지 않음이 없다. 「상전」에서 말했다. "대유의 상구가 길한 것"은 하늘로부터 도움을 받기 때문이다.

▶ 祐 : 복 우/도울 우

☑ 자천우지길 무불리(自天祐之吉 无不利)

　상구는 가장 높은 자리에 있고 리괘에 있어 지극히 밝다. 많이 소유한 데도 교만하지 않으면 재앙이 없으니, 이치에 순응할 수 있는 자이다. 상구는 순응하고, 육오를 쫓아 어진 사람을 숭상하니 하늘로부터 도움을 받는다(自天祐之). 큰 부를 가졌어도 탐욕을 부리지 않고, 겸손하게 선을 행하니 길하여 이롭지 않음이 없다(吉 无不利).

☑ 대유상길 자천우야(大有上吉 自天祐也)

　상구는 부가 지극한 데도 하늘에 순응하고 도에 부합하기 때문에 하늘이 도와서 길하다. 상구는 위에 있으면서도 길하니(大有上吉) 하늘로부터 도움을 받기 때문이다(自天祐也). 따라서 효상은 하늘이 돕고 있는 상으로, 점사는 현인을 숭상하고 겸손하면 길하다.

겸손한 지산겸(地山謙)

| 15 | ䷎ | 坤上
艮下 | 地山謙
지산겸 |

지산겸괘(地山謙卦)는 상괘가 땅[地]을 상징하는 곤괘(坤卦: ☷)이고, 하괘가 산[山]을 상징하는 간괘(艮卦: ☶)로, 이는 땅속에 산이 있는 상이다. 겸(謙)은 겸손을 의미한다. 자신을 굽혀 더욱 낮추는 겸손의 상이다. 높은 산이 낮은 땅 아래에 있으니 이는 겸손의 뜻을 나타낸다. 많은 부를 성취한 대유괘(大有卦) 다음에 필요한 덕목이 바로 겸손이다. 따라서 괘상은 땅속에 산이 있는 지산(地山) 상이며, 괘명은 겸손을 뜻하는 겸(謙)이다.

동인괘(同人卦)와 대유괘(大有卦)가 마음을 하나로 모아 큰 성과를 이루는 물질적 성취를 나타낸다면, 겸괘(謙卦)와 예괘(豫卦)는 겸손함으로 기쁨을 얻는 정신적 성취를 상징한다. 소유함이 이미 크다면 그것을 가득 채울 수 없고, 반드시 겸손하게 덜어내야 한다. 그래서 대유괘(大有卦) 다음에 겸괘(謙卦)가 오는 것이다.

지산겸(地山謙)은 겸손의 도를 겸겸(謙謙), 명겸(鳴謙), 노겸(勞謙), 휘겸(撝謙), 린겸(鄰謙), 심겸(心謙)으로 설명한다. 초효는 겸겸(謙謙)으로, 이는 군자가 매우 겸손한 상황이니, 지극히 겸손하면 험난함을 극복할 수 있다. 이효는 명겸(鳴謙)으로, 이는 군자가 명성이 있으나 겸손한 상황이니, 자신을 스스로 낮추어 겸손하면 길하다. 삼효는 노겸(勞謙)으로, 이는 군자가 공로가 있어도 겸손한 상황이니, 겸손하면 좋은 결과가 있다. 사효는 휘겸(撝謙)으로, 이는 군자가 사람들에게 은혜를 베풀되 겸손한 상황이니, 법칙을 지키면 이롭다. 오효는 린겸(鄰謙)으로, 이는 군자가 아웃과 함께 부유한 상황이니, 겸손과 위엄이 있다면 이롭다. 육효는 심겸(心謙)으로, 이는 겸손을 동원하여 탐욕이나 교만을 다스리는 상황이니, 겸손하면 이롭다.

■ 괘사

겸 형 군자유종
謙은 亨하니 君子有終이니라

겸(謙)은 형통하니 군자는 마침이 있다.

▶ 謙: 겸손할 겸   終: 마칠 종, 끝내다.

☑ 겸형(謙亨)

겸(謙)은 겸손하다를 뜻한다. 겸손(謙遜)은 덕이 있어 남을 존중하고 자기를 낮추는 태도를 말한다. 군자가 겸손하면 관계가 좋고, 관계가 좋으면 일이 형통하다(謙亨). 다른 괘는 모두 뉘우침, 흉함이나 허물이 있지만 오직 겸괘는 이러한 말들이 없으며, 다른 괘는 기다린 뒤에 형통하지만 오직 겸괘는 어디서나 바로 통한다.

☑ 군자유종(君子有終)

종(終)은 좋은 결과를 말한다. 군자가 마침이 있음(君子有終)은 군자가 겸손하면 다투지 않고, 진실하고 과시하지 않는다는 말이다. 군자는 스스로 낮춰도 사람들이 더욱 존중하고, 스스로 숨겨도 덕이 더욱 빛난다. 한편 소인은 욕심이 있어 다투고, 자랑하며, 덕이 부족하여 끝마침이 좋지 않다. 따라서 겸손하면 복을 받아 결과는 좋을 것이다.

■ 괘사에 대한 단전

단왈 겸형 천도 하제이광명 지도 비이상행
象曰 謙亨이라 天道 下濟而光明하고 地道 卑而上行이라
천도 휴영이익겸 지도 변영이류겸
天道는 虧盈而益謙하고 地道는 變盈而流謙하고
귀신 해영이복겸 인도 오영이호겸
鬼神은 害盈而福謙하고 人道는 惡盈而好謙하나니
겸 존이광 비이불가유 군자지종야
謙은 尊而光하고 卑而不可踰니 君子之終也라

「단전」에서 말했다. 겸(謙)은 형통하다. 하늘의 도는 아래로 내려와 광명하고, 땅의 도는 낮은 데서 위로 행한다. 하늘의 도는 가득찬 것을 이지러지게 하고 겸손한 것을 더해주며, 땅의 도는 가득찬 것을 변하게 하고 겸손한 데로 흐르며, 귀신은 가득찬 것을 해롭게 하고 겸손한 것을 복되게 하며, 사람의 도는 가득찬 것을 미워하고 겸손한 것은 좋아하니, 겸(謙)은 존귀하고 빛나며 낮아도 넘을 수 없으니 군자의 마침이다.

▶ 濟: 건널 제, 돕다, 성취하다. 卑: 낮을 비 虧: 이지러질 휴 盈: 찰 영 益: 더할 익/넘칠 일 踰: 넘을 유

☑ 천도하제이광명 지도비이상행(天道下濟而光明 地道卑而上行)

하늘의 도는 아래로 내려와 만물을 만들어 기르고 땅을 빛나고 밝게 한다(天道下濟而光明). 땅의 도는 낮으나 기가 위로 올라가(地道卑而上行) 하늘과 교통하니 형통하다. 하늘의 도는 내려와 겸손함이 되고, 땅의 도는 낮은 데서 위로 올라가 형통하다(謙亨). 겸괘가 형통한 것은 천도가 내려와 교제하고 지도가 올라가 유행하여 두 기운이 서로 사귀기 때문이다.

☑ 천도 휴영이익겸(天道 虧盈而益謙)

가득찬 것은 이지러지게 하고 겸손한 것은 더해 주는 것이 천도의 운행이다(天道 虧盈而益謙). 가득찬 것을 줄어들게 하고(虧盈), 겸손한 것을 늘게한다(益謙). 이러한 조화의 이치는 순환하며 서로 바뀐다.

☑ 지도 변영이류겸(地道 變盈而流謙)

변(變)은 기울어 무너짐이며, 류(流)는 모여 돌아감이다. 땅의 도는 가득찬 것을 변화시켜 줄게 하고, 낮고 아래인 것은 더욱 보태 준다(地道 變盈而流謙). 산의 흙이 떠내려가서 산은 낮아지고 못은 높아지듯이 물은 낮은 곳으로 흐르는 것으로 낮은 데는 겸손함이다.

☑ 귀신 해영이복겸(鬼神 害盈而福謙)

귀신은 사람의 힘이 미치지 못하나 혹 사람에게 복이나 재앙을 내린다. 귀신은 가득찬 것에는 재앙으로 해롭게 하고 겸손한 것에는 복으로 도와주니(害盈而福謙) 지나치면 덜고 부족하면 더한다. 해영(害盈)은 교만을 징계하는 것이요, 복겸(福謙)은 겸손을 권면하는 것이다.

☑ 인도 오영이호겸(人道 惡盈而好謙)

사람의 도는 가득찬 것을 미워하고 겸손한 것을 좋아한다(惡盈而好謙). 인도(人道)는 교만을 미워하나 겸손을 좋아한다.

☑ 겸 존이광 비이불가유(謙 尊而光 卑而不可踰)

겸손은 자신을 낮추고 남에게 공손히 하는 것이지만 그 도가 높고 크며 빛나서 드러나고(尊而光), 스스로를 낮추지만 실제로 덕이 높아서 넘을 수 없다(卑而不可踰). 넘을 수 없음(不可踰)은 지위가 비록 아래에 있더라도 덕이 강건하여 넘볼 자가 없음을 말한다.

☑ 군자지종야(君子之終也)

군자는 지극히 겸손하고 한결같아 좋은 결과가 있으므로(君子之終也) 높고 빛난다. 겸손하면 지위가 높은 사람은 덕이 더욱 빛나고, 지위가 낮은 사람이라도 함부로 넘볼 수 없다.

▌ 괘사에 대한 대상전

象曰 地中有山이 謙이니라
상왈 지중유산 겸
君子 以하여 裒多益寡하여 稱物平施하니라
군자 이 부다익과 칭물평시

「대상전」에서 말했다. 땅속에 산이 있는 것이 겸(謙)이다. 군자는 이를 본받아 많은 것을 덜어내 적은 데에 더해주고, 사물을 저울질하여 공평하게 베푼다.

▶ 裒: 모을 부, 덜다, 줄다. 寡: 적을 과 稱: 저울, 저울질하다, 헤아리다. 平: 평평할 평/다스릴 편, 고르게 하다. 施: 베풀 시/옮길 이

☑ 지중유산 겸(地中有山 謙)

땅은 낮아서 아래에 있고 산은 높고 큰 데 땅속에 산이 있다(地中有山). 산이 땅 위에 있어야 하는데 땅속에 있는 것은 산이 겸손하여 스스로 땅 아래에 있기 때문으로 이것이 겸(謙)이다.

☑ 군자이 부다익과 칭물평시(君子以 裒多益寡 稱物平施)

군자는 이를 본받아 많은 것을 덜어내 적은 데에 더해 주고(君子以 裒多益寡), 사물을 저울질하여 공평하게 베푼다(稱物平施). 이는 군자가 산이 땅 아래에 있는 것을 보고, 높은 것은 낮추고 낮은 것은 높이며, 사물의 과다를 저울질해서 공평하게 베푼다. 따라서 조화와 화합을 통해 공평의 원칙을 따라 베푼다.

초육 효사와 소상전

初六은 謙謙君子니 用涉大川이라도 吉하니라
초육 겸겸군자   용섭대천   길

象曰 謙謙君子는 卑以自牧也라
상왈 겸겸군자   비이자목야

초육은 겸손하고 겸손한 군자이니 큰 내를 건너는 것이 길하다. 「상전」에서 말했다. "겸손하고 겸손한 군자"는 낮춤으로써 스스로 기른다.

▶ 涉: 건널 섭   牧: 칠 목, 기르다, 수양하다.

☑ 겸겸군자(謙謙君子)

겸겸(謙謙)은 겸을 겹쳐 써 겸손의 뜻을 강조한 것이다. 초육은 유순함으로 겸괘에 있으면서 한 괘의 아래에 있으니 스스로 낮추니 지극히 겸손한 군자이다(謙謙君子).

☑ 용섭대천 길(用涉大川 吉)

큰 내를 건너는 것이 길하다(用涉大川 吉). 큰 내를 건너는 것은 큰 일을 해낼 수 있다는 말이다. 큰 내를 건널 때는 느리고 신중하다.

☑ 비이자목야(卑以自牧也)

자신을 낮춤으로써 스스로 기른다(卑以自牧也)는 것은 겸손함이 자신을 스스로 수양하는 도이다. 따라서 효상은 군자가 매우 겸손한 상으로, 점사는 지극히 겸손하면 험난함을 극복할 수 있다.

육이 효사와 소상전

六二는 鳴謙이니 貞吉하니라
육이   명겸   정길

象曰 鳴謙貞吉은 中心得也라
상왈 명겸정길   중심득야

육이는 명성이 알려졌어도 겸손하니 바르고 길하다. 「상전」에서 말했다. "명성이 알려졌어도 겸손하니 바르고 길함"은 마음에 얻었기 때문이다.

▶ 鳴: 울 명, 명성을 날리다.

☑ 명겸 정길(鳴謙 貞吉)

　명(鳴)은 명성이 알려짐이다. 육이는 명성이 저절로 알려졌어도 겸손한 덕이 마음에 가득 쌓여 있기 때문에 겸손하다(鳴謙). 육이는 가운데 있고 바름을 얻어서 중정한 덕이 있어 바르고 길하다(貞吉). 지극히 겸손하면 좋은 소문이 밖으로 저절로 퍼져나간다.

☑ 명겸정길 중심득야(鳴謙貞吉 中心得也)

　명성이 저절로 세상에 알려졌어도 겸손하니 바르고 길한 것(鳴謙貞吉)은 겸손이 마음속에 스스로 생기기 때문이다(中心得也). 따라서 효상은 군자가 명성이 있으나 겸손한 상으로, 점사는 자신을 스스로 낮추어 겸손하면 길하다.

■ 구삼 효사와 소상전

九三은 勞謙이니 君子有終이면 吉하니라
象曰 勞謙君子는 萬民服也라

구삼은 공로가 있어도 겸손하니 군자가 마침이 있으면 길하다. 「상전」에서 말했다. "공로가 있으면서도 겸손한 군자"는 만민이 복종한다.

▶ 勞: 일할 로(노), 공로　服: 옷 복, 복종하다.

☑ 노겸 군자유종 길(勞謙 君子有終 吉)

　구삼은 양의 굳센 덕으로 하괘에 있어 여러 음들이 높이고, 제 자리를 얻어 위로는 임금이 신임하고 아래로는 무리가 따른다. 노(勞)란 공로이다. 공로가 있어도 겸손한 덕을 지녔다(勞謙). 주공은 몸소 세상의 큰 일을 담당하여 위로는 유약한 임금을 받들고, 공로가 있으면서 겸손하였다. 군자가 좋은 끝마침이 있으면 길하다(君子有終 吉).

☑ 노겸군자 만민복야(勞謙君子 萬民服也)

　공로가 있어도 겸손할 수 있는 군자는 백성이 복종한다(萬民服也). 이는 덕이 지극히 넓고

218

두텁기 때문이다. 따라서 효상은 군자가 공로가 있어도 겸손한 상으로, 점사는 겸손하면 좋은 결과가 있다.

육사 효사와 소상전

육사　무불리　휘겸
六四는 无不利 撝謙이니라
상왈　무불리휘겸　　불위칙야
象曰 无不利撝謙은 不違則也라

육사는 겸손함을 발휘하는 것은 이롭지 않음이 없다. 「상전」에서 말했다. "겸손함을 발휘하는 것은 이롭지 않음이 없음"은 법칙을 어기지 않기 때문이다.

▶ 撝: 찢을 휘/도울 위, 휘두르다, 겸손하다. 違: 어긋날 위

☑ 무불리 휘겸(无不利 撝謙)

　휘(撝)는 발휘하다는 뜻이다. 겸손한 미덕을 발휘하는 것은 이롭지 않음이 없다(无不利 撝謙). 육사는 모든 사람에게 두루 겸손하다.

☑ 무불리휘겸 불위칙야(无不利撝謙 不違則也)

　육사는 임금과 가까운 자리에 있고, 공로가 있는 대신이다. 겸손은 이로우니 이는 법칙을 어기지 않는다(不違則也). 겸손을 발휘하는 것은 천도, 지도와 인도를 어기지 않는 것으로, 이는 법칙을 지키는 것이다. 따라서 효상은 군자가 사람들에게 은혜를 베풀되 겸손한 상으로, 점사는 법칙을 지키면 이롭다.

육오 효사와 소상전

육오　　불부이기린　　　이용침벌　　　무불리
六五는 不富以其鄰이니 利用侵伐이니 无不利하니라
상왈　이용침벌　　정불복야
象曰 利用侵伐은 征不服也라

육오는 (혼자만) 부유하지도 않고 이웃과 함께 (부유)하고, (복종하지 않는 자를) 무력으로 정벌함이

이로우니 이롭지 않음이 없다. 「상전」에서 말했다. "무력으로 정벌함이 이로움"은 복종하지 않는 자를 정벌하는 것이다.

▶ 鄰 : 이웃 린(인), 이웃하다.　侵 : 침노할 침　伐 : 칠 벌, 정벌하다.

☑ 불부이기린(不富以其鄰)

　육오는 임금의 겸손함과 유순한 덕을 겸했으니 겸손하면 높아진다. 비록 임금이 혼자만 부유하지 않고 이웃과 함께 부유하면 백성이 자연히 따른다(不富 以其鄰). 민심을 유지하려면 임금이 혼자만 부유하려고 하지 말고 나라에 있는 재물을 백성에게 나누어 주는 것이다.

☑ 이용침벌 무불리(利用侵伐 无不利)

　부는 사람들이 추구하는 바로 재물은 사람을 모을 수 있다. 재물을 백성들에게 나누어 주어 백성이 잘 살 수 있는 것이 임금의 겸손이다. 임금이 겸손한 데도 복종하지 않는 자를 무력으로 정벌하는 것이 이롭다(利用侵伐). 그러면 자연스럽게 이롭지 않음이 없을 것이다(无不利). 임금의 도리는 오로지 겸손과 유순만이 아니라 위엄과 무력이 있어야 한다.

☑ 이용침벌 정불복야(利用侵伐 征不服也)

　덕과 겸손으로 복종시킬 수 없는 자는 무력으로 정벌하는 것이 이롭다(利用侵伐 征不服也). 겸손은 병사를 쓰는 방법이나 병사들이 순종하지 않는다면 위엄과 무력을 사용한다. 따라서 효상은 군자가 이웃과 함께 부유한 상으로, 점사는 겸손과 위엄이 있다면 이롭다.

▌ 상육 효사와 소상전

상 육　　명 겸　　　이 용 행 사　　　정 읍 국
上六은 鳴謙이니 利用行師하여 征邑國이니라
상 왈　명 겸　　지 미 득 야　　가 용 행 사　　정 읍 국 야
象曰 鳴謙은 志未得也니 可用行師하여 征邑國也라

상육은 명겸(鳴謙)이니 군사를 동원하여 읍국을 정벌함이 이롭다. 「상전」에서 말했다. "명겸(鳴謙)은 뜻을 얻지 못함"이니 군사를 동원하여 읍국을 정벌할 수 있다.

▶ 鳴 : 울 명, (이름을)날리다.　用 : 쓸 용, 동원하다.　師 : 스승 사, 군사　征 : 칠 정

☑ 명겸 이용행사 정읍국(鳴謙 利用行師 征邑國)

　명(鳴)은 명성이 알려짐이다. 명성이 저절로 알려져도 겸손한 덕이 마음에 가득 쌓여 있기 때문에 겸손하다(鳴謙). 행사(行師)는 군대를 동원하여 굳센 무력을 쓰는 것이다. 읍(邑)은 도성을 말하고, 읍국(邑國)은 자신의 영지(領地) 내에 겸손하지 않은 교만한 사람이다.

　상육은 겸괘의 맨 위에 있고, 비록 지위 없는 자리에 있으나 겸손함이 지극하다. 읍국을 정벌함(征邑國)은 탐욕이나 교만을 다스리는 것이며, 이를 위해 군대를 동원한다(可用行師).

☑ 명겸 지미득야(鳴謙 志未得也)

　명성이 알려져도 여전히 겸손한 이유(鳴謙)는 겸손해야 하는 뜻을 아직 얻지 못하였기 때문이다(志未得也). 즉, 명성을 얻었더라도 교만하지 말아야 한다는 뜻이다. 겸손을 동원하여 자신의 탐욕이나 교만을 다스려야 한다. 따라서 효상은 겸손을 동원하여 탐욕이나 교만을 다스리는 상으로, 점사는 겸손하면 이롭다.

대비하니 즐거운 뇌지예(雷地豫)

16	䷏	震上	雷地豫
		坤下	뇌지예

　　뇌지예괘(雷地豫卦)는 상괘가 우레[雷]를 상징하는 진괘(震卦: ☳)이고, 하괘가 땅[地]을 상징하는 곤괘(坤卦: ☷)로, 이는 우레가 땅 위에서 움직이는 상이다. 예(豫)란 대비하다, 준비하다, 즐겁다, 기쁘다는 뜻이다. 우레는 전통적인 사고를 혁신하는 행동을 의미하고, 천둥소리는 혁신적인 깨달음을 나타낸다. 따라서 괘상은 우레가 땅 위로 솟아나는 뇌지(雷地) 상이며, 괘명은 즐거운 예괘(豫卦)이다.

　　소유한 것이 많고 겸손하면 즐거움이 따르니, 예(豫)는 즐겁고 기쁘다는 의미를 가진다. 진(震)이 위에 있고 곤(坤)이 아래에 있어서 순하게 움직이는 형상으로, 움직이면서도 화순(和順)하기 때문에 즐거운 것이다. 예괘는 닥칠 일을 미리 준비하면서 즐거워하는 때를 나타낸다.

　　예괘(豫卦)는 적절한 수준에서 즐거움을 누리는 원칙을 제시한다. 초효는 명예(鳴豫)로, 이는 소인이 즐거움에 빠져 있는 상황이니, 교만하고 방자하면 흉하다. 이효는 개우석(介于石)으로, 이는 방탕한 제후가 하루종일 여색을 즐기지 않는 상황이니, 지조가 있고 바르게 하면 길하다. 삼효는 우예회(旰豫悔)로, 이는 소인이 뒷배를 믿고 즐기다가 후회하는 상황이니, 분수를 지키지 않는다면 후회한다. 사효는 유예(由豫)로, 이는 자신의 덕과 재능으로 천하를 화평하고 기쁘게 하는 상황이니, 자신을 의심하지 말고 협력을 얻는다면 큰 일을 이룬다. 오효는 정질(貞疾)로, 이는 바르게 하면 병에 걸려도 죽지 않는 상황이니, 난관에 처해도 바르게 하면 망하지 않을 것이다. 육효는 명예재상(冥豫在上)으로, 이는 즐거움에 빠져 잘못이 이미 있는 상황이니, 잘못을 깨닫고 행동을 바꾸면 허물이 없다.

■ 괘사

예　　이 건 후 행 사
豫는 利建侯行師하니라

예괘(豫卦)는 제후를 세워 군대를 동원하는 것이 이롭다.

▶ 豫 : 미리 예, 대비하다, 기뻐하다, 편안하다, 즐기다.　侯 : 제후 후/과녁 후　師 : 스승 사, 군사, 군대

☑ 예 이건후행사(豫 利建侯行師)

　예(豫)란 대비하다, 준비하다, 즐겁다, 기쁘다는 뜻이 있다. 제후를 세우는 것(建侯)은 나라의 체계를 준비하는 것이다. 군대를 동원하는 것(行師)은 군대를 조직·훈련하여 외적의 침입에 대비하는 것이다. 제후를 세우고 군대를 동원하여 국력을 강화하는 준비가 있어야 백성이 편안하고 기쁘다. 이것은 백성들의 안전을 책임지는 제후의 자세이다. 따라서 괘상은 제후를 세우고 군대를 동원하는 상으로, 점사는 철저히 사전에 준비하고 조심해서 출발하면 이롭다.

■ 괘사에 대한 단전

단 왈　예　　강 응 이 지 행　　　순 이 동　　　예
象日 豫는 剛應而志行하고 順以動이 豫라
예 순 이 동 고　　천 지　　여 지　　　이 황 건 후 행 사 호
豫順以動故로 天地도 如之한데 而況建侯行師乎여!
천 지　이 순 동　　　고　　일 월 불 과　이 사 시 불 특
天地 以順動이라 故로 日月不過 而四時不忒하고
성 인　이 순 동　　　즉 형 벌 청　이 민 복　　예 지 시 의　대 의 재
聖人 以順動이라 則刑罰清 而民服하니 豫之時義 大矣哉라!

「단전」에서 말했다. 예(豫)는 강이 호응하여 뜻이 행해지고, 순하게 움직이는 것이 예(豫)다. 예(豫)는 순하게 움직이기 때문에 하늘과 땅도 그처럼 하는데, 하물며 제후를 세워 군대를 동원하는 일이랴! 하늘과 땅은 순하게 움직이므로 해와 달의 (운행이) 지나치지 않아 네 계절이 어긋나지 않는다. 성인은 순하게 움직이니 형벌이 투명하여 백성들이 복종하므로 예괘의 때와 의미가 크도다!

▶ 況 : 상황 황/하물며 황　忒 : 틀릴 특, 어긋나다.　刑 : 형벌 형　罰 : 벌할 벌　清 : 맑을 청

☑ 예강응이지행 순이동예(豫剛應而志行 順以動豫)

예(豫)는 즐겁다는 뜻이다. 굳센 양이 호응함(剛應)은 유일한 양인 구사효가 위아래 모든 음효와 호응하니 뜻이 행해진다(志行). 민심에 순응하여 움직이는 것이 예다(順以動豫). 진괘가 움직이고 곤괘가 순응하고 이치를 따르니, 무리가 순응하여 즐겁다.

☑ 예순이동 고천지여지(豫順以動 故天地如之)

예가 민심에 순응하여 움직이기 때문에(豫順以動) 하늘과 땅도 시간이나 상황에 순응하고 움직인다(天地如之). 도란 모두 다르지 않으니 예는 이치에 순응하여 움직이는 것이다.

☑ 황건후행사호(況建侯行師乎)

제후를 세워 군대를 움직이는 일은 민심에 순응하여 움직여야(建侯行師乎) 나라가 안정된다. 나라를 다스리는 일은 민심에 순응해야 한다.

☑ 천지이순동(天地以順)

예가 기쁜 이유는 천지가 순응하여 움직이기 때문이다(天地以順動). 천지가 순응하여 움직이므로 사계절의 변화가 조화로운 것이다.

☑ 일월불과 이사시불특(日月不過 而四時不忒)

해와 달은 네 계절이 어긋나지 않게 운행한다(日月不過而四時不忒). 해와 달도 사계절의 변화에 맞게 착오 없이 운행한다.

☑ 성인이순동 즉형벌청이민복(聖人以順動 則刑罰清而民服)

성인은 천지의 이치에 순응하여 움직이기 때문에(聖人以順動) 법령이 바르게 되어 백성들이 착한 일을 행하고, 형벌이 투명하면 백성들이 복종한다(刑罰清而民服). 법을 미리 공표하여 준비하지 않으면, 백성들이 범죄를 두려워하지 않아 형벌이 날로 번잡해진다.

☑ 예지시의 대의재(豫之時義 大矣哉)

형벌이 투명하고 백성들이 복종하는 예괘의 때와 뜻이 크다(豫之時義 大矣哉). 때에 알맞은 일을 행하는 것이 중요하다.

▌괘사에 대한 대상전

象曰 雷出地奮이 豫니 先王이 以하여
作樂崇德하여 殷薦之上帝하여 以配祖考하니라

상왈 뇌출지분 예 선왕 이
작악숭덕 은천지상제 이배조고

상전에서 말했다. 우레가 땅에서 나와 떨치는 것이 예괘(豫卦)다. 선왕이 이를 본받아 음악을 지어 덕을 높여 상제께 성대하게 제사를 올려 조상께 배향한다.

▶ 奮: 떨칠 분 殷: 성할 은 薦: 천거할 천, 제사 配: 나눌 배/짝 배, 배향(配享)하다.

☑ 뇌출지분예(雷出地奮豫)

예(豫)는 기쁘다[喜]는 뜻이다. 진괘(震卦: ☳)가 우뢰이고 곤괘(坤卦: ☷)가 땅이니 우레가 땅에서 나와 떨친다(雷出地奮豫). 춘분에는 우레가 땅에서 쑥 솟아나 만물을 진동시키므로, 만물이 빠르게 떨쳐 올라 기쁘게 따르지 않음이 없다.

☑ 선왕이 작악숭덕(先王以 作樂崇德)

은(殷)은 성대함이다. 선왕이 우레가 땅에서 나와 떨쳐 소리를 내는 상을 보고는 음악을 지어 그 공덕을 높이 기렸다(先王以 作樂崇德). 따라서 선왕이 예괘에 근거하여 음악을 만들고 덕을 숭상하였다.

☑ 은천지상제 이배조고(殷薦之上帝 以配祖考)

조고(祖考)는 조상을 말한다. 상제께 예와 음악을 성대하게 올리고, 조상을 배향한다(殷薦之上帝 以配祖考). 배향(配享)은 위패를 모시고 제사를 지내는 것이다. 따라서 상제께는 예와 음악를 드리고, 조상에게는 지극히 성대하게 배향한다.

▌초육 효사와 소상전

初六은 鳴豫니 凶하니라
象曰 初六鳴豫는 志窮하여 凶也라

초육 명예 흉
상왈 초육명예 지궁 흉야

초육은 즐거움에 소리 내니 흉하다. 「상전」에서 말했다. "초육은 즐거움에 소리냄"은 뜻이 다하여 흉하기 때문이다.

☑ 명예흉(鳴豫凶)

명(鳴)은 소리를 드러내는 것이다. 소인이 예괘의 때에 윗사람에게 총애를 받자 즐거워 소리 내니 흉하다(鳴豫 凶). 명예(鳴豫)는 교만에 빠져 스스로 즐거워 떠드는 것이다. 명겸(鳴謙)이란 겸손하여 명성이 저절로 퍼지는 것으로 덕이 있는 사람은 스스로 떠들 필요가 없다.

☑ 초육명예 지궁흉야(初六鳴豫 志窮凶也)

초육은 구사와 호응하여 기뻐하고 소리를 내니(初六鳴豫) 교만하고 흉하다(凶也). 뜻이 궁하다(志窮)는 것은 뜻을 얻지 못했다는 말이다. 초육은 교만하게 함부로 나아가니 흉하다. 따라서 효상은 소인이 즐거움에 빠져 있는 상으로, 점사는 교만하고 방자하면 흉하다.

■ 육이 효사와 소상전

육 이   개 우 석   부 종 일   정 길
六二는 介于石이라 不終日이니 貞吉하나라
상 왈 부 종 일 정 길   이 중 정 야
象曰 不終日貞吉은 以中正也라

육이는 지조가 돌처럼 견고하다. 하루종일 (즐거움에) 있지 않고 바르게 하면 길하다. 「상전」에서 말했다. "하루종일 (즐거움에) 있지 않고 바르게 하면 길함"은 중정하기 때문이다.

▶ 介: 낄 개/낱 개, 굳다, 지조, 절개   石: 돌 석, 굳다.   于: 어조사 우, 비슷하다, 닮다.

☑ 개우석 부종일 정길(介于石 不終日 貞吉)

우(于)는 여(如)와 같다. 육이는 홀로 중정하고 지조가 돌처럼 견고하다(介于石). 즐거울 때 지조가 있고 분수를 지켜야 한다. 따라서 하루종일 즐거움에 있지 않고(不終日) 바른 도를 지키면 길하다(貞吉).

☑ 부종일정길 이중정야(不終日貞吉 以中正也)

하루종일 즐거움에 있지 않고(不終日) 바르게 하면 길한 이유(貞吉)는 육이가 음의 자리에

음이 있고 중을 얻어 중정한 덕이 있기 때문이다(以中正也). 따라서 효상은 제후가 하루종일 여색을 즐기지 않는 상으로, 점사는 지조가 있고 바르게 하면 묻는 일은 길하다.

▌육삼 효사와 소상전

六三은 盱豫하니 悔라 遲하여도 有悔리라
象曰 盱豫有悔는 位不當也라

육삼은 쳐다보며 즐거워하니 후회한다. 늦게라도 후회가 있다. 「상전」에서 말했다. "쳐다보며 즐거워하니 후회가 있음"은 자리가 마땅하지 않기 때문이다.

▶ 盱: 쳐다볼 우 遲: 더딜 지/늦을 지

☑ 우예회 지유회(盱豫悔 遲有悔)

우(盱)는 위를 쳐다 보는 것으로 무엇인가 바라는 것이다. 구사는 예괘의 주인인데, 육삼이 위로는 구사를 쳐다보고 아래로는 즐기는데 빠져있으나 구사는 호응하지 않으니 마땅히 후회한다(盱豫悔). 만약 잘못을 늦게 알더라도 반드시 후회하게 된다(遲有悔).

☑ 우예유회 위부당야(盱豫有悔 位不當也)

육삼은 중정을 잃어 부당한 자리에서 분수를 지키지 못해 후회가 있다. 육삼은 구사를 쳐다보며 즐거워하나 구사는 호응하지 않으니 후회가 있는 이유(盱豫有悔)는 분수에 맞지 않고 자리가 정당하지 않기 때문이다(位不當也). 정당하지 않은 자리에 있으므로 후회가 있다. 따라서 효상은 소인이 뒷배를 믿고 즐기다가 후회하는 상으로, 점사는 분수를 지키지 않는다면 후회한다.

▌구사 효사와 소상전

九四는 由豫라 大有得이라 勿疑면 朋盍簪하니라
象曰 由豫大有得은 志大行也라

구사는 (자신으로) 말미암아 즐거워하므로 크게 얻음이 있다. 의심하지 않으면 벗들이 모여든다. 「상전」에 말했다. "(자신으로) 말미암아 즐거워하므로 크게 얻는 것이 있음"은 뜻이 크게 행해지기 때문이다.

▶ 疑: 의심할 의　盍: 덮을 합, 합하다, 모이다.　簪: 비녀 잠/빠를 잠, 모이다.

☑ 유예 대유득(由豫 大有得)

　구사는 대신의 자리로 육오에게 순종하여 굳센 양으로서 윗사람의 일을 맡아 나라를 잘 다스린다. 나라의 모든 즐거움은 구사로부터 생긴다(由豫). 나라의 즐거움을 크게 얻는 것(大有得)은 구사가 그의 뜻을 크게 행하여 세상의 즐거움을 이루는 것이다.

☑ 물의 붕합잠(勿疑 朋盍簪)

　구사는 홀로 윗사람의 신임을 받으나 아래에서 도움이 없으니 의심하는 것이다. 합잠(盍簪)은 비녀를 꽂기 위해 머리털을 모은다는 뜻이다. 구사는 자신을 의심하거나 겁내지 말고 자신의 뜻대로 행하면 벗들이 몰려든다(勿疑朋盍簪). 윗사람과 아랫사람에게 신임받고자 하면 지극한 정성을 다해야 할 뿐이다.

☑ 유예대유득 지대행야(由豫大有得 志大行也)

　자기로 말미암아 세상이 즐거움을 누릴 수 있게 하였으므로(由豫), 크게 얻음이 있으므로(大有得) 그 뜻이 크게 행해진다(志大行也). 우임금이 치수사업을 완수한 큰 공훈과 이윤이 걸임금을 내친 큰 일, 그리고 주공이 동방을 정벌한 큰 의리 등이 모두 크게 얻는 일이다. 따라서 효상은 자신의 덕과 재능으로 천하를 화평하고 기쁘게 하는 상으로, 점사는 자신을 의심하지 말고 협력을 얻는다면 큰 일을 이룬다.

■ 육오 효사와 소상전

六五는 貞疾 恒不死로다

象曰 六五貞疾은 乘剛也요 恒不死는 中未亡也라

육오가 바르게 하면 병에 걸려도 항상 죽지는 않는다. 「상전」에서 말했다. "육오가 바르게 하면 병에 걸림"은 강을 올라탔기 때문이고, "항상 죽지는 않음"은 중을 잃지 않았기 때문이다.

☑ 정질 항불사(貞疾 恒不死)

질(疾)은 병에 걸리다, 난관에 처하다는 뜻이다. 구사 대신이 실권을 갖고 있어 육오는 비록 권력은 잃었지만 지위는 남아있어 바른 도를 지키면 병에 걸려도 죽지 않는다(貞疾 恒不死). 항불사(恒不死)는 위태로워도 바른 도를 지키면 망하지 않는다는 말이다.

☑ 육오정질 승강야(六五貞疾 乘剛也)

육오는 움직이는 굳센 양 위에 올라탔으니 나약한 자가 아니다. 육오가 오히려 바르게 하면 난관에 처하는 이유(六五貞疾)는 음효가 굳센 양을 올라탔기 때문이다(乘剛也).

☑ 항불사 중미망야(恒不死 中未亡也)

바르게 하면 난관에 처해도 항상 망하지 않는 이유는 중을 잃지 않았기 때문이다(恒不死 中未亡也). 따라서 효상은 바르게 하면 병에 걸려도 죽지 않는 상으로, 점사는 난관에 처해도 바르게 하면 망하지 않을 것이다.

■ 상육 효사와 소상전

상 육　　　 명 예　　 성 유 유　　 무 구
上六은 冥豫니 成有渝면 无咎리라
상 왈　 명 예 재 상　　　 하 가 장 야
象曰 冥豫在上이니 何可長也리오?

상육은 즐거움에 어두워 (잘못이) 이루어졌더라도 (마음을) 바꾸면 허물이 없다. 「상전」에서 말했다. 즐거움에 어두워 위에 있으니 어찌 오래갈 수 있겠는가?

▶ 冥: 어두울 명　渝: 변할 투(유)

☑ 명예성 유유무구(冥豫成 有渝无咎)

상육은 즐거움을 탐하고 행실이 방자하고 어두우나 돌아갈 줄 모르는 자이다. 예괘의 끝에 있어 이미 즐거움에 빠져 어두워졌으니(冥豫), 잘못이 이미 이루어졌더라도(成) 마음을 바꾼다면 허물이 없다(有渝无咎). 잘못을 하더라도 스스로 변할 수 있으면 허물이 없다.

☑ 명예재상 하가장야(冥豫在上 何可長也)

즐거움에 빠져 마지막까지 이르렀으니(冥豫在上) 어찌 오래갈 수 있겠는가(何可長也)? 즐거움은 오래 가지 못하니 재앙과 허물이 있을 것이다. 따라서 효상은 즐거움에 빠져 잘못이 이미 있는 상으로, 점사는 잘못을 깨닫고 행동을 바꾸면 허물이 없다.

따르고 순종하는 택뢰수(澤雷隨)

17	䷐	兌上 震下	澤雷隨 택뢰수

택뢰수괘(澤雷隨卦)는 상괘가 못[澤]을 상징하는 태괘(兌卦: ☱)이고, 하괘가 우레[雷]를 상징하는 진괘(震卦: ☳)로, 이는 못 속에 우레가 있는 형상이다. 우레가 못 속에서 진동하고 못이 따라서 움직인다. 날씨가 추울 때는 우레가 못 속으로 들어가 휴식하므로, 수(隨)는 따르다는 뜻이다. 수괘(隨卦)는 따르고 순종하는 도이다. 기쁘면 반드시 따르기 마련으로, 순종하여 따르는 것이 도리이다. 우레는 자연의 생명력을 비유한 것이며, 자연의 생명력은 봄이 되면 대지 위로 나와 대지를 뒤흔들다가 가을이 되면 다시 서서히 땅속으로 되돌아간다. 따라서 괘상은 못 속에 우레가 있는 택뢰(澤雷) 상이요, 괘명은 따른다는 수괘(隨卦)이다.

택뢰수(澤雷隨)는 때와 상황을 따르고 행동하는 것은 기쁨이라는 하늘의 이치를 제시한다. 초효는 관유유(官有渝)로, 이는 새로운 것을 주장하여 기존의 생각을 바꾸는 상황이니, 바른 도를 지키면 큰 공을 이룬다. 이효는 계소자(係小子)로, 이는 소자에게 얽매이면 장부를 잃는 상황이니, 소탐대실하면 이롭지 않다. 삼효는 계장부(係丈夫)로, 이는 소자를 버리고 장부를 따르는 상황이니, 명철한 장부를 택하고 바르게 하면 이롭다. 사효는 수유획(隨有獲)으로, 이는 백성이 따라서 민심을 얻으면 바르게 하더라도 흉한 상황이니, 믿음이 있고 도가 있고 명철한 지혜가 있으면 허물이 없다. 오효는 부우가(孚于嘉)로, 이는 아름다움을 믿는 상황이니, 현인을 믿으면 길하다. 육효는 구계지(拘係之)로, 이는 문왕이 석방되어 기산에서 제사를 지내는 상황이니, 재난을 당하더라도 해결되니 길하다.

▌ 괘사

^{수 원형 이정무구}
隨는 元亨하니 利貞无咎니라

수(隨)는 크게 형통하니 바르게 함이 이롭고 허물이 없다.

▶ 隨 : 따를 수/게으를 타

☑ 수원형 이정무구(隨元亨 利貞无咎)

수(隨)는 따르다는 뜻이다. 임금이 정도를 따르고, 신하가 명을 따르고, 백성들이 군자의 도를 따르니, 모두 따름[隨]이다. 수(隨)는 바르면 크게 형통하여 허물이 없다(隨元亨).

마땅한 때를 따르면 크게 형통하고, 아름다운 덕이 예에 부합하면 형통하고, 남을 이롭게 하면 의에 맞고, 바르고 굳게 하면 이로워서 허물이 없다(无咎). 따라서 따르는 도는 곧고 바르게 하는 것이 이롭다.

▌ 괘사에 대한 단전

^{단왈 수 강래이하유   동이열 수}
象曰 隨는 剛來而下柔하고 動而說이 隨니라
^{대 형정 무구   이천하수시   수시지의 대 의재}
大亨貞 无咎하여 而天下隨時하니 隨時之義 大矣哉라!

「단전」에서 말했다. 수(隨)는 강이 와서 유에게 낮추며, 움직이고 기뻐함이 수(隨)이다. 크게 형통하고 바르니 허물이 없어서 천하가 때를 따르니, 때를 따르는 뜻이 크도다!

▶ 說 : 말씀 설/ 기뻐할 열   義 : 옳을 의, 의리, 뜻, 의미

☑ 수강래이하유 동이열 수(隨剛來而下柔 動而說 隨)

굳센 양[剛]은 초구와 구오이고, 부드러운 음[柔]은 육이와 상육이다. 귀한 사람이 천한 사람에게 낮추고(剛來而下柔), 다른 사람이 행동하는 것이 기쁘니 따른다(動而說 隨). 진괘는 움직이고, 태괘는 기뻐하니 수괘는 움직여 기뻐하는 덕이 있다.

☑ 대형정 무구 이천하수시(大亨貞 无咎 而天下隨時)

크게 형통하여 바름을 얻을 수 있으면 허물이 없다(大亨貞无咎). 천하가 때를 따르는 것(天下隨時)은 만물이 하늘의 도리와 운행에 순응하는 것이다. 그런즉 때를 따르는 것은 움직여야 할 때 움직이는 것이다.

☑ 수시지의 대의재(隨時之義 大矣哉)

군자의 도는 때를 따르는 것이다. 때를 따르는 뜻이 큰 것(隨時之義 大矣哉)은 군자의 바른 도를 따르기 때문이다. 때를 따르는 뜻이 중요함을 깨우치게 한 말이다.

■ 괘사에 대한 대상전

象曰 澤中有雷 隨니 君子 以하여 嚮晦入宴息하니라
<small>상 왈 택 중 유 뢰 수　　군 자 이　　　향 회 입 연 식</small>

「상전」에서 말했다. 못[澤] 속에 우레가 있는 것이 수(隨)이니, 군자는 이를 본받아 날이 어두워지면 (안에) 들어가 편안하게 쉰다.

▶ 嚮: 향할 향　晦: 그믐 회, 어둡다　宴: 잔치 연, 편안하다　息: 쉴 식

☑ 택중유뢰 수(澤中有雷 隨)

수괘(隨卦)는 태괘(兌卦: ☱)가 위에 있고, 진괘(震卦: ☳)가 아래에 있다. 우레가 못 속에서 진동하니 못이 따라 움직이는 것(澤中有雷隨)이 수괘(隨卦)이다. 우레는 양(陽)에 해당하는 소리로, 봄과 여름에 소리를 내는 것은 우레가 움직이는 것이고, 가을과 겨울에 소리를 거두어들이는 것은 우레가 고요한 것이다.

☑ 군자이 향회입연식(君子以 嚮晦入宴息)

군자는 우레가 못 가운데에 있는 것을 본받아 날이 어두워지면 안에 들어가 편안하게 쉰다(君子以 嚮晦入宴息). 군자는 낮에는 힘쓰다가 저녁이 되면 안에 들어가 편안하게 쉰다. 우레의 고요함을 본받아 일과 쉼을 때에 따라 알맞게 한다.

초구 효사와 소상전

初九는 官有渝니 貞吉하니라 出門交면 有功하니라
초구　관유유　정길　　출문교　유공

象曰 官有渝에 從正吉也니라 出門交有功은 不失也라
상왈 관유유　종정길야　　출문교유공　불실야

초구는 (새로운 것을) 주장하여 (기존의 생각이) 변함이 있으니 바르게 하면 길하다. 문을 나가 사귀면 공이 있을 것이다. 「상전」에서 말했다. "(새로운 것을) 주장하여 (기존의 생각이) 변함이 있으니" 바름을 따르면 길하다. "문을 나가 사귀면 공이 있음"은 바름을 잃지 않는 것이다.

▶ 官: 벼슬 관, 주장하다.　渝: 변할 투(유)　從: 좇을 종, 따르다.

☑ 관유유 정길(官有渝 貞吉)

관(官)은 주장하는 것이다. 관유유(官有渝)는 새로운 것을 주장하여 기존의 폐습을 바꾸는 상이다. 새로운 것을 주장하여 기존의 생각에 변함이 있는 것은 때를 따라 바뀌는 바가 있으므로 기존의 생각이 변해도 그 바름을 따르면 길하다(貞吉).

☑ 출문교 유공(出門交 有功)

문을 나가서 사귀는 것(出門交)은 집 밖에서 다른 사람들과 교류한다는 뜻으로, 바름을 잃지 않고 사사로움에 끌리지 않으면 공이 있다(有功). 공(功)이란 일을 수행하여 얻은 구체적인 결실을 뜻한다.

☑ 관유유 종정길야(官有渝 從正吉也)

새로운 것을 주장하여 기존의 폐습을 바꾸니(官有渝), 바르게 하면 길하다(從正吉也). 반드시 바른 도를 따라야만 길하지만, 따르는 것이 바르지 못하면 후회가 있다.

☑ 출문교유공 불실야(出門交有功 不失也)

문밖에 나가 사귀는 것(出門交)은 사사로움에 끌려 이익을 얻는 것이 아니라 세상을 보고 바른 도를 따르고 덕을 넓히는 것이다. 바르면 공이 있을 것이다(有功). 군자는 지켜야 할 도리를 잃지 않는다(不失也). 따라서 효상은 새로운 것을 주장하여 기존의 생각이 바뀌는 상으로, 점사는 바른 도를 지키면 큰 공을 이룬다.

육이 효사와 소상전

六二는 係小子면 失丈夫하니라
象曰 係小子면 弗兼與也리라

육이가 소자에게 얽매이면 장부(丈夫)를 잃는다. 「상전」에서 말했다. "소자에게 얽매이면" 겸하여 따를 수가 없기 때문이다.

▶ 係: 맬 계, 묶다. 丈: 어른 장 夫: 지아비 부 弗: 아닐 불 兼: 겸할 겸 與: 더불 여/줄 여, 돕다, 좇다, 따르다.

☑ 계소자 실장부(係小子 失丈夫)

계(係)는 마음에 얽매인다는 뜻으로 친근하고 가까이 있는 효에 마음이 얽매여 있는 것이다. 육이가 초구에 얽매이면 구오를 잃으니 이는 장부를 잃는 것이다.

소인에게 얽매여(係小子) 장부를 잃는 것(失丈夫)은 장부를 버리고 바르지 않은 것을 따르기 때문이다. 육이는 장부 구오를 택해야 하나 육삼과 구사에 가로 막혀 초구 소자를 택하였으니 장부를 잃는다(失丈夫). 작은 이익(소자)을 택하고 큰 이익(장부)을 잃는다. 기존 정치 세력을 따르기 보다는 신진 정치 세력을 따르겠다는 뜻이 있다.

☑ 계소자 불겸여야(係小子 弗兼與也)

여(與)는 따르다는 뜻이다. 바름과 사악함 중에서 하나를 선택해야 한다. 육이가 만약 초구에 얽매이면(係小子) 구오를 잃을 것이니 겸하여 따를 수 없고 양자택일을 해야 한다(弗兼與也). 바른 것을 마땅히 따라야 한다. 따라서 효상은 소자에게 얽매이면 장부를 잃는 상으로, 점사는 소탐대실하면 이롭지 않다.

육삼 효사와 소상전

六三은 係丈夫면 失小子하니 隨有求를 得하나 利居貞하니라
象曰 係丈夫는 志舍下也라

육삼은 장부를 따르면 소자를 잃으니 따르면 구하던 것을 얻으나 바름을 지키는 것이 이롭다.「상전」에서 말했다. "장부를 따름"은 뜻이 아래를 버리기 때문이다.

▸ 隨: 따를 수 舍: 집 사/버릴 사

☑ 계장부 실소자(係丈夫 失小子)

육삼은 구사 장부에게 아첨하여 부귀영달을 바라는 소인이다. 육이와 달리 육삼은 구사 장부와 가깝게 지낸다. 육삼은 위로 구사 장부를 따르기 때문에 아래로 초구 소자를 잃는다(係丈夫 失小子). 아직은 힘이 없는 소인보다 명철한 장부를 택한다. 따라서 작은 것을 버리고 큰 것을 얻는다.

☑ 수유구득 이거정(隨有求得 利居貞)

유(有)는 이(以)와 같다. 육삼이 구사에게 매여있어 따라가면 구하던 것을 얻는다(隨有求得). 육삼은 음이 양의 자리에 있어 바르지 못하고 아첨하니, 바른 도를 지키는 것이 이롭다(利居貞).

☑ 계장부 지사하야(係丈夫 志舍下也)

장부를 따르면 소자를 잃는 이유(係丈夫 失小子)는 뜻이 아래를 버리기 때문이다(志舍下也). 잘못된 것을 버리고 옳은 것을 따르며, 어두운 것을 버리고 바른 것을 따르는 것은 모두 정도를 지키는 것이다. 따라서 효상은 소자를 버리고 장부를 따르는 상으로, 점사는 명철한 장부를 택하고 바르게 하면 이롭다.

▌구사 효사와 소상전

구사 수유획 정흉 유부재도 이명하구
九四는 隨有獲 貞凶하니 有孚在道하고 以明何咎리오?
상왈 수유획 기의흉야 유부재도 명공야
象曰 隨有獲은 其義凶也요 有孚在道는 明功也라

구사는 (백성이 구사를) 따라서 (민심을) 얻으면 바르게 하더라도 흉하니, 믿음이 있고 도가 있고 밝으면 무슨 허물이 있겠는가?「상전」에서 말했다. "(백성이 구사를) 따라서 (민심을) 얻음" 그 뜻이 흉하고, "믿음이 있고 도가 있음"은 밝은 공이다.

☑ 수유획 정흉(隨有獲 貞凶)

백성이 구사 대신을 따르는 상이다. 구사는 굳센 양으로 대신의 자리에 있다. 초구 백성이 구사를 따라 구사가 민심을 얻으면(隨有獲) 구사가 비록 바르더라도 흉하다(貞凶). 백성들이 구오 임금을 따라야지 구사를 따른다면 위태롭고 의심을 받으니 흉하다.

☑ 유부재도 이명 하구(有孚在道 以明 何咎)

백성들이 구사를 따른다고 권세를 남용하면 비록 행동이 바르더라도 흉하다. 믿음이 있고, 행동이 도에 부합하고, 밝으면(有孚在道以明) 무슨 허물이 있겠는가(何咎)? 백성들이 따르고 윗사람이 의심하지 않고, 권세가 있는 데도 전횡하지 않으면 허물이 없다.

☑ 수유획 기의흉야(隨有獲 其義凶也)

백성들이 구오 임금을 따르지 않고 구사를 따라서 민심을 얻음(隨有獲)은 의와 도리에 어긋나 흉하다(其義凶也). 구사 대신이 구오 임금의 권력을 남용하여 민심을 얻으면 흉하고 화를 입는다.

☑ 유부재도 명공야(有孚在道 明功也)

공(功)이란 일을 수행하여 얻은 구체적인 결실을 뜻한다. 믿음이 있고 도가 있으면 밝은 공이다(有孚在道 明功也). 구사 대신이 믿음이 있고, 바른 도를 행하며 지혜가 있으면 길하다. 따라서 효상은 백성이 따라서 민심을 얻으면 바르게 하더라도 흉한 상으로, 점사는 믿음이 있고 도가 있고 명철한 지혜가 있으면 허물이 없다.

█ 구오 효사와 소상전 ─────────

九五는 孚于嘉니 吉하니라
<small>구 오　　부 우 가　　길</small>

象曰 孚于嘉吉은 位正中也라
<small>상 왈　부 우 가 길　　위 정 중 야</small>

구오는 아름다움을 믿으니 길하다. 「상전」에서 말했다. "아름다움을 믿으니 길함"은 자리가 바르고 가운데 있기 때문이다.

▸ 嘉: 아름다울 가　孚: 미쁠 부, 미쁘다(믿음이 있다).

☑ 부우가길(孚于嘉吉)

　가(嘉)는 착한 사람, 현인이다. 구오는 임금으로 양이 양의 자리에 있어 바르고 중을 얻었다. 구오는 현인을 믿으니 길하다(孚于嘉吉). 구사의 믿음은 경계하고, 구오의 믿음은 기쁘게 여긴다.

☑ 부우가길 위정중야(孚于嘉吉 位正中也)

　아름다움을 믿어서 길한 이유(孚于嘉吉)는 자리가 바르고 가운데 있기 때문이다(位正中也). 구오는 자리가 바르고 중에 있고 알맞다. 따라서 **효상**은 아름다움을 믿는 상으로, 점사는 현인을 믿으면 길하다.

▌ 상육 효사와 소상전

　　　　상 육　　구 계 지　　내 종 유 지　　왕 용 향 우 서 산
　　　　上六은 拘係之오 乃從維之니 王用亨于西山이로다
　　　　상 왈　구 계 지　　　상 궁 야
　　　　象曰 拘係之는 上窮也야

상육은 붙잡아 묶고 또 놓아주고 결박하니 임금이 서쪽 산에서 제사를 드린다. 「상전」에서 말했다. "붙잡아 묶음"은 위에서 (뜻이) 다했기 때문이다.

▷ 拘: 잡을 구, 체포하다.　乃: 이에 내, 곧, 또　從: 좇을 종, 놓다.　維: 벼리 유, 매다, 묶다.　亨: 형통할 형/드릴 향, (제사)올리다.

☑ 구계지 내종유지(拘係之 乃從維之)

　상육은 유순함이 지극한 자이다. 왕은 문왕이고, 서산은 주나라 서쪽의 기산이다. 종(從)은 놓아주는 것이요, 유(維)는 결박하는 것이다. 붙잡아 묶음(拘係之)은 붙잡아 가두는 것이고, 또 놓아 보내줌(乃從維之)은 풀어주었다는 것이니 구속했다가 석방한 것이다.

☑ 왕용향우서산(王用亨于西山)

　임금이 서쪽 산에서 제사를 드림(王用亨于西山)은 임금이 출정하기 전에 서쪽 기산(岐山)에서 신과 조상에게 제사를 드리는 것이다. 이것은 선조의 도리를 따르고 민심을 모으기 위한 것이다. 주나라 문왕이 은나라 주왕에게 유리옥에 구금되었다가 풀려나 문왕의 할아버지가 정책했던 기산에서 제사를 지냈다.

☑ 구계지 상궁야(拘係之 上窮也)

붙잡아 묶음(拘係之)은 위에서 뜻이 다한 것이다(上窮也). 위에서 뜻이 다함(上窮也)은 상육이 이미 수괘의 극한에 있어 더 이상 순응하지 않음을 말한다. 순응하지 않는 것은 곧 거역하는 것이다. 만일의 사태를 방지하기 위해 구금한 것이다. 따라서 효상은 문왕이 석방되어 기산에서 제사를 지내는 상으로, 점사는 재난을 당하더라도 해결되니 길하다.

18

폐단을 해결하는 산풍고(山風蠱)

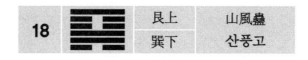

| 18 | ䷑ | 艮上
巽下 | 山風蠱
산풍고 |

　산풍고괘(山風蠱卦)는 상괘가 산(山)을 상징하는 간괘(艮: ☶)이고, 하괘가 바람[風]을 상징하는 손괘(巽: ☴)로, 이는 산 아래에서 바람이 부는 상이다. 고(蠱)는 병들다, 유혹하다, 미혹하다는 의미가 있다. 수괘는 기쁘게 따르는 괘지만, 고괘는 벌레가 좀먹어 폐단이 생겨 질서를 개혁해 내는 괘다. 오래되면 저절로 폐단이 생기기 때문에 과감한 혁신이 필요하다. 따라서 괘상은 산 아래에서 바람이 부는 산풍(山風) 상이요, 괘명은 병들 고(蠱)다. 고괘(蠱卦)는 수괘(隨卦)의 위아래를 뒤집어 놓은 괘로 마땅히 해결할 때이다.

　고(蠱)는 그릇(皿) 위에 벌레(虫)가 있는 모습이다. 그릇에 벌레가 있는 것은 벌레가 음식을 먹어서 음식이 허물어진다는 뜻이다. 이는 문제가 발생하면 처리해야 할 상황이다. 재앙은 오랜 시간이 지나야 드러난다. 물욕, 권력욕, 음욕에 빠지면 자신이 부패하여 결국 남을 해치게 된다.

　고괘(蠱卦)는 과거의 잘못된 일을 해결하는 괘이다. 초효는 간부지고(幹父之蠱)로, 이는 훌륭한 자식이 아버지의 일을 주관하면 아버지가 허물이 없는 상황으로, 아버지의 일을 맡아 뜻을 계승하면 길하다. 이효는 간모지고(幹母之蠱)로, 이는 어머니의 일을 바로잡으려는 상황이니, 강하고 바르게만 하지 않으면 길하다. 삼효는 소유회(小有悔)로, 이는 아버지의 일을 주관하므로 조금 후회가 있는 상황이니, 조심하고 지나치지 않는다면 큰 화는 없다. 사효는 유부지고(裕父之蠱)로, 이는 느긋하게 아버지의 일을 주관하는 상황으로, 지나치게 유약하면 이룰 수 없다. 오효는 용예(用譽)로, 이는 아버지의 일을 주관하여 명예가 있는 상황이니, 현인을 잘 등용하면 명예가 있다. 육효는 불사왕후(不事王侯)로, 이는 왕이나 제후를 섬기지 않는 상황이니, 옳으면 행하고 그르면 물러나는 현인으로 존경받을 만하다.

■ 괘사

蠱는 元亨하니 利涉大川이니라
_고 _{원 형} _{이 섭 대 천}

先甲三日하며 後甲三日이니라
_{선 갑 삼 일} _{후 갑 삼 일}

고(蠱)는 크게 형통하니 큰 내를 건너는 것이 이롭다. 갑(甲)보다 삼 일을 먼저 하고 갑보다 삼 일을 뒤에 한다.

▶ 蠱 : 미혹할 고/뱃속벌레 고, 벌레, 병폐, 병들다, 미혹하다.

☑ 고 원형 이섭대천(蠱 元亨 利涉大川)

고(蠱)는 병들다, 유혹하다, 미혹하다는 뜻이다. 바람이 산 아래에 있어 막혀 통하지 않아 벌레가 생겨 병이 든다. 사물이 오래되면 사회가 문란해 폐단이 많이 발생한다. 폐단이 발생하면 해결할 방법도 생긴다. 병들어 썩고 허물어진 것을 다스리면 크게 형통하다(元亨). 고(蠱)의 때 험함을 구제하는 것이 마땅하니 큰 내를 건너는 것이 이롭다(利涉大川).

☑ 선갑삼일 후갑삼일(先甲三日 後甲三日)

천간(天干) 또는 십간(十干)은 갑(甲), 을(乙), 병(丙), 정(丁), 무(戊), 기(己), 경(庚), 신(辛), 임(壬), 계(癸)로 생명소장의 순환과정이다. 선갑삼일(先甲三日)은 갑일이 되기 삼 일 전으로 신일(辛日)이며, 후갑삼일(後甲三日)은 갑일로부터 삼 일 후로 정일(丁日)이다. 신일에서 정일까지가 한 주기이다. 고의 폐단이 생기는 데도 한 주기가 지나고, 이를 없애는 데도 한 주기가 지나니 긴 시간이 필요하다.

갑(甲)이란 일을 시작하는 것이고 경(庚)이란 일을 개혁하는 것이다. 갑은 정치와 교화에서 가장 우선적으로 해야 할 일이고, 명령을 내려서 시행하는 일은 경으로 경은 고치고 변경하는 것이다. 병폐[蠱]를 해결하는 방법은 앞뒤로 사흘을 생각해야 하니, 근원의 앞뒤를 잘 헤아려 폐단을 바로잡는 것이다. 하루, 이틀, 사흘은 사려가 깊고 멀리까지 미루어 보는 것이다. 선갑삼일(先甲三日)은 일의 원인을 살펴보는 것이고, 후갑삼일(後甲三日)은 장차 어떻게 될 결과를 헤아려서 예방하는 것이다. 따라서 예방할 방법을 알고 과거의 병폐를 개혁할 수 있으면 오랫동안 이로울 수 있다.

▊ 괘사에 대한 단전

단 왈 고　강상이유하　　손이지고
象曰 蠱는 剛上而柔下하고 巽而止 蠱라
고　원형 이천하치야　이섭대천　왕유사야
蠱는 元亨 而天下治也요 利涉大川은 往有事也요
선갑삼일 후갑삼일　종즉유시 천행야
先甲三日 後甲三日은 終則有始 天行也라

「단전」에서 말했다. 고(蠱)는 강이 올라가고 유가 내려오고, 겸손하고 멈춤이 고(蠱)다. 고(蠱)는 크게 형통해서 천하가 다스려진다. "큰 내를 건너는 것이 이로움"은 가면 일이 있는 것이다. "갑보다 삼 일을 먼저 하고, 갑보다 삼 일을 뒤에 함"은 마치면 곧 시작이 있는 것이니 하늘의 운행이기 때문이다.

▶ 蠱 : 미혹할 고/뱃속벌레 고, 일, 병폐, 병들다.

☑ 고강상이유하(蠱剛上而柔下)

굳센 양이 올라가고(剛上) 부드러운 음이 내려온다(柔下). 강한 것은 위에서 밟고 약한 것은 밟히니 이는 부패한 세상이 고(蠱)다. 서로 어긋나서 교류하지 않으니 소통하지 못한다.

☑ 손이지고(巽而止蠱)

고(蠱)는 일이 허물어짐이다. 자질이 유약한 사람은 일을 잘 하지도 못하고, 일을 신속히 하려는 생각도 없으니 일이 마침내 허물어진다. 겸손하고 멈춤(巽而止)은 손괘(巽卦: ☴)가 아첨과 순응이고 간괘(艮卦: ☶)가 멈춤으로, 아첨하고 멈추어 마침내 법과 질서가 허물어져 세상이 부패하게 되고 혼란스럽게 된다.

☑ 고원형 이천하치야(蠱元亨 而天下治也)

고(蠱)는 일이다. 일이 크게 형통하면(蠱元亨) 천하가 저절로 다스려진다(天下治也). 허물어지고 어지러움을 바로잡아 민심을 얻으니 크게 형통해서 천하가 다스려진다(蠱元亨 而天下治也).

☑ 이섭대천 왕유사야(利涉大川 往有事也)

세상이 허물어지고 어지러운 때에 고(蠱)를 해결하려면 험함을 건너가서 성과를 내야한다(利涉大川). 이는 가서 큰 일을 해야 한다(往有事也). 고(蠱)를 다스리려면 마땅히 용감하게 나아가야 한다. 왕(往)은 목표를 하고 간다, 정(征)은 바르게 나아간다는 뜻이다.

☑ 선갑삼일 후갑삼일(先甲三日 後甲三日)

일을 시작하여 한 주기가 끝나면 다음 주기가 다시 시작하는 순환 과정은 하늘의 이치이다. 선갑삼일(先甲三日)은 일이 될 원인을 잘 살펴보는 것이고, 후갑삼일(後甲三日)은 장차 일이 될 결과를 헤아려서 사전에 대비하는 것이다.

☑ 종즉유시 천행야(終則有始 天行也)

선갑삼일 후갑삼일(先甲三日 後甲三日)은 시작이 있으면 반드시 마침이 있고, 이미 마치면 반드시 시작이 있는 것이 하늘의 도다(終則有始 天行也). 시작의 원인을 찾아 일이 될 결과를 예측하여 미리 대비하니, 고(蠱)를 다스리면 크게 형통하다. 혼란이 끝나는 것은 다스려짐이 시작하는 것이니 이는 하늘의 운행이다.

▌ 괘사에 대한 대상전

상 왈 산 하 유 풍　　고　　　군 자 이　　진 민 육 덕
象曰 山下有風이 蠱니라 君子 以하여 振民育德하니라

「상전」에 말했다. 산 아래에 바람이 있는 것이 고(蠱)이다. 군자는 이를 본받아 백성들을 진작하고 덕을 기른다.

▶ 振: 떨칠 진, 건지다, 구원하다.

☑ 산하유풍 고(山下有風 蠱)

상괘인 간괘(艮卦: ☶)는 산이요 하괘인 손괘(巽卦: ☴)는 바람으로, 산 아래 바람이 있는 것이 고괘다(山下有風 蠱). 기존의 규율과 질서가 문란해져서 새로운 규율과 질서를 수립할 때다.

☑ 군자이 진민육덕(君子以 振民育德)

군자가 고괘의 상을 본받아(君子以) 백성들을 진작하고 자신의 덕(德)을 기른다(振民育德). 백성을 진작함(振民)은 백성들에게 해를 끼치는 것을 없애는 것이고, 덕을 기름(育德)은 덕을 해치는 것을 없애는 것이다.

▌ 초육 효사와 소상전

초 육　간 부 지 고　유 자 고 무 구　려 종 길
初六은 幹父之蠱니 有子考无咎니라 厲終吉이니라
상 왈 간 부 지 고　의 승 고 야
象日 幹父之蠱는 意承考也라

초육은 아버지의 일을 주관하는 것이니, (훌륭한) 자식을 두면 아버지가 허물이 없다. 위태로우나 마침내 길하다. 「상전」에서 말했다. "아버지의 일을 주관함"은 뜻이 아버지를 계승하는 것이다.

> ▶ 幹 : 줄기 간/주관할 관, 말다, 주관하다.　考 : 생각할 고/살필 고, 죽은 아버지　厲 : 갈 려(여), 사납다, 위태롭다

☑ 간부지고 유자고무구(幹父之蠱 有子考无咎)

고(蠱)는 일을 뜻한다. 간(幹)은 주관하다, 바로잡다를 뜻한다. 부지고(父之蠱)는 아버지가 남긴 미해결된 일이다. 아버지 문왕은 은나라를 정벌하겠다는 뜻이 있고, 아들인 무왕은 아버지의 유업을 이어받아 은나라를 정벌하니 위험하나 끝내 성공하였다.

좋은 제도라도 오래가면 폐단이 발생하여 혁신하지 않을 수 없다. 초육이 비록 가장 낮은 곳에 있으나 주관하는 자이다. 자식이 돌아가신 아버지가 남긴 어지러운 일[蠱]을 주관한다(幹父之蠱). 자식이 일을 맡아 해결하면 훌륭한 자식이 되어(有子) 아버지가 허물이 없다(考无咎).

☑ 려종길(厲終吉)

초육은 위태로우나 조심하면 마침내 길하다(厲終吉). 낮은 자리에서 높은 분의 일을 주관하면 스스로 조심하고 두려워해야 한다. 아버지가 남긴 어려운 일을 해결할 때는 위태로우나 조심하면 일을 해결하니 마침내 길하다.

☑ 간부지고 의승고야(幹父之蠱 意承考也)

아버지의 일을 주관함(幹父之蠱)은 아버지의 일을 맡아 뜻을 계승하는 것이다(意承考也). 아버지의 미해결된 일을 맡아 바로잡는다면 아버지가 해결하고자 했던 일을 계승한 것이다. 따라서 효상은 훌륭한 자식이 아버지의 일을 주관하면 아버지가 허물이 없는 상으로, 점사는 아버지의 일을 맡아 뜻을 계승하면 길하다.

244

구이 효사와 소상전

九二는 幹母之蠱니 不可貞이니라
象曰 幹母之蠱는 得中道也라

구이는 어머니의 일을 주관하는 것이니 강하게만 할 수 없다. 「상전」에서 말했다. "어머니의 일을 주관함"은 중도를 얻기 때문이다.

▶ 貞: 곧을 정, 곧다, 굳다, 바르다, 점치다.

☑ 간모지고 불가정(幹母之蠱 不可貞)

구이는 굳센 양으로 위에 있는 유약한 음 육오의 일을 바로잡는다. 구이 아들이 어머니의 일을 주관하되(幹母之蠱) 강하게만 해서는 안 된다(不可貞). 아들은 어머니를 마땅히 부드럽고 공손하고 의리에 맞게 해야 하니, 바르게만 하려고 한다면 이는 중도(中道)를 지키지 못함이다. 유약한 임금을 섬길 때 정성으로 충심을 다해야 한다. 주공(周公)도 성왕(成王)을 보필할 때 성왕이 바르게만 하도록 고집하지 않았다.

☑ 간모지고 득중도야(幹母之蠱 得中道也)

어머니의 일과 아버지의 일을 주관하는 것은 같지 않다. 어머니의 일을 주관함(幹母之蠱)은 지나치게 바르게만 하지 않고 중도를 지키는 것이다(得中道也). 아들은 어머니를 부드럽게 대하고 공손해야 한다. 폐단을 고치기만 하면 방자한 잘못이 되고, 순종하려고만 하면 일을 바로잡을 수 없다. 따라서 효상은 무왕이 어머니의 일을 바로잡으려는 상으로, 점사는 강하고 바르게만 하지 않으면 길하다.

구삼 효사와 소상전

九三은 幹父之蠱니 小有悔이나 无大咎리라
象曰 幹父之蠱는 終无咎也니라

구삼은 아버지의 일을 주관함이니 조금 후회가 있으나 큰 허물은 없다. 「상전」에 말했다. "아버지의 일을 주관함"은 끝내 허물이 없다.

▷ 悔: 뉘우칠 회

☑ 간부지고 소유회 무대구(幹父之蠱 小有悔 无大咎)

　　고(蠱)는 일이다. 구삼은 굳센 양으로 하괘의 끝에 있으나 중을 얻지 못했으니 지나치게 강하다. 구삼은 아버지의 일을 주관하는데(幹父之蠱) 과감하게 바로잡아 조금 후회는 있지만 (小有悔) 큰 허물은 없다(无大咎). 조금 후회가 있음(小有悔)은 큰 후회가 없는 것이고, 큰 허물이 없음(无大咎)은 작은 허물은 있는 것이다. 아버지의 일을 과감하게 바로잡는 것은 다소 후회가 있으니 어버이를 잘 섬기는 것은 아니다.

　　무왕이 아버지 문왕의 유업을 계승하여 은나라를 정벌하기 위해 출병하는데는 위험이 있어 조금 후회는 있더라도 큰 후회는 없으니 은나라를 정벌할 수 있다.

☑ 간부지고 종무구야(幹父之蠱 終无咎也)

　　구삼은 아버지의 일을 바로잡으니(幹父之蠱) 비록 다소 후회가 있지만 끝내 큰 허물은 없다 (終无咎也). 굳셈으로 일을 바로잡고, 바름을 잃지 않으며 순종하니 끝내 허물이 없다.

　　임금의 잘못을 간언하는 신하는 충신이듯이 부모의 잘못을 간언하는 자식은 훌륭한 자식이다. 간언하면 순종하지 않는 것처럼 보이나 임금과 부모를 험함에 빠지지 않도록 하므로 마침내 큰 허물은 없다. 따라서 효상은 아버지의 일을 주관하므로 조금 후회가 있는 상으로, 점사는 조심하고 지나치지 않는다면 큰 화는 없다.

▋ 육사 효사와 소상전

육사　유부지고　왕견린
六四는 裕父之蠱니 往見吝하니라
상왈　유부지고　왕미득야
象曰 裕父之蠱는 往未得也라

육사는 아버지의 일을 느긋하게 주관하니 (그대로) 나아가면 부끄러움을 당할 것이다. 「상전」에 말했다. "아버지의 일을 느긋하게 주관함"은 (그대로) 나아가면 일을 이룰 수 없기 때문이다.

▷ 裕: 넉넉할 유, 느긋하다.　見: 볼 견/뵈올 현, 당하다.　吝: 아낄 린(인), 인색하다, 부끄러워하다.

☑ 유부지고 왕견린(裕父之蠱 往見吝)

고(蠱)는 일이다. 육사는 음이 음의 자리에 있어 큰 일을 할 수가 없으므로 느긋하게 아버지의 일을 주관한다(裕父之蠱). 따라서 육사는 평범한 일을 할 수 있을 뿐 큰 일을 감당할 수 없어서 부끄럽다(往見吝).

☑ 유부지고 왕미득야(裕父之蠱 往未得也)

아버지의 일을 느긋하게 주관함(裕父之蠱)은 그대로 나아가면 일을 이룰 수 없기 때문이다(往未得也). 육사는 평범한 일을 할 수 있을 뿐 큰 일을 이루지 못한다. 지나치게 유약하면 악습을 제거할 수 없다. 따라서 효상은 느긋하게 아버지의 일을 주관하는 상으로, 점사는 지나치게 유약하면 이룰 수 없다.

▌ 육오 효사와 소상전

육오　간부지고　용예
六五는 幹父之蠱니 用譽라
상왈　간부용예　승이덕야
象曰 幹父用譽는 承以德也라

육오는 아버지의 일을 주관하니 명예로울 것이다. 「상전」에 말했다. "아버지의 일을 주관하니 명예로움"은 (아랫사람이) 덕으로 받들기 때문이다.

▶ 譽: 기릴 예/명예 예

☑ 간부지고 용예(幹父之蠱 用譽)

육오가 존귀한 자리에 있으나 유약한 음이므로 창업하여 기반을 쌓는 일을 할 수 없고, 기존 사업을 이어받는 것만 할 수 있으므로 부모의 일을 주관한다(幹父之蠱). 창업하고 기반을 세우는 일은 굳세고 명철하지 않으면 할 수 없다. 임금은 비록 유약해도 굳세고 어진 신하에게 맡기면 나라를 잘 다스려 아름다운 명예를 이룰 수 있다(用譽). 주(周)나라 성왕(成王)은 모두 신하를 잘 등용하여 명예로왔던 왕이다. 그리하여 덕이 있는 구이에게 일을 맡겨서 육오의 명성을 이룰 수 있다.

☑ 간부용예 승이덕야(幹父用譽 承以德也)

아버지의 일을 주관하여 명예로운 것(幹父用譽)은 현인들이 굳세고 알맞은 덕으로 받들어 보필하기 때문이다(承以德也). 따라서 효상은 아버지의 일을 주관하니 명예가 있는 상으로, 점사는 현인을 잘 등용하면 명예가 있다.

▌상구 효사와 소상전

상 구　　　불 사 왕 후　　　고 상 기 사
上九는 不事王侯하고 高尙其事로다
상 왈　불 사 왕 후　　　지 가 칙 야
象曰 不事王侯는 志可則也라

상구는 왕과 제후를 섬기지 않으나 그 일을 높이 숭상한다. 「상전」에서 말했다. "왕과 제후를 섬기지 않음"은 그 뜻을 본받을 만하다.

▶ 侯: 제후 후　尙: 오히려 상, 숭상하다.　事: 일 사, 섬기다.　則: 법칙 칙/곧 즉, 본받다.

☑ 불사왕후 고상기사(不事王侯 高尙其事)

구사는 후(侯)이고, 육오는 왕(王)이요, 상구는 고괘의 끝에 있고 세상에 알려지지 않은 현인이다. 상구는 덕과 바른 도를 지키는 은자로 왕과 제후를 섬기지 않는다(不事王侯). 그러나 상구는 자신이 해야 할 일을 높이 숭상한다(高尙其事).

☑ 불사왕후 지가칙야(不事王侯 志可則也)

상구는 지위가 높아 임금을 섬기지 않음(不事王侯)은 그 뜻을 본받을 만하다(志可則也). 상구는 벼슬이 없으나 덕이 높고 행동이 고결한 사람이다. 따라서 효상은 왕과 제후를 섬기지 않는 상으로, 점사는 옳으면 행하고 그르면 물러나는 현인으로 존경받을 만하다.

다스리는 지택림(地澤臨)

19		坤上 兌下	地澤臨 지택림

지택림괘(地澤臨卦)는 상괘가 땅[地]을 상징하는 곤괘(坤卦: ☷)이고, 하괘가 못[澤]을 상징하는 태괘(兌卦: ☱)로, 이는 못 위에 땅이 있는 상이다. 림(臨)은 높은 곳에서 아래쪽으로 보는 것을 의미한다. 못이 땅에 임하여 만물을 기르듯이 군자가 백성에게 임하여 포용하는 형상이다. 백성을 가르치려는 생각이 끝이 없고, 백성을 포용하고 보호함이 끝이 없는 것이 군자의 도이다. 림(臨)은 백성에게 임하고, 일에 임하는 것을 뜻한다. 림괘(臨卦)는 양기가 계속 성장해 음기가 물러나는 형세, 즉 군자의 세력이 점점 확대되고 소인의 세력이 축소되는 상황을 의미한다. 따라서 괘상은 못 위에 땅이 있는 지택(地澤) 상이요, 괘명은 다스릴 림괘(臨卦)이다.

림괘(臨卦)는 못이 땅을 적셔 만물을 성장시키듯이 군자가 백성에 가까이 다가가 백성을 포용하고 보호해야 한다는 군자의 도를 가르친다. 초효는 함림(咸臨)으로, 이는 군자가 백성을 감화시키고 다가가는 상황이니, 정도로 행하고 감화로 다스리면 길하다. 이효는 함림(咸臨)으로, 이는 군주가 지혜로운 자와 함께 백성을 감화시키고 다가가는 상황이니, 바르지 않으면 개선하여 나아가니 이롭다. 삼효는 감림(甘臨)으로, 이는 아첨으로 다스리는 상황이니, 허물을 고치면 재앙은 없다. 사효는 지림(至臨)으로, 이는 군주가 지극히 백성을 다스리는 상황이니, 가깝게 다스리면 허물이 없다. 오효는 지림(知臨)으로, 이는 대군이 지혜로 백성을 다스리는 상황이니, 지혜로 판단하고 덕으로 행하면 길하다. 육효는 돈림(敦臨)으로, 이는 대군이 돈독하게 백성을 다스리는 상황이니, 현인의 뜻을 따르면 길하다.

▌ 괘사

 ^림臨은 ^{원 형 이 정}元亨利貞하니 ^{지 우 팔 월}至于八月하면 ^{유 흉}有凶하니라

림(臨)은 크게 형통하고 바르게 함이 이로우니 팔월에 이르면 흉함이 있다.

▶ 臨: 임할 림(임), 다스리다, 대하다, 접근하다, 크다.　至: 이를 지

☑ 림원형이정(臨元亨利貞)

림(臨)은 가까워지다, 크다, 다스리다, 이끌다를 뜻한다. 림괘는 땅이 못 위에 있어서 물에 임하는 상이다. 군자의 도가 백성들에게 임하여 교화시키니 크게 형통하다(臨元亨). 백성들이 교화되어 바른 도를 지키니 이롭다(利貞). 군자는 백성을 원형이정으로 다스려야 한다.

☑ 지우팔월 유흉(至于八月 有凶)

성대할 때에 쇠할 것을 대비하면 재앙을 막을 수 있지만, 이미 쇠퇴한 뒤에는 재앙을 막을 수 없다. 편안하고 부유하면 교만과 사치가 생기고, 나태하고 방자하면 덕이 쇠하여, 미리 대비하지 않으면 재앙이 닥친다.

소(消)는 사리지고, 식(息)은 자란다. 소식(消息)은 음이 자라면 양이 소멸하고, 양이 자라면 음이 소멸하는 것이다. 12소식괘(消息卦)는 사계절의 순환을 괘로 나타낸 것이다. 이는 복(復), 림(臨), 태(泰), 대장(大壯), 쾌(夬), 건(乾), 구(姤), 둔(遯), 비(否), 관(觀), 박(剝), 곤(坤)이 있다. 복(復)이 11월, 림(臨)이 12월, 태(泰)가 1월, 대장(大壯)이 2월로 시작하여 곤(坤)이 10월이다. 림(臨)이 12월이니 8개월 후면 관(觀)이다.

림괘는 양기가 상승하나 관괘는 음기가 상승하니 흉하다(至于八月 有凶). 군자의 도가 백성에게 임하더라도 백성이 수용해야 쇠락으로 가지 않는다. 따라서 괘상은 군자의 도가 백성에게 임하는 상으로, 점사는 소인들의 득세를 경계하지 않고 방심하면 흉하다.

▌ 괘사에 대한 단전

 ^{단 왈 림}彖曰 臨은 ^{강 침 이 장}剛浸而長하며 ^{열 이 순}說而順하고 ^{강 중 이 응}剛中而應하여
^{대 형 이 정}大亨以正하니 ^{천 지 도 야}天之道也라 ^{지 우 팔 월 유 흉}至于八月有凶은 ^{소 불 구 야}消不久也라

250

「단전」에서 말했다. 림(臨)은 강이 점점 자라나고 기뻐하여 순응하고 강이 중을 얻고 (육오와) 호응하여 크게 형통하고 바르니 하늘의 도이다. "팔월에 이르러서는 흉함이 있음"은 사라져서 오래가지 못하기 때문이다.

▸ 浸: 잠길 침, 적시다, 스며들다, 점점   應: 응할 응   消: 사라질 소

☑ 림강침이장(臨剛浸而長)

침(浸)은 물이 스며들듯이 차츰 나아감이다. 굳센 양은 군자이다. 굳센 양이 점점 자라는 것(剛浸而長)은 군자가 점차 세력을 얻는 것이다.

☑ 열이순 강중이응(說而順 剛中而應)

내괘인 태괘(兌卦: ☱)는 기뻐함[說]이다. 구이는 굳센 양으로 가운데 있어 육오와 호응하여 신임을 얻는다(剛中而應). 림괘는 굳센 양이 점점 자라서 기뻐하고 천도에 순응한다(說而順).

☑ 대형이정 천지도야(大亨以正 天之道也)

기뻐함은 바로 화합이다. 기뻐하여 순응하며, 굳셈이 중도를 얻어 호응하기 때문에 크게 형통하고 바르니 하늘의 도이다(大亨以正 天之道也). 강하고 바르면서 화합하고 유순함은 하늘의 도이다. 따라서 사람에게 임하고 일에 임하고 천하에 임하면 크게 형통하고 바름을 얻지 않음이 없을 것이다.

☑ 지우팔월유흉 소불구야(至于八月有凶 消不久也)

림(臨)은 양이 차츰 성할 때이므로 비록 자라나지만 팔월에 이르면 양이 사라져 흉하다(至于八月 有凶). 팔월은 양이 생겨난 지 여덟 달이라는 것이다. 양이 복괘(復卦)에서 처음 생겨나 돈괘(遯卦)에 이르는 것이 모두 여덟 달이다.

두 음이 자라나 양이 사라지기 때문에 사라져서 오래가지 못한다(消不久也). 양은 군자가 되고 음은 소인이 되니, 소인의 세가 자라날 때에 경계하고 지극하면 흉하게 되는 이치를 헤아리고 대비해야 한다. 따라서 성인이 성대한 때에 쇠함을 걱정하라고 한 것은 두려워하고 미리 방비하는 것이 오래 유지하는 것이기 때문이다.

▌ 괘사에 대한 대상전

상 왈 택 상 유 지 림
象曰 澤上有地 臨이니라
군 자 이 교 사 무 궁 용 보 민 무 강
君子 以하여 教思无窮하며 容保民 无疆하니라

「상전」에서 말했다. 못 위에 땅이 있는 것이 림(臨)이다. 군자가 이를 본받아 가르치려는 생각이 다함이 없으며 백성을 포용하여 보호함이 끝이 없다.

▶ 容: 얼굴 용, 담다, 포용하다.   窮: 다할 궁/궁할 궁, 다하다, 마치다, 궁하다, 가난하다, 작다, 연구하다.
　 疆: 지경 강, 끝, 한계

☑ 택상유지 림(澤上有地 臨)

　상괘인 곤괘(坤卦: ☷)가 땅이요 하괘인 태괘(兌卦: ☱)가 못으로 못 위에 땅이 있다. 사물이 서로 임하고 포용함은 물이 땅에 있는 것만한 것이 없다. 못 위에 땅이 있는 것이 림괘가 된다(澤上有地臨). 땅이 못에 임하는 것이 윗사람이 아랫사람에게 임하는 것이다.

☑ 군자이 교사무궁 용보민무강(君子以 教思无窮 容保民无疆)

　교(教)는 국민을 가르치는 것이고, 사(思)는 백성에 대한 생각이다. 군자가 림괘를 본받아 국민을 가르치려는 생각이 다함이 없다(君子以 教思无窮). 군자는 백성을 포용하고 보호함(容保民)이 다함이 없어야 한다(无窮). 다함이 없는 가르침은 태(兌: ☱)이며, 끝없이 포용함은 곤(坤: ☷)이다. 백성을 포용하여 보호함이 끝이 없는 것(容保民无疆)은 곤괘 땅이 넓고 큰 것을 본받은 것이다. 따라서 군자는 백성을 포용하고 보호해야 한다.

▌ 초구 효사와 소상전

초 구 함 림 정 길
初九는 咸臨이니 貞吉하니라
상 왈 함 림 정 길 지 행 정 야
象曰 咸臨貞吉은 志行正也라

초구는 감화시켜 다스리니 바르게 하여 길하다. 「상전」에서 말했다. "감화시켜 다스리니 바르게 하여 길함"은 뜻이 바른 도를 행하기 때문이다.

▶ 咸: 다 함/짤 함/덜 감, 느끼다[感] 臨: 임할 임, 다스리다, 통치하다.

☑ 함림 정길(咸臨 貞吉)

함(咸)은 감(感)을 차용한 것으로 감화시킴이니, 양이 자라는 때에 음을 감화시키는 것이다. 감화(感化)란 백성의 마음을 감동시켜 착하게 만드는 것이며, 림(臨)은 백성을 다스리는 것이다. 초구 군자는 백성을 감화시켜 다스리니(咸臨) 백성이 스스로 순종하여 길하다.

육사는 초구를 감화시키는 자로 임금과 가까운 자리에 있고, 초구는 양이 양의 자리에 있어 굳센 덕과 재능이 있고 육사 대신의 신임을 얻어 바른 도를 행할 수 있기 때문에 길하다(貞吉).

☑ 함림정길 지행정야(咸臨貞吉 志行正也)

감화시켜 다스리니 바르게 하여 길한 이유(貞吉)는 뜻이 바른 도를 행하기 때문이다(志行正也). 초구는 양이 양의 자리에 있고 또 육사의 바름과 응하니 그 뜻이 바르다. 초구가 곧고 길한 것은 바름을 행하기 때문이다. 따라서 효상은 군자가 백성을 감화시키고 다가가는 상으로, 점사는 정도로 행하고 감화로 다스리면 길하다.

■ 구이 효사와 소상전

구 이   함 림   길   무 불 리
九二는 咸臨이니 吉하여 无不利하니라
상 왈   함 림 길 무 불 리   미 순 명 야
象曰 咸臨吉无不利는 未順命也라

구이는 감화시켜 다스리니 길하여 이롭지 않음이 없다. 「상전」에서 말했다. "감화시켜 다스리니 길하여 이롭지 않음이 없음"은 명령에 순종하는 것이 아니다.

☑ 함림 길무불리(咸臨 吉无不利)

함림(咸臨)은 감화시켜 가까이 다가가서 다스린다는 말이다. 구이는 양효로 재능이 있고, 하괘의 중앙에 있으니 중의 덕을 얻고, 군주 육오를 감동시켜서 신임을 받아 뜻을 행하니, 임하는 바가 길하여 이롭지 않음이 없다(咸臨 吉无不利).

☑ 함림길 무불리 미순명야(咸臨吉 无不利 未順命也)

감화시켜 다스리니 길하여 이로운 이유(咸臨吉 无不利)는 군주의 명령에 순종하지 않기 때문이다(未順命也). 구이 현인이 군주의 명을 잘 판단하여서 바르지 않으면 개선하도록 간언하고 따르지 않기 때문이다. 구이 현인은 문왕을 가리킨다. 따라서 효상은 군주가 지혜로운 자와 함께 백성을 감화시키고 다가가는 상으로, 점사는 바르지 않으면 개선하여 나아가니 이롭다.

■ 육삼 효사와 소상전

육삼 감림 무유리 기우지 무구
六三은 甘臨이라 无攸利하니 旣憂之면 无咎리라
상왈 감림 위부당야 기우지 구부장야
象曰 甘臨은 位不當也요 旣憂之면 咎不長也리라

육삼은 아첨으로 다스리면 이로운 바가 없으니 이미 그것을 근심하면 허물이 없다. 「상전」에서 말했다. "아첨으로 다스림"은 자리가 마땅하지 않기 때문이요, "이미 그것을 걱정하면" 허물이 오래가지 않기 때문이다.

▶ 甘 : 달 감, 간사하다. 位 : 자리 위 當 : 마땅 당 憂 : 근심 우

☑ 감림 무유리(甘臨 无攸利)

감(甘)은 달콤한 말, 아첨, 감언이설(甘言利說)을 뜻한다. 육삼은 음으로 부드러우면서 기뻐하는 태괘(兌卦: ☱)이고 중정(中正)하지 못하니, 하괘의 위에 있고 달고 기쁨으로 사람에게 임하는 자이다. 감림(甘臨)은 아첨하는 말로 백성을 다스린다는 뜻이다. 아첨하는 말로 백성을 다스리면 이로울 바가 없다(甘臨 无攸利). 육삼이 음효이고 바르지도 않고 능력도 없으며, 정응하는 효가 없으므로 세력이 없는 사람으로, 아첨할 수가 밖에 없다.

☑ 기우지 무구(旣憂之 无咎)

육삼은 두 양을 올라탔으나 양이 자라나 위로 나아가니 불안하여 더욱 아첨한다. 이미 위태로움과 두려움을 알고 근심하니(旣憂之), 만약 성실한 마음을 갖고 바름을 지키면 허물이 없다(无咎). 근심하면 개선하게 되고 개선하면 화가 없게 된다.

☑ 감림 위부당야 기우지 구부장야(甘臨 位不當也 旣憂之 咎不長也)

아첨으로 다스리는 이유(甘臨)는 자리가 마땅하지 않기 때문이다(位不當也). 음유(陰柔)하고 중정하지 못하면서 하괘의 위에 있고 두 양을 탔으니 이는 마땅하지 않은 자리에 있다. 위태

254

로움과 두려움을 알고 근심하면(既憂之) 반드시 스스로 고치기 때문에 허물이 오래가지 않는다 (咎不長也). 따라서 효상은 아첨으로 다스리는 상으로, 점사는 허물을 고치면 재앙은 없다.

육사 효사와 소상전

六四는 至臨이면 无咎하니라

象曰 至臨无咎는 位當也라

육사는 지극히 다스리면 허물이 없다. 「상전」에서 말했다. "지극히 다스리면 허물이 없음"은 자리가 마땅하기 때문이다.

▶ 至 : 이를 지, 도달하다, 미치다, 지극하다, 힘쓰다, 이루다.

☑ 지림 무구(至臨 无咎)

　지림(至臨)은 백성을 지극히 다스리는 것이다. 육사는 상괘의 아래에 있어 하체와 가까워 아래에 지극하다. 육사는 스스로 몸을 낮추니 허물이 없다. 육사는 대신의 지위로 구오의 곁에 지극히 가깝게 다스리니(至臨) 자리가 마땅하기 때문에 허물이 없다(无咎).

☑ 지림무구 위당야(至臨无咎 位當也)

　지극히 다스리면 허물이 없는 이유(至臨无咎)는 자리가 마땅하기 때문이다(位當也). 육사는 임금과 가까운 자리에 있으니 신임을 얻게 되고, 음이 음의 자리에 있어 바름을 얻고, 초구와 호응하니 어진 이에게 낮춘다. 따라서 효상은 군주가 지극히 백성을 다스리는 상으로, 점사는 가깝게 다스리면 허물이 없다.

육오 효사와 소상전

六五는 知臨이니 大君之宜니 吉하니라

象曰 大君之宜는 行中之謂也라

255

육오는 지혜로 다스리니 대군의 마땅함이라서 길하다. 「상전」에서 말했다. "대군의 마땅함"은 중도를
행함을 이른다.

▶ 宜: 마땅 의, 도리에 맞다.   謂: 이를 위, 논평하다, 알리다.

☑ 지림 대군지의 길(知臨 大君之宜 吉)

통치 방식은 감화, 아첨, 겸손, 지혜와 덕이 있다. 지림(知臨)은 지혜로 백성을 다스림이다.
육오는 부드러운 음으로 높은 자리에 있고, 아래로는 강한 양으로 신하인 구이에게 호응한다.
육오는 구이에게 다스리게 하니, 지혜로써 백성을 다스리는 자이다.

육오는 아래로 구이 신하에게 맡기니 이는 곧 지혜로운 일이고 대군의 마땅함으로 길하다
(大君之宜 吉). 대군은 군주이다. 대군의 마땅함은 대군의 덕이다. 대군은 지혜와 덕으로 백성
을 다스리면 길하다.

☑ 대군지의 행중지위야(大君之宜 行中之謂也)

대군은 지혜와 덕으로 어진 신하를 등용하여 백성을 다스린다. 대군의 마땅함(大君之宜)은
중도를 행하기 때문이다(行中). 중덕이 있는 대군이 중덕이 있는 현인을 등용하여 나라를 다스
리니 대군의 마땅함이다. 따라서 효상은 대군이 지혜로 백성을 다스리는 상으로, 점사는 지혜
로 판단하고 덕으로 행하면 길하다.

▌상육 효사와 소상전

上六은 敦臨이니 吉无咎하니라
_{상 왈 돈 림 지 길   지 재 내 야}
象曰 敦臨之吉은 志在內也라

상육은 돈독하게 다스리니 길하여 허물이 없다. 「상전」에서 말했다. "돈독하게 다스림이 길함"은 뜻이
안에 있기 때문이다.

▶ 敦: 도타울 돈, 노력하다.

☑ 돈림길 무구(敦臨吉 无咎)

상육의 통치 방식은 덕이다. 돈림(敦臨)은 두터운 덕으로 다스리는 것이다. 상육은 곤(☷)의

끝에 있고 지극히 유순하고 임함이 돈독하다. 상육은 어진 이를 등용하고 백성을 돈독하게 다스리니(敦臨) 길하여 허물이 없다(吉 无咎).

☑ 돈림지길 지재내야(敦臨之吉 志在內也)

　상육이 백성을 돈독하게 다스림이 길한 이유(敦臨之吉)는 뜻이 안에 있기 때문이다(志在內也). 뜻이 안에 있다는 것은 초구와 구이의 뜻을 따르는 것이다. 따라서 효상은 대군이 돈독하게 백성을 다스리는 상으로, 점사는 현인의 뜻을 따르면 길하다.

20

세상을 관찰하는 풍지관(風地觀)

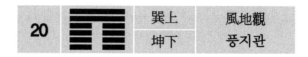

20		巽上	風地觀
		坤下	풍지관

　풍지관괘(風地觀卦)는 상괘가 바람(風)을 상징하는 손괘(巽卦: ☴)이고, 하괘가 땅(地)을 상징하는 곤괘(坤卦: ☷)로, 이는 땅 위에 바람이 부는 형상이다. 땅 위에 바람이 불어 세상이 어수선하고 새로운 변화가 일어날 때, 이를 자세히 관찰해야 한다. 관(觀)은 관찰한다는 뜻이다. 따라서 괘상은 땅 위에 바람이 부는 풍지(風地) 상이요, 괘명은 살피는 관(觀)이다. 관괘(觀卦)는 림괘의 위아래를 뒤집어 놓은 것이다.

　관(觀)은 높은 곳에서 아래를 두루 살피는 것을 의미한다. 관(觀)은 황새(雚: 황새 관)가 창공에 높이 올라 아래의 먹이를 살피는(見) 모습이며, 두 양이 높이 있으면서 아래 백성을 구하는 뜻을 나타낸다. 바람은 형체가 없어 볼 수 없으나, 땅 위에서 만물을 움직이게 한 다음에 그 영향을 볼 수 있다. 임금이 위로 천도를 보고 아래로 백성의 풍속을 살피면 그것이 보는 것이 되고, 덕을 닦고 정치를 행하여 백성들이 우러러 보게 하는 것이다.

　관괘(觀卦)는 관찰하여 살피는 괘로 세상을 보는 관점과 그에 따른 행동 방향을 제시한다. 초효는 동관(童觀)으로, 이는 어린아이처럼 시야가 좁은 상황이니, 군자의 시야가 좁다면 부끄럽다. 이효는 규관(闚觀)으로, 이는 여자가 문틈으로 엿보는 상황이니, 큰 일을 하려는 사람에게는 이롭지 않다. 삼효는 관아생진퇴(觀我生進退)로, 이는 자신의 재능을 보아 진퇴하는 상황이니, 자신의 능력과 의지를 살핀 뒤 진퇴를 판단하면 허물이 없다. 사효는 빈우왕(賓于王)으로, 이는 군자가 왕의 빈객이 되는 상황이니, 바르고 현명한 자를 등용하면 길하다. 오효는 관아생(觀我生)으로, 이는 군자가 백성을 살피는 상황이니, 백성을 잘 살피고 거울로 삼으면 길하다. 육효는 관기생(觀其生)으로, 이는 지도자가 행하는 업적을 살피는 상으로, 결과에 따라 지속과 개선을 자문하면 허물이 없다.

258

괘사

觀은 盥而不薦이면 有孚顒若하니라

관(觀)은 세수하고 제사를 올리기 전처럼 행동하면 백성들이 믿음이 있어 우러러 볼 것이다.

▶ 盥: 대야 관/깨끗할 관, 씻다. 薦: 천거할 천, 제사를 올리다. 孚: 미쁠 부 顒: 엄숙할 옹, 우러르다.

☑ 관 관이불천 유부옹약(觀 盥而不薦 有孚顒若)

관(觀)은 관찰하다, 관(盥)은 세수하다, 천(薦)은 제사하다, 옹(顒)은 공경하여 우러러보다는 뜻이다. 구오가 위에 있어 네 음이 우러러 본다.

제사를 올리기 전처럼 공경하면(盥而不薦) 백성들은 믿음으로 구오를 공경하고 우러러 볼 것이다(有孚顒若). 군자가 공손하면 백성들은 믿음과 정성을 다하여 공경할 것이다. 따라서 괘상은 손을 씻고 제사를 올리기 전처럼 공경하는 상으로, 점사는 공경하면 길하다.

괘사에 대한 단전

彖曰 大觀在上하니 順而巽하고 中正 以觀天下니라
觀盥而不薦 有孚顒若은 下觀而化也라
觀天之神道 而四時不忒하니 聖人 以神道設敎 而天下服矣니라

「단전」에서 말했다. 위에 있는 것을 크게 바라보니 유순하고 공손하며 중정으로 천하를 본다. "관(觀)은 세수하고 제사를 올리기 전처럼 행동하면 믿음이 있어 우러러 봄"은 아랫사람이 보고 교화되는 것이다. 하늘의 신묘한 도를 봄에 사시가 어긋나지 않으니, 성인이 신묘한 도로 가르침을 베푸니 천하가 복종한다.

▶ 巽: 부드러울 손 忒: 틀릴 특, 어긋나다. 顒: 엄숙할 옹, 우러르다.

☑ 대관재상 순이손(大觀在上 順而巽)

중(中)은 괘의 가운데 자리로 이효와 오효가 있다. 이효는 하괘의 중이되고, 오효는 상괘의 중이다. 정(正)은 양이 양의 자리에, 음이 음의 자리에 있는 것으로 정위(正位)라고 한다. 효가

259

제자리에 와서 합당하니 당위(當位)이고 그렇지 않으니 부당위(不當位)이다. 육이와 구오가 중과 정을 겸하는 것으로 각각 유순중정(柔順中正)과 강건중정(剛健中正)이라 한다. 중정(中正)은 중도를 바르게 행하여 길하고 바르다.

구오가 높은 자리에 있어 굳센 양의 중정(中正)으로 네 음이 크게 바라본다(大觀在上). 이것은 하늘을 보고 본받는 것이다. 아래 곤괘(☷)는 유순하고 위 손괘(☴)는 공손하니, 구오가 크게 바라볼 때는 유순하고 공손하다(順而巽). 크게 바라봄은 공경하는 마음으로 보는 것이다.

☑ 중정이관천하(中正以觀天下)

구오가 중정한 덕으로 천하를 본다(中正以觀天下). 구오는 중정한 마음으로 백성을 감화하고, 백성은 중정한 마음으로 구오를 공경한다. 따라서 유순하고 공손하며 중정한 것은 임금의 중덕을 가리킨다.

☑ 관이불천 유부옹약 하관이화야(盥而不薦 有孚顒若 下觀而化也)

교화(敎化)란 가르치고 이끌어서 좋은 방향으로 변화시키는 것이다. 세수하고 제사를 올리기 전처럼 공경하는 것(盥而不薦)은 마음에 믿음이 있어(有孚顒若) 위로는 천지신명에게 공경하고, 아래로는 신하와 백성이 이를 보고 감화되기 때문이다(下觀而化也). 임금이 천지신명을 공경하면 백성도 지극한 정성으로 우러러보고 따라서 교화되는 것이다.

☑ 관천지신도 이사시불특(觀天之神道 而四時不忒)

신묘(神妙)란 신기하고 묘하여 헤아릴 수 없는 것이다. 바람이 불어 사시(四時)가 행해지니 관괘가 하늘의 신묘한 도가 된다. 구오가 신명에게 공손하면 백성들도 공경하고 우러러 보는 것은 성인의 신묘한 도이다. 성인의 가르침은 하늘의 바람과 같고, 백성들이 복종하는 것은 사시가 어긋나지 않는 것과 같다. 하늘의 운행을 살펴봄에 사시가 어긋남이 없으면(四時不忒) 하늘의 신묘함을 볼 수 있다(觀天之神道).

☑ 성인이신도설교 이천하복의(聖人以神道設敎 而天下服矣)

하늘의 도는 지극히 신묘하기 때문에 사시를 운행하여 만물을 화육하는 데에 어긋남이 없다. 성인이 하늘의 도가 신묘함을 보고 체득하여 가르침을 베풀기 때문에(聖人以神道設敎) 천하에 복종하지 않는 이가 없다(而天下服矣). 따라서 성인이 신묘한 도를 세상의 백성에게 가르쳐 백성이 복종하게 한다.

▌괘사에 대한 대상전

상 왈 풍 행 지 상　　 관
象曰 風行地上이 觀이니라
선 왕　　 이　　 성 방 관 민　　 설 교
先王이 以하여 省方觀民이 設敎하니라

「상전」에서 말했다. 바람이 땅 위로 다니는 것이 관(觀)이다. 선왕이 이를 본받아 사방을 살피고 백성을 관찰하여 가르침을 베푼다.

▶ 省: 살필 성/덜 생　方: 모 방/본뜰 방, 사방　敎: 가르칠 교, 교화

☑ 풍행지상 관(風行地上 觀)

바람이 땅 위에 불어서(風行地上) 여러 사물에 두루 미치니 살피는 상이 관이다(觀). 상괘 손괘가 바람이고, 하괘 곤괘가 땅으로 바람이 땅 위에 불고, 바람은 유순하여 땅에 이르지 않는 곳이 없다. 백성은 유순한 바람의 영향으로 천기를 느낀다.

☑ 왕이 성방관민 설교(王以 省方觀民 設敎)

선왕이 관괘의 상을 본받아(先王以) 사방을 살피고 백성의 풍속을 관찰하여(省方觀民) 예(禮)를 제정하여 백성을 살펴 가르친다(設敎). 따라서 선왕은 백성이 사치하면 검소하게 하고 검소하면 예로써 보여준다.

사방을 살핌(省方)은 백성을 살피는 것이다. 제나라는 상업을 하므로 농업과 잠업을 가르치고, 위나라는 풍속이 음란하므로 예를 가르치고, 조나라는 사치가 있어 검소를 가르친다. 따라서 사방을 살펴 백성을 관찰하고 가르침을 베풀어 보여준다.

▌초육 효사와 소상전

초 육 동 관　　　　소 인 무 구　　 군 자 린
初六童觀이니 小人无咎요 君子吝이니라
상 왈　 초 육 동 관　　　 소 인 도 야
象曰 初六童觀은 小人道也라

초육은 어린아이가 보는 것이니 소인은 허물이 없으나 군자는 부끄럽다. 「상전」에서 말했다. 초육은 "어린아이가 봄"은 소인의 도이기 때문이다.

▶ 童: 아이 동   吝: 아낄 린(인), 부끄러워하다, 인색하다.

☑ 동관 소인무구 군자린(童觀 小人无咎 君子吝)

　동(童)은 어린아이다. 초육은 멀리 밝게 보지 못하여 어린아이가 보는 것처럼 시야가 좁다(童觀). 소인은 어린아이처럼 세상을 보는 시야가 어둡고 좁더라도 허물이 없지만(小人无咎) 군자는 어린아이처럼 세상을 보는 시야가 좁다면 부끄럽다(君子吝).

☑ 동관 소인도야(童觀 小人道也)

　어린아이처럼 좁게 보는 것(童觀)은 소인의 도다(小人道也). 초육은 소인으로, 소인의 도는 본래 어둡고 어리석고 거칠다. 따라서 효상은 어린아이처럼 시야가 좁은 상으로, 점사는 군자의 시야가 좁다면 부끄럽다.

■ 육이 효사와 소상전

　　　　육 이　　규 관　　　이 여 정
　六二는 闚觀이니 利女貞하니라
　　　상 왈　규 관 여 정　　역 가 추 야
　象曰 闚觀女貞이 亦可醜也니라

육이는 엿보는 것이니 여자가 바르게 함이 이롭다. 「상전」에서 말했다. "엿보는 것이니 여자가 바르게 함"이 또한 부끄러울 수 있기 때문이다.

▶ 闚: 엿볼 규   醜: 추할 추, 부끄러워하다.

☑ 규관 이여정(闚觀 利女貞)

　규관(闚觀)은 문틈을 통해 몰래 엿보는 것으로 아주 작은 문틈으로 보는 것이니, 이는 시야가 좁아 넓은 도리를 알지 못한다는 말이다. 엿봄은 비록 조금은 보지만 매우 밝게는 보지 못한다. 초육은 어린아이의 시야이고 육이는 조금 나아 엿보는 시야이다. 문틈을 통해 엿보는 여자라도 중정하여 바르게 하는 것이 이롭다(利女貞).

☑ 규관여정 역가추야(闚觀女貞 亦可醜也)

　육이가 구오와 호응하는 것은 곧고 바른 도이다. 엿보는 여자가 바르더라도(闚觀女貞) 엿보는 것 자체는 부끄러울 만하고, 비록 바른 뜻이 있더라도 엿보는 것은 또한 아름다운 일이 아니다(亦可醜也). 따라서 효상은 여자가 문틈으로 엿보는 상으로, 점사는 시야가 좁아 큰 일을 하려는 사람에게는 이롭지 않다.

▌육삼 효사와 소상전

六三_은 觀我生_{하여} 進退_{로다}
(육삼) (관 아 생) (진 퇴)

象曰 觀我生進退_{하니} 未失道也_라
(상 왈) (관 아 생 진 퇴) (미 실 도 야)

육삼은 자신이 하는 행동을 보고 나아가고 물러난다. 「상전」에 말했다. "자신이 하는 행동을 보고 나아가고 물러남"은 도를 잃지 않는 것이다.

☑ 관아생 진퇴(觀我生 進退)

육삼은 유순한 곤괘(坤卦: ☷)의 끝에 있고, 때에 순응하여 나아가고 물러나는 자이다. 자신이 하는 행동을 봄(觀我生)은 자신이 수양한 재능을 살피는 자기관찰이다. 자신의 재능을 보아 벼슬에 나아갈 때 나아가고 물러날 때 물러나면(進退) 도를 잃지 않는다.

☑ 관아생진퇴 미실도야(觀我生進退 未失道也)

육삼은 나아갈 수도 있고 물러날 수도 있다. 도는 보는 도이다. 자신이 하는 행동을 보고 벼슬에 나아가고 물러남(觀我生進退)은 자신의 능력과 의지를 살핀 뒤 진퇴를 결정하면 도에 부합한다. 육삼은 진퇴가 자신에게 있기 때문에 도를 잃지 않는다(未失道也). 따라서 효상은 자신의 재능을 보아 진퇴하는 상이니, 점사는 자신의 능력과 의지를 살핀 뒤 진퇴를 판단하면 허물이 없다.

▌육사 효사와 소상전

六四_는 觀國之光_{이니} 利用賓于王_{하니라}
(육사) (관 국 지 광) (이 용 빈 우 왕)

象曰 觀國之光_은 尙賓也_라
(상 왈) (관 국 지 광) (상 빈 야)

육사는 나라의 빛을 봄이니 왕에게 손님이 되는 것이 이롭다. 「상전」에 말했다. "나라의 빛을 봄"은 손님을 숭상하는 것이다.

▶ 賓: 손 빈　尙: 오히려 상, 숭상하다.

☑ 관국지광 이용빈우왕(觀國之光 利用賓于王)

　육사 대신은 음이 음의 자리에 있어 자리가 바르고, 구오의 신임을 받는 자이다. 구오는 어진 임금이다. 나라의 빛(國之光)은 나라의 찬란한 문물이다. 육사가 대신이 되어 나라의 문물을 관찰하고(觀國之光) 나라가 잘되는지를 살핀다.

　빈(賓)은 뛰어난 학식과 덕망이 있는 선비이다. 이런 선비를 임금이 귀한 손님으로 예우하여 조정에 등용하여 벼슬을 하게 하였다. 육사는 이미 임금의 덕과 나라의 문물이 빛나고 성대함을 보았으니, 그 지혜와 재능을 바쳐서 위로 임금을 보필하고 아래로 세상에 혜택을 베풀어 왕에게 손님 대접을 받는 것 이롭다(利用賓于王). 대신이 되어 나라의 중책을 맡아 정치를 하는 것이 이롭다는 뜻이다.

☑ 관국지광 상빈야(觀國之光 尙賓也)

　나라의 빛을 봄(觀國之光)은 나라의 찬란한 문물을 봄으로, 이는 재능과 덕이 있는 선비를 숭상하는 것이다(尙賓也). 나라가 빛날 수 있는 까닭은 현인(賢人)이 빈사(賓師)의 지위에 있고, 성대한 덕을 가진 왕이 그를 숭상할 수 있기 때문이다. 따라서 효상은 군자가 왕의 빈객이 되는 상으로, 점사는 바르고 현명한 자를 등용하면 길하다.

▌구오 효사와 소상전

九五는 觀我生하되 君子无咎리라
(구 오 　 관 아 생 　 군 자 무 구)

象曰 觀我生은 觀民也라
(상 왈 　 관 아 생 　 관 민 야)

구오는 자신이 하는 행동을 보되 군자다우면 허물이 없으리라. 「상전」에서 말했다. "자신이 하는 행동을 봄"은 백성을 보는 것이다.

☑ 관아생 군자무구(觀我生 君子无咎)

　구오는 자신이 정치하는 행동을 봄(觀我生)은 풍속의 선악, 백성과 신하의 복종과 이반을 보아 자신이 행하는 것이 선한가 악한가를 살피는 것이다. 구오는 난세와 치세, 풍속의 좋고 나쁨은 임금의 역량과 통치의 결과이다.

임금이 자기가 하는 정치를 보되(觀我生) 세상의 풍속이 모두 군자답다면 이는 자기가 행하는 정치와 교화가 잘된 것이니 허물이 없다(君子无咎).

☑ 관아생 관민야(觀我生 觀民也)

임금이 자기가 하는 정치를 보는 것(觀我生)은 백성을 살피는 것이다(觀民也). 임금이 자기가 행한 정치가 잘되었는지를 살피려면 마땅히 백성을 관찰하여야 하니, 백성의 풍속이 선하면 정치와 교화가 잘된 것이다. 백성을 본다(觀民也)는 것은 민의와 여론을 살펴 자신을 보는 거울로 삼는 것이다. 따라서 군자가 백성을 살피는 상으로, 점사는 백성을 잘 살피고 거울로 삼으면 길하다.

▌ 상구 효사와 소상전

상 구　　관 기 생　　　군 자 무 구
上九는 **觀其生**하되 **君子无咎**리라
상 왈　관 기 생　　　지 미 평 야
象曰 觀其生은 **志未平也**라

상구는 구오가 하는 행동을 보되 군자다우면 허물이 없다. 「상전」에서 말했다. "구오가 하는 행동을 봄"은 뜻이 편안하지 못함이다.

☑ 관기생 군자무구(觀其生 君子无咎)

관아생(觀我生)은 자신이 하는 행동을 살피는 자기관찰이고, 관기생(觀其生)은 다른 사람이 하는 행동을 살피는 타인관찰이다. 상구는 존귀한 자리에 있으나 실권이나 백성이 없는 자로 구오가 하는 행동을 살펴보되 구오가 정치를 잘하는 군자이면 허물이 없다(君子无咎).

☑ 관기생 지미평야(觀其生 志未平也)

상구는 구오가 하는 행동을 보되(觀其生), 구오가 항상 군자다움을 잃지 않는다면 백성들이 믿고 교화될 것이다. 상구는 지위에 있지 않지만 항상 구오의 업적을 관찰하고 이끌어주어야 하니 마음이 항상 편안하지 못하다(志未平也). 따라서 효상은 지도자가 행하는 업적을 살피는 상으로, 점사는 업적에 따라 지속과 개선을 자문하면 허물이 없다.

죄를 법으로 다스리는 화뢰서합(火雷噬嗑)

21	䷔	離上	火雷噬嗑
		震下	화뢰서합

　　화뢰서합괘(火雷噬嗑卦)는 상괘가 불[火]을 상징하는 리괘(離卦: ☲)이고, 하괘가 우레[雷]를 상징하는 진괘(震卦: ☳)로, 이는 번개와 우레가 일어나는 상이다. 불은 밝음이고, 우레는 움직임으로 밝게 움직인다라는 뜻이다. 서(噬)는 씹어서 합(嗑)은 합하는 것이다(合). 밝음은 진리, 태양, 천도이다. 따라서 괘상은 번개와 우레가 일어나는 화뢰(火雷) 상이요, 괘명은 위와 아래가 합치는 서합(噬嗑)이다. 괘사는 모든 일이 형통한다. 서합괘(噬嗑卦)와 비괘(賁卦)는 서로 거꾸로 된 괘이다.

　　서합(噬嗑)은 입안에 들어 있는 음식을 씹어서 위와 아래가 합치게 하는 것이다. 입 속에 물건이 있으면 위아래를 가로막아 합할 수 없으니, 반드시 씹어야 합할 수 있다. 강하거나 혹은 아첨하고 거짓된 자가 사이에 가로막고 있으면 세상사가 합하지 못하니, 이는 마땅히 형벌과 법으로써 징계해야 세상이 다스려진다. 서합괘는 죄수를 엄격히 법으로 처벌하는 괘이다.

　　서합괘(噬嗑卦)는 죄인을 형벌로 다스려야 경각심을 줄 수 있으나, 형벌이 지나치면 오히려 해롭다는 교훈이다. 초효는 멸지(滅趾)로, 이는 죄인의 발에 발꿈치를 없애는 상황이니, 죄를 짓지 않으면 화가 없을 것이다. 이효는 멸비(滅鼻)로, 이는 살을 깨물어 코를 없애는 형벌을 받는 상황이니, 더 중한 죄수라면 더 중한 벌로 다스린다. 삼효는 우독(遇毒)으로, 이는 포를 먹다가 독을 삼킨 상황이니, 법에 따라 처리하면 허물은 없다. 사효는 득금시(得金矢)로, 이는 뼈에 붙은 마른 고기를 씹다가 쇠화살을 얻는 상황이니, 정도를 지키면 어렵더라도 끝내 길하다. 오효는 득황금(得黃金)으로, 이는 말린 고기를 먹다가 황금을 얻은 상황이니, 바르고 원칙대로 수사하면 허물이 없다. 육효는 하교멸이(何校滅耳)로, 이는 형틀을 목에 지고 귀가 잘려나가는 상황이니, 악이 쌓여 느니 형벌이 무거워 흉하다.

266

▌ 괘사

噬_서嗑_합은 亨_형하니 利用獄_{이용옥}하니라

噬嗑은 亨하니 利用獄하니라

서합(噬嗑)은 형통하니 옥(獄)을 쓰는 것이 이롭다.

▶ 噬: 씹을 서   嗑: 입다물 합   獄: 옥 옥, 감옥, 송사, 판결

☑ 서합형 이용옥(噬嗑亨 利用獄)

서(噬)는 씹어서 합(嗑)은 합하니(合) 서합(噬嗑)은 음식을 씹어 합하는 것이다. 음식은 범죄이고, 음식을 씹는 일은 범죄를 수사하는 것이고, 음식을 씹는 이는 범죄자를 수사하는 경찰이나 검찰이다. 죄를 밝히고 판결하여 마땅히 형벌로써 처벌해야 세상의 안정이 이루어진다.

하늘에 우레와 번개가 있는 것은 임금에게 형벌권이 있는 것과 같다. 형벌은 정확한 수사와 공정한 판결이 중요하다. 리괘의 불[火]은 죄의 진상을 정확하게 수사하는 수사관의 지혜요, 진괘의 우레[雷]는 피고인이 판결을 수용할 수 있는 판사의 공정과 권위이다.

음식을 씹은 뒤에 합하기 때문에 서합(噬嗑)이다. 마치 음식을 씹어서 삼키듯 사회적 안정을 저해하는 방해물을 차단해야 사회가 안정되고 평화롭다. 서합괘는 사회 안정을 해치는 죄수를 처벌하여 사회 질서를 바로잡는 것이다. 씹어 합하는 것은 죄수를 단죄하여 처벌하는 것으로 죄인을 바르게 처벌하면 형통하다(噬嗑亨). 죄인을 다스리는 도로 감옥을 쓰는 것이 마땅하다(利用獄). 옥사(獄事)는 죄를 규명하고 처벌하여 범죄를 예방하는 기능을 한다.

▌ 괘사에 대한 단전

象曰_{단왈} 頤中有物_{이중유물}이 曰噬嗑_{왈서합}이니 噬嗑而亨_{서합이형}하니라
剛柔分_{강유분}하고 動而明_{동이명}하고 雷電合而章_{뇌전합이장}하니라
柔得中而上行_{유득중이상행}하니 雖不當位_{수부당위}나 利用獄也_{이용옥야}니라

「단전」에서 말했다. 턱 안에 물건이 있는 것을 서합(噬嗑)이라고 하니, 씹어 합하니 형통하다. 강과유가 나뉘고, 움직이고 밝으며, 우레와 번개가 합하여 빛난다. 유가 중을 얻어 위로 행하니 비록 자리가 마땅하지 않으나 옥(獄)을 쓰는 것이 이롭다.

▶ 頤: 턱 이 雷: 우레 뢰(뇌) 電: 번개 전 章: 글 장, 밝다.

☑ 이중유물 왈서합(頤中有物 曰噬嗑)

괘명을 서합(噬嗑)이라고 한 이유를 설명한다. 턱 안에 물건이 있는 것을 서합이라고 한다
(頤中有物 曰噬嗑). 서합은 턱 속에서 음식물을 씹어 합하는 것이다. 음식을 윗니와 아랫니로
씹어야 소화할 수 있듯이 형벌로 죄를 다스릴 때는 벌이 죄에 마땅해야 한다.

☑ 서합이형(噬嗑而亨)

턱 안에 물건이 있기 때문에 서합이 된다(噬嗑). 물건이 턱 안에 있으면 해가 되는데 씹어 합
하면 음식이 부드럽게 되고 잘 소화되어 해가 없어져 형통하니 씹어 합하여 형통하다(噬嗑而亨).

☑ 강유분 동이명(剛柔分 動而明)

괘의 재질을 말한 것이다. 하괘는 진괘(震卦: ☳)이고 상괘는 리괘(離卦: ☲)로 움직이고 밝
은 것이다(動而明). 굳셈과 부드러움이 나누어짐(剛柔分)은 아직 씹지 않은 상이고, 움직이고
밝음(動而明)은 씹는 상이고, 우레와 번개가 합하여 빛남(雷電 合而章)은 이미 씹은 상이다. 씹
으면 턱이 나누어지고, 합하면 턱이 합해진다.

☑ 뇌전 합이장(雷電 合而章)

우레와 번개가 합하여 빛남(雷電 合而章)은 우레는 진동하고 번개는 빛나서 서로 기다려 합
하여 빛나는 것이다. 우레는 위엄이요 번개는 밝은 지혜이다. 지혜가 있으면 진실을 숨길 수 없
고, 위엄이 있으면 두려워한다.

☑ 유득중이상행 수부당위(柔得中而上行 雖不當位)

부드러움이 중(中)을 얻어 위로 행한다(柔得中而上行). 육오가 상괘의 중앙에 있어 중을 얻
은 것이며, 위로 행함(上行)은 상괘의 중앙에 있어 높은 자리에 있다. 비록 자리에 마땅하지 않
음(雖不當位)은 육오가 음이 양의 자리에 있어 바른 자리가 아니다.

☑ 이용옥야(利用獄也)

옥(獄)을 씀이 이로운 것(利用獄也)은 육오가 위엄과 지혜가 있으니 벌을 판단하고 감옥에
가두는 것이 이롭다. 옥(獄)을 다스리는 도는 강하게만 하면 불만이 되고, 유약하면 벌이 되지

못해 예방 효과가 적다. 옥사(獄事)는 위엄과 지혜로 밝게 분별하는 것이다.

괘사에 대한 대상전

象曰 雷電이 噬嗑이니 先王이 以하여 明罰勅法하니라
_{상 왈 뇌 전 서 합 선 왕 이 명 벌 칙 법}

「상전」에서 말했다. 우레와 번개가 서합(噬嗑)이니 선왕이 이를 본받아 벌을 분별하고 법으로 다스린다.

▸ 罰: 벌할 벌　勅: 신칙할 칙, 꾸짖다, 다스리다.

☑ 뇌전서합 선왕이 명벌칙법(雷電噬嗑 先王以 明罰勅法)

　우레와 번개는 서로 기다려 함께 나타나는 사물이고 또한 합하는 상이 있다. 우레는 위엄이요 번개는 밝은 지혜이다. 선왕이 우레와 번개의 상(雷電噬嗑)을 관찰하여그 위엄과 지혜를 본받아(先王以) 벌을 분별하고 법으로 다스린다(明罰勅法).
　법은 범죄를 밝혀서 벌을 정함으로써 범죄를 미리 예방하는 것이다. 벌(罰)은 죄수에게 주는 고통이고, 법(法)은 평소에 죄에 대해 정한 형벌이다. 따라서 형벌의 경중을 분별함은 지혜가 번개와 같고, 법을 집행하는 엄함은 위엄이 우레와 같다.

초구 효사와 소상전

初九는 屨校滅趾니 无咎니라
_{초 구 구 교 멸 지 무 구}
象曰 屨校滅趾는 不行也라
_{상 왈 구 교 멸 지 불 행 야}

초구는 형틀을 채워 발꿈치를 없애니 허물이 없다. 「상전」에서 말했다. "형틀을 채워 발꿈치를 없앰"은 도주하지 않게 하는 것이다.

▸ 屨: 신 구, 신다.　校: 학교 교, 차꼬, 형구　滅: 꺼질 멸/멸할 멸, 없어지다.　趾: 발 지, 자취

☑ 구교멸지 무구(屨校滅趾 无咎)

구(屨)는 채우다, 교(校)는 발에 채우는 나무 형틀을 뜻한다. 재범을 방지하고, 반항이나 도주하지 못하도록 발에 족쇄를 채운다. 초구는 초범 또는 경범으로 형벌이 가볍다. 경범죄자에게는 형틀을 채워서 발꿈치를 없앤다(屨校滅趾). 이는 벌이 두려워 감히 죄를 짓지 못하도록 하기 때문에 허물이 없다(无咎).

☑ 구교멸지 불행야(屨校滅趾 不行也)

형틀을 발에 채워 발꿈치를 없애는 이유(屨校滅趾)는 도주하지 못하게 하는 것이다(不行也). 발에 형틀을 채워서 발꿈치를 없애면 도주하기 어렵고, 또한 처벌이 두려워 죄를 짓지 못한다. 작은 죄가 있으면 발에 형틀을 채우니, 악행을 못하게 하는 것이다. 따라서 효상은 죄인의 발에 형틀을 채워 발꿈치를 없애는 상으로, 점사는 죄를 짓지 않으면 화가 없을 것이다.

■ 육이 효사와 소상전

六二는 噬膚하되 滅鼻니 无咎하니라
象曰 噬膚滅鼻는 乘剛也라

육이는 살을 깨물되 코를 없애니 허물이 없다. 「상전」에서 말했다. "살을 깨물되 코를 없앰"은 강을 탔기 때문이다.

▶ 噬: 씹을 서, 깨물다. 膚: 살갗 부 鼻: 코 비

☑ 서부멸비 무구(噬膚滅鼻 无咎)

육이는 음이 음의 자리에 있고, 하괘의 중앙에 있어 유순하고 중도를 행하는 관리이다. 의형(劓刑)은 신체의 고통과 수치를 느끼게 하는 코를 베는 형벌이다. 살을 깨물어 코를 없앤다(噬膚滅鼻). 육이는 죄수에게 코를 베는 형벌을 주어 더 이상 죄를 못짓게 하니 허물이 없다(滅鼻 无咎).

☑ 서부멸비 승강야(噬膚滅鼻 乘剛也)

살을 깨물되 코를 없애는 이유(噬膚滅鼻)는 육이가 초구의 굳셈을 탔기 때문이다(乘剛也). 굳셈을 탐(乘剛也)은 초구보다 더 굳세고 강한 죄수이다. 굳세고 강한 죄수에게는 반드시 더 아

푼 형벌을 내려야 한다. 따라서 효상은 살을 깨물어 코를 없애는 형벌을 받는 상으로, 점사는 더 중한 죄수라면 더 중한 벌로 다스린다.

육삼 효사와 소상전

六三은 噬腊肉 遇毒이니 小吝无咎리라
象曰 遇毒은 位不當也라

육삼은 포를 씹다가 독을 만났으니 조금 부끄러우나 허물이 없다. 「상전」에서 말했다. "독을 만남"은 자리가 마땅하지 않기 때문이다.

▶ 腊: 포 석   遇: 만날 우   吝: 아낄 린(인), 부끄러워하다.

☑ 서석육 우독 소린 무구(噬腊肉 遇毒 小吝 无咎)

포는 단단하여 씹다가 이를 다칠 수 있듯이 중죄는 밝히거나 중벌을 구형하는데도 어렵다. 중범죄자는 완강하여 범죄를 인정하지 않고 오히려 반격한다. 석육(腊肉)은 짐승의 말린 포로 단단하고 질기다. 마른 포처럼 단단하고 질긴 물건을 씹다가 독을 만남(噬腊肉 遇毒)은 형벌을 내리는데 중범죄자가 도리어 원망을 한다. 육삼이 형벌을 내리는데 무죄 또는 과중하다고 불만하여 조금 부끄러우나(小吝) 그래도 법에 따라 조사한 후 정당한 법집행하므로 허물은 없다(无咎).

☑ 우독 위부당야(遇毒 位不當也)

독을 만남(遇毒)은 자리가 마땅하지 않기 때문이다(位不當也). 형벌이 다소 부당하다고 생각하기 때문에 형벌을 받는 자를 복종시키기 어렵고, 도리어 원망을 받는다. 따라서 효상은 포를 먹다가 독을 삼킨 상으로, 점사는 법에 따라 처리하면 허물은 없다.

구사 효사와 소상전

九四는 噬乾胏하여 得金矢나 利艱貞吉하리라
象曰 利艱貞吉은 未光也라

구사는 뼈에 붙은 마른 고기를 씹다가 쇠화살을 얻었으나, 어렵더라도 바르게 함이 이로우니 길하다. 「상전」에서 말했다. "어렵더라도 바르게 함이 이로우니 길함"은 아직 빛나지 못한 것이다.

▶ 乾: 하늘 건/ 마를 간(건)　肺: 밥찌꺼기 자, 뼈가 붙은 마른 고기　艱: 어려울 간　矢: 화살 시

☑ 서간자 득금시 이간정길(噬乾肺 得金矢 利艱貞)

자(肺)는 뼈에 붙어 있는 고기로 매우 단단하여 씹기 어렵다. 건자(乾肺)는 뼈에 붙어 있는 마른 고기로 깃털에 불과한 죄인이다. 깃털에 불과한 범죄를 수사하다 관련된 몸통을 찾은 것이다. 쇠는 굳센 것이고 화살은 곧은 것이니, 금시(金矢)는 종범을 관리한 주범이다.

구사는 임금과 가깝고 씹어 합하는 임무를 맡은 옥사를 다스리는 책임자다. 구사는 뼈에 붙은 마른 고기를 씹다가(噬乾肺) 쇠화살을 얻음(得金矢)은 깃털을 수사하다 몸통을 만나는 상이다. 몸통을 수사하는 것은 권력과 조직의 비호가 크지만 바르게 수사하면 이로우니 결국은 길하다(利艱貞). 수사관이 공정하고 정의로우면 수사가 위험하더라도 길하다.

☑ 이간정길 미광야(利艱貞吉 未光也)

어렵더라도 바르게 함이 이로니 길함(利艱貞吉)은 범죄 수사가 아직 빛나지 못한 것이다(未光也). 수사 간섭과 탄압이 심하여 수사에 어려움이 있더라도 바르게 원칙대로 수사하면 길하다. 수사 중에는 탄압과 저항이 크기 때문에 환영받고 즐거운 일은 아니다. 따라서 효상은 뼈에 붙은 마른 고기를 씹다가 쇠화살을 얻는 상으로, 점사는 정도를 지키면 어렵더라도 끝내 길하다.

■ 육오 효사와 소상전

 六五는 噬乾肉하여 得黃金이니 貞厲无咎리라
象曰 貞厲无咎는 得當也라

육오는 마른 고기를 씹어 황금을 얻었으니 바르게 하면 위태로우나 허물이 없다. 「상전」에서 말했다. "바르게 하면 위태로우나 허물이 없음"은 마땅함을 얻었기 때문이다.

▶ 厲: 갈 려(여), 힘쓰다, 위태롭다, 맑다.

☑ 서간육 득황금 정려무구(噬乾肉 得黃金 貞厲无咎)

마른 고기를 씹는 것(噬乾肉)은 오래된 범죄이다. 예를 들면, 권력형 부정축재나 권력남용이 해당된다. 그러나 범죄는 끝까지 숨길 수 없다. 권력이 다하면 대형범죄가 드러나기 시작하여 황금을 얻었다(得黃金). 대형범죄 증거가 결정적으로 드러났다. 검찰 수사가 본격적으로 이루어지면 내부 고발이나 증언이 나타나 대형비리 사건은 결국 형사 처벌을 받게 된다. 권력형 대형범죄를 수사하는 것은 위태롭지만 바르게 원칙대로 수사하면 허물이 없다(貞厲 无咎).

☑ 정려무구 득당야(貞厲无咎 得當也)

바르게 하면 위태로우나 허물이 없는 이유(貞厲无咎)는 마땅함을 얻었기 때문이다(得當也). 정의롭고 공평한 수사와 처벌은 바르고 마땅하다. 따라서 효상은 마른 고기를 먹다가 황금을 얻은 상으로, 점사는 바르고 원칙대로 수사하면 허물이 없다.

■ 상구 효사와 소상전

上九는 何校하여 滅耳니 凶하도다
象曰 何校滅耳는 聰不明也라

상구는 형틀을 (목에) 채워서 귀를 없애니 흉하다. 「상전」에서 말했다. "형틀을 (목에) 채워서 귀를 없앰"은 귀가 밝지 못하기 때문이다.

▶ 何: 어찌 하/꾸짖을 하/멜 하 校: 학교 교, 형구(刑具) 滅: 꺼질 멸, 없어지다. 聰: 귀 밝을 총, 총명하다.

☑ 하교멸이 흉(何校滅耳 凶)

상구는 옥사의 끝이자 악이 극에 이르렀으니 무거운 형벌을 받는 상이다. 하(何)는 짊어짐이므로 형틀을 목에 짊어지게 하는 것이다. 형벌이 발에서 시작하여 목까지 올라왔으므로 상구는 죄가 커서 흉한 도이다. 경범죄는 발에 족쇄를 채우지만 중대범죄는 목에 족쇄를 채운다. 죄가 커서 형틀을 목에 채워서 귀를 없애니 형벌이 무거워 흉하다(何校滅耳 凶).

☑ 하교멸이 총불명야(何校滅耳 聰不明也)

형틀을 목에 채워서 귀를 없애는 까닭(何校滅耳)은 귀가 밝지 못하기 때문이다(聰不明也).

상구는 귀먹고 어두워 깨닫지 못하여 죄악을 자행한 것이다. 죄가 큰 자는 형틀을 채운다. 형틀로써 귀를 없애니, 귀가 밝지 못하다. 총(聰)은 귀가 밝아 총명하다는 뜻이므로, 죄를 짓는 것은 총명하지 못한 결과이다. 따라서 효상은 형틀을 목에 지고 귀가 잘려나가는 상으로, 점사는 악이 쌓여 느니 형벌이 무거워 흉하다.

아름답게 꾸미는 산화비(山火賁)

22		艮上 離下	山火賁 산화비

산화비괘(山火賁卦)는 상괘가 산[山]을 상징하는 간괘(艮卦: ☶)이고, 하괘가 불[火]을 상징하는 리괘(離卦: ☲)로, 이는 산 아래에 불이 있는 상으로 밝음과 멈춤의 뜻이다. 산 아래에 불이 있음은 해가 서산 아래로 넘어가고, 석양이 황혼을 붉게 비추어 아름답게 꾸미고 있다. 비(賁)는 열매[貝]가 많이 매달린[卉] 상으로 빛나다, 꾸미다, 수식하다, 열매 맺다는 뜻이다. 문(文)은 사물의 외양을 꾸미는 것이다. 신분, 예의범절은 사회를 유지하는 꾸밈이다. 비괘는 사회를 문식하여 아름답게 하는 도리이다. 따라서 괘상은 산 아래 불이 붙는 산화(山火) 상이요, 괘명은 꾸미는 비(賁)이다.

비괘(賁卦)는 서합괘(噬嗑卦)의 상하를 뒤집어 놓은 괘이다. 서합이 엄격한 형법을 적용하여 질서를 확립하는 괘이나, 비괘는 꾸미면서 이탈을 억제하는 괘다. 서합괘는 사회 질서의 확립을 위한 법치를 중시하고, 비괘는 덕치로 백성의 교화를 중시한다.

비괘(賁卦)는 산이 붉게 물들어 아름답게 꾸미듯이 사회를 아름답게 꾸민다는 의미이다. 초구는 비기지(賁其趾)로, 이는 신랑이 발을 아름답게 꾸미고 신부집으로 가는 상황이니, 의리를 지키고 바르게 하면 길하다. 이효는 비기수(賁其須)로, 이는 수염을 꾸미는 상이니, 정신에 맞게 꾸미면 길하다. 삼효는 비여유여(賁如濡如)로, 이는 꾸밈이 윤이 나는 상황이니, 오랫동안 바른 도를 지키면 길하다. 사효는 백마한여(白馬翰如)로, 이는 신랑이 신부집으로 혼인하러 가는 상황이니, 처음에는 의심을 받으나 마침내는 혼인하게 된다. 오효는 속백전전(束帛戔戔)으로, 이는 신랑이 보내온 폐백이 작아 꾸밈이 소박한 상으로, 처음에는 부끄러워 보이더라도 마침내는 화목하고 길하다. 육효는 백비(白賁)로, 이는 신부가 소박하게 꾸민 상황이니, 마침내 허례허식이 없으니 허물이 없다.

■ 괘사

賁_비는 亨_형하니 小利有攸往_{소리유유왕}하니라

비(賁)는 형통하니 가는 바를 둠이 조금 이롭다.

▶ 賁: 꾸밀 비/클 분   攸: 바 유   往: 갈 왕

☑ 비형 소리유유왕(賁亨 小利有攸往)

　비괘(賁卦)는 상괘 간(☶)이 하괘 리(☲)를 무겁게 누르는 상이다. 비괘는 문(꾸밈, 형식)과 질(바탕, 본질)을 논한다. 비(賁)는 꾸미다는 문(文)의 의미이다. 문(文)은 사물의 형식, 외양과 꾸밈으로 사회를 꾸미는 법, 제도와 예의범절이나 질(質)은 사물의 본질이나 내용이다. 사회의 본질은 국민의 안전과 행복이지만 이를 실현하는 수단은 법이나 제도이다.

　근본이 없으면 나라가 서지 못하고 문채가 없으면 국민이 행복하지 못하니, 꾸미는 문채가 있기 때문에 형통할 수 있다(賁亨). 근본은 주체이고 문채는 꾸미는 것으로 행할 바를 둠이 조금 이롭다(小利有攸往). 근본이 있어 형통하고 문채가 있어 조금 이로운 것이다. 꾸밈이나 허식(虛飾)을 지나치게 추구하면 바른 도를 충실히 지킬 수 없다. 따라서 괘상은 산 아래 불이 있으나 해가 서산으로 기울고 있는 상으로, 점사는 과욕을 버린다면 조금은 이롭다.

■ 괘사에 대한 단전

象曰_{단왈} 賁亨_{비형}은 柔來而文剛故_{유래이문강고}로 亨_형하고
分剛_{분강}하여 上而文柔故_{상이문유고}로 小利有攸往_{소리유유왕}하니 天文也_{천문야}요
文明以止_{문명이지}하니 人文也_{인문야}니 觀乎天文_{관호천문}하여 以察時變_{이찰시변}하며
觀乎人文_{관호인문}하여 以化成天下_{이화성천하}하나니라

「단전」에서 말했다. "비괘(賁卦)가 형통함"은 유가 와서 강을 꾸미기 때문에 형통하고, 강을 나누어 올라가서 유를 꾸미기 때문에 가는 바를 둠이 조금 이로우니 하늘의 문채이다. 문채가 밝아서 머무니 사람의 문채이다. 하늘의 문채를 관찰하여 사시의 변화를 살피며, 사람의 문채를 관찰하여 천하를 교

화하여 (예와 풍속을) 이룬다.

▶ 文: 글월 문, 꾸미다. 察: 살필 찰 化: 될 화, 교화하다, 감화시키다, 가르치다.

☑ 비형 유래이문강 고형(賁亨 柔來而文剛 故亨)

비괘(賁卦)가 형통한 첫번째 이유(賁亨)는 유(음)가 와서 강(양)을 꾸미기 때문에 형통하다 (柔來而文剛 故亨). 내용은 충실해야 하고, 꾸밈을 아름답게 하면 형통하다. 육이가 구삼을 보좌하기 때문에 유가 강을 주인으로 여긴다. 꾸밀 때는 바탕을 근본으로 한다.

☑ 분강상이문유고(分剛上而文柔故)

비괘(賁卦)가 형통한 두번째 이유(賁亨)는 강을 나누어 올라가서 유를 꾸미기 때문이다(分剛上而文柔故). 바탕이 이미 충실한 뒤에는 꾸민다는 말이다. 나눈다(分)는 것은 충분하여 나누어 베푼다는 말이니, 바탕이 넉넉한 뒤에는 꾸민다. 비(賁)의 도에는 바탕도 있고 꾸밈도 있으므로 나누어 말했다.

☑ 소리유유왕 천문야(小利有攸往 天文也)

상구가 육오를 꾸미는 것은 강이 유를 보좌하는 것이다. 강이 유를 보좌하면 가는 것이 조금 이롭다(小利有攸往). 문식이 없으면 일이 시행되지 않기 때문에 꾸밈이 있어야 형통하다. 강과 유의 사귐은 자연스러운 형상이므로 하늘의 문채이다(天文也). 하늘의 문채는 일월성신(日月星辰)이 뒤섞이며 나열되고 한서(寒暑)와 음양(陰陽)이 교대로 변하는 것을 말한다.

☑ 문명이지 인문야(文明以止 人文也)

비괘(賁卦)가 형통한 세번째 이유(賁亨)는 상괘와 하괘 두 몸체의 굳셈과 부드러움이 사귀어 서로 꾸미기 때문이다. 음과 양, 강과 유가 서로 꾸미는 것은 하늘의 문채이고, 문채의 밝음에 있는 것은 사람의 문채이다(文明以止 人文也). 위가 있으면 아래가 있고 바탕이 있으면 꾸밈이 있으니, 하나는 홀로 서지 못하고 둘은 꾸밈이 된다. 하늘의 문채는 하늘의 이치이고, 사람의 문채는 사람의 도이다.

☑ 관호천문 이찰시변(觀乎天文 以察時變)

비괘(賁卦)가 형통한 네번째 이유(賁亨)는 하늘의 문채를 관찰하여 사시의 변화를 살피기 때문이다(觀乎天文 以察時變). 하늘의 문채를 살피면 사시의 변화를 알 수 있다. 화(化)는 변하여 새롭게 됨이요, 성(成)은 풍속을 이룸이다.

☑ 관호인문 이화성천하(觀乎人文 以化成天下)

비괘(賁卦)가 형통한 마지막 이유(賁亨)는 사람의 문채를 관찰하여 천하를 교화시켜 예와 풍속을 이루기 때문이다(觀乎人文 以化成天下). 사람의 문채는 인간 사회의 문명으로, 이를 보고 천하를 변화시켜 예와 풍속을 이루는 것이 바로 성인이 꾸밈을 쓰는 도이다. 하늘의 문채는 해, 달과 별[日月星辰]의 운행이다. 사람의 문채는 아버지와 아들, 임금과 신하의 분수이다. 따라서 아름다운 꾸밈이 있고 예의를 따르고 천하를 교화한다.

■ 괘사에 대한 대상전

상 왈 산 하 유 화 비
象曰 山下有火 賁니라
군 자 이   명 서 정   무 감 절 옥
君子 以하여 明庶政하되 无敢折獄하니라

「상전」에서 말했다. 산 아래 불이 있는 것이 비(賁)이다. 군자는 이를 본받아 여러 정사를 밝히되 옥사를 과감하게 판결하지 않는다.

▶ 庶: 여러 서 明: 밝을 명, 밝다, 밝히다. 折: 꺾을 절, 결단하다, 판단하다. 獄: 옥 옥, 송사, 판결

☑ 산하유화 비(山下有火 賁)

산은 초목과 사물이 모여서 자라는 곳이다. 산 아래에 불이 있어 위로 여러 사물을 비추면 모두 비춤을 받으니 비(賁)는 꾸미는 상이다(山下有火 賁). 비(賁)는 꾸밈, 문식(文飾)을 상징한다.

☑ 군자이 명서정 무감절옥(君子以 明庶政 无敢折獄)

군자는 산 아래에 불이 밝게 비추는 상을 보고 여러 정사를 밝히되 옥사를 과감하게 판결하지 않는다(君子以 明庶政 无敢折獄). 옥사를 함부로 결단하면 임금의 어짊을 해친다. 따라서 서합괘는 법으로 나라를 다스리는 법치(法治)이나 비괘는 덕으로 나라를 다스리는 덕치(德治)이다.

█ 초구 효사와 소상전

초 구 비 기 지 사 거 이 도
初九는 賁其趾니 舍車而徒로다
상 왈 사 거 이 도 의 불 승 야
象曰 舍車而徒는 義弗乘也라

초구는 발을 꾸미니 수레를 버리고 걸어간다. 「상전」에서 말했다. "수레를 버리고 걸어감"은 의리로 탈 수 없기 때문이다.

▶ 趾: 발 지 舍: 집 사/버릴 사 徒: 무리 도, 맨손, 맨발, 걸어가다.

☑ 비기지 사거이도(賁其趾 舍車而徒)

초구는 아래에 있어 올라탈 것이 없는 신분이다. 발을 꾸밈(賁其趾)은 신랑이 신부집에 가기 위해 꽃신을 신는 것처럼 발을 꾸미는 것이다. 초구는 수레를 버리고 걸어간다(舍車而徒). 수레를 타는 것은 명예이지만, 행실을 바르게 하고 수레를 타지 않는다. 초구는 의리를 영화롭게 여기고 걸어가는 것을 치욕으로 여기지 않아, 수레를 버리고 걸어간다(舍車而徒).

☑ 사거이도 의불승야(舍車而徒 義弗乘也)

발을 문식(文飾)하는 것은 발 장식이 아니라 먼 길을 걷기 위해 장비를 착용하는 것이다. 장비는 문화적 장식(문식)이다. 수레를 버리고 걸어감(舍車而徒)은 육사와의 의리로 탈 수 없기 때문이다(義弗乘). 초구는 아래에 있고 지위가 없으므로 수레를 타지 않는 것을 의리로 삼았다. 따라서 효상은 신랑이 발꿈치를 아름답게 꾸미고 신부집으로 가는 상으로, 점사는 의리를 지키고 바르게 하면 길하다.

█ 육이 효사와 소상전

육 이 비 기 수
六二는 賁其須로다
상 왈 비 기 수 여 상 흥 야
象曰 賁其須는 與上興也라

육이는 수염을 꾸민다. 「상전」에서 말했다. "수염을 꾸밈"은 위와 함께 움직이는 것이다.

▶ 須: 모름지기 수/수염 수 興: 일 흥, 움직이다.

☑ 비기수(賁其須)

 털이 턱에 있는 것이 수염이고, 귀 밑에 있는 것은 구레나룻이다. 육이와 구삼이 굳셈과 부드러움으로 서로 수염을 꾸민다(賁其須). 아름답기 위해 수염을 꾸미는 것이다.

☑ 비기수 여상흥야(賁其須 與上興也)

 육이는 음으로 홀로 꾸미지 못하고 위에 있는 구삼 양과 함께 꾸민다. 육이가 수염을 꾸밈(賁其須)은 위 구삼과 함께 움직이는 것이다(與上興也). 구삼 턱이 움직이면 그 아래에 붙어있는 육이 수염도 따라 움직인다. 턱은 얼굴의 본체이자 정신이요, 수염은 얼굴을 꾸며주는 형식이다. 따라서 효상은 수염을 꾸미는 상이니, 점사는 정신에 맞게 꾸미면 길하다.

▌구삼 효사와 소상전

九三은 賁如 濡如하니 永貞吉하리라
象曰 永貞之吉은 終莫之陵也야

구삼은 꾸밈이 윤이 나니 오래 바르게 하면 길하다. 「상전」에서 말했다. "오래 바르게 하는 것이 길함"은 끝내 업신여기지 못하기 때문이다.

▶ 濡: 적실 유, 윤이 나다. 陵: 언덕 릉(능), 업신여기다.

☑ 비여유여 영정길(賁如濡如 永貞吉)

 구삼은 양이 양의 자리에 있어 바른 자리이나 득중하지 않았다. 구삼이 육이·육사와 가까이 있으면서 서로 성대하게 꾸밈이 윤이 난다(賁如濡如). 성대하게 꾸미며 광채가 윤택하다. 여(如)는 ~한 것, 듯하다는 어조사이다. 유(濡)는 젖은 듯 윤기가 흐르는 아름다운 모습이다. 구삼이 육이·육사와 서로 꾸며 오래 바르게 하면 길하다(永貞吉).

☑ 영정지길 종막지릉야(永貞之吉 終莫之陵也)

 오래 바르게 함이 길함(永貞之吉)은 끝내 업신여기지 못하기 때문이다(終莫之陵也). 꾸미기

만 하나 바르지 않으면 사람들이 능멸하기 때문에 오래 바르게 할 수 있으면 길하다. 바름을 오래하면 윗사람이 아랫사람을 능멸함이 없다. 따라서 효상은 꾸밈이 윤이 나는 상으로, 점사는 오랫동안 바른 도를 지키면 길하다.

■ 육사 효사와 소상전

六四는 賁如 皤如하며 白馬 翰如하니 匪寇婚媾리라
象曰 六四는 當位疑也니 匪寇婚媾는 終无尤也라

육사는 꾸밈이 희고 백마가 날아가는 듯 달려가니 도둑이 아니면 혼인한다. 「상전」에서 말했다. 육사는 자리가 마땅하나 의심스럽기 때문이니, "도둑이 아니면 혼인함"에는 끝내 허물이 없다.

▶ 皤 : 흴 파 翰 : 편지 한, 날다. 匪 : 비적 비 寇 : 도적 구 媾 : 화친할 구

☑ 비여파여 백마한여(賁如皤如 白馬翰如)

육사는 바른 자리에 있어 뜻이 바르나 중을 얻지 못했다. 육사는 꾸미지만 문채가 없는 자이다. 상괘는 문식을 상징하는 하괘와 달리 질박한 자연의 모습이기 때문에 매우 소박하다. 비여(賁如)는 꾸미는 것이고, 희다(皤如)는 꾸밈이 없는 것이다.

백마가 날아가는 듯이 달려감(白馬翰如)은 육사는 꾸미지 않고 초구에게 달려가 만난다. 백마(白馬)는 화려한 꾸밈을 피하고, 날아가는 듯이 달려감(翰如)은 꾸밈이 없다. 육사는 초구와는 서로 꾸며주는 데 비록 구삼에게 가로막혀 있다. 육사는 세상의 과도한 문채를 바꾸려고 백마를 타고 호응하는 초구를 찾아가서 혼인하고자 한다.

☑ 비구혼구(匪寇婚媾)

구삼 도둑에게 막히지 않았다면 혼인할 자와 서로 친하게 된다. 구삼이 도둑이 아니면 초구와 바로 혼인할 것이다(匪寇婚媾). 구삼은 초구와 혼인을 가로막는 도적이다.

☑ 당위의야 비구혼구 종무우야(當位疑也 匪寇婚媾 終无尤也)

육사는 음효로 망설이니 미리 알리지 않고 말을 타고 가면 도둑으로 오해를 받는다. 바른 자리에 있어 마땅하나 미리 알리지 않아 의심받기 때문이다(當位 疑也). 구삼 도둑에게 가로막혀

혼인에 가까울 수 없지만 이치가 곧고 의리가 우세하여 반드시 합하기 때문에 끝내 허물이 없다(終无尤也). 따라서 효상은 신랑이 신부집으로 혼인하러 가는 상으로, 점사는 처음에는 의심을 받으나 마침내는 혼인하게 된다.

▌육오 효사와 소상전

 六五는 賁于丘園이니 束帛戔戔이면 吝하나 終吉이리라
象曰 六五之吉은 有喜也라

육오는 언덕과 동산에서 꾸밈이니 묶어놓은 비단이 적으면 부끄럽지만 마침내 길하다. 「상전」에서 말했다. "육오의 길함"은 기쁨이 있다.

▶ 丘: 언덕 구 園: 동산 원 束: 묶을 속/약속할 속 帛: 비단 백 戔: 나머지 잔/적을 전 喜: 기쁠 희

☑ 비우구원(賁于丘園)

육사에서는 꾸밈이 무척 소박했는데 육오에서는 자연 경관을 꾸밈으로 활용한다. 육오는 백성들이 지나치게 꾸미는 것을 염려하여 농사에 집중하도록 언덕과 동산을 꾸민다(賁于丘園). 혼인하여 집안을 화목하게 하고 잘 꾸민다.

☑ 속백전전 린 종길(束帛戔戔 吝 終吉)

속백(束帛)은 한 묶음의 비단이니 적은 재화란 뜻인데, 얼마 되지 않는 재화이다(戔戔). 묶어놓은 비단이 적으면 부끄러울 만하지만(吝), 사치하기보다는 차라리 검소한 것이 예이기 때문에 마침내 길하다(終吉). 폐백이 너무 적어 부끄럽지만 마침내 길함(吝終吉)은 처음엔 검약함이 부끄럽지만, 마침내 생활이 좋아지니 길하여 기쁨이 있는 것이다.

☑ 육오지길 유희야(六五之吉 有喜也)

육오가 길한 이유(六五之吉)는 기쁨이 있기 때문이다(有喜也). 폐백을 검약하여 집안이 부유하게 되고 화목하여 기뻐하니 길하다. 따라서 효상은 신랑이 보내온 폐백이 적어 꾸밈이 소박한 상으로, 점사는 처음에는 부끄러워 보이더라도 마침내는 화목하고 길하다.

▌ 상구 효사와 소상전

上九는 白賁无咎리라
<small>상 구　　백 비 무 구</small>

象曰 白賁无咎는 上得志也라
<small>상 왈　백 비 무 구　　상 득 지 야</small>

상구는 희게 꾸미면 허물이 없다. 「상전」에서 말했다. "희게 꾸미면 허물이 없음"은 위에서 뜻을 얻기 때문이다.

☑ 백비무구(白賁无咎)

　상구는 문식이 전혀 없는 상이다. 백(白)은 꾸미지 않는 것이므로 전혀 꾸밈이 없으면(白賁) 허물이 없다(无咎). 바탕을 숭상하면 근본과 참됨을 잃지 않는다. 흼[白]은 실질이고, 꾸밈[賁]은 문채이다. 내괘는 실질이 되고 외괘는 꾸밈이 되니, 실질이 있고 꾸밈이 있으면 허물이 없다.

☑ 백비무구 상득지야(白賁无咎 上得志也)

　꾸밈을 희게 하면 허물이 없는 이유(白賁无咎)는 위에서 뜻을 얻기 때문이다(上得志也). 꾸밈 없이 소박하게 되었으니 상구의 뜻이 이루어진 것이다. 꾸밈이 지나치면 안 된다. 따라서 효상은 신부가 소박하게 꾸민 상으로, 점사는 마침내 허례허식이 없으니 허물이 없다.

미리 대비하는 산지박(山地剝)

| 23 | 〓〓 | 艮上
坤下 | 山地剝
산지박 |

산지박괘(山地剝卦)는 상괘가 산을 상징하는 간괘(艮卦: 〓)이고, 하괘가 땅을 상징하는 곤괘(坤卦: 〓)로, 이는 산이 땅 위에 있는 상이다. 산이 땅 위에 붙어있어 햇빛을 받고, 비바람에 높아지기도 하고 낮아지기도 하면서 깎여나간다. 박(剝)은 벗기다, 깎다, 줄다, 떨어져 나가다는 뜻이다. 따라서 괘상은 산이 무너지고 깎여져 겨우 땅에 붙어있는 산지(山地) 상이요, 괘명은 깎여나가는 박(剝)이다. 산화비괘(山火賁卦)는 아름답게 꾸미는 괘이나 산지박괘(山地剝卦)는 꾸밈을 깎아내어 미리 대비하는 괘인데, 음기운이 양기운을 깎아내는 괘이다.

박괘(剝卦)는 음효가 아래에서부터 서서히 상승하며 양효를 깎아내는 괘로 세상을 어지럽게 한다. 음의 세력이 강해지고 양의 세력이 깎여나가는 상으로, 군자는 백성을 싣고 백성에게 덕을 베풀어 결실을 준다면 길하다. 이것은 깎임을 미리 방비하는 군자의 자세이다. 초효는 박상이족(剝牀以足)으로, 이는 소인이 침상의 다리를 깎는 상황이니, 미약하더라도 미리 조심하지 않으면 흉하다. 이효는 박상이변(剝牀以辨)으로, 이는 소인이 침상의 상판을 깎는 상황이니, 바른 도가 없어져 재앙이 닥친다. 삼효는 박지무구(剝之无咎)로 소인이 깎아내더라도 지도자와 호응하는 상황이니, 이는 소인을 멀리하고 정도를 지키면 허물이 없다. 사효는 박상이부(剝牀以膚)로, 이는 침상에 누운 사람의 몸이 깎일 상황이니, 위험에 가까웠으니 흉하다. 오효는 貫魚(관어)로, 이는 황후가 후궁을 데리고 가서 황제의 총애를 받는 상황이니, 관대한 덕을 가진다면 허물이 없다. 육효는 석과불식(碩果不食)으로, 이는 소인이 큰 과실을 독식하는 상황이니, 소인을 중용하면 흉하다.

■ 괘사

剝은 不利有攸往하니라
_박　_{불 리 유 유 왕}

박(剝)은 가는 바를 둠이 이롭지 않다.

▶ 剝 : 벗길 박, 벗기다, 깎다, 쪼개다, 줄다.

☑ 박 불리유유왕(剝 不利有攸往)

박(剝)은 벗기다, 깎다를 뜻한다. 꾸밈이 지나치면 무너지기 마련이다. 땅의 높은 것은 산이 되고 평평한 것은 평지가 되는데, 흙은 무너져 아래에 있는 것에 보태져 평지가 된다. 가는 바를 둠(有攸往)은 조정에 나아가 뜻을 펼치는 것이다. 음은 소인이요 양은 군자이다. 음이 성대하고 양이 쇠약하는 것은 소인의 세력이 성대하고 군자의 세력이 쇠약하다.

소인이 강하면 군자를 몰아내니 가는 바를 둠이 이롭지 않다(不利有攸往). 군자는 말을 삼가고 처신을 숨겨 소인의 해침에서 벗어나야 한다. 따라서 괘상은 가는 바를 둠이 이롭지 않은 상으로, 점사는 뜻을 숨기고 때를 기다리면 흉하지 않다.

■ 괘사에 대한 단전

彖曰 剝剝也니 柔變剛也야
_{단 왈 박 박 야}　_{유 변 강 야}
不利有攸往은 小人長也라
_{불 리 유 유 왕}　_{소 인 장 야}
順而止之는 觀象也니 君子 尙消息盈虛 天行也라
_{순 이 지 지}　_{관 상 야}　_{군 자}　_{상 소 식 영 허}　_{천 행 야}

「단전」에서 말했다. 박(剝)은 깎아냄이니 유가 강을 변화시킨다. 가는 바를 둠이 이롭지 않음은 소인이 자라나기 때문이다. 순응하여 멈추는 것은 상을 관찰하기 때문이고, 군자는 사라지고 자라나며 가득차고 비는 것을 숭상하는 것은 하늘의 운행이기 때문이다.

▶ 尙 : 오히려 상, 숭상하다.　消 : 사라질 소, 줄어들다. 息 쉴 식, 자라다.　盈 : 찰 영

☑ 박박야 유변강야(剝剝也 柔變剛也)

박(剝)은 굳센 것이 깎여 떨어짐이다(剝剝也). 양기가 다했으니 강이 깎여 떨어짐은 유가 강을 깎아내기 때문이다. 부드러움이 굳셈을 변화시켜 부드럽게 하는 것이다. 음이 한창 성대하여 양을 깎아서 없애기 때문에 군자가 가는 것은 이롭지 않다. 소인의 세력이 한창 자라나 군자의 세력은 더욱 쇠약해진다. 유가 강을 변화시킴(柔變剛也)은 음이 상승하여 양을 깎아서 강을 유로 변하게 한다. 음은 소인이요 양은 군자인데 이는 군자의 세력을 약하게 하니 이롭지 않다.

☑ 불리유유왕 소인장야(不利有攸往 小人長也)

가는 바를 둠이 이롭지 않은 이유(不利有攸往)는 소인이 성장하기 때문이다(小人長也). 음(유)이 양(강)을 변화시킨다. 위가 변하여 아래가 되고 산이 변하여 땅이 됨은 음이 양을 깎아내어 변화시킨다. 군자의 덕은 소인을 변화시켜 선하게 할 수 있고, 소인의 형세는 군자를 변화시켜 천하게 할 수 있다.

☑ 순이지지(順而止之)

소인의 세력이 자라나면 군자의 도가 사라진다. 순(順)은 하괘 곤괘이고 지(止)는 상괘 간괘로 음기가 강해지면 양기가 쇠약해져 깎아 떨어진다. 변화에 순응하여 깎임을 멈추게 함(順而止之)은 깎임을 대처하는 도이다.

☑ 관상야 군자상 소식영허 천행야(觀象也 君子尙 消息盈虛 天行也)

군자가 박괘의 상을 관찰하여(觀象也) 깎아 떨어지는 것을 멈추게 하지 않으면 이롭지 않다. 사라지고 자라나고, 차고 비는 것은 하늘의 운행이므로(消息盈虛 天行也) 군자는 천도의 운행을 숭상한다(君子尙). 따라서 군자는 천도의 운행을 본받아 백성을 이롭게 해야 한다.

■ 괘사에 대한 대상전

象曰 山附於地 剝이다
상왈 산부어지 박

上이 以하여 厚下하여 安宅하니라
상 이 후하 안택

「상전」에서 말했다. 산이 땅에 붙어 있는 것이 박(剝)이다. 위에서 이를 본받아 아래를 두텁게 하여 집을 편안하게 한다.

▶ 附 : 붙을 부 厚 : 두터울 후 安 : 편안 안 宅 : 댁 댁/집 택

☑ 산부어지박 상이(山附於地剝 上以)

　간괘(艮卦 : ☶)가 산이고 곤괘(坤卦 : ☷)가 땅으로, 산이 땅에 붙어있는 상이다. 산은 땅에서 높이 솟아 있어야 하는데, 흙이 깎여져 도리어 땅에 붙어있으니 무너져 깎인 상이다(山附於地剝). 땅에 붙어있는 산은 위태로운 산이다. 위는 임금 위에 있는 상구로 상구의 상을 보고(上以) 아래 백성의 살림을 두텁게 하여 집안을 편안히 해야 군주의 자리가 안전하다.

☑ 후하안택(厚下安宅)

　아래가 깎이면 위가 위태롭다. 아래를 두텁게 하는 것이 바로 집을 편안하게 하는 것이다(厚下安宅). 산이 땅에 붙어있다면 그 땅을 두텁게 해야만 산이 거처를 편하게 하여 흔들리지 않는다. 임금이 아래 백성의 생활을 두텁게 하여 민심을 얻으면 그 지위도 편안하다. 백성은 나라의 근본으로 근본이 견고하면 나라가 무너지지 않는다. 따라서 근본이 견고하면 나라가 편안하다.

▌초육 효사와 소상전

초육　박상이족　　멸정흉
初六은 剝牀以足이니 蔑貞凶하니라
상왈　박상이족　　이멸하야
象曰 剝牀以足은 以滅下也라

초육은 침상의 다리가 깎이는 것이니 바름을 멸하여 흉하다. 「상전」에서 말했다. "침상의 다리가 깎임"은 아래를 멸하는 것이다.

▶ 牀 : 평상 상 蔑 : 업신여길 멸, 멸하다. 滅 : 꺼질 멸/멸할 멸

☑ 박상이족 멸정흉(剝牀以足 蔑貞凶)

　음이 양을 깎아낸다. 침상의 다리가 깎이니(剝牀以足) 침상을 아래에서 깎아 못쓰게 된다. 이(以)는 지(之)와 같다. 음이 아래에 있으면서 양을 깎아내면 바른 도가 소멸된다. 바름을 없애면 흉하다(蔑貞凶). 침상의 다리를 깎아내면 침상은 쓸 수 없으니 바름을 멸하는 것이다. 사악함이 바름을 멸하고, 소인이 군자를 없애는 것이다. 침상 아래 다리가 깎이면 그 위에 있는 사람은 해를 입게 된다.

☑ 박상이족 이멸하야(剝牀以足 以滅下也)

침상의 다리를 깎임(剝牀以足)은 아래를 멸하는 것이다(以滅下也). 멸(滅)은 없애다는 뜻이다. 아래를 멸함은 침상의 다리를 없애는 것이다. 현재는 음이 약하여 침상의 다리만을 깎을 것이나 더 자라면 막기 어려운 것을 경계한 것이다. 따라서 효상은 소인이 침상의 다리를 깎는 상으로, 점사는 미약하더라도 미리 조심하지 않으면 흉하다.

■ 육이 효사와 소상전

 육 이　　　박 상 이 변　　　멸 정 흉
六二는 剝牀以辨이니 蔑貞凶하니라
상 왈　박 상 이 변　　미 유 여 야
象曰 剝牀以辨은 未有與也라

육이는 침상의 상판이 깎이는 것이니 바름을 멸하여 흉하다. 「상전」에서 말했다. "침상의 상판이 깎임"은 함께하는 이들이 없기 때문이다.

▷ 辨 : 분별할 변, 평상과 다리가 만나는 부분(상판)

☑ 박상이변 멸정흉(剝牀以辨 蔑貞凶)

변(辨)은 침상과 다리를 연결하는 침상의 받침나무인 상판이다. 변(辨)은 위아래를 분별하는 것이며, 멸(蔑)은 변을 없애는 것이다.

초육은 백성의 상으로 침상의 다리[足]이고, 육이는 신하의 상으로 침상의 상판(辨)이다. 처음은 백성을 깎아낸 다음 신하를 깎아낸다. 육이는 다리로부터 상판까지 올라왔다. 음이 점점 올라와 깎임이 상판까지 이르면 바름을 없애 더욱 흉하다(剝牀以辨 蔑貞凶).

음효 다섯이 함께 몰려 아래로부터 없애가는 상황이다. 육이는 음의 자리에 있으므로 남아있는 양기도 없고, 도움을 받을 수도 없으니 흉하게 된다. 바름을 멸함(蔑貞)은 음이 매우 성대하여 외로운 양을 없애는 것이다. 초육과 육이가 바름을 멸하면 흉함(蔑貞凶)은 음이 양을 업신여기는 것이니 소인이 군자의 바른 도리를 업신여기는 것이다. 그리하여 소인이 군자를 없애고 해치면 소인도 끝내 또한 흉하다.

☑ 박상이변 미유여야(剝牀以辨 未有與也)

침상의 상판이 깎임(剝牀以辨)은 함께하는 이들이 없기 때문이다(未有與也). 소인이 군자를 협박하여 깎더라도 군자가 함께 할 이가 있다면 소인을 이겨낼 수 있어서 해를 면할 것이다. 그러나 함께하는 이가 없다면 업신여김을 당하고 흉하다. 따라서 효상은 소인이 침상의 상판을 깎는 상으로, 점사는 바른 도가 없어져 재앙이 닥친다.

▌육삼 효사와 소상전

육 삼　　박 지 무 구
六三은 剝之无咎니라
상 왈　　박 지 무 구　　　실 상 하 야
象曰 剝之无咎는 失上下也라

육삼은 깎이더라도 허물이 없다. 「상전」에서 말했다. "깎이더라도 허물이 없음"은 위아래를 잃기 때문이다.

☑ 박지무구(剝之无咎)

　육삼은 중정을 잃어 육이보다 상태가 더 열악하나, 위로 상구와 정응하고 도움을 받아 허물이 없어졌다. 여러 음이 양을 깎아내니 여러 소인이 군자를 해치고 있다. 육삼은 양이 깎이더라도 허물이 없음(剝之无咎)은 육삼이 음으로 양의 자리에 있으면서 상구와 호응하여 사특함을 버리고 바름을 따르니 깎아내는 때에도 허물이 없다.

☑ 박지무구 실상하야(剝之无咎 失上下也)

　깎이더라도 허물이 없음(剝之无咎)은 위아래를 잃기 때문이다(失上下也). 육삼이 깎이는 처지에 있어도 허물이 없는 것은 도울 수 있는 상구가 있기 때문이다. 따라서 효상은 소인이 깎아내더라도 지도자와 호응하는 상으로, 점사는 소인을 멀리하고 정도를 지키면 허물이 없다.

▌육사 효사와 소상전

육 사　　박 상 이 부　　흉
六四는 剝牀以膚니 凶하니라
상 왈　　박 상 이 부　　절 근 재 야
象曰 剝牀以膚는 切近災也라

육사는 침상에 누워있는 사람의 살갗이 깎이니 흉하다. 「상전」에서 말했다. "침상의 살갗이 깎임"은 재앙에 아주 가까운 것이다.

▶ 膚: 살갗 부   切: 끊을 절, 매우, 몹시   近: 가까울 근   災: 재앙 재

☑ 박상이부 흉(剝牀以膚 凶)

부(膚)는 살갗으로 침상 위에 있는 사람의 몸이다. 침상의 다리에서 깎아내기 시작하여 점점 살갗까지 왔으니 앞으로 몸이 없어져 흉하다. 음의 자라남이 이미 성대하고, 양의 깎임이 이미 심하여 곧은 도리가 사라졌으므로 침상의 깎임이 흉하다(剝牀以膚 凶).

육삼까지는 흉함을 어느 정도 예방할 수 있으나 육사에 오면 재앙이 이미 몸의 살갗까지 이르러 피할 수가 없다. 육사는 침상이 아니라 침상에 누워있는 사람의 몸이다. 침상의 살갗을 깎아냄(剝牀以膚)은 침상에 누워있는 사람의 몸을 깎아낸다는 말이다.

음효는 아래로부터 깎아내니 초육은 침상의 다리를 깎아내고, 육이는 침상의 상판을 소멸하고, 육삼은 깎아내더라도 위와 호응하여 허물이 없고, 육사는 살갗을 깎아내고, 상육은 깎아냄이 다하여 집을 허무는 데까지 이른다. 육오만이 부드러운 음의 도로 임금의 자리에 처하여 이롭다.

☑ 박상이부 절근재야(剝牀以膚 切近災也)

침상의 살갗이 깎임(剝牀以膚)은 재앙에 아주 가까운 것이다(切近災也). 깎아냄이 살갗까지 미쳤으면 몸을 훼손하니, 재앙에 아주 가깝다. 몸에 미치는 재앙이 절박하다. 따라서 효상은 침상에 누운 사람의 몸이 깎일 상으로, 점사는 위험에 가까웠으니 흉하다.

▌ 육오 효사와 소상전

 六五는 貫魚하여 以宮人寵이면 无不利리라
象曰 以宮人寵은 終无尤也리라

육오는 물고기를 꿰어 궁인이 총애를 받듯이 하면 이롭지 않음이 없다. 「상전」에서 말했다. "궁인이 총애를 받듯이 함"은 끝내 허물이 없다.

▶ 貫: 꿸 관   寵: 사랑할 총

☑ 관어 이궁인총 무불리(貫魚 以宮人寵 无不利)

　육오가 초육, 육이, 육삼, 육사의 음을 순서대로 물고기를 꿰듯이 하여(貫魚) 상구의 양에게 총애를 받기를 궁인처럼 하면(以宮人寵) 이롭지 않음이 없다(无不利). 물고기는 음에 속하고, 궁인은 황제의 후궁이나 첩이고, 이들을 부리는 자는 황후이다. 육오가 여러 음을 거느리는 것이 황후가 여러 후궁을 거느리는 것이고, 여러 음이 양을 받드는 것이 황후가 여러 후궁을 물고기를 꿰듯이 함께 황제에게 나아가 시중들어 황제의 총애를 얻는 것이다. 총애(寵愛)는 음이 상구의 양으로부터 총애를 받고 기뻐하는 상이다.

　초육은 침상의 다리이고, 육이는 침상의 상판이며, 육삼은 몸이 평상에 닿는 때인데 위태롭게 하고, 육사는 살갗이고, 육오는 심복(心腹)으로 깎아냄이 심복에 이르면 몸이 또 없어진다. 후궁들이 황후의 자리를 위태롭게 할 수 있으니 황후는 후궁을 황제에게 나아가 시중들게 하면 황제의 총애와 후궁의 존경을 받게 되어 황후의 지위가 더욱 견고해 질 수 있다. 이는 양을 북돋우고 음을 억누르려는 뜻이다.

☑ 이궁인총 종무우야(以宮人寵　終无尤也)

　궁인이 총애를 받듯이 함(以宮人寵)은 끝내 허물이 없다(終无尤也). 육오가 여러 음을 거느리고 상구의 양에게 나아가 총애를 받는다면 끝내 허물이 없다. 따라서 효상은 황후가 후궁을 데리고 가서 황제의 총애를 받는 상으로, 점사는 관대한 덕을 가진다면 허물이 없다.

▌상구 효사와 소상전

上九는 碩果不食이니 君子得輿하고 小人剝廬리라
（상구　석과불식　군자득여　소인박려）
象曰 君子得輿는 民所載也요 小人剝廬는 終不可用也라
（상왈 군자득여　민소재야　소인박려　종불가용야）

상구는 큰 과실을 먹지 않으니, 군자는 수레를 얻고 소인은 집을 허문다. 「상전」에서 말했다. "군자가 수레를 얻음"은 백성들을 싣는 것이고, "소인이 집을 허무는 것"은 끝내 쓸 수 없는 것이다.

▶ 碩: 클 석　果: 실과 과　輿: 수레 여　廬: 농막집 려(여)　載: 실을 재

☑ 석과불식 군자득여 소인박려(碩果不食 君子得輿 小人剝廬)

　상구는 매우 위태한 데도 큰 열매를 먹지 않으니, 군자가 수레를 얻는다(碩果不食 君子得

輿). 큰 열매를 먹지 않음(碩果不食)은 재물을 혼자 독식하지 않고 수레에 싣고 가서 백성에게 나눠 준다는 뜻이다. 군자는 큰 과실을 따서 혼자 먹지 않고 백성들에게 나눠 주니 존경을 받는다. 그러나 소인은 큰 과실을 따고는 백성에게 나누어주지 않고 독식하니 백성이 굶주려 백성의 집이 허물어진다(小人剝廬). 군자는 백성과 재물을 함께하니 복을 받으나 소인은 탐욕으로 백성이 분노하여 나라의 기틀마저 깎이게 된다.

☑ 군자득여 민소재야(君子得輿 民所載也)

군자가 수레를 얻음(君子得輿)은 백성을 얻는 것이고, 백성을 실음(民所載也)은 복을 실어 백성에게 나누어주는 것이다. 백성들은 굳센 양의 군자를 받들어 추대하게 된다.

☑ 소인박려 종불가용야(小人剝廬 終不可用也)

소인은 집을 허물어 끝내 쓸 수 없음(小人剝廬 終不可用也)은 소인은 큰 과실을 백성에게 나누어주지 않고 독식하니 끝내 백성은 더욱 어려워져 국가의 기틀이 허물어진다는 의미이다. 이는 나라가 깨지고 집안이 없어져 소인도 몸을 편안하게 둘 곳이 없다. 따라서 효상은 소인이 큰 과실을 독식하는 상으로, 점사는 소인을 중용하면 나라까지 허물어질 것이다.

다시 돌아오는 지뢰복(地雷復)

| 24 | ䷗ | 坤上
震下 | 地雷復
지뢰복 |

    지뢰복(地雷復)은 상괘가 땅을 상징하는 곤괘(坤卦: ☷)이고, 하괘가 우레(雷)를 상징하는 진괘(震卦: ☳)로, 이는 땅 아래에 우레가 있는 상이다. 곤괘(坤卦: ☷)는 순하고 진괘(震卦: ☳)는 움직임이다(動). 땅속에서 양이 되돌아오니, 양이 음에 의해 깎이다가 땅속에서 생겨난다. 양은 군자의 도요, 음은 소인의 도이다. 양의 소멸이 끝나 다시 돌아오고, 군자의 소멸이 끝나 다시 자라기 때문에 선으로 되돌아오는 의미가 된다. 복(復)은 되돌아오다는 말이다. 따라서 괘상은 우레가 땅속에 있는 지뢰(地雷) 상이요, 괘명은 다시 돌아오는 복(復)이다.

    복괘(復卦)는 박괘(剝卦)의 위아래를 뒤집어 놓은 괘이다. 박괘는 음기에 의해 양기가 침식당하는 괘인 데 반해, 복괘는 양기가 회복되어 서서히 음기를 제압하는 괘다. 시월에 음의 성대함이 지극한 데 동지가 되면 하나의 양이 땅속에서 회복하여 나오기 때문에 되돌아옴[復]이라고 한 것이다. 양의 사라짐이 지극하다가 다시 돌아옴은 군자의 도가 사라짐이 지극하다가 다시 자라나는 것이다. 선(善)으로 돌아오는 뜻이 된다.

    지뢰복(地雷復)은 군자의 도를 회복하는 괘이다. 초효는 불원복(不遠復)으로, 이는 멀리 가지 않고 돌아오는 상황이니, 큰 잘못을 짓기 전에 돌아와 바로잡으면 길하다. 이효는 휴복(休復)으로, 이는 아름답게 돌아오는 상황이니, 바른 도를 회복하니 길하다. 삼효는 빈복(頻復)으로, 이는 자주 바른 도로 돌아오는 상황이니, 바른 길로 돌아오니 길하다. 사효는 독복(獨復)으로, 이는 홀로 중정의 도를 행하여 돌아오는 상황이니, 사악한 무리를 따르지 않고 중도를 행하면 길하다. 오효는 돈복(敦復)으로, 이는 바른 길로 돈독하게 돌아오는 상황이니, 중용의 덕을 가지고 바른 길로 돌아와 후회가 없다. 육효는 미복(迷復)으로, 이는 장수가 출정하여 길을 잃고 대패하여 돌아오는 상황이니, 크게 피해를 입고 흉하다.

▍괘사

^복 ^형 ^{출 입 무 질} ^{붕 래 무 구}
復은 亨하니 出入无疾하여 朋來无咎리라
^{반 복 기 도} ^{칠 일 래 복} ^{이 유 유 왕}
反復其道하여 七日來復하니 利有攸往이니라

복(復)은 형통하여 나가고 들어옴에 병이 없지만 벗이 와야 허물이 없다. 그 도를 반복하여 칠 일만에 와서 회복하니 가는 바를 둠이 이롭다.

▶ 復: 회복할 복/다시 부, 돌아오다.　疾: 병 질　朋: 벗 붕

☑ 복형 출입무질 붕래무구(復亨 出入无疾 朋來无咎)

　복(復)은 되돌아오다는 말이다. 양기가 처음은 미약하나 회복하고, 점점 성대하고 만물을 생육하기 때문에 형통하다. 소인이 득세하더라도 양이 자라기 사작하여 군자의 도를 회복하니 복(復)은 형통하다(復亨).

　출(出)은 양이 왕성한 것이요, 입(入)은 음이 왕성한 것이다. 무질(无疾)은 상해를 받지 않는 것이다. 음이 왕성해도 양이 다 소멸되지 않고, 양이 왕성해도 음이 다 소멸되지 않는다. 단지 숨어 있을 뿐이지 없어지는 것이 아니다. 나가고 들어옴에 병이 없다(出入无疾). 나가고 들어오는 것은 자연의 이치이므로 양기가 자라는 것을 해치지 않는다. 소인이 득세를 하더라도 현인이나 선인을 다 소멸시킬 수는 없으니 음양소장(陰陽消長)의 이치이다.

　붕(朋)은 초구의 양효이다. 벗이 찾아오는 것은 양효가 모이는 것이니, 선인이 등용되면 더 많은 선인들의 무리가 모이게 된다. 벗이 와야 허물이 없기 때문이다(朋來无咎).

☑ 반복기도 칠일래복 이유유왕(反復其道 七日來復 利有攸往)

　반(反)은 돌아오다를 뜻한다. 사라지고 자라는 도가 반복하므로 양이 사라졌다가 칠 일만에 와서 반복한다(反復其道 七日來復). 반복(反復)은 갔다가 되돌아오고 왔다가 되돌아가는 것이다. 칠 일은 일곱 번 변한다는 말이니 변화가 회복되는 주기이다. 양이 나아가면 음이 물러나니, 군자의 도가 자라면 소인의 도가 사라지기 때문에 나아가는 것이 이롭다(利有攸往). 따라서 괘상은 땅속의 우레가 다시 솟아오르는 상으로, 점사는 군자의 도가 회복하니 나아가면 이롭다.

■ 괘사에 대한 단전

단왈 복형 강반 동이이순행
象曰 復亨은 剛反이니 動而以順行이라
시이 출입무질 붕래무구 반복기도 칠일래복 천행야
是以 出入无疾 朋來无咎니라 反復其道하여 七日來復은 天行也요
이유유왕 강장야 복 기견천지지심호
利有攸往은 剛長也라 復에 其見天地之心乎라!

「단전」에서 말했다. 복(復)이 형통함은 강이 돌아와 움직여 순하게 행하니, 이 때문에 "나가고 들어옴에 병이 없지만 벗이 오면 허물이 없음"이다. "그 도를 반복하여 칠 일만에 와서 회복함"은 하늘의 운행이다. "가는 바를 둠이 이로움"은 강이 자라나기 때문이다. 복괘(復卦)에서 천지의 마음을 볼 수 있을지어다!

☑ 복형강반 동이이순행(復亨剛反 動而以順行)

복이 형통한 것은 강이 이미 돌아왔기 때문이다(復亨剛反). 변화가 다하여 굳셈이 돌아오는 것이다. 진괘는 동(動)이고, 곤괘는 순(順)이다. 움직임은 순서에 따라 행하여지므로(動而以順行), 무리하게 움직이지 않는다.

☑ 출입무질 붕래무구(出入无疾 朋來无咎)

굳센 양이 돌아와 순하게 움직이는 것(動而以順行)은 하늘의 운행에 순종하니 나가고 들어옴에 병이 없다(出入无疾). 양이 돌아오면 같은 양이 모이게 되어 흠이 없게 된다. 벗은 여러 양이다. 벗이 오는 것도 순서대로 움직여 양기를 점차 회복하니 허물이 없다(朋來无咎). 소인은 많은데 군자는 혼자이므로 순서대로 가지 않으면 방해꾼들이 와서 군자 자신도 보존할 수 없다.

☑ 반복기도 칠일래복 천행야(反復其道 七日來復 天行也)

양이 가면 음이 오고 음이 가면 양이 오므로 반복한다. 음과 양이 사라지고 자라는 것은 하늘의 운행이다. 그 도를 반복하여 칠 일에 회복하는 것은 하늘의 운행이다(反復其道 七日來復 天行也). 음의 끝에 있어서 어지러운 것은 회복하여 다스리고, 간 것은 회복하여 돌아오며, 흉한 것은 회복하여 길하고, 위태로운 것은 회복하여 편안하니, 천지가 저절로 운행한다.

☑ 이유유왕 강장야(利有攸往 剛長也)

가는 바를 둠이 이로움(不利有攸往)은 굳셈이 자라나기 때문이다(剛長也). 굳셈이 자라남

(剛長也)은 군자의 도가 자라나는 상이다. 밖에서 들어오는 것을 온다[來]고 하고, 안에서 나가는 것을 간다[往]고 한다. 방해꾼들이 많으면 갈 수 없고, 방해꾼들이 없으면 가는 데에 이롭다. 역(易)의 도는 모두 군자를 위해 도모한 것이다.

☑ 복 기견천지지심호(復 其見天地之心乎)

음과 양이 반복해서 왕래하여 번갈아 사라지고 자란다. 사라지고 자라는 것이 하늘의 이치이다. 복괘는 천지의 마음을 보는 것이다(復 其見天地之心).

괘사에 대한 대상전

象曰 雷在地中이 復이니 先王이 以하여 至日閉關하여 商旅不行하며
后不省方하니라
<small>상왈 뇌재지중 복 선왕 이 지일폐관 상려불행 후불성방</small>

「상전」에서 말했다. 우레가 땅속에 있는 것이 복(復)이니 선왕이 이를 본받아 동짓날에는 관문을 닫아 상인과 여행자들이 다니지 못하게 하고 임금은 사방을 시찰하지 않는다.

▶ 至日 : 지일, 동지(冬至)날　閉 : 닫을 폐　關 : 관계할 관, 관문　旅 : 나그네 려(여)　省 : 살필 성/덜 생

☑ 뇌재지중복 선왕이 지일폐관(雷在地中復 先王以 至日閉關)

우레가 땅속에 있어(雷在地中) 우레가 아직 울리지 않는 상이다. 우레는 음과 양이 서로 부딪혀서 나는 소리이지만, 양이 미약할 때는 아직 터져 나오지 못하니 편안하고 고요하다.

동짓날은 회복하려는 본래의 기운이 이르는 때이다. 양이 다하면 기운이 아주 미약하여 이미 일할 수 있는 때가 아니다. 음이 다하면 양이 회복되는데 이 때가 동짓날이다. 선왕은 이러한 복괘의 상을 본받아 동짓날에 관문을 닫는다(先王以 至日閉關).

☑ 상려불행 후불성방(商旅不行 后不省方)

선왕은 상인과 여행자들이 다니지 못하게 하고(商旅不行) 임금이 사방을 시찰하지 않아(后不省方) 모두 고요함에 움직임을 감추는 상이다. 관문을 열어놔야 되는데 닫아 걸고, 장사꾼과 여행자들은 길에서 돌아다녀야 하는데 다니지 못하게 한다. 임금이 십일월 초하루에 나라를 돌아다니며 살피다가 이 날에는 사방을 시찰하지 않는 것은 우레가 땅속에 있는 뜻을 본받아 새

해를 밝게 보내자는 뜻이다. 따라서 고요하게 하여 양의 기운이 와서 회복하기를 기다린다.

■ 초구 효사와 소상전

초구 불원복 무지회 원길
初九는 不遠復이라 无祗悔니 元吉하니라
상왈 불원지복 이수신야
象曰 不遠之復은 以脩身也라

초구는 머지않아 돌아온다. 후회가 없으니 크게 길하다. 「상전」에서 말했다. "머지않아 돌아옴"은 자신을 수양하기 때문이다.

▶ 祗: 공경할 지, 이르다. 脩(修): 포 수/닦을 수

☑ 불원복 무지회 원길(不遠復 无祗悔 元吉)

양은 군자의 도이기 때문에 복(復)은 선으로 돌아오는 뜻이다. 곤(坤: ☷)은 고요한 때이고 진(震: ☳)은 움직이는 시작이므로, 초구는 양기가 다시 생겨나기 시작하는 효다. 초구는 양이 양의 자리에 있어 굳센 재능이 있고, 자리가 바르다.

초구는 괘의 시작으로 잘못이 있으면 고쳐서 바른 길로 돌아온다. 머지않아 돌아옴(不遠復)은 큰 잘못을 짓기 전이라는 뜻이다. 이는 큰 잘못을 짓기 전에 반성하여 바른 길로 돌아오는 것이고 수신(修身)을 뜻한다. 크게 잘못되기 전에 바로잡으니 길하다.

초구는 하나의 양으로 다섯 음의 주인이 되고, 복괘의 맨 앞에 있다. 머지않아 다시 돌아와(不遠復) 후회에 이르지 않고(无祗悔) 아주 선해서 크게 길한 것이다(元吉). 과도하게 손실을 입기 전에 반성하여 바른 도로 돌아오면, 크게 재앙이 없다.

☑ 불원지복 이수신야(不遠之復 以脩身也)

머지않아 돌아옴(不遠之復)은 자신을 수양하기 때문이다(以脩身也). 지나치게 상황이 악화되기 전에 돌아오니 자신을 수양하는 것이다. 잘못을 고쳐 착해지는 것이 수양이다. 따라서 효상은 멀리 가지 않고 돌아오는 상으로, 점사는 큰 잘못을 짓기 전에 돌아와 바로잡으면 길하다.

▌육이 효사와 소상전

六_{육이}二는 休_{휴복}復이니 吉_길하니라
象_{상왈}曰 休_{휴복지길}復之吉은 以_{이하인야}下仁也라

육이는 아름답게 회복하니 길하다. 「상전」에서 말했다. "아름답게 회복함이 길함"은 어진 자에게 자신을 낮추기 때문이다.

▶ 休: 쉴 휴, 그만두다, 아름답다, 훌륭하다.

☑ 휴복길(休復吉)

휴(休)는 아름다움이요, 어진 자는 초구이다. 육이가 음효이지만 중정에 있고 초구와 아주 가깝고 양을 따르니, 어진 자에게 낮출 수 있고 돌아옴이 아름답다. 예로 돌아오면 어짊[仁]이 된다. 복괘는 멀리 가지 않고 돌아옴을 귀하게 여기므로 육이는 아름답게 회복하니 크게 길하다(休復吉). 육이가 초구 현인의 가르침을 받고 바른 도로 돌아오니 아름다운 돌아옴이다.

☑ 휴복지길 이하인야(休復之吉 以下仁也)

낮춤[下]은 덕의 기초이고 선의 근본이다. 현명한 자를 가까이 하면 현명해지니 육이가 초구 현인에게 낮추는 것을 말한다. 아름답게 회복함이 길한 이유(休復之吉)는 어진 자에게 몸을 낮추었기 때문이다(以下仁也). 육이가 초구와 가까이 하며 자신을 낮추니 길하다. 따라서 효상은 아름답게 돌아오는 상으로, 점사는 바른 도를 회복하여 길하다.

▌육삼 효사와 소상전

六_{육삼}三은 頻_{빈복}復이니 厲_{려무구}无咎리라
象_{상왈}曰 頻_{빈복지려}復之厲는 義_{의무구야}无咎也라

육삼은 자주 회복하니 위태하지만 허물은 없다. 「상전」에서 말했다. "자주 회복하는 것이 위태함"은 의리에는 허물이 없다.

▶ 頻: 자주 빈 厲: 갈 려(여), 위태롭다.

☑ 빈복 려무구(頻復 厲无咎)

육삼은 음이 양의 자리에 있어 재능이 부족하고, 위아래의 사이에 있으니 자주하는 상이다. 육삼이 위태하지만 양의 자리에 있어 바른 길로 돌아올 수 있어 허물이 없다(頻復 厲无咎). 잘못을 하고 깨닫고 바른 도로 회복하는 것을 자주 하여 위태롭지만 결국은 바른 도를 회복한다.

☑ 빈복지려 의무구야(頻復之厲 義无咎也)

자주 돌아오고 자주 잃는 것은 비록 위태하지만(頻復之厲) 선으로 돌아온다는 뜻에는 허물이 없다(義无咎也). 바른 도로 자주 돌아오고 자주 잃으니 비록 위태하지만, 끝내 바른 도를 회복하므로 의리상 허물이 없게 된다. 따라서 효상은 자주 바른 도로 돌아오는 상으로, 점사는 바른 길로 돌아오니 길하다.

▌ 육사 효사와 소상전

六四는 中行獨復이로다
象曰 中行獨復은 以從道也라

육사는 (음의) 중심에서 행하여 홀로 회복한다. 「상전」에서 말했다. "(음의) 중심에서 행하여 홀로 회복함"은 도를 따랐기 때문이다.

☑ 중행독복(中行獨復)

육사가 여러 음들의 가운데에서 홀로 중정(中正)의 도를 행하여 돌아온 것(中行獨復)은 바른 길을 따르기 위한 것이다. 스스로 바름에 머물고 아래로 초구 굳센 양과 호응하니 그 뜻이 선하다. 육사는 부드러운 음이 바른 자리를 얻고 다섯 음 사이에 있는데, 초구인 복괘의 주인에게 홀로 호응하니 사악한 무리를 따르지 않고 바름을 따르는 자이다.

☑ 중행독복 이종도야(中行獨復 以從道也)

중심에서 중정의 도를 행하여 홀로 회복한 이유는 도를 따랐기 때문이다(中行獨復 以從道也). 도는 중정의 도이다. 혼자서 돌아온다고 칭찬한 것은 굳센 양인 군자의 선한 도를 따르기 때문이다. 초구는 자신을 수양하고, 육이는 어진 자에게 낮추고, 육사는 호응하기 때문에 도를 따른다. 따라서 효상은 홀로 중정의 도를 행하여 돌아오는 상으로, 점사는 사악한 무리를 따르지 않고 중도를 행하면 길하다.

■ 육오 효사와 소상전

^{육 오} ^{돈 복} ^{무 회}
六五는 敦復이니 无悔하니라
^{상 왈} ^{돈 복 무 회} ^{중 이 자 고 야}
象曰 敦復无悔는 中以自考也라

육오는 돈독하게 회복하니 후회가 없다. 상전에서 말했다. "돈독하게 회복하니 후회가 없음"은 중도로 스스로 살피기 때문이다.

▶ 敦 : 도타울 돈, 돈독하다.　考 : 생각할 고/살필 고

☑ 돈복무회(敦復无悔)

　육오는 중도의 유순한 덕으로 임금의 자리에 있어 덕을 지키고 바른 길로 회복하기를 돈독하게 할 수 있어 후회가 없다(敦復无悔). 육오의 돈독하게 회복함(敦復)은 덕을 이루는 일이다. 육오는 스스로의 판단으로 바른 길로 돌아오는 것이 다른 네 음효와의 다른 점이다.

☑ 돈복무회 중이자고야(敦復无悔 中以自考也)

　돈독하게 회복함이 후회가 없음(敦復无悔)은 중도로 스스로 살피기 때문이다(中以自考也). 육오는 음으로 존귀한 자리에 있고 가운데 자리에 있고 유순하니, 그 뜻을 돈독히 하여 중도로 스스로 살피면 후회가 없다. 중도로 스스로 살핌(中以自考也)은 스스로 중도의 유순한 덕을 이루는 것이다. 따라서 효상은 바른 길로 돈독하게 돌아오는 상으로, 점사는 중용의 덕을 가지고 바른 길로 돌아와 후회가 없다.

■ 상육 효사와 소상전

^{상 육} ^{미 복 흉} ^{유 재 생}
上六은 迷復凶하고 有災眚하니라
^{용 행 사} ^{종 유 대 패}
用行師면 終有大敗하고

이 기 국　　　군 흉　　　지 우 십 년　불 극 정
以其國이면 **君凶**하여 **至于十年 不克征**하리라

상 왈　미 복 지 흉　　　반 군 도 야
象曰 迷復之凶은 **反君道也**라

상육은 혼미하게 회복함이니 흉하고 재앙이 있다. 군사를 동원하면 마침내 크게 패하고, 나라를 다스리면 임금이 흉하여 십 년이 되어도 정벌하지 못할 것이다. 「상전」에서 말했다. "혼미하게 회복하는 것이 흉함"은 임금의 도와 반대되기 때문이다.

▶ 迷: 미혹할 미,헤매다　災: 재앙 재　眚: 흐릴 생, 재앙　敗: 패할 패　克: 이길 극　征: 칠 정

☑ 미복흉 유재생(迷復凶 有災眚)

　상육은 괘의 끝에서 바른 길로 돌아갈 의지도 없고, 자발적으로 갈 능력도 없다. 망설이다가 끝에서 돌아오는 것이 미복(迷復)이다. 길을 잃고 회복하지 못하니 흉하다(迷復凶). 길을 잃고 잘못된 길로 가서 회복할 줄 모르니 흉할 수밖에 없다.

　재앙이 있음(有災眚)은 길을 잃고 회복하지 못하니 재앙과 화를 겪게 된다. 재(災)는 천재(天災)로 밖에서 오는 것이고, 앙(眚)은 자신의 잘못으로 스스로 만든 것이다. 이미 혼미하여 선으로 돌아오지 못하니, 자신에게는 움직이면 모두 과실이고, 재화가 밖에서 오더라도 불러들인다.

☑ 용행사 종유대패 이기국 군흉(用行師 終有大敗 以其國 君凶)

　바른 길을 찾지 못하고 군사를 동원하면 마침내 크게 패하고(用行師 終有大敗), 나라를 다스리면 임금이 흉하다(以其國 君凶). 군(君)은 육오를 가리킨다. 상육은 지위가 높아 어진 자에게 낮추는 미덕이 없고, 굳센 양이 멀리 있어 선으로 고치는 기회를 잃었다.

☑ 지우십년 불극정(至于十年 不克征)

　십 년은 수(數)의 끝이니, 십 년이 될 때까지 정벌하지 못하는 것(至于十年 不克征)은 끝내 정벌하지 못하는 것이다. 적국을 정벌하러 나간 지 십 년이 되어도 돌아오지 못할 것을 경계한 것이다. 군사를 동원하면 군대가 패하고 임금이 욕되어 십 년이라는 오랜 기간이 지나더라도 치욕을 씻을 수 없으니, 그 흉함이 지극함을 말한다.

☑ 미복지흉 반군도야(迷復之凶 反君道也)

　혼미하게 회복함이 흉한 이유(迷復之凶)는 임금의 도와 반대되기 때문이다(反君道也). 임금

은 밝고 지혜로워야 하는데 혼미하고 어지러우며, 임금이 군사를 동원하면 승리해야 하는데, 계속 정벌을 하려고만 하면 끝내 크게 패할 것이다. 임금이 바른 도를 잃고 회복하지 못하면 흉하고 재앙이 있다. 따라서 효상은 장수가 출정하여 길을 잃고 대패하여 돌아오는 상으로, 점사는 크게 피해를 입고 흉하다.

망령됨이 없는 천뢰무망(天雷无妄)

25		乾上 震下	天雷无妄 천뢰무망

　천뢰무망괘(天雷无妄卦)는 상괘가 하늘을 상징하는 건괘(乾卦: ☰)이고, 하괘가 우레를 상징하는 진괘(震卦: ☳)로, 이는 하늘 아래 우레가 나는 상이다. 무망(無妄)이란 망령됨이 없다는 뜻이다. 망(妄)은 성실의 반대로 거짓이나 무망(無妄)은 거짓이 없는 것이니 정도를 굳게 지키는 것이다. 성인은 천도(天道)로 움직이고 현인은 인도(人道)로 움직인다. 무망은 성인의 일이고, 회복은 현인의 일이다. 무망은 성실이고, 회복은 무망에 이르는 것이다. 사람은 천지의 중을 받아 생겨나는데, 천신과 천명은 무망이다. 무망괘(无妄卦)는 우연을 바라지 않고 성실하게 바른 도를 지키는 괘이다. 따라서 괘상은 하늘 아래 우레가 나는 천뢰(天雷) 상이요, 괘명은 망령됨이 없다는 무망(無妄)이다.

　무망괘(无妄卦)는 망령된 행동이 없는데도 길흉이 다른 경우를 제시한 괘이다. 초효는 무망(无妄)으로, 이는 도리에 어긋나지 않고 망령됨이 없는 상황이니, 바른 도를 지키면 길하다. 이효는 불경확불치여(不耕穫不菑畬)로, 이는 경작하지도 개간하지도 않으면서 수확하기를 바라는 상황이니, 오직 해야 할 임무를 다하면 이롭다. 삼효는 계지우(繫之牛)로, 이는 마을 사람이 매어 놓은 소를 잃은 상황이니, 바른 자리에 있지 않으면 재앙이 된다. 사효는 가정(可貞)으로, 이는 바르게 할 수 있는 상황이니, 바른 도를 지켜 허물이 없다. 오효는 무망지질(无妄之疾)으로, 이는 무망의 병은 약을 쓰지 않는 상황이니, 약을 쓰지 않더라도 병은 나을 것이다. 육효는 무망행유생(无妄行有眚)으로, 이는 무망한 데도 행하면 재앙이 있는 상황이니, 적당한 곳에 멈추지 않으면 이롭지 않다.

303

▌괘사

무 망　　원 형 이 정　　　　기 비 정 유 생　　　불 리 유 유 왕
无妄은 元亨利貞하니라 其匪正有眚이니 不利有攸往하니라

무망(无妄)은 크게 형통하고 바르게 함이 이롭다. 바르지 않으면 재앙이 있을 것이므로 가는 바를 둠이 이롭지 않다.

▶ 妄: 망령될 망, 어그러지다, 헛되다, 속이다.　匪: 비적 비, 아니다.　眚: 흐릴 생, 잘못, 재앙

☑ 무망 원형이정(无妄 元亨利貞)

무망(无妄)은 망령됨이 없이 성실함이고, 성실함은 하늘의 도이다. 망령(妄靈)은 말이나 행동이 정상에서 벗어난 상태이다. 무망은 저절로 크게 형통하지만(无妄元亨), 반드시 곧고 바르게 해야 비로소 이롭다(利貞). 조금이라도 바르지 않다면(匪正) 사특함으로, 이는 천명을 어기는 것이다. 하늘이 도와주면 순조롭지만, 하늘이 도와주지 않는다면 움직여서는 안 된다.

☑ 기비정유생 불리유유왕(其匪正有眚 不利有攸往)

기(其)는 가정부사로 만약의 뜻이다. 바르지 않음(匪正)은 천리(天理)에 반하는 것으로 육삼과 상구가 제자리를 얻지 못함이다. 생(眚)은 자신이 잘못해서 생긴 재앙이다. 만약 바르지 않아 정도를 지키지 않으면 재앙이 있다(其匪正有眚). 가는 바를 둠이 이롭지 않음(不利有攸往)은 바르지 않아 가서는 안 되는 것이다. 따라서 괘상은 하늘 아래 우레가 진동하는 상으로, 점사는 추진하면 이롭지 않다.

▌괘사에 대한 단전

단 왈 무 망　　강　　자 외 래 이 위 주 어 내　　　동 이 건
彖曰 无妄은 剛이 自外來而爲主於內하니 動而健하고
강 중 이 응　　　대 형 이 정　　　천 지 명 야
剛中而應하여 大亨以正하니 天之命也라
기 비 정 유 생　　불 리 유 유 왕　　무 망 지 왕　　하 지 의
其匪正有眚 不利有攸往은 无妄之往이 何之矣리오?
천 명 불 우　　　행 의 재
天命不祐인데 行矣哉아!

「단전」에서 말했다. 무망(无妄)은 강이 밖으로부터 와서 안에서 주인이 되었다. 움직이면서 강건하며, 강이 중을 얻어 호응하여, 크게 형통하고 바르니 하늘의 명이다. "바르지 않으면 재앙이 있으니 가는 바를 둠이 이롭지 않음"은 무망(无妄)으로 간들 어디로 가겠는가? 천명이 돕지 않는데 행하겠는가!

☑ 무망 강자외래이위주어내(无妄 剛自外來而爲主於內)

무망(无妄)은 굳센 양이 밖으로부터 왔다(无妄 剛自外來而). 밖은 외괘인 상괘이고, 상괘는 모두 강효이다. 진괘(震卦)는 초구를 주인으로 삼으니 초구는 안에서 무망의 주인이 되었다(主於內). 초구가 밖에서 와 내괘의 주인이 되었다.

☑ 동이건 강중이응(動而健 剛中而應)

움직이면서도 강건함(動而健)은 초구가 밖에서 와 내괘의 주인이 되었고, 행동이 결코 망령되지 않으니(无妄) 이는 행동이 매우 강건하다는 말이다. 굳세고 바름이 안에서 주인이 되었으니 무망의 뜻이다.

호응한다는 것은 음과 양이 만나 서로 조화하는 것이다. 굳센 양이 중을 얻어 호응한다(剛中而應)는 것은 구오가 굳센 양으로서 중정하고, 육이가 중정으로 서로 호응하니 이는 망령되지 않은 것이다. 구오의 굳센 양과 육이의 부드러운 음이 중정하여 서로 호응한다.

☑ 대형이정 천지명야(大亨以正 天之命也)

바름으로 크게 형통한 것(大亨以正)은 천리를 따르기 때문에 하늘의 명이다(天之命也). 도가 크게 형통하며 곧고 바르니 이는 하늘의 명이다. 천명이란 천도를 말하니 무망(无妄)이다.

☑ 기비정유생 불리유유왕(其匪正有眚 不利有攸往)

무망(无妄)은 바름으로 만약 조금이라도 바름을 잃으면 허물이 있게 되니(其匪正有眚) 가는 바를 둠이 이롭지 않다(不利有攸往). 바른 도를 지키지 않는다면 아무리 능력이 있더라도 곤란한 상황에 처할 수밖에 없다.

☑ 무망지왕 하지의 천명불우 행의재(无妄之往 何之矣 天命不祐 行矣哉)

무망(无妄)으로 간들 어디를 가겠는가(无妄之往 何之矣)란 갈 데가 없다는 뜻이다. 천명이 돕지 않는데 행하겠는가(天命不祐 行矣哉)란 반어적인 표현으로 가서는 안 된다. 어디를 가겠는가(何之矣)는 바름으로 간다면 천명이 도와 행할 수가 있으나, 바르지 않게 간다면 천명에 어긋난다. 하늘의 뜻을 따르지 않고는 무망(无妄)으로 갈 수가 없다.

▍괘사에 대한 단전

象曰 天下雷行하여 物與无妄하니라
<small>상 왈 천 하 뢰 행　　물 여 무 망</small>

先王이 以하여 茂對時하여 育萬物하니라
<small>선 왕　이　무 대 시　육 만 물</small>

「상전」에서 말했다. 하늘 아래에 우레가 다녀 물건마다 망령됨이 없다. 선왕이 이를 본받아 성대하게 때에 맞춰 만물을 기른다.

▶ 茂: 무성할 무, 성대하다.

☑ 천하뢰행 물여무망(天下雷行 物與无妄)

행(行)은 다니다, 여(與)는 마다, 모두 다의 뜻이다. 상괘 건괘가 하늘이고, 하괘 진괘가 우레이니, 하늘 아래에 우레가 다니는 상으로(天下雷行) 물건마다 망령됨이 없다(物與无妄). 하늘 아래에 우레가 다녀 진동하고 만물이 각각 성명(性命)을 얻으니 이는 물건마다 망령됨이 없다.

☑ 선왕이 무대시 육만물(先王以 茂對時 育萬物)

무(茂)는 성대하다, 대(對)는 부합하다의 뜻이다. 대시(對時)는 알맞은 때에 맞추다는 뜻이다. 땅위에 우레가 울리고 만물이 생겨나 각각 본성에 따라 모두 바르게 발육한다. 선왕이 무망괘의 상을 본받아(先王以) 성대하게 하늘의 때에 맞춰 만물을 길러낸다(茂對時育萬物). 하늘의 때에 성대하게 맞춤(茂對時)은 우레가 때에 맞게 다니는 것을 본받는 것이고, 만물을 기름(育萬物)은 하늘이 만물을 낳는 것을 본받는 것이다.

▍초구 효사와 소상전

初九는 无妄이니 往吉하니라
<small>초 구　무 망　왕 길</small>

象曰 无妄之往은 得志也리라
<small>상 왈 무 망 지 왕　득 지 야</small>

초구는 망령됨이 없으니 가면 길하다. 「상전」에서 말했다. 망령됨이 없이 가면 뜻을 얻기 때문이다.

☑ 무망왕길(无妄往吉)

　　망령됨이 없으면 진실하고, 진실하면 성실하다. 초구는 망령됨이 없으니 가면 길함(无妄往吉)은 처음부터 성실하게 천리(天理)에 따라 행하고 나아가서 길하다. 왕(往)은 목표를 하고 간다, 정(征)은 바르게 나아간다는 뜻이다.

☑ 무망지왕 득지야(无妄之往 得志也)

　　망령됨이 없이 가는 이유(无妄之往)는 뜻을 얻기 때문이다(得志也). 뜻은 바른 도를 따라 성실하게 행하는 것이다. 성실하게 자신을 수양하면 몸이 바르게 되고, 일을 다스리면 이치를 얻고, 사람에게 임하면 사람이 감동하고 교화되어 행하는 뜻을 얻는다. 따라서 효상은 도리에 어긋나지 않고 망령됨이 없는 상으로, 점사는 바른 도를 지키면 길하다.

■ 육이 효사와 소상전

　　　육이　　불경확　　불치여　　즉이유유왕
六二는 不耕穫하며 不菑畬니 則利有攸往하니라
　　상왈 불경확　　미부야
象曰 不耕穫은 未富也라

육이는 밭을 갈지 않았는데도 수확하며, 일 년된 밭을 만들지 않았는데도 삼 년된 밭이니, 가는 바를 둠이 이롭다. 「상전」에서 말했다. "밭을 갈지 않았는데도 수확함"은 부유하려 함이 아니다.

▶ 耕: 밭 갈 경　穫: 거둘 확　菑: 묵정밭 치, 경작한 지 한 해 된 밭　畬: 새밭 여, 개간한 지 삼 년 된 밭

☑ 불경확 불치여 즉이유유왕(不耕穫 不菑畬 則利有攸往)

　　육이는 가운데 있고 바름을 얻어 사사로이 기대하고 바라는 것이 없는 자이다. 치(菑)는 개간하여 일 년 된 밭, 여(畬)는 개간하여 삼 년 된 밭을 말한다. 경작은 농사의 시작이고 수확은 농사의 끝이다.

　　불경확(不耕穫)은 가을에 추수하려고 봄에 경작하는 것이 아니고, 경작(耕作)은 마땅히 해야 할 임무이므로 힘쓰는 것이다. 밭을 갈면 반드시 수확이 있고, 일 년된 밭을 만들면 반드시 삼 년된 밭이 되기 마련이다. 육이는 밭을 갈지 않았는데도 수확하며(不耕穫) 일 년된 밭을 만들지 않았는데도 삼 년된 밭이 된다(不菑畬). 꼭 수확하려고 경작하는 것이 아니라 마땅히 해야 할 임무이기 때문에 경작하는 것이니, 계속 추진하는 것이 이롭다(則利有攸往). 수확만을 얻으

려고 경작하면 망령이고, 정도를 따르면 이치와 사물에 순응하는 것이므로 망령이 아니다.

☑ 불경확 미부야(不耕穫 未富也)

　밭을 갈지 않았는데도 수확하는 이유(不耕穫)는 부를 추구하기 때문이 아니다(未富也). 육이는 부만을 추구하기 위해 밭을 갈고 개간하고 수확하지 않는다는 뜻이다. 군자는 보답을 얻기 위해서가 아니라 오직 해야 할 임무를 다한다. 욕심이 있어서 하는 것은 망령이다. 따라서 효상은 경작하지 않고 개간하지도 않으면서 수확하기를 바라는 상으로, 점사는 오직 해야 할 임무를 다하면 이롭다.

▌육삼 효사와 소상전

　　　　육삼　　무망지재　　혹계지우　　　행인지득　　읍인지재
　　六三은 无妄之災니 或繫之牛하나 行人之得이 邑人之災니라
　　　　상왈　행인득우　　읍인재야
　　象曰 行人得牛는 邑人災也라

육삼은 무망의 재앙이니 혹 소를 매어 놓았으나 행인이 (소를) 얻음은 마을 사람의 재앙이다. 「상전」에서 말했다. "행인이 소를 얻음"은 마을 사람의 재앙이다.

▶ 繫: 맬 계

☑ 무망지재 혹계지우(无妄之災 或繫之牛)

　육삼은 양의 자리에 부드러운 음이 와서 바른 자리가 아니며 상괘의 상구와 중정하지 못하다. 행인은 상구이다. 육삼이 상구와 호응함은 욕심으로 망령이니 재앙이 된다. 육삼은 바르지 않아서 재앙이 있는 것(无妄之災)이 마땅한데 재앙은 혹 매어 놓은 소이다(或繫之牛). 소가 재앙의 원인이 된 것이다. 소를 맨다는 것(繫)은 재앙을 매는 것이다. 혹(或)은 의심하는 것이니 그렇기도 하고 그렇지 않은 것이다.

　망령됨이 없는데도 재앙이 있는 것(无妄之災)은 다른 사람의 잘못으로 인해 재앙이 생기는 것을 말한다. 행인이 매어 놓은 소를 끌고 가서 마을 사람이 의심을 받으니 이는 마을 사람들에게 뜻하지 않은 재앙이다.

☑ 행인지득 읍인지재(行人之得 邑人之災)

행인이 소를 끌고 간 것은 바로 마을 사람의 재앙이다(行人之得 邑人之災). 행인이 소를 끌고 간 것은 매어놓은 소를 가져간 것이다. 무망의 재앙(无妄之災)은 바로 마을 사람의 재앙으로(邑人之災), 소를 잃은 것은 재앙이다. 마을 어귀에 매어 놓은 소를 행인이 끌고 가는 바람에 마을 사람들이 의심을 받으니 마을 사람들에게 소를 잃은 것이 재앙이 된다. 따라서 효상은 마을 사람이 매어 놓은 소를 잃은 상으로, 점사는 바른 자리에 있지 않으면 재앙이 된다.

■ 구사 효사와 소상전

九四는 可貞无咎리라
<ruby>구 사</ruby> <ruby>가 정 무 구</ruby>
象曰 可貞无咎는 固有之也라
<ruby>상 왈</ruby> <ruby>가 정 무 구</ruby> <ruby>고 유 지 야</ruby>

구사는 바르게 할 수 있으니 허물이 없다. 「상전」에서 말했다. "바르게 할 수 있으니 허물이 없음"은 굳게 지키기 때문이다.

▶ 固: 굳을 고, 원래, 진실로

☑ 가정무구(可貞无咎)

구사는 양이 음의 자리에 있어 자리가 바르지 못하고 아래와 호응하지 않으므로 바른 도를 지켜야 한다. 구사는 비록 중정(中正)하지는 않지만 양효로 바른 도를 지키려고 하는 자이다. 구사는 바른 도를 지킬 능력이 있어 허물이 없다(可貞 无咎).

☑ 가정무구 고유지야(可貞无咎 固有之也)

양이 음의 자리에 있어 바르지 않으나 몸체가 건괘의 군셈으로 자기의 사사로움을 이길 수 있다. 바르게 할 수 있으니 허물이 없음(可貞无咎)은 굳게 지키기 때문이다(固有之也). 구사 양은 바른 도를 지키는 능력이 있기 때문이다. 따라서 효상은 바르게 할 수 있는 상으로, 점사는 바른 도를 지켜 허물이 없다.

▌구오 효사와 소상전

九五는 无妄之疾은 勿藥有喜리라
^{구 오} ^{무 망 지 질} ^{물 약 유 희}

象曰 无妄之藥은 不可試也니라
^{상 왈 무 망 지 약} ^{불 가 시 야}

구오는 무망의 병은 약을 쓰지 않으면 기쁜 일이 있다. 「상전」에서 말했다. "무망의 약"은 시험해 볼 수 없다.

☑ 무망지질 물약유희(无妄之疾 勿藥有喜)

구오는 양이 양의 자리에 있어 자리가 바르고, 상괘의 중앙에 있어 중의 덕을 가진다. 구오는 무망의 병이 있다면(无妄之疾) 약으로 치료하지 않으면 기쁜 일이 있을 것이다(勿藥有喜). 본래 질병이 없는데 약이나 침으로 다스린다면 도리어 바른 기운을 해치게 된다. 그래서 약을 쓰지 않으면 기쁜 일이 있는 이유(有喜)는 질병이 저절로 없어지기 때문이다. 무망의 병은 자기 몸의 병이 아니라 바로 밖에서 오는 근심이다.

병의 원인이 없으니 약을 먹을 필요가 없다. 자신에게 잘못이 없다면 언젠가는 오해가 없어지니 굳이 변명할 이유가 없다. 오해가 풀리면 큰 기쁨이 올 수 있다. 이 때문에 약을 먹지 않고도, 즉 변명을 하지 않아도 저절로 치료된다.

☑ 무망지약 불가시야(无妄之藥 不可試也)

무망의 약(无妄之藥)은 시험해 볼 수 없다(不可試也). 사람이 망령됨이 있으면 이치상 반드시 고쳐야 하지만, 이미 무망인데 약으로 치료하면 이는 도리어 망령이 되니, 약을 잠시라도 먹을 필요가 없다. 시(試)는 잠시 쓰는 것이니, 이미 무망인데 다시 약을 쓰면 도리어 망령이 되어 병이 생기는 법이다. 따라서 효상은 무망의 병은 약을 쓰지 않는 상으로, 점사는 약을 쓰지 않더라도 병은 나을 것이다.

▌상구 효사와 소상전

上九는 无妄에 行有眚하여 无攸利하니라
^{상 구} ^{무 망} ^{행 유 생} ^{무 유 리}

象曰 无妄之行은 窮之災也라
^{상 왈 무 망 지 행} ^{궁 지 재 야}

상구는 무망한 데도 행하면 재앙이 있어서 이로운 바가 없다. 「상전」에서 말했다. "무망한 데도 행함"은 궁극의 재앙이다.

▶ 眚: 흐릴 생, 재앙, 잘못   災: 재앙 재

☑ 무망 행유생 무유리(无妄 行有眚 无攸利)

상구는 굳센 양으로 맨끝에 있고 바름을 얻지 못하고 아래로 육삼의 음과 호응하나 바르지 못하다. 망령됨이 없는데도 행하면 재앙이 있어서(无妄 行有眚) 반드시 이로울 바가 없다(无攸利). 마땅히 망령됨이 없어도 바른 도를 굳게 지켜야 하며 나아가서는 안 된다.

☑ 무망지행 궁지재야(无妄之行 窮之災也)

재앙과 허물이 합하면 상구의 궁함이 된다. 무망하게 나아감(无妄之行)은 궁극의 재앙이다(窮之災也). 망령되지 않는데도 행하면 그 결과 재앙이 생겨나니 욕심을 부리지 말고 멈추어 있어야 한다. 따라서 효상은 무망한 데도 행하면 재앙이 있는 상으로, 점사는 적당한 곳에 멈추지 않으면 이롭지 않다.

덕을 쌓는 산천대축(山天大畜)

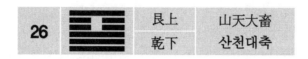

| 26 | | 艮上
乾下 | 山天大畜
산천대축 |

산천대축괘(山天大畜卦)는 상괘가 산(山)을 상징하는 간괘(艮卦: ☶)이고, 하괘가 하늘[天]을 상징하는 건괘(乾卦: ☰)로, 이는 하늘이 산 가운데 있는 상이다. 축(畜)이란 쌓다, 모이다, 저지하다는 말이다. 대축(大畜)은 크게 쌓는다를 뜻한다. 대(大)는 양을 가리키고, 축(畜)은 축적과 멈춤을 의미한다. 따라서 괘상은 하늘이 산 가운데 있는 산천(山天) 상이요, 괘명은 크게 쌓는 대축(大畜)이다. 대축괘는 수확과 축적을 상징하는 괘이다. 대축괘(大畜卦)는 무망괘(無妄卦)의 위아래를 뒤집어 놓은 괘이다.

양으로 양을 저지해서 저지하는 힘이 크기 때문에 대축이다. 소축(小畜)은 재물의 축적을 말하나, 대축(大畜)은 덕의 공적 축적을 말한다. 대축은 학문과 도덕이 내면에 온축되어 있는 군자를 상징한다. 군자는 이단(異端)에 빠지지 말고 올바른 학문을 축적해야 하며, 학문이 축적되었으면 세상을 위해 힘써야 한다.

대축괘(大畜卦)는 덕과 선을 수양해야 길하다는 교훈을 준다. 초효는 유려(有厲)로, 이는 위태로움이 있어 멈추어야 하는 상황이니, 지금은 재능과 덕을 기르면 이롭다. 이효는 여탈복(輿說輹)으로, 이는 수레의 바퀴살이 빠진 상황이니, 스스로 나아가지 않는다면 위태롭지 않다. 삼효는 양마축(良馬逐)으로, 이는 좋은 말로 달려가는 상황이니, 업무 능력과 대인관계 능력을 더욱 익히면 이롭다. 사효는 동우지곡(童牛之牿)으로, 이는 송아지의 목에 빗장을 댄 상황이니, 미리 준비하면 크게 길하다. 오효는 분시지아(豶豕之牙)로, 이는 멧돼지를 거세하여 이빨을 쓰지 못하게 하는 상황이니, 근원을 찾아서 저지하면 길하다. 육효는 하천지구(何天之衢)로, 이는 하늘의 길을 메고 있는 상황이니, 장차 하늘의 복을 받아 크게 형통하다.

▌ 괘사

　　　　　^{대 축}　^{이 정}　　^{불 가 식 길}　　^{이 섭 대 천}
　　　　　大畜은 利貞하니 不家食吉하니 利涉大川하니라

대축은 바르게 함이 이롭고, 집에서 먹지 않으면 길하니, 큰 내를 건너는 것이 이롭다.

▶ 畜 : 짐승 축/쌓을 축/기를 휵, 쌓다, 모이다, 간직하다, 저지하다.　涉 : 건널 섭

☑ 대축 이정 불가식길(大畜 利貞 不家食吉)

축(畜)이란 쌓다, 모이다, 저지하다는 말이다. 대축(大畜)은 크게 쌓는다를 뜻한다. 대축은 학문과 도덕이 내면에 쌓는 것이며 이는 망령됨이 없어야 하고, 이단과 편벽된 학문을 하지 말아야 한다. 이단과 편벽된 학문은 쌓은 것이 지극히 많더라도 바르지 못하다.

가식(家食)은 경작하여 식구가 먹는 것이요, 불가식(不家食)은 조정에서 봉록을 먹는 것이다. 가식은 소축(小畜)이요 불가식은 대축(大畜)이다. 대축은 바르게 함이 이롭다(大畜 利貞)는 것은 쌓은 것이 크고, 바르게 하면 이롭다는 것이다. 집에서 밥을 먹지 않으면 길하다(不家食吉)는 것은 현명한 사람은 마땅히 하늘이 준 봉록을 누리며, 조정에서 먹고 스스로 경작하여 집에서 먹지 않으면 길하다는 말이다. 즉, 재능 있는 사람을 국가가 녹을 주며 길러낸다.

☑ 이섭대천(利涉大川)

대축(大畜)은 간괘(艮卦: ☶)가 건괘(乾卦: ☰)를 저지하여 하나의 양을 높이니 현명한 사람을 높이는 상이다. 군자는 마땅히 학문과 덕을 가득 쌓아 봉록을 먹고 세상을 구제한다. 현인은 크게 쌓은 재능을 다 써서 세상의 어려움을 구제해야 하기 때문에 큰 내를 건너는 것이 이롭다(利涉大川). 따라서 학문과 덕을 쌓고 나라에서 큰 일을 해야 한다.

▌ 괘사에 대한 단전

　　　　^{단 왈}　^{대 축}　　^{강 건 독 실}　　　^{휘 광}　　^{일 신 기 덕}
　　　　象曰 大畜은 剛健篤實하고 輝光하여 日新其德이니
　　　　^{강 상 이 상 현}　　^{능 지 건}　^{대 정 야}
　　　　剛上而尙賢하고 能止健이 大正也라
　　　　^{불 가 식 길}　　^{양 현 야}　^{이 섭 대 천}　^{응 호 천 야}
　　　　不家食吉은 養賢也요 利涉大川은 應乎天也라

「단전」에서 말했다. 대축은 강건하고 독실하고 빛나서 날로 덕을 새롭게 한다. 강이 위에 있지만 어진 이를 숭상하며 강건함을 저지할 수 있어야 크게 바르다. "집에서 밥을 먹지 않으면 길함"은 어진 이를 기르는 것이고, "큰 내를 건너는 것이 이로움"은 하늘에 호응하는 것이다.

▶ 輝: 빛날 휘

☑ 대축 강건독실 휘광 일신기덕(大畜 剛健篤實 輝光 日新其德)

건괘(乾卦: ☰)는 강건하고 간괘(艮卦: ☶)는 독실하다. 강(剛)은 강하여 굽히지 않고, 건(健)은 일을 포기하지 않고 꿋꿋하다. 독실(篤實)은 믿음이 있고 성실하다는 뜻이다.

사람의 재능과 덕이 강건하고 독실하면 쌓인 바가 커서 충실하고 빛남이 있으니(剛健篤實 輝光), 덕을 계속하여 쌓으면 덕이 날로 새로워진다(日新其德). 강건하고 독실함이 빛남(輝光)은 덕을 수양했기 때문이다.

축(畜)에는 축양, 축지와 온축이 있다. 쌓아 기르는 축양(畜養)은 어진 이를 기르는 것이고, 덕을 쌓아 저지하는 축지(畜止)는 강건함을 저지하는 것이며, 온축(蘊畜)은 덕을 쌓는 것이다. 어진 이를 길러 만민을 다스리니, 덕을 쌓아 기르는 것이다. 건은 천하가 지극히 강건한 것인데, 육사와 육오가 저지한다. 강건하고 독실하고 빛나서 날로 덕을 새롭게 하니 이는 온축하는 것이다.

강건은 건괘의 덕이며, 독실은 간괘의 덕이다. 덕이 빛남(輝光)은 간괘의 양이 바깥에서 빛나는 상이고, 날로 새롭게 함(日新)은 건의 운행으로 날로 새롭게 하는 상이다. 내괘 건괘는 강건하고 외괘 간괘는 독실하고 빛나기 때문에 날로 그 덕을 새롭게 할 수 있다.

☑ 강상이상현 능지건 대정야(剛上而尙賢 能止健 大正也)

굳센 양 상구가 높은 자리의 위에 있지만 어진 이를 높인다(剛上而尙賢). 육오가 도덕과 재능이 있는 상구 현인을 존경한다. 저지하는 간괘가 강건한 건괘의 위에 있으니 강건함과 교만함을 저지할 수 있어야(能止健) 모두 크게 바르다(大正也). 지도자라면 자신의 강건함과 교만함을 억제할 수 있어야 한다. 강건함과 교만함을 억제하고 어진 이를 숭상한다.

☑ 불가식길 양현야(不家食吉 養賢也)

덕을 크게 쌓은 사람은 그 쌓은 바를 베풀어 세상을 구제해야 한다. 집에서 밥을 먹지 않으면 길함(不家食吉)은 출사하여 나라의 봉록을 먹는 것을 말한다. 강건하고 독실하고 빛나서 날로 새롭다면, 스스로 나라에 등용되어 백성을 위해 재능을 발휘한다. 밖에서 다른 사람들과 밥을 먹는 것은 어진 이를 기르기 때문이다(養賢也).

☑ 이섭대천 응호천야(利涉大川 應乎天也)

육오가 큰 내를 건너는 것이 이로운 까닭(利涉大川)은 하늘에 호응하기 때문이다(應乎天也). 큰 내를 건너는 것이 이롭다(利涉大川). 즉, 재능과 덕이 있는 사람은 세상의 어려움과 험함을 구제해야 한다. 험한 곳을 건너는 것은 건괘의 강건한 힘이 아니면 할 수 없다. 육오는 아래로 건괘에 호응하고 있기 때문에 나라의 큰 일을 할 수 있다.

█ 괘사에 대한 대상전 ─────────────

상 왈 천 재 산 중　　대 축
象曰 天在山中이 大畜이니라
군 자 이　　다 식 전 언 왕 행　　이 축 기 덕
君子 以하여 多識前言往行하여 以畜其德하니라

「상전」에서 말했다. 하늘이 산 가운데에 있는 것이 대축(大畜)이다. 군자는 이를 본받아 이전의 말과 지난 행동을 많이 알아 그 덕을 쌓는다.

☑ 천재산중 대축(天在山中 大畜)

상괘 간괘는 산을 상징하고 하괘 건괘는 하늘을 상징하므로, 하늘이 산 가운데에 있는 것이 대축이다(天在山中 大畜). 산이 하늘 위에 있어 산이 하늘을 포용하는 것이 대축괘의 상이다.

☑ 군자이다식전언왕행 이축기덕(君子以多識前言往行 以畜其德)

하늘은 지극히 큰 데 산 가운데에 있는 것은 지극히 크게 쌓은 상으로, 군자는 이를 본받아(君子以) 옛 성현의 말씀과 행적을 많이 알아(多識前言往行) 학식과 덕행을 쌓는다(以畜其德). 옛 성현의 말씀과 행실을 많이 들어서 자취를 관찰하고 덕을 쌓아 이루니, 대축의 뜻이다.

█ 초구 효사와 소상전 ─────────────

초 구　　유 려　　　이 이
初九는 有厲이니 利已니라
상 왈　　유 려 이 이　　　불 범 재 야
象曰 有厲利已는 不犯災也라

초구는 위태로움이 있으니 멈추면 이롭다. 「상전」에서 말했다. "위태로움이 있으니 멈추면 이로움"은 재앙을 만나지 않기 때문이다.

▶ 厲 : 갈 려(여), 괴롭다, 힘쓰다, 위태롭다.   已 : 이미 이, 그치다, 그만두다.   犯 : 범할 범, 침범하다, 어기다, 만나다.   災 : 재앙 재

☑ 유려이이(有厲利已)

대축은 간괘(艮卦)가 건괘(乾卦)를 멈추게 한다. 간괘는 모두 저지하고, 건괘는 모두 저지당한다. 위에 있는 간괘가 아래에 있는 건괘를 머물도록 저지하는 것은 서두르지 말고, 재능과 덕을 충분히 수양하라는 말이다.

초구는 굳센 양으로 건괘의 아래에 있으니 반드시 위로 나아갈 자이다. 그러나 초구는 힘있는 육사에게 저지당하므로 가면 위태로움이 있어 멈추는 것이 이롭다(有厲利已). 지금은 재능과 덕을 기를 때이므로 막중한 임무를 맡을 재능과 덕이 아직은 부족하다.

☑ 유려이이 불범재야(有厲利已 不犯災也)

위태로움이 있으니 멈추어야 이로운 이유(有厲利已)는 재앙을 만나지 않기 때문이다(不犯災也). 상황을 헤아리지 않고 나아가면 반드시 재앙이 있다. 위태로움이 있으면 마땅히 멈추고 어기지 않아야 한다. 만약 그 상황을 헤아리지 않고 간다면 재앙이 있게 된다. 따라서 효상은 위태로움이 있어 멈추어야 하는 상으로, 점사는 지금은 재능과 덕을 기르면 이롭다.

▌ 구이 효사와 소상전

구 이   여 탈 복
九二는 輿說輹이로다
상 왈   여 탈 복   중 무 우 야
象曰 輿說輹은 中无尤也라

구이는 수레의 바퀴살이 빠졌다. 「상전」에서 말했다. "수레의 바퀴살이 빠짐"은 중도로 하니 허물이 없다.

▶ 輿 : 수레 여   說 : 말씀 설/기뻐할 열/벗을 탈   輹 : 복토 복, 바퀴살   尤 : 더욱 우, 허물, 과실, 결점

316

☑ 여탈복(輿說輹)

여(輿)는 수레, 탈(說)은 빠지다, 벗다, 복(輹)은 수레와 축을 가운데에 연결하는 바퀴살이다. 구이는 수레의 바퀴살이 빠지면(輿說輹) 수레가 앞으로 나아갈 수 없다.

구이가 나라를 이끌어가기 위해서는 재능이 아직은 부족하다. 자신의 재능만 믿고 나아가다가는 수레의 바퀴살이 빠지는 것처럼 더 이상 나아갈 수 없는 처지에 빠진다. 초구는 육사의 저지로 나아가지 않고, 구이는 육오의 뜻을 알고 자발적으로 나아가지 않는다.

☑ 여탈복 중무우야(輿說輹 中无尤也)

수레의 바퀴살이 빠져 가지 않는 것은 중도를 얻어 움직임이 마땅하지 않아 허물이 없다(輿說輹 中无尤也). 구이는 중도를 얻어서 스스로 위험을 무릅쓰고 나아가지 않으니 허물이 없다. 따라서 효상은 수레의 바퀴살이 빠진 상으로, 점사는 스스로 나아가지 않는다면 위태롭지 않다.

▌ 구삼 효사와 소상전 ────────

구 삼   양 마 축   이 간 정   일 한 여 위   이 유 유 왕
九三은 良馬逐이니 利艱貞하니 曰閑輿衛면 利有攸往하리라
상 왈   이 유 유 왕   상 합 지 야
象曰 利有攸往은 上合志也라

구삼은 좋은 말로 쫓아가니 (형세가) 험난하므로 바르게 함이 이롭다. 날마다 수레 타기와 호위를 익히면 가는 바를 둠이 이롭다. 「상전」에서 말했다. "가는 바를 둠이 이로움"은 위와 뜻이 합하기 때문이다.

▶ 逐 : 쫓을 축   艱 : 어려울 간   閑 : 한가할 한/막을 한, 익히다.   衛 : 지킬 위

☑ 양마축 이간정(良馬逐 利艱貞)

구삼은 재능과 덕을 쌓아 좋은 말로 상구에게 빨리 달려간다(良馬逐). 그러나 산이나 강의 형세가 험난하므로 바른 길을 따라 달려가야 이롭다(利艱貞). 즉, 일이 어렵고 험한 것을 알고 정도를 지키고 신중하게 대비하지 않으면 안 된다.

☑ 일한여위 이유유왕(曰閑輿衛 利有攸往)

한(閑)은 익숙하다, 일(日)은 날마다, 평소를 뜻한다. 수레[輿]는 수레를 타는 법이고, 위(衛)는 호신술이니, 스스로 날마다 수레를 타는 법과 호위하는 법을 익히면 가는 것이 이롭다(曰閑

興衛). 수레를 타는 법은 업무 능력이나 업무 지식을, 호위하는 법은 호신술이나 대인관계 능력을 뜻한다. 구삼은 건괘의 몸체에 있으면서 바른 자리에 있어, 바른 도를 행할 수 있는 자이나 길이 험난한 것을 알아야 하고 바른 도를 잃지 말아야 한다. 비록 굳세고 밝더라도 빨리 하면 때로는 실수할 수 있다.

☑ 이유유왕 상합지야(利有攸往 上合志也)

가는 바를 둠이 이로운 까닭(利有攸往)은 위에 있는 자와 뜻이 합하기 때문이다(上合志也). 상구는 구삼이 재능과 덕이 수양된 것을 알고 저지하지 않고 뜻을 같이 한다. 구삼은 날마다 일을 익혀 실수 없이 나라를 끌어가면 나라의 전도가 밝아질 것이다. 따라서 효상은 좋은 말로 달려가는 상으로, 점사는 업무 능력과 대인관계 능력을 더욱 익히면 이롭다.

▋ 육사 효사와 소상전

육 사　　 동 우 지 곡　　　 원 길
六四는 童牛之牿이니 元吉하니라
상 왈　 육 사 원 길　　 유 희 야
象曰 六四元吉은 有喜也라

육사는 송아지에 빗장을 대니 크게 길하다. 「상전」에서 말했다. "육사가 크게 길함"은 기쁨이 있기 때문이다.

▶ 牿: 우리 곡, 쇠뿔에 가로 댄 나무(빗장)

☑ 동우지곡 원길(童牛之牿 元吉)

동우(童牛)은 뿔이 아직 나지 않은 송아지다. 곡(牿)은 소의 뿔에 나무를 설치하여 뿔로 받는 것을 막는 빗장이다. 초구는 가장 낮은 자리에 있어서 양 가운데 미약한 자이고, 육사는 바른 덕으로 대신의 지위에 있어서 저지하는 임무를 맡은 자이다. 육사는 초구가 아직은 젊고 미숙하여 덕과 학문을 더욱 수양하도록 머물게 한다.

육사는 초구가 송아지일 때에 저지하기 쉬워서 송아지가 받는 것을 방지하기 위해 송아지의 목에 빗장을 댄 것이니, 크게 길하다(童牛之牿 元吉). 초구는 덕과 재능을 완성하고 육사를 도우면 길하다. 대신의 임무는 위로는 임금의 잘못된 마음을 저지하고, 아래로는 세상의 악한 사람을 저지하는 것이다. 악은 초기에 저지하기가 쉬우나 이미 성대한 뒤에는 저지하기 어렵다.

☑ 육사원길 유희야(六四元吉 有喜也)

　육사가 크게 길한 이유(六四元吉)는 아직 성대하지 않은 양을 저지할 수 있어서 기쁨이 있기 때문이다(有喜也). 악이 작을 때 저지하면 수고롭지 않고 상함이 없어 기쁘다. 초구는 자질과 능력은 있으나 아직은 미숙하고 경험이 적다. 그래서 스스로 자기통제할 수 있을 때까지 뿔을 나무로 묶어 사고를 사전에 방지하는 것이다. 따라서 효상은 송아지의 목에 빗장을 댄 상으로, 점사는 미리 준비하면 크게 길하다.

■ 육오 효사와 소상전

　　　　　육오　분시지아　　길
六五는 豶豕之牙니 吉하니라
　　　상왈　육오지길　　유경야
象曰 六五之吉은 有慶也라

육오는 멧돼지를 거세하여 이빨을 쓰지 못하게 하니 길하다. 「상전」에서 말했다. "육오가 길함"은 경사가 있는 것이다.

▶ 豶: 불깐 돼지 분　豕: 돼지 시　牙: 어금니 아

☑ 분시지아 길(豶豕之牙 吉)

　육오는 임금으로 사람들의 사악함을 저지하는 자이다. 임금이 힘으로 사람들의 사악함을 제지하고자 하면, 감당할 수가 없다. 물건에는 잡는 데가 있고, 일에는 기회가 있다. 요령을 잡고 백성을 인도하면 따라오고, 제지하면 그치니 수고롭지 않고도 나라를 다스릴 수 있다.

　멧돼지를 거세하여 이빨을 쓰지 못하게 하니 길하다(豶豕之牙). 멧돼지는 강하고 조급한 동물이며 이빨은 사납고 날카롭다. 거세하면 이빨이 있어도 온순해져서 어금니를 쓰지 않는다. 세상의 악을 법으로만 억제할 수 없으니, 근원을 찾아서 막는 것이다. 형법의 엄격함을 통하지 않고도 악이 저절로 저지되니 길하다.

☑ 육오지길 유경야(六五之吉 有慶也)

　육오가 길함(六五之吉)은 제지할 수 있는 근원을 알면 수고롭지 않고 상함이 없이 악이 저지되니, 경사가 있는 것이다(有慶也). 육오가 악을 저지하는 방법을 알지 못해서 형벌을 엄격히 하여 백성의 사욕을 없애려고 하면 그 상함이 심하고 공이 없을 것이다. 경사가 있다(有慶也)란 저지하는 도가 이루어짐을 말한다. 따라서 효상은 멧돼지를 거세하여 이빨을 쓰지 못하게 하는 상으로, 점사는 근원을 찾아서 저지하면 길하다.

▌ 상구 효사와 소상전 ───────────────

 　상　구　　　　하　천　지　구　　　　형
　　　　　　上九는 何天之衢하니 亨하니라
　　　　　상　왈　　하　천　지　구　　　　도　대　행　야
　　　　　象曰 何天之衢는 道大行也라

상구는 하늘의 거리를 짊어지니 형통하다. 「상전」에서 말했다. "하늘의 길"은 도가 크게 행하여지는 것이다.

▷ 何 : 어찌 하/꾸짖을 하/멜 하　　衢 : 네거리 구/갈 구

☑ 하천지구 형(何天之衢 亨)

하(何)란 메다[荷]의 뜻이다. 상구는 멈추게 하는 효의 끝으로, 저지하는 일이 완성된 때이다. 하늘의 길(天之衢)은 광대하고 걸림이 없어 도가 크게 행하여진다. 상구는 하늘의 거리를 짊어짐(何天之衢)은 덕을 쌓고 출사하여 큰 임무를 맡아 세상을 구제하니 형통하다(亨). 상구는 광대하고 영원히 걸림이 없는 하늘의 길을 본받아 도를 크게 행한다.

☑ 하천지구 도대행야(何天之衢 道大行也)

하늘의 길은 도가 크게 행하여지는 것이다(何天之衢 道大行也). 하늘의 길은 저지함과 막힘이 없어서 크게 통행된다. 상구는 모든 것이 막힘없이 원만히 통한다. 따라서 효상은 하늘의 길을 메고 있는 상으로, 점사는 장차 하늘의 복을 받아 크게 형통하다.

기르는 산뢰이(山雷頤)

| 27 | ䷚ | 艮上
震下 | 山雷頤
산뢰이 |

    산뢰이괘(山雷頤卦)는 상괘가 산을 상징하는 간괘(艮卦: ☶)이고, 하괘가 우레를 상징하는 진괘(震卦: ☳)로, 이는 산 아래 우레가 있는 상이다. 산 아래 우레가 울리는 것은 천기가 따뜻할 때이며 만물을 기를 때이다. 이(頤)는 기르다는 뜻으로 턱을 움직여 음식물을 씹어서 몸을 기르는 것이고, 바르게 기르니 양정(養正)이다. 음식물을 씹을 때는 아래턱만 움직이기 때문에 정지[止]를 상징하는 외괘인 간괘가 위에 있고, 움직임[動]을 상징하는 내괘인 진괘가 아래에 있다. 사람은 턱을 움직여 음식을 먹고 말을 한다. 음식은 재물이 되고 말은 법령과 명령이 되니, 군자는 말과 음식을 신중하게 조절해야 된다. 따라서 괘상은 산 아래 우레가 있는 산뢰(山雷) 상이요 괘명은 기르는 이괘(頤卦)이다.

    이괘(頤卦)는 기르는 도이다. 초효는 사이령귀(舍爾靈龜)로, 이는 신령스러운 거북을 버리고 내가 턱을 벌리는 상황으로, 자신의 것이 있으면서도 남의 것을 보고 탐내면 흉하다. 이효는 전이우구이(顚頤于丘頤)로, 이는 거꾸로 양육하고 언덕에서 길러주는 상황이니, 권세를 보고 쫓으면 바른 도가 아니므로 흉하다. 삼효는 불이(拂頤)로, 이는 기르는 바른 도에 어긋나는 상으로, 그릇되게 아첨하면 장차 치욕을 당할 것이다. 사효는 호시탐탐(虎視耽耽)으로, 이는 노려보고 쫓고 쫓고자 하는 상황이니, 백성의 필요를 살피면 허물이 없다. 오효는 순이종상야(順以從上也)로, 이는 현인에 순응하여 천하를 기르는 상황이니, 현인의 바른 도를 따르면 길하다. 육효는 유이(由頤)로, 이는 자신으로 말미암아 다른 사람을 길러주는 상황이니, 현인은 책임이 크기 때문에 위태롭게 여기면 길하다.

▌괘사

頤는 貞吉하니 觀頤하며 自求口實이니라
<small>이 정길 관이 자구 구실</small>

이(頤)는 바르게 하면 길하니 기르는 것을 보며 스스로 음식을 구한다.

▷ 頤 : 턱 이, 턱, 아래턱, 기르다.

☑ 이정길(頤貞吉)

이(頤)란 기르다, 구실(口實)은 음식을 뜻한다. 이(頤)는 입이고 정(貞)은 입의 바름으로, 입이 바르기 때문에 길하다. 남을 기르고, 자신을 기르는 것을 바른 도로 하면 길하다(頤貞吉).

☑ 관이 자구구실(觀頤 自求口實)

양(陽)은 참[實]으로 가득차 다른 사람을 기르고, 음(陰)은 빔[虛]으로 비어 있어 음식을 구한다. 관이(觀頤)는 다른 사람을 길러주는 도를 보는 것이고, 스스로 음식을 구함(自求口實)은 자신을 기르는 도를 보는 것이다.

간괘(艮卦: ☶)는 그치고 진괘(震卦: ☳)는 움직이니 입의 상이다. 입은 화가 들어오는 문이요, 혀는 몸을 자르는 칼이다(口是禍之門 舌是斬身刀: 馮道). 따라서 입은 재앙의 문이니 말과 음식을 조심하면 길하다.

▌괘사에 대한 단전

象曰 頤貞吉은 養正則吉也니라
<small>단왈 이정길 양정즉 길야</small>
觀頤는 觀其所養也요 自求口實은 觀其自養也라
<small>관이 관기소양야 자구구실 관기자양야</small>
天地 養萬物하며 聖人이 養賢하여 以及萬民하나니 頤之時 大矣哉라!
<small>천지 양만물 성인 양현 이급만민 이지시 대의재</small>

「단전」에서 말했다. "이(頤)는 바르게 하면 길함"은 바른 것을 기르면 길하기 때문이다. "기르는 것을 봄"은 기르는 바를 관찰하는 것이다. "스스로 음식을 구함"은 스스로 기르는 것을 관찰하는 것이다. 천지가 만물을 기르고 성인이 현인을 길러 만민에게 미치게 하니 이(頤)의 때가 크도다!

▶ 養: 기를 양 賢: 어질 현

☑ 이정길 양정즉길야(頤貞吉 養正則吉也)

이(頤)는 기르는 것[養]이다. 기르는 것이 바르면 길한데(頤貞吉), 바르게 길러야 길하다(養正則吉也). 육체는 음식으로 기르고 정신은 교육으로 기르니, 바르게 기르면 길하다.

☑ 관이 관기소양야(觀頤 觀其所養也)

기르는 것을 살펴보는 것(觀其所養也)은 상구를 가리키고, 기르는 바(所養)란 입이 기르는 대상이다. 관이(觀頤)는 사람을 음식으로 기를 것인지 교육으로 기를 것인지를 관찰하는 도이다.

☑ 자구구실 관기자양야(自求口實 觀其自養也)

스스로 기르는 것을 살펴봄(觀其自養也)은 초구를 가리킨다. 스스로 음식을 구하는 것은 자신을 기르는 것을 살펴보는 것이다(自求口實 觀其自養也). 자구구실(自求口實)은 스스로 음식으로 수양하는 도를 살펴보는 것이다.

☑ 천지양만물 성인양현이급만민(天地養萬物 聖人養賢以及萬民)

천지의 도는 만물을 양육하고(天地養萬物) 만물을 양육하는 도는 바름이다. 성인은 현명하고 재능 있는 이를 길러 그로 하여금 세상에 은택을 베풀게 하니 이는 현자를 길러 만민에게 미치게 한다(聖人養賢以及萬民).

☑ 이지시 대의재(頤之時 大矣哉)

성인이 현자를 기르고, 현자가 백성을 기르는 시기가 중요하니 이(頤)의 때가 크다(頤之時 大矣哉). 천지가 만물을 기르는 것, 성인이 현자를 기르는 것과 사람이 스스로 기르는 것이 바름을 얻고 바름을 얻은 다음에 길하니, 기르는 때가 매우 중요하다.

▌괘사에 대한 대상전

象曰 山下有雷 頤니
상 왈 산 하 유 뢰 이

君子 以하여 愼言語하며 節飮食하니라
군 자 이   신 언 어   절 음 식

「상전」에서 말했다. 산 아래에 우레가 있는 것이 이(頤)이니, 군자는 이를 본받아 말을 삼가고 음식을 절제한다.

☑ 산하유뢰 이(山下有雷 頤)

산 아래에 우레가 있는 것이 이(頤)다(山下有雷頤). 산 아래에 우레가 있는 것은 진동하지 않고 기르는 양육 단계에 있는 것이다. 간괘(艮卦: ☶)는 멈추고 진괘(震卦: ☳)는 움직이니, 위는 멈추고 아래는 움직이는 것은 턱의 상이다. 입은 몸을 기르는 것이다.

☑ 군자이신언어 절음식(君子以愼言語 節飮食)

화는 입에서 나오고, 병은 입으로 들어온다(禍從口出 病從口入: 傅玄의 著 口銘). 군자가 이괘(頤卦)의 상을 보고서(君子以) 몸을 길러서 말을 삼가 덕을 기르고, 음식을 절제하여 육체를 기른다(愼言語 節飮食).

말을 삼가는 것(愼言語)은 덕을 기르는 것이다. 음식을 절제하는 것(節飮食)은 사욕으로 재물을 취하지 않는 것이다. 언어(言語)와 음식은 입과 턱의 움직임에서 나오며, 삼가는 것과 절제하는 것은 입과 턱의 그침에서 나온다. 언어(言語)는 덕을 기르고, 음식은 몸을 기른다. 말은 나오고 음식은 들어가니, 나오는 것을 저지하지 못하면 화가 생기고, 들어오는 것을 절제하지 못하면 병이 생긴다. 따라서 입은 화가 들어오는 문이다(口是招禍之門).

▌ 초구 효사와 소상전

초구   사 이 령 귀   관 아 타 이   흉
初九는 舍爾靈龜하고 觀我朶頤니 凶하니라
상 왈 관 아 타 이   역 부 족 귀 야
象曰 觀我朶頤하니 亦不足貴也로다

초구는 너의 신령스러운 거북을 버리고 내가 턱을 벌리는 것을 보니 흉하다. 「상전」에서 말했다. "내가 턱을 벌리는 것을 봄"은 또한 귀하지 못하다.

▶ 舍: 집 사/버릴 사   爾: 너 이   靈: 신령 령(영)   龜: 거북 귀   朶: 늘어질 타, 움직이다.

☑ 사이령귀 관아타이 흉(舍爾靈龜 觀我朶頤 凶)

초구는 양이 양의 자리에 있어 자리가 바르고 굳세고 덕과 재능이 있는 자이다. 거북은 먹지

않고 사는 동물로 덕과 재능으로 비유하였다. 초구는 너의 신령스러운 거북을 버린다(舍爾靈
龜). 초구는 신령스런 거북 같은 자신의 덕과 재능을 버린다는 것이다. 내가 턱을 벌리는 것을
봄(觀我)이란 턱을 벌리고 침을 흘리면서 남이 먹는 것을 보고 부러워하는 것이다. 타이(朵頤)
는 턱을 벌리고 먹고 싶어 하는 모습으로 탐욕을 비유하였다. 초구는 남이 먹는 것에 욕심이 많
아 입을 벌리니 흉하다(觀我朵頤 凶). 다른 사람의 재물을 탐하니 당연히 흉하다.

☑ 관아타이 역부족귀야(觀我朵頤 亦不足貴也)

　내가 턱을 벌리는 것을 봄(觀我朵頤)은 또한 귀하지 못하다(亦不足貴也). 오히려 남의 것을
탐내니 귀하지 못한 것이다. 따라서 효상은 신령스러운 거북을 버리고 내가 턱을 벌리는 상으
로, 점사는 자신의 것이 있으면서 남의 것을 보고 탐내면 흉하다.

■ 육이 효사와 소상전

六二는 顚頤라 拂經이니 于丘頤하여 征凶하리라
象曰 六二征凶은 行失類也라

육이는 거꾸로 길러줌이니 (바른) 도리에 어긋나고, 언덕에서 길러주기를 바라고 나아가면 흉하다. 「
상전」에서 말했다. "육이가 가면 흉함"은 행함에 무리를 잃었기 때문이다.

▶ 顚 : 엎드러질 전, 거꾸로 하다. 拂 : 떨칠 불, 거스르다, 어긋나다. 經 : 지날 경/글 경, 도리, 법 丘 : 언덕
구

☑ 전이불경 우구이정흉(顚頤拂經 于丘頤 征凶)

　전(顚)은 거꾸로 하다, 불(拂)은 어긋나다, 경(經)은 바른 도리이다. 육이는 하급 관리이고
초구는 백성이다. 전이(顚頤)는 거꾸로 양육을 받는 것이다. 윗사람이 아랫사람을 기르는 것은
바른 도이나 윗사람이 아랫사람에게 양육을 받는 것은 전이(顚頤)이다.

　음은 독립하지 못하고 양을 따른다. 육이는 유약한 음으로 스스로 양육하지 못하여 남이 양
육해주기를 구하는 자이다. 육이가 아래로 유능한 초구에게 먹을 것을 구하면 거꾸로 길러주니
(顚頤) 이것은 나쁜 일은 아니지만 바른 도에는 어긋난다(拂經).

　언덕[丘]은 땅의 높은 곳으로 상구를 상징한다. 간괘(艮卦: ☶)는 산이 되고 상구는 밖에 있으

면서 높기 때문에 언덕의 상이다. 상구인 언덕이 길러주기를 바라고 가면 흉하다(于丘頤 征凶). 분수를 잊고 상구에 의지하여 먹고자 하나 너무 멀고 도와줄 자도 없으니 길을 가면 흉하다.

☑ 육이정흉 행실류야(六二征凶 行失類也)

같은 무리[類]는 초효이다. 육이가 가면 흉함(六二征凶)은 행함에 무리의 신뢰를 잃었기 때문이다(行失類也). 같은 무리에게 신뢰를 얻지 못하면 어떤 일도 할 수 없다. 같은 무리가 따르지도 않고, 또한 바른 도를 위배한 것이기 때문이다.

육이는 육오가 아니라 상구에게 길러주기를 구한 것은 정당하게 문제를 해결한 것이 아니니 흉하다. 연고 있는 초구를 버리고 높은 권세가를 찾는다면 흉하고 화가 있다. 따라서 효상은 거꾸로 양육하고 언덕에서 길러주는 상으로, 점사는 권세를 보고 쫓으면 바른 도가 아니므로 흉하다.

■ 육삼 효사와 소상전

六三은 拂頤貞이라 凶하여 十年勿用이라 无攸利하니라
(육삼) (불이정) (흉) (십년물용) (무유리)

象曰 十年勿用은 道大悖也라
(상왈) (십년물용) (도대패야)

육삼은 기르는 바른 도에 어긋나니 흉하여 십 년이 되어도 쓰지 못하니 이로운 바가 없다. 「상전」에서 말했다. "십 년이 되어도 쓰지 못함"은 도가 크게 어긋났기 때문이다.

▶ 拂: 떨칠 불/도울 필, 거스르다, 어긋나다.   悖: 거스를 패, 어그러지다.

☑ 불이정흉 십년물용 무유리(拂頤貞凶 十年勿用 无攸利)

육삼은 음효로 유약하여 스스로 기를 힘이 없고, 음이 양의 자리에 있어 자리가 바르지 못하고, 뜻이 바르지 못하다. 길러주기를 구하는 것은 기르는 바른 도리에 위배된다(拂頤貞). 십 년(十年)이란 오랜 시간이며, 쓰지 못함(勿用)이란 기르는 도를 쓸 수 없음이다. 기르는 도를 얻지 못해 이로움이 없다(无攸利).

☑ 십년물용 도대패야(十年勿用 道大悖也)

십 년이 되어도 쓰지 못함(十年勿用)은 도가 크게 어긋나기 때문이다(道大悖也). 육삼 소인은 부귀한 자에게 아첨하고 가까이 하여 정도에 어긋나서 오랫시간이 지나도 기름의 도에 위배

되기 때문에 쓸 수가 없다. 따라서 효상은 기르는 바른 도에 어긋나는 상으로, 점사는 그릇되게 아첨하면 장차 치욕을 당할 것이다.

▌육사 효사와 소상전

^{육 사} ^{전 이} ^길 ^{호 시 탐 탐} ^{기 욕 축 축} ^{무 구}
六四는 顚頤나 吉하니 虎視耽耽하며 其欲逐逐하면 无咎리라
^{상 왈} ^{전 이 지 길} ^{상 시 광 야}
象曰 顚頤之吉은 上施光也라

육사는 거꾸로 길러주기를 구하나 길하며, 호시탐탐 노려보고, 쫓고 쫓고자 하면 허물이 없다. 「상전」에서 말했다. "거꾸로 길러주기를 구하나 길함"은 위에서 베푸는 것이 빛나기 때문이다.

▶ 耽: 즐길 탐, 노려보다. 逐: 쫓을 축

☑ 전이길(顚頤吉)

육사는 음이 음의 자리에 있어 유약하고 재능이 부족한 대신이다. 전이(顚頤)는 거꾸로 양육을 받는 것이다. 육사가 거꾸로 길러주기를 구함(顚頤)은 대신이 정치를 잘하고 백성의 세금으로 녹을 받으니, 바름을 얻어 길하다(吉). 육사는 백성들에게 세금을 걷어 기름을 받는 입장이나 대신으로서 나라를 잘 다스려 백성을 길러주니 또한 길하다. 육사와 육이의 전이(顚頤)는 다르다. 육사 대신은 초구 백성에게서 양육을 받으니 거꾸로 받는 것이나 대신은 그의 덕을 베풀고 백성은 대신의 은택을 받으니 길하다(顚頤吉).

☑ 호시탐탐 기욕축축 무구(虎視耽耽 其欲逐逐 无咎)

초구는 백성이고 육사는 대신이다. 호시탐탐(虎視耽耽)은 범이 먹이를 덮치려고 노려보는 것으로 육사가 초구 백성을 정확하게 살피는 것이다. 육사 대신이 눈을 날카롭게 뜨고 백성의 실정을 정확하게 살피니(虎視耽耽) 백성이 두려워할 만하다. 쫓고 쫓고자 함(其欲逐逐)이란 백성들의 필요를 살펴서 정책을 시행하는 것이다. 육사는 백성들이 필요한 것을 해결해주고, 나라가 안정되고 백성들이 잘 살게 되니 허물이 없다(无咎).

☑ 전이지길 상시광야(顚頤之吉 上施光也)

육사는 아랫사람이 윗사람을 먹이니 거꾸로 길러주고(顚頤) 윗사람은 백성의 필요를 파악

하여 정책을 시행하니(上施) 나라가 안정되고 빛난다(光也). 대신이 정치를 잘하고 덕을 베풀어 세상이 빛난다. 따라서 효상은 노려보고, 쫓고 쫓고자 하는 상으로, 점사는 백성의 필요를 살피면 허물이 없다.

▌ 육오 효사와 소상전

 _{육오} _{불경} _{거정길} _{불가섭대천}
六五는 拂經이나 居貞吉하나 不可涉大川이니라
_{상왈} _{거정지길} _{순이종상야}
象曰 居貞之吉은 順以從上也라

육오는 바른 도리에 어긋나나 바르게 거하면 길하지만, 큰 내를 건널 수 없다.「상전」에서 말했다. "바르게 거하면 길함"은 순응함으로 상구를 따르기 때문이다.

▶ 涉 : 건널 섭   順 : 순할 순, 유순하다, 순응하다.

☑ 불경거정길 불가섭대천(拂經居貞吉 不可涉大川)

육오는 임금의 자리이고 부드러운 음으로 재능이 부족하여 사람을 기를 수 없다. 그러나 위에 있는 상구가 굳센 양의 현인에 의지해서 사람을 구제한다. 임금은 사람을 길러주는 자인데 도리어 길러줌에 의지하니 이는 바르고 떳떳함에 어긋난다(拂經). 그러나 육오가 중도를 행하여 바름을 지키면 길하다(居貞吉). 육오는 백성을 길러야 하나 재능이 부족하여 상구에 의지하여 나라를 다스릴 뿐 스스로는 큰 일을 못하니, 큰 내를 건너서는 안 된다(不可涉大川).

☑ 거정지길 순이종상야(居貞之吉 順以從上也)

상(上)은 상구 현인이다. 상구를 따름(從上)은 현명한 사람을 따르는 것이다. 바름에 거하면 길함(居貞之吉)은 육오가 덕과 재능이 부족하니 현인의 지도를 받아 사람들을 기르니 이는 상구를 따르기 때문이다(順以從上也). 육오는 지위는 높으나 덕과 재능이 부족하여 현명한 상구에 의지하여 천하를 기른다. 따라서 효상은 현인에 순응하여 천하를 기르는 상으로, 점사는 현인의 바른 도를 따르면 길하다.

상구 효사와 소상전

_{상 구 유 이 려 길 이 섭 대 천}
上九는 由頤니 厲吉하니 利涉大川하니라
_{상 왈 유 이 려 길 대 유 경 야}
象曰 由頤厲吉은 大有慶也라

상구는 (자신으로) 말미암아 길러지므로 위태롭게 여기면 길하니 큰 내를 건너는 것이 이롭다. 「상전」에서 말했다. "(자신으로) 말미암아 길러지므로 위태롭게 여기면 길함"은 크게 경사가 있기 때문이다.

▶ 頤: 턱 이, 턱, 아래턱, 기르다.

☑ 유이려길 이섭대천(由頤厲吉 利涉大川)

상구는 위에 있고 양으로 굳세고 덕과 재능을 가진 현인으로 육오를 지도하는 자이다. 상구의 덕과 재능으로 말미암아 천하를 기르니(由頤) 상구는 자신의 책임이 크기 때문에 위험하니, 위태롭게 여기면 길하고 이롭다(厲吉). 육오는 음의 자리에 있어 큰 내를 건너지 못하나 상구는 모두 기를 수 있는 큰 능력이 있어 큰 내를 건너는 것이 이롭다(利涉大川). 육오인 임금이 상구의 가르침을 받아 백성을 다스리면 길하고 이롭다. 큰 내를 건너는 것이 이로운 이유는 큰 어려움에 닥쳐야 자신의 노력과 정성이 빛나기 때문이다. 상구는 자신이 맡은 임무가 크기 때문에 두려워하고 위태롭게 여기는 것을 잊어서는 안 된다.

☑ 유이려길 대유경야(由頤厲吉 大有慶也)

상구로 말미암아 길러지므로 위태로우나 길함(由頤厲吉)은 크게 경사가 있기 때문이다(大有慶也). 상구는 자신으로 말미암아 다른 사람을 길러주기 때문에 책임이 크고 위태롭게 여겨야 길할 수 있고, 상구 성인은 어진 사람을 길러 만민에게 미치기 때문에 크게 경사가 있다.

초구와 상구는 사람을 양육하는 효이며, 나머지 네 음효는 양육을 받는 효이다. 초구는 덕과 재능이 있는 효이나 상구를 선망하지 말아야 한다. 육이는 초구의 양육을 받고, 상구의 양육을 선망한다. 육삼은 부정한 소인으로 상구에게 아첨하는 좋지 않은 효이다. 육사는 초구의 지도를 따르는 좋은 효이다. 육오는 상구의 지도로 군자의 임무를 수행하고, 상구는 육오의 현인으로 백성의 어려움을 구하는 자이다. 따라서 효상은 상구는 자신으로 말미암아 다른 사람을 길러주는 상으로, 점사는 현인은 책임이 크기 때문에 위태롭게 여기면 길하다.

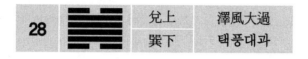

28		兌上	澤風大過
		巽下	택풍대과

택풍대과괘(澤風大過卦)는 상괘가 못[澤]을 상징하는 태괘(兌卦: ☱)이고, 하괘가 나무[木]나 바람[風]을 상징하는 손괘(巽卦: ☴)로, 이는 못이 나무 위에 있는 상이다. 대(大)는 양(陽)을 말하고 과(過)는 지나치다는 뜻으로 대과(大過)는 양이 지나치게 큰 것이다. 대과(大過)는 크게 지나치는 것이고 과도한 때이다. 양효가 네개이고 음효가 두개이기 때문에 양이 음보다 지나치게 많아 대과(大過)이다. 따라서 괘상은 못이 나무를 침몰시키는 택풍(澤風) 상이요, 괘명은 크게 지나친 대과(大過)이다.

이괘(頤卦)는 먹여 살려 바르게 기르는 괘이나, 먹여 살리다 보면 지나치기 쉽기 때문에 대과괘(大過卦)로 이어진다. 괘의 중간에 양효가 네개이고 양끝에 음효개 두 개이므로 양(陽)이 지나치게 크다. 따라서 권력의 중간 계층이 너무 세력이 커서 임금의 세력이 약하고 백성이 어려운 상황이 대과괘다.

대과괘(大過卦)는 잘못이 큰 상황에서 바른 도로 회복하는 교훈을 준다. 초효는 자용백모(藉用白茅)로, 이는 흰 띠풀을 자리로 까는 상황이니, 위험한 시대에도 조심하면 허물이 없다. 이효는 고양생제(枯楊生稊)로, 이는 늙은 남자가 젊은 아내를 얻는 상황이니, 조금은 지나치더라도 이롭지 않은 것은 아니다. 삼효는 동요(棟橈)로, 이는 대들보가 휘어지는 상황이니, 주위에 도와줄 사람이 없어 흉하다. 사효는 동륭(棟隆)으로, 이는 들보가 높이 솟은 상황이니, 뜻밖의 환난에 동요하지 않으면 길하다. 오효는 고양생화(枯楊生華)로, 이는 늙은 부인이 젊은 남편을 얻은 상황이니, 오래갈 수 없으니 추하다고 할 만하다. 육효는 과섭멸정(過涉滅頂)으로, 이는 물을 건너다 정수리가 잠긴 상황이니, 과도하게 행하면 재앙이 있다.

▌ 괘사

대 과　　동 요　　이 유 유 왕　　형
大過는 棟撓니 利有攸往하여 亨하니라

대과(大過)는 대들보가 휘어지니 가는 바를 둠이 이로워 형통하다.

> ▶ 過: 지날 과, 넘치다, 허물, 잘못　棟: 마룻대 동　撓: 어지러울 뇨(요)/휠 요/돌 효

☑ 대과 동요 이유유왕 형(大過 棟撓 利有攸往 亨)

　대과(大過)는 크게 지나치는 것이고 과도한 때이다. 대과(大過)는 균형을 잃고 큰 어려움에 직면하여 큰 과오를 저지르는 위기 상황이다. 대들보는 집을 유지하는 중요한 구조물이다. 대들보가 무게를 감당하지 못하고 휘어지면 집이 무너질 수 있으니 집에서 나와야 이롭다. 급박한 위기 상황이 올 수도 있다.

　대과괘는 양이 가운데에 지나치게 많아 위아래 음이 약하기 때문에 대들보가 휘어진다(棟撓). 대들보가 무너질 수 있는 위기에서 벗어나야 이롭고 형통하다(利有攸往 亨). 따라서 괘상은 대들보가 휘어지는 상으로, 점사는 위험한 상황을 슬기롭게 극복하면 악운이 지나 형통하다.

▌ 괘사에 대한 단전

단 왈　대 과　대 자 과 야　　동 요　본 말 약 야
象曰 大過 大者過也요 棟撓 本末弱也라
강 과 이 중　　손 이 열 행　　이 유 유 왕　　내 형
剛過而中하고 巽而說行이라 利有攸往하여 乃亨하니
대 과 지 시　대 의 재
大過之時 大矣哉라!

「단전」에서 말했다. 대과(大過)는 큰 것이 지나침이다. 대들보가 휘어짐은 근본과 끝이 약하기 때문이다. 강이 지나치나 중을 얻었고, 공손하면서 기쁨으로 행하니 가는 바를 둠이 이로워 형통하니, 대과의 때가 크도다!

> ▶ 巽: 부드러울 손, 공순하다.　說: 말씀 설/달랠 세/기뻐할 열/벗을 탈

☑ 대과 대자과야 동요 본말약야(大過 大者過也 棟撓 本末弱也)

대과(大過)는 일의 정도나 사안이 크다는 뜻이다. 큰 것이 지나침(大者過)은 양인 구이·구삼·구사·구오가 지나침이다. 강하고 큰 것은 역경을 극복할 수 있다. 대들보가 휘어짐(棟撓)이란 초효와 상효인 두 음이 네 양의 무게를 이길 수 없다는 것이다. 초육은 本이고, 상구는 末이다. 본말(本末)은 작고 약하나 중간이 너무 크고 무거우니 대들보가 휘이게 된다(本末弱也).

☑ 강과이중 손이열행(剛過而中 巽而說行)

굳센 양이 지나치나 구이와 구오가 하괘와 상괘의 가운데에 위치하므로 모두 중을 얻었으니(剛過而中) 이는 중도를 잃지 않은 것이다. 대과괘는 공손하면서 기쁨으로 행한다(巽而說行). 하괘 손괘는 공손한 덕을, 상괘 태괘는 기쁨의 덕을 가지니 일이 성취된다. 대과(大過)의 때에 중도로써 공순하고 기뻐하면서 행하여 가는 바를 둠이 이로우니 형통하다(利有攸往 乃亨). 강건한 폐단을 억제하고 밑과 끝의 유약함을 도와야 한다.

☑ 대과지시 대의재(大過之時 大矣哉)

대과(大過)의 때(大過之時)란 크게 지나친 일이 있는 위기 상황의 때이다. 시대가 영웅을 만들듯이 위기 상황에서 큰 일을 할 수 있다. 대과의 때는 천도의 운행에 변화가 매우 크니(大過之時 大矣哉), 위기에서 큰 공을 세우고, 큰 덕을 이루는 것은 대과(大過)의 때이다. 대과의 때는 신중해야 하고, 덕과 재능이 있는 현인이라야 일을 잘 처리할 수가 있다.

▌ 괘사에 대한 대상전

象曰 澤滅木이 大過니
상 왈 택 멸 목　　　대 과
君子 以하여 獨立不懼하며 遯世无悶하니라
군 자 이　　 독 립 불 구　　 돈 세 무 민

「상전」에서 말했다. 못이 나무를 없애는 것이 대과(大過)이니, 군자는 이를 본받아 홀로 서도 두려워하지 않으며, 세상을 피하여 은둔하여도 번민하지 않는다.

▶ 滅: 꺼질 멸/멸할 멸, 없어지다. 懼: 두려워할 구 遯: 달아날 둔(돈) 悶: 답답할 민, 어둡다, 번민하다.

☑ 택멸목 대과(澤滅木 大過)

　나무는 물이 너무 많으면 죽는다. 물이 너무 많은 것이 대과이다. 대과괘는 못이 나무를 없애는 상이다(澤滅木 大過). 상괘인 태괘가 못이고, 하괘인 손괘가 나무로, 나무가 못 아래에 있어 자라지 못하고 썩는다. 물이 너무 많은 것은 난세이며 세상이 멸망하려는 위급한 때이다.

☑ 군자이 독립불구 돈세무민(君子以 獨立不懼 遯世无悶)

　군자가 대과의 상을 보고서(君子以) 홀로 있어도 바른 일을 행하여 두려워하지 않는다(獨立不懼). 군자는 비난을 받고 홀로 서도 바른 도를 지키고 두려워하지 않는다. 군자는 세상을 피하여 은둔해도 번민하지 않는다(遯世无悶). 군자는 세상이 알아주지 않아 세상을 피하여 은둔하여도 수양에 힘쓰며 번민하지 않는다.

▌ 초육 효사와 소상전

初六은 藉用白茅니 无咎하니라
象曰 藉用白茅는 柔在下也라

초육은 자리를 까는데 흰 띠풀을 사용하면 허물이 없다. 「상전」에서 말했다. "자리를 까는데 흰 띠풀을 사용함"은 유가 아래에 있기 때문이다.

▶ 藉: 깔 자/짓밟을 적/빌릴 차, 자리　茅: 띠 모

☑ 자용백모 무구(藉用白茅 无咎)

　초육은 부드러운 음으로 아래에 있으니 두려워하고 삼가는 자이다. 제사지낼 때 제기(祭器)가 땅에 닿지 않도록 백모(白茅)를 깐다. 제사를 지내기 위해 땅에 자리를 까는데 흰 띠풀을 사용한다(藉用白茅). 흰 띠풀은 부드러워 무거운 나무를 올려놓더라도 물건이 부서지지 않는다. 띠풀을 까는 것은 정성이 지극하니 허물이 없다(无咎). 띠풀은 하찮은 것이라도 쓰임이 중요해 이것을 사용하면 공경하는 도를 이룰 수 있다.

☑ 자용백모 유재하야(藉用白茅 柔在下也)

　공경과 정성으로 제사를 지낼 때 자리를 까는데 흰 띠풀을 사용하는 이유(藉用白茅)는 부드

러운 음이 아래에 있기 때문이다(柔在下也). 부드러운 음으로 흰 띠풀을 사용하는 도는 지극히 공경하고 정성을 다하는 것이다. 따라서 효상은 흰 띠풀을 자리로 까는 상으로, 점사는 위험한 시대에도 조심하면 허물이 없다.

▌구이 효사와 소상전

구 이　고 양　생 제　　노 부　득 기 여 처　　무 불 리
九二는 **枯楊 生稊**하며 **老夫 得其女妻**니 **无不利**하니라
상 왈　노 부 여 처　　과 이 상 여 야
象曰 老夫女妻는 **過以相與也**라

구이는 마른 버드나무에 싹이 나며 늙은 남자가 젊은 여자를 얻으니 이롭지 않음이 없다. 「상전」에서 말했다. "늙은 남자가 젊은 여자를 얻음"은 지나치게 서로 함께하는 것이다.

▶ 枯: 마를 고　楊: 버들 양　稊: 돌피 제, 싹

☑ 고양생제(枯楊生稊)

　구이는 굳센 양이 지나치나 중을 구제하는 자이다. 버드나무는 물을 좋아하나 물속에 잠기면 죽는다. 제(稊)는 나무뿌리에서 나오는 싹이다. 마른 버드나무에서 말라죽던 싹이 나면 생기가 돈다(枯楊生稊).

☑ 노부득기여처 무불리(老夫得其女妻 无不利)

　구이는 늙은 남자요, 초육은 젊은 여자이다. 구이는 양효로 강건하여 젊은 아내를 얻는 상으로, 늙은 남자가 젊은 아내를 얻으면(老夫得其女妻) 부드러운 젊은 아내의 도움으로 자녀를 낳고 기르는 공이 있다.

　마른 버드나무[枯楊]는 늙은 남자[老夫]와 같고, 새싹(稊)은 젊은 아내[女妻]와 같아서, 자녀를 낳고 기를 수 있기 때문에 남편과 아내는 모두 이롭지 않음이 없다(无不利). 버드나무가 말랐더라도 싹이 생긴다면 영화롭듯이, 남자가 비록 늙었더라도 젊은 아내를 얻으면 자녀를 낳고 기를 수 있다. 남편은 아내에 비해 지나치게 늙었고, 아내는 남편에 비해 지나치게 어리다. 마른 버드나무인데도 싹이 생기고, 늙은 남자인데도 젊은 아내를 얻음은 모두 지나친 일이다.

☑ 노부여처 과이상여야(老夫女妻 過以相與也)

늙은 남자가 젊은 아내를 얻는 것(老夫女妻)은 지나치게 서로 함께하는 것이다(過以相與也). 늙은 남자가 젊은 여자를 좋아함과 젊은 여자가 늙은 남자에게 순종함은 서로 함께함이 분수를 지나치니, 구이와 초육은 음양이 서로 함께하는 조화가 너무 지나치다. 따라서 효상은 늙은 남자가 젊은 아내를 얻는 상으로, 점사는 조금은 지나치더라도 이롭지 않은 것은 아니다.

▌ 구삼 효사와 소상전

구삼 동요 흉
九三은 棟橈니 凶하니라
상왈 동요지흉 불가이유보야
象曰 棟橈之凶은 不可以有輔也라

구삼은 대들보가 휘어지니 흉하다. 「상전」에서 말했다. "대들보가 휘어지는 것이 흉함"은 도움이 있을 수 없기 때문이다.

▶ 棟: 마룻대 동, 용마루 橈: 굽을 뇨(요), 휘다. 輔: 도울 보

☑ 동요 흉(棟橈 凶)

구삼은 굳센 양으로 양의 자리에 있으나 무거움을 감당하지 못하기 때문에 휘어지니 흉하다(棟橈 凶). 초육은 유약하여 구삼을 도울 수 없다. 구삼은 자신의 힘만 과신하나 스스로 무게를 감당하지 못한다. 따라서 구삼은 스스로 기회를 수용할 능력이 없다.

☑ 동요지흉 불가이유보야(棟橈之凶 不可以有輔也)

대들보가 휘어지짐이 흉한 이유(棟橈之凶)는 도움이 있을 수 없기 때문이다(不可以有輔也). 구삼이 너무 굳세나 초육이나 상육이 음효로 나약하여 도울 수 없고, 너무 무거워 대들보가 휘어진다. 따라서 효상은 대들보가 휘어지는 상으로, 점사는 주위에 도와줄 사람이 없어 흉하다.

▌구사 효사와 소상전

^{구사} ^{동룡} ^길 ^{유타} ^린
九四는 棟隆이니 吉하나 有它면 吝하리라
^{상왈} ^{동룡지길} ^{불요호하야}
象曰 棟隆之吉은 不橈乎下也라

구사는 대들보가 높이 솟아 길하지만, 다른 데에 마음을 두면 부끄럽다. 「상전」에서 말했다. "대들보가 높이 솟아 길함"은 아래로 휘어지지 않기 때문이다.

▶ 隆: 높을 룡(융) 它: 다를 타/뱀 사 吝: 아낄 린(인), 부끄러워하다.

☑ 동룡길 유타 린(棟隆吉 有它 吝)

구사는 대신의 자리로 대들보 상이다. 구사는 양으로서 음의 자리에 있으니 강유(剛柔)가 조화하고 초구와 상응하니, 남의 의견을 잘 듣고 도움을 얻는다. 대들보가 높이 솟아도 휘어지지 않고 회복했으니 길하다(棟隆吉). 현명한 대신이 혼란스런 나라를 잘 다스렸다는 말이다. 구사가 다른 데(초육)에 마음을 두면 후회가 있다(有它 吝). 구사는 초육에 마음을 두지 말고 구오를 보필하여 문제를 해결하면 길하다.

☑ 동룡지길 불요호하야(棟隆之吉 不橈乎下也)

대들보가 높이 솟아 길한 이유(棟隆之吉)는 아래로 휘어지지 않기 때문이다(不橈乎下也). 대들보가 높이 솟으면 안전하지만, 구사가 만약 다른 데에 마음을 둔다면 부끄럽게 된다. 따라서 효상은 대들보가 높이 솟은 상으로, 점사는 뜻밖의 환난에 동요하지 않으면 길하다.

▌구오 효사와 소상전

^{구오} ^{고양} ^{생화} ^{노부} ^{득기사부} ^{무구무예}
九五는 枯楊 生華하며 老婦 得其士夫니 无咎无譽리라
^{상왈} ^{고양생화} ^{하가구야} ^{노부사부} ^{역가추야}
象曰 枯楊生華 何可久也? 老婦士夫 亦可醜也로다

구오는 마른 버드나무에 꽃이 피며 늙은 여자가 젊은 남자를 얻는 것이니, 허물이 없으나 명예도 없을 것이다. 「상전」에서 말했다. "마른 버드나무에 꽃이 피니" 어찌 오래갈 수 있겠는가? "늙은 여자가 젊은 남자를 얻으니" 또한 추하다고 할 만하다.

▶ 華: 빛날 화, 꽃 譽: 기릴 예/명예 예 醜: 추할 추

☑ 고양생화(枯楊生華)

화(華)는 꽃[花]을 의미한다. 초육은 아래 있어 새싹이고, 구오는 위에 음이 있어 마른 버드나무이고, 상육은 맨 위에 있어 꽃이다(生華). 마른 버드나무에 꽃이 피면 생기조차 없어져 나무가 죽는 것을 더 재촉한다. 마른 버드나무에 꽃이 핀다(枯楊生華)는 말은 늙은 부인이 장가간 적이 없는 젊은 남자를 얻음을 비유한 말이다. 젊은 남자가 늙은 여자를 부인으로 얻으면 내조도 없고 자녀를 낳지도 못하며, 부인은 좋아하나 남편은 이득도 없으며 방해만 될 뿐이다.

☑ 노부득기사부 무구무예(老婦得其士夫 无咎无譽)

마른 버드나무는 늙은 남자의 상이고 뿌리가 난 것은 젊은 부인의 상이다. 마른 것은 늙음이며, 양의 자리에 있으면 남자가 되고, 음의 자리에 있으면 여자가 된다. 젊은 남편은 구오이나 늙은 부인은 상육이다. 늙은 부인이 젊은 남편을 얻는 것(老婦得其士夫)은 허물도 아니고 명예도 아니다(无咎无譽). 젊은 남편은 늙은 부인이 경험이 많아 도움을 얻을 수 있어 과도한 때, 즉 대과(大過)를 이겨낼 수 있다.

☑ 고양생화 하가구야(枯楊生華 何可久也)

마른 버드나무에 꽃이 피니(枯楊生華) 어찌 오래갈 수 있겠는가(何可久也)? 즉, 꽃은 오래갈 수 없다. 마른 버드나무에는 뿌리가 나지 않고 꽃만 핀다면 다시 마르니 오래가지 못한다.

☑ 노부사부 역가추야(老婦士夫 亦可醜也)

늙은 부인이 젊은 남편을 얻으니(老婦士夫) 또한 추하다고 할 만하다(亦可醜也). 늙은 부인이 젊은 남자를 얻었다면 자식을 낳고 기를 수 없고 대를 잇지 못하여 오래가지 못하니 이 또한 추함이 되는 것이다. 따라서 효상은 늙은 부인이 젊은 남편을 얻은 상으로, 점사는 오래갈 수 없으니 추하다고 할 만하다.

상육 효사와 소상전

上六은 過涉滅頂이라 凶하나 无咎하니라
상육 과섭멸정 흉 무구

象曰 過涉之凶은 不可咎也니라
상왈 과섭지흉 불가구야

상육은 지나치게 건너 정수리까지 잠겨 흉하나 허물이 없다.「상전」에서 말했다. "지나치게 건너는 것이 흉함"은 허물이 있을 수 없다.

▶ 涉: 건널 섭 滅: 꺼질 멸, 잠기다, 빠지다. 頂: 정수리 정, 이마

☑ 과섭멸정흉 무구(過涉滅頂凶 无咎)

상육은 부드러운 음으로 네 양을 밟고 있으니 지나침의 정수리에 있는 자이다. 지나치게 건넘(過涉)은 배 없이 걸어서 강을 건너는 것이다. 물을 건널 때 만일 수심을 헤아리지 않으면 정수리까지 빠지게 되니 흉하다(滅頂凶). 과도하게 행동하다가 위급한 재난을 당하게 된다.

☑ 과섭지흉 불가구야(過涉之凶 不可咎也)

지나치게 건너는 것이 흉함(過涉之凶)은 남을 탓할 할 수 없다(不可咎也). 지나치게 건너다 물에 빠지면 스스로 한 일로 남을 탓할 수 없다. 따라서 효상은 물을 건너다 정수리가 잠긴 상으로, 점사는 과도하게 행하면 재앙이 있다.

험함을 이겨내는 중수감(重水坎)

| 29 | ䷜ | 坎上 | 重水坎 |
| | | 坎下 | 중수감 |

　　중수감괘(重水坎卦)는 상괘와 하괘가 물[水]이나 험함[險]을 상징하는 감괘(坎卦: ☵)로, 이는 위아래로 물이 거듭 흘러나오는 상이다. 감(坎)은 구덩이, 빠지다[陷], 험하다[險]는 뜻이다. 물이 겹쳐 아래로 흐르면 재앙이 된다. 물이 위아래로 중복되어 있으니 감괘는 험난하고 위태롭다. 중수감(重水坎)은 거듭되는 수렁에서 탈출하는 지혜를 알려준다. 따라서 괘상은 물이 거듭 흘러나오는 중수(重水) 상이요, 괘명은 매우 험난한 감괘(坎卦)이다. 지나침이 지극하면 반드시 빠지니, 감괘(坎卦)가 이 때문에 대과괘(大過卦)의 다음이 된 것이다. 감괘(坎卦)를 습감괘(習坎卦)라고도 한다.

　　감괘는 지혜와 의지로 험한 상황을 이겨내는 교훈을 준다. 초효는 입우감담(入于坎窞)으로, 이는 구덩이 속에 들어가니 또 구덩이가 있는 상황이니, 험함이 겹쳐 더욱 어렵다. 이효는 유험(有險)으로, 이는 위험한 구덩이 속에 들어가 깊은 험함에 빠지지는 않은 상황이니, 재능과 중용의 덕으로 조금 얻을 수 있다. 삼효는 험차침(險且枕)으로, 이는 험한 구덩이 속에 들어가니 또 더 깊은 구덩이가 있는 상황이니, 설상가상으로 더욱 어려우니 행하지 말 것이다. 사효는 준주궤이(樽酒簋貳)로, 이는 대신이 군주에게 한 동이 술과 두 대그릇 음식을 들창문을 통해 바치는 상황이니, 공경과 정성이 있으면 허물이 없다. 오효는 감불영(坎不盈)으로, 이는 구덩이가 가득차지 않은 상황이니, 덕이 아직 크지 않아 큰 역할을 하기는 어렵다. 육효는 치우총극(寘于叢棘)으로, 이는 감옥에 갇혀 오랫동안 갇혀있는 상황이니, 험함을 벗어나려고 해도 벗어나지 못한다.

█ 괘사

　　　　습 감　　유 부　　　　유 심 형　　　행 유 상
習坎은 有孚하여 維心亨이니 行有尙이니라

습감(習坎)은 믿음이 있어서 오직 마음이 형통하니, 가면 숭상이 있을 것이다.

▶ 習 : 익힐 습, 겹치다.　坎 : 구덩이 감, 험난하다.　孚 : 미쁠 부　維 : 벼리 유, 오직

☑ 습감(習坎)

　감괘의 상은 물[水]이나 험함[險]이니 양이 음 가운데에 빠져있다. 감괘는 위아래가 다 감
(☵)이니 거듭된 험함이다. 습(習)은 겹친다는 뜻이고, 습감(習坎)은 어려움이 겹친 것이다.

☑ 유부 유심형 행유상(有孚 維心亨 行有尙)

　감괘에 처한 사람은 몸이 빠질 수 있으나 마음이 빠지지 않고 흔들리지 않아 형통하다(有孚
維心亨). 마음이 흔들리지 않으면 험난한 곳을 가더라도 이를 극복하니 숭상이 있다(行有尙).

█ 괘사에 대한 단전

　　　　단 왈　습 감　　중 험 야　　　수 류 이 불 영　　　　행 험 이 불 실 기 신
象曰 習坎은 重險也니 水流而不盈하며 行險而不失其信이니
　　　유 심 형　　　내 이 강 중 야　　　행 유 상　　　왕 유 공 야
維心亨은 乃以剛中也요 行有尙은 往有功也라
　　　천 험　　불 가 승 야　　　지 험　　산 천 구 릉 야　　　왕 공　　설 험　　　이 수 기 국
天險은 不可升也요 地險은 山川丘陵也니 王公이 設險하여 以守其國하니
　　　험 지 시 용　　대 의 재
險之時用이 大矣哉라!

「단전」에서 말했다. 습감(習坎)은 거듭된 험함이니, 물이 흘러가서 가득차지 않으며 험한 데를 가도
신의를 잃지 않는다. "오직 마음이 형통함"은 굳센 양이 가운데 있기 때문이다. "가면 숭상이 있음"은
가면 공이 있는 것이다. 하늘의 험함은 오를 수 없고, 땅의 험함은 산천과 구릉이니, 왕공이 험함을 설
치하여 나라를 지키니 험함의 때와 쓰임이 크도다!

▶ 重 : 무거울 중, 거듭하다.　險 : 험할 험/검소할 검　盈 : 찰 영　升 : 되 승/오를 승

☑ 습감 중험야(習坎 重險也)

습감(習坎)이란 험한 물이 거듭된 험함이니(習坎 重險也) 큰 어려움이다. 감(坎)은 물이며, 물은 곧 험함이다. 비록 완만히 흐르는 낮은 실개천이라도 건너는 노력과 빠지는 근심이 있어 물은 험함이 된다.

☑ 수류이불영(水流而不盈)

구덩이의 물은 가득차면 흘러내린다. 물은 흐르면 가득차지 않고, 막히면 넘치는 것은 물의 덕이다. 물은 흘러가서 가득차지 않는다(水流而不盈). 물이 이미 가득차면 넘쳐 흐를 것이다.

☑ 행험이불실기신(行險而不失其信)

험함이 거듭된 데를 가더라도 신의를 잃지 않는다(行險而不失其信). 물은 험함을 만나더라도 흐르는 믿음을 지키고 중도를 벗어나지 않는다.

☑ 유심형 내이강중야(維心亨 乃以剛中也)

오직 마음이 형통할 수 있는 것(維心亨)은 굳센 양이 가운데 자리에 있기 때문이다(乃以剛中也). 구이와 구오의 가운데가 채워진 것은 믿음이 있는 상이 되니, 마음이 바르면 통하지 않는 곳이 없다.

☑ 행유상 왕유공야(行有尙 往有功也)

굳세고 알맞은 재질로 물이 흐르듯 행동이 바르면 공로가 있을 것이므로(往有功也) 숭상을 받을 만하다(行有尙).

☑ 천험불가승야 지험산천구릉야(天險不可升也 地險山川丘陵也)

물은 유용하나 험하다. 험함에는 하늘의 험함과 땅의 험함이 있다. 높아서 올라갈 수 없는 것은 하늘의 험함이고, 산천과 구릉은 땅의 험함이다. 하늘의 험함은 무엇을 잡고도 오를 수 없음(天險不可升也)은 형체 없는 험함이고, 높고 깊고 넓어 오르고 내리고 건너기 힘든 산천과 구릉(地險山川丘陵也)은 형체 있는 땅의 험함이다.

☑ 설험 이수기국 험지시용 대의재(設險 以守其國 險之時用 大矣哉)

왕공(王公)이 천지의 험함을 본받아 험난한 요새를 만드는 것은 형체 있는 험함이며, 또 형체 없는 험함을 설치하여(王公設險) 나라를 굳게 지키는 것(以守其國)은 사람의 험함이니, 험함을 사용하는 때와 방법(險之時用)이 매우 중요하다(大矣哉). 따라서 험함은 때때로 시련이나 장애물이지만 험함을 잘 이용하면 좋은 결과를 얻을 수 있다.

▌괘사에 대한 대상전

象曰 水洊至 習坎이니 君子는 以하여 常德行하며 習敎事하니라

「상전」에서 말했다. 물이 거듭 이르는 것이 습감(習坎)이니, 군자는 이를 본받아 항상 덕을 행하고 가르치는 일을 익힌다.

▶ *洊*: 이를 천, 거듭, 재차 *坎*: 구덩이 감 *敎*: 가르칠 교

☑ 수천지 습감(水洊至 習坎)

감괘(☵)는 물이 되고, 물이 흘러 거듭 이른 것은 두 감괘가 서로 거듭함이니, 물이 흘러 거듭되는 것이 습감이다(水洊至 習坎).

☑ 군자이상덕행 습교사(君子以常德行 習敎事)

항상[常], 거듭[習]은 물이 쉬지 않고 흘러감이다. 물은 한 방울부터 강과 바다에 계속 흐른다. 물은 땅의 형세를 따라 아래로 내려가는데, 군자는 감(坎)의 상을 보고서 항상 덕을 행하고 (君子以常德行) 가르치는 일을 익힌다(習敎事). 따라서 군자가 백성을 거듭하여 가르치면 백성은 교화와 명령의 일에 익숙하게 된다.

▌초육 효사와 소상전

初六은 習坎에 入于坎窞이니 凶하니라
象曰 習坎入坎은 失道凶也라

초육은 습감(習坎)에 깊은 구덩이로 들어가니 흉하다. 「상전」에서 말했다. "습감에 깊은 구덩이로 들

어감"은 도를 잃은 것이니 흉하다.

▶ 坎: 구덩이 감, 험난하다.　窞: 구덩이 담, 깊은 구덩이

☑ 습감 입우감담 흉(習坎 入于坎窞 凶)

초육은 험한 감괘의 아래에 있어 유약하고 중도 없고 덕도 없어 도와주는 자도 없다. 초육은 험함에서 빠져 나올 수 없고, 오직 깊은 험함으로 더욱 빠져 들어간다. 험함이 거듭되니 습감이다(習坎). 담(窞)은 구덩이 가운데 깊이 들어간 곳으로, 이미 구덩이의 가운데에 있는데 다시 깊은 구덩이로 들어간다면(入于坎窞) 흉하다. 초육은 거듭된 험함에 있어 나올 수 없으니 마치 소인이 미혹되어 악에 들어가 있는 것과 같다. 어려운 상황을 안일하게 여기면 깊은 어려움에 빠지게 된다.

☑ 습감입감 실도흉야(習坎入坎 失道凶也)

습감에 깊은 구덩이로 들어감(習坎入坎)은 도를 잃으니 흉하다(失道凶也). 평탄한 길로 가지 못하고 다시 깊은 구덩이로 들어갔으니 바른 도를 행하지 못한다. 험함에서 벗어날 수 있어야 도를 잃지 않는다. 따라서 효상은 구덩이 속에 들어가니 또 구덩이가 있는 상으로, 점사는 험함이 겹쳐 더욱 어렵다.

■ 구이 효사와 소상전

구 이　　감 유 험　　구 소 득
九二는 坎有險하나 求小得하니라
상 왈　구 소 득　　미 출 중 야
象曰 求小得은 未出中也라

구이는 감(坎)의 때에 험함이 있으나 구하는 것을 조금 얻는다. 「상전」에서 말했다. "구하는 것을 조금 얻음"은 중에서 벗어나지 않았기 때문이다.

☑ 감유험 구소득(坎有險 求小得)

거듭된 험함에 처하여 스스로 나오지 못하기 때문에 험함이 있는 상이다(坎有險). 그러나 구이는 굳센 양이면서 중을 얻었기 때문에 죽지 않고 살아나니 구하는 것을 조금 얻을 수 있다(求小得). 따라서 어려운 상황에서도 조금씩 상황을 이겨낸다.

☑ 구소득 미출중야(求小得 未出中也)

　　스스로 구하는 것을 조금 얻음(求小得)은 행동이 중에서 벗어나지 않았기 때문이다(未出中也). 구이는 두 음에 빠져서 험한 자리에 있으나 굳세고 가운데 있어 깊은 험함에 빠지지는 않았으나 아직도 완전히 벗어나지는 못했다. 비록 구하는 것을 조금 얻지만 아직 중용의 덕에서 벗어나지 않았다(未出中). 따라서 효상은 위험한 구덩이 속에 들어가 깊은 험함에 빠지지는 않은 상으로, 점사는 재능과 중용의 덕으로 조금 얻을 수 있다.

■ 육삼 효사와 소상전

六三은 來之坎坎하며 險且枕하여 入于坎窞이니 勿用이라
象曰 來之坎坎은 終无功也리라

육삼은 오고 감이 험하고 험한데, 험하고 또 깊어 험한 구덩이로 들어가니 쓰지 말아야 한다. 「상전」에서 말했다. "오고 감에 험하고 험함"은 끝내 공이 없는 것이다.

▷ 坎 : 구덩이 감, 험하다.　枕 : 베개 침, 임하다, 향하다, 깊다.

☑ 래지감감 험차침(來之坎坎 險且枕)

　　지(之)는 가다, 침(枕)은 깊다[沈]의 뜻이다. 육삼은 음이고 바른 자리도 아니므로 덕과 재능이 부족하다. 아래로 가면 험한 가운데로 들어가고 위로 가도 험하니, 진퇴가 모두 험하기 때문에 오고 감에 험하고 험하다(來之坎坎). 험하고 또 깊어(險且枕) 어려움이 거듭된다.

☑ 입우감담 물용(入于坎窞 勿用)

　　험한 구덩이로 점점 들어감(入于坎窞)은 험하고 또 더 험한 상황에 빠진다는 말이다. 점점 깊은 구덩이 속으로 빠져들어간다. 쓰지 말라(勿用)는 함부로 행동하지 말라고 경계한 것이다.

☑ 래지감감 종무공야(來之坎坎 終无功也)

　　나아가고 물러남이 모두 험함(來之坎坎)은 더욱 험함에 들어가니, 끝내 공이 있지 않다(終无功也). 공(功)은 험함을 벗어나는 공이다. 나아가든 물러나든 모두 구덩이로 끝내 험함을 구제하는 공이 없다. 따라서 효상은 험한 구덩이 속에 들어가니 또 더 깊은 구덩이가 있는 상으로,

344

점사는 설상가상으로 더욱 어려우니 행하지 말 것이다.

▌육사 효사와 소상전

_{육사} _{준주궤이} _{용부} _{납약자유} _{종무구}
六四는 樽酒簋貳를 用缶하고 納約自牖면 終无咎하니라
_{상왈} _{준주궤이} _{강유제야}
象曰 樽酒簋貳는 剛柔際也라

육사는 한 동이 술과 두 대그릇 음식을 질그릇에 쓰고, 간소하게 바치되 창문을 통해서 하면 마침내 허물이 없다.「상전」에서 말했다. "한 동이 술과 두 대그릇 음식"은 강과 유가 만나기 때문이다.

▶ 樽: 술통 준 簋: 제기 이름 궤 缶: 장군 부, 질그릇 納: 들일 납, 바치다. 約: 맺을 약, 검소하다. 牖: 들창 유 際: 즈음 제, 만나다.

☑ 준주궤이 용부(樽酒簋貳 用缶)

육사는 부드러운 음으로 재능은 부족하나 중을 얻어 뜻이 바르고, 구오 군주에게 호응한다. 준유(樽酒)는 한 동이의 술이고, 궤(簋)는 제기이다. 육사가 한 동이 술과 두 대그릇의 음식을 질그릇에 담는다(樽酒簋貳 用缶). 군주가 난세를 해결하기 위해 대신의 집에 왔을 때 육사 대신이 식사를 군주에게 소박하게 올린다.

☑ 납약자유 종무구(納約自牖 終无咎)

유(牖)는 들창으로 벽에 구멍이 있어 빛이 들어오도록 한 창문이다. 창문을 통해 간소하게 바침(納約自牖)은 험한 상황에서는 예의를 갖출 수 없어서 음식을 지극히 간소하게 군주에게 바치더라도 공경과 정성이 있으면 문제가 없으니 마침내 화가 없을 것이다(終无咎). 문이 아니라 들창문을 통해 간소하게 군주에게 술과 음식이 들어가는 것이다.

☑ 준주궤이 강유제야(樽酒簋貳 剛柔際也)

한 동이 술과 두 대그릇 음식(樽酒簋貳)은 질박하고 성실함이니, 굳셈과 부드러움이 서로 교제하는 도가 있다면(剛柔際也) 끝내 허물이 없다. 군주와 신하의 사귐이 견고하게 유지될 수 있는 것은 성실이다. 간소한 예를 쓰더라도 성의를 다하면 마침내 허물이 없다. 따라서 효상은 대신이 군주에게 한 동이 술과 두 대그릇 음식을 들창문을 통해 바치는 상으로, 점사는 공경과 정성이 있으면 허물이 없다.

구오 효사와 소상전

구 오 감 불 영 지 기 평 무 구
九五는 坎不盈이니 祗既平 无咎니라
상 왈 감 불 영 중 미 대 야
象曰 坎不盈은 中未大也라

구오는 구덩이가 (물로) 차지 않았으니 이미 평평한 데 이르면 허물이 없다. 「상전」에서 말했다. "구덩이가 (물로) 차지 않았음"은 중이 아직 크지 않기 때문이다.

▶ 盈 : 찰 영　祗 : 공경할 지

☑ 감불영 지기평 무구(坎不盈 祗既平 无咎)

지(祗)는 이르대[至]는 뜻이다. 구오는 외괘에서 중의 자리에 있어 구덩이의 가운데에 있으니 물이 가득차지 않은 것이다. 구덩이가 물로 가득차지 않았으니(坎不盈) 구오는 물이 넘치지 않아 평평하여 험함에서 점차 벗어나니 허물이 없다(祗既平 无咎). 구오의 덕과 육사 대신의 도움으로 겨우 백성을 험함에서 구제할 수 있을 뿐이다.

☑ 감불영 중미대야(坎不盈 中未大也)

구덩이가 물로 차지 않은 이유(坎不盈)는 중의 덕이 아직 크지 않기 때문이다(中未大也). 중의 덕이 아직 크지 않아 구오가 백성을 크게 구제할 수 없기 때문이다. 험난한 때에 군주와 신하가 협력하지 않으면 백성을 구제할 수 없다. 구오의 중덕이 광대하지 못함은 신하가 없기 때문이다. 따라서 효상은 구덩이가 가득차지 않은 상으로, 점사는 덕이 아직 크지 않아 큰 역할을 하기는 어렵다.

상육 효사와 소상전

상 육 계 용 휘 묵 치 우 총 극 삼 세 부 득 흉
上六은 係用徽纆하여 寘于叢棘하여 三歲不得凶하니라
상 왈 상 육 실 도 흉 삼 세 야
象曰 上六失道는 凶三歲也리라

상육은 포승줄로 묶이고 가시덤불에 갇혀서 삼 년이 되어도 풀려나지 못하니 흉하다. 「상전」에서 말했다. "상육이 도를 잃으면" 흉함이 삼 년 동안 있을 것이다.

▶ 係 : 맬 계, 묶다 徽 : 아름다울 휘, (세 겹의)노끈, 묶다. 纆 : 노끈 묵, 두 가닥 寘 : 둘 치 叢 : 떨기 총/모일 총 棘 : 가시 극

☑ 계용휘묵 치우총극 삼세부득흉(係用徽纆 寘于叢棘 三歲不得凶)

휘(徽)는 세 겹의 노끈이며, 묵(纆)은 두 겹의 노끈이니 휘묵(徽纆)은 포승줄이다. 치(寘)는 두다[置]이고, 총극(叢棘)은 가시나무 덤불이므로 감옥이다. 고대의 감옥은 죄수들이 도망을 가지 못하도록 주위에 가시나무를 심어 울타리를 만들었다.

상육은 음유로서 험함의 극단에 있어서 빠짐이 깊고, 두 세 겹의 노끈에 묶여 감옥에 갇히고 삼 년이 지나도 풀려나오지 못하는 사람이다. 삼세(三歲)는 오랜 세월을, 부득(不得)은 감옥에서 풀려나지 못함을 뜻한다. 상육은 포승줄로 묶이고(係用徽纆) 가시덤불에 갇힌 것(寘于叢棘)처럼 깊어 나올 수 없다. 삼 년이나 오래되어도 풀려나지 못하니 그 흉함을 면할 수 없다(三歲不得凶). 가시덤불에 가두어, 그 곳이 비록 멀지는 않더라도 구해낼 수가 없어서 삼 년 동안 흉함에 이르렀다.

☑ 실도 흉삼세야(失道 凶三歲也)

상육이 오랜 세월 감옥에 갇혀 흉한 이유(凶三歲也)는 도를 잃었기 때문이다(失道). 도를 잃었다는 것은 가시덤불 안에 들어가 삼 년 동안 바른 도를 실천할 수 없었다는 것이다. 재능과 덕이 있고, 성(誠)이 있는 자만이 험난함을 벗어날 수 있다. 따라서 효상은 감옥에 갇혀 오랫동안 갇혀있는 상으로, 점사는 험함을 벗어나려고 해도 벗어나지 못한다.

| 30 | 離上 | 重火離 |
| | 離下 | 중화리 |

중화리괘(重火離卦)는 상괘와 하괘가 불[火]을 상징하는 리괘(離卦: ☲)로, 이는 해가 두 번 떠오르는 상이다. 리(離)는 불이고, 붙어 있거나 걸려있다는 뜻이 있다. 불은 물건에 붙어야 타고 태양은 하늘에 걸려있어야 대지에 빛을 빛춘다. 불은 반드시 다른 물질에 붙어서만 타오를 수 있어 의존을 상징한다. 물은 차갑고 안으로 침잠하는 속성이 있으나, 불은 뜨겁고 바깥으로 치닫는 속성이 있다. 괘상은 해가 두 번 떠오르는 중화(重火) 상이요, 괘명은 걸릴 리괘(離卦)이다.

만물은 어떤 대상에 붙어있다. 무형의 물건은 유형의 물건에 붙어서 비로소 그 작용을 한다. 리(離)는 붙음이며 밝음으로, 음이 위아래의 양에 붙은 것을 취하면 붙음이 되고, 가운데가 빔[虛]을 취하면 밝음이 된다. 리(離)는 불[火]이 되니, 불은 비어 있어 물건에 붙어 밝은 것이며, 또 해가 되니 비어서 밝은 것이다. 불은 본래 일정한 모양이 없다. 불은 어떤 물건에 붙어서 비로소 불의 모양이 나타난다. 불이 어떤 물건에 붙으면 밝은 빛이 나온다.

리괘(離卦)는 살아가는 태도에 관한 교훈이다. 초효는 착연(錯然)으로, 이는 해가 밝아올 때 여러 가지 일들이 서로가 섞이고 얽혀 혼돈한 상황이니, 신중하고 경계하면 실패하지 않는다. 이효는 황리(黃離)로, 이는 황색에 붙어있는 상황이니, 중도를 얻으면 길하다. 삼효는 일측지리(日昃之離)로, 이는 해가 기울어 걸려있는 상황이니, 도를 알지 못하고 한탄만 하면 흉하다. 사효는 돌여기래여(突如其來如)로, 이는 적이 갑자기 침입하는 상황이니, 뜻밖의 재난이 닥칠 것이다. 오효는 출체타약(出涕沱若)으로, 이는 눈물을 흘리며 근심하고 한탄하는 상황이니, 현인과 협조하면 길하다. 육효는 왕용출정(王用出征)으로, 이는 왕이 출정하면 공을 세우는 상황이니, 우두머리는 엄벌하고 부하는 관용하면 허물이 없다.

괘사

離는 利貞亨하니라 畜牝牛吉하리라
<small>리　이정형　혹빈우길</small>

리(離)는 바르게 함이 이로우니 형통하다. 암소를 기르면 길하다.

▶ 離: 떠날 리(이)/이어질 리/붙을 려(여), 달라붙다, 걸리다.　畜: 짐승 축/쌓을 축/기를 휵　牝: 암컷 빈

☑ 리이정형 혹빈우길(離利貞亨 畜牝牛吉)

　리(離)는 달라붙음이다. 만물은 붙는 속성이 있으니 형체가 있으면 붙음이 있다. 해와 달은 하늘에 붙어있으니 길하다. 리(離)는 바르게 함이 이로우니 형통함(離利貞亨)은 바른 도를 지키면 이롭고 형통한 것이다. 암소를 기르면 길하다(畜牝牛吉). 소는 성질이 순한데 암소는 더욱 순하다. 이미 바름에 붙어있고, 암소처럼 바른 도에 순종하면 길하다.

　소인은 남에게 붙어 아첨하며 바르지 못하나 군자는 남에게 붙어도 바른 도리를 고수하여 신뢰를 받는다. 따라서 괘상은 암소를 기르는 상이요, 점사는 정도를 지키면 길하다.

괘사에 대한 단전

象曰 離麗也니 日月麗乎天하며 百穀草木이 麗乎土하니라
<small>단왈　리리야　일월리호천　백곡초목　리호토</small>
重明으로 以麗乎正하여 乃化成天下하니라
<small>중명　이리호정　내화성천하</small>
柔麗乎中正故로 亨하니 是以 畜牝牛吉也라
<small>유리호중정고　형　시이　혹빈우길야</small>

「단전」에서 말했다. 리(離)는 붙음이니, 해와 달은 하늘에 붙어 있고 백곡과 초목은 땅에 붙어 있다. 거듭 밝음으로 바름에 붙어서 천하를 교화하여 이룬다. 부드러운 음이 중정(中正)에 붙어 있으므로 형통하니, 이 때문에 암소를 기르면 길하다.

▶ 麗: 고울 려(여)/걸릴 리, 붙다.　穀: 곡식 곡

☑ 리리야(離麗也)

　리(離)는 붙음이다(離麗也). 리(離)는 붙어 있는 것이나 걸려있는 것이다. 만물은 각기 있어

야 할 곳에 붙어 있다.

☑ 일월리호천 백곡초목리호토(日月麗乎天 百穀草木麗乎土)

해와 달은 하늘에 붙어 있어(日月麗乎天) 천하를 비추고, 백곡과 초목은 땅에 붙어 있어(百穀草木麗乎土) 생기고, 자라고, 열매를 맺는다. 육오는 하늘의 자리이고 육이는 땅의 자리이다. 하늘과 땅 가운데 붙어 있지 않은 사물은 없다. 사람은 마땅히 붙어 있는 상대를 살펴야 하니, 붙은 것이 올바르면 형통하다.

☑ 중명이리호정 내화성천하(重明以麗乎正 乃化成天下)

위아래가 모두 리괘(離: ☲)로 밝음을 거듭한다(重明). 해와 달은 붙어 있어 동시에 밝으니 거듭된 밝음이다. 육이와 육오가 모두 바름에 붙어 있다(重明以麗乎正). 교화(敎化)란 가르치고 이끌어서 좋은 방향으로 변화시키는 것이다. 군신과 상하가 모두 밝은 덕이 있고 중정에 있으니, 천하를 교화하여 풍속을 이룬다(乃化成天下). 리괘는 정도에 붙어 있어 천하를 교화하고, 풍속을 아름답게 한다.

☑ 유리호중정 고형 시이휵빈우길야(柔麗乎中正 故亨 是以畜牝牛吉也)

육이와 육오는 유순함으로 중정에 붙어 있어 형통하다(柔麗乎中正 故亨). 암소를 기르면 길하니(是以畜牝牛 吉也), 사람이 지극히 순함을 길러서 중정에 붙어 있으면 길하다. 군주는 밝은 덕으로 바른 자리에 있어 천하를 교화하고 안정시킨다. 따라서 암소의 유순함을 배우고 바른 도에 순종하면 길하다.

▌ 괘사에 대한 대상전

象曰 明兩作離하니라
大人이 以하여 繼明하여 照于四方하니라

「상전」에서 말했다. 밝음 둘이 리(離)가 된다. 대인은 이를 본받아 밝음을 계속하여 사방에 비추게 한다.

▶ 作: 지을 작, 되다, 일어나다.　繼: 이을 계, 계속하다.　照: 비칠 조

☑ 명량작리(明兩作離)

양명(兩明)은 두 개의 밝음이고, 해와 달이 나타나니 매우 밝다. 리괘가 됨(作離)은 상괘와 하괘가 리괘로 중복된 것을 말한다. 리(離: ☲)는 태양이고 태양은 밝음으로, 해와 달이 나타나 매우 밝고, 이것이 리괘의 상이다.

☑ 대인이 계명 조우사방(大人以 繼明 照于四方)

대인(大人)은 인품과 학덕이 있는 군자로 덕으로는 성인이고, 지위로는 임금이다. 대인은 리괘(☲)의 밝음이 계속하는 상을 본받아(大人以) 밝은 덕을 계속하여 사방을 비춘다(繼明照于四方). 따라서 대인은 인품과 학덕으로 나라를 잘 다스려 나아가야 한다.

▌초구 효사와 소상전

初九는 履錯然하니 敬之无咎리라
象曰 履錯之敬은 以辟咎也라

초구는 밟음이 섞이니 신중히 하면 허물이 없다. 「상전」에서 말했다. "밟음이 섞이는 것을 신중히 함"은 허물을 피할 것이다.

▶ 履: 밟을 리(이)/신 리(이) 錯: 어긋날 착/둘 조 敬: 공경 경, 삼가다. 辟: 피할 피/임금 벽/비유할 비/그칠 미

☑ 리착연 경지무구(履錯然 敬之无咎)

리(履)는 여러 일들을 겪다는 뜻이다. 착연(錯然)은 여러 일들이 섞여 있는 모양이다. 연(然)은 그러하다를 말한다. 초구는 날이 밝아오는 아침으로 임금이 즉위한 직후이다. 초구는 해가 밝아올 때 여러 일들이 시작하고 서로가 섞이고 얽혀 혼돈하니, 신중하지 않고 경솔하게 움직이면 허물이 있다. 양은 아래에 있으면 나아가고자 하고, 리(離)는 밟는 것이 섞이고 뒤엉켜 나타난다(履錯然). 날이 밝아서 시작할 때 본성을 지키고 신중히 하면 허물이 없다(敬之无咎).

☑ 리착지경 이피구야(履錯之敬 以辟咎也)

본성을 지키고 신중히 하면(履錯之敬) 허물을 피할 수 있다(以辟咎也). 날이 밝아올 때는 여

러 일로 복잡하니 신중히 행하면 허물을 피할 수 있다. 따라서 효상은 해가 밝아올 때 여러 가지 일들이 서로가 섞이고 얽혀 혼돈한 상으로, 점사는 신중하고 경계하면 실패하지 않는다.

■ 육이 효사와 소상전

^{육 이} ^{황 리} ^{원 길}
六二는 黃離니 元吉하니라
^{상 왈} ^{황 리 원 길} ^{득 중 도 야}
象曰 黃離元吉은 得中道也라

육이는 황색에 붙음이니 크게 길하다. 「상전」에서 말했다. "황색에 붙으니 크게 길함"은 중도를 얻었기 때문이다.

☑ 황리원길(黃離元吉)

육이는 음효로 중정(中正)에 붙어 있으니 유순하고 덕이 있다. 황(黃)은 중앙의 색으로 중과 유순의 덕을 나타낸다. 육이는 해가 중천에 떠올라 세상을 밝게 비추니 만물을 밝게 볼 수 있는 때이다. 육이는 초구와 구삼을 가까이 하고, 중정에 붙어서 중정의 도를 얻어 크게 길하다(黃離元吉).

☑ 황리원길 득중도야(黃離元吉 得中道也)

황색에 붙으니 크게 길함(黃離元吉)은 중도를 얻었기 때문이다(得中道也). 육이가 하괘의 중(中)을 얻고 음이 음의 자리에 오니 정(正)을 얻었기 때문이다. 따라서 효상은 황색에 붙어있는 상으로, 점사는 중도를 얻으면 길하다.

■ 구삼 효사와 소상전

^{구 삼} ^{일 측 지 리} ^{불 고 부 이 가} ^{즉 대 질 지 차} ^흉
九三은 日昃之離니 不鼓缶而歌면 則大耋之嗟라 凶하니라
^{상 왈} ^{일 측 지 리} ^{하 가 구 야}
象曰 日昃之離 何可久也리오?

구삼은 해가 기울어 걸려있으니, 질장구를 두드려 노래하지 않으면 너무 늙은 것을 한탄하니 흉하다. 「상전」에서 말했다. "해가 기울어 걸려있음"이 어찌 오래갈 수 있겠는가?

▶ 昃: 기울 측 鼓: 북 고 缶: 장군 부, 질그릇 耋: 늙은이 질 嗟: 탄식할 차

☑ 일측지리(日昃之離)

일측(日昃)은 해가 하늘 중앙에서 서쪽으로 기우는 것이다. 해가 서쪽 하늘로 기울어지고 있다(日昃之離). 해가 서쪽으로 기울어져 어두워지니 늙고 지혜가 밝지 못해 불안하다.

☑ 불고부이가 즉대질지차 흉(不鼓缶而歌 則大耋之嗟 凶)

대질(大耋)은 나이가 많은 노인이다. 구삼은 너무 늙은 것을 근심하는 자이다. 해가 서쪽으로 기울 때 흙으로 구워 만든 질장구를 두드리며 노래하는 새로운 시대가 도래한 것을 알린다(鼓缶而歌). 그러나 노인이 질장구를 치며 노래하지 않는 것(不鼓缶而歌)은 자신을 위해 노래하는 이가 없고 너무 늙은 것을 한탄하니 흉하기 때문이다(大耋之嗟 凶).

☑ 일측지리 하가구야(日昃之離 何可久也)

해가 기울어 걸려있음(日昃之離)이 어찌 오래갈 수 있겠는가(何可久也)? 해가 이미 기울었으니 밝음이 오래갈 수 없다. 현명한 자는 이러한 이치를 알기 때문에 물러나 쉰다. 따라서 효상은 해가 기울어 걸려있는 상으로, 점사는 도를 알지 못하고 한탄만 하면 흉하다.

구사 효사와 소상전

九四는 突如其來如라 焚如니 死如며 棄如니라
象曰 突如其來如는 无所容也라

구사는 갑자기 (적이) 오니 불타오르고 죽이며 버려진다. 「상전」에서 말했다. "(적이) 갑자기 옴"은 용납할 바가 없는 것이다.

▶ 突: 갑자기 돌 焚: 불사를 분 棄: 버릴 기 容: 얼굴 용, 용납하다.

☑ 돌여기래여(突如其來如)

구사는 양효로 리괘의 몸체이며, 양은 움직이길 좋아하고, 리괘는 불타오르는 성질이 있다. 구사가 불을 의미하는 두 리괘의 사이에 있으니 불타 죽는 상이고, 호응이 없으니 버려지는 상

이다. 여(如)는 어떠한 모습이나 상태이다. 구사는 굳셈이 중첩되어 바르지 못한데 적은 매우 굳센 기세로 갑자기 쳐들어오니(突如其來如), 뜻밖의 재앙이 갑자기 닥쳐오는 것이다.

☑ 분여 사여 기여(焚如 死如 棄如)

불은 사물을 태우고 스스로 소멸하고, 소멸하면 재처럼 버려진다. 적이 매우 굳센 기세로 쳐들어와 민가를 불태우고(焚如) 사람을 죽인다(死如). 저녁 노을이 서쪽으로 버려지듯이 아이들이 버려진다(棄如). 불태우고 죽고 버림받아 재앙이 극에 달한다.

☑ 돌여기래여 무소용야(突如其來如 无所容也)

적이 갑자기 침입하여 집이 불에 타고 사람들이 죽고 무리들이 버려져서(突如其來如) 세상이 용납하지 않는다(无所容也). 구삼과 구사는 굳센 양이 서로 접하여 밝음이 서로 들이닥치므로 모두 길하지 못하다. 구사가 갑자기 침입하는 것은 도에 어긋나니 크게 화를 입게 된다. 따라서 효상은 적이 갑자기 침입하는 상으로, 점사는 뜻밖의 재난이 닥칠 것이다.

▌ 육오 효사와 소상전

 六五는 出涕沱若하며 戚嗟若이니 吉하니라
象曰 六五之吉은 離王公也라

육오는 눈물을 줄줄 흘리며 근심하고 한탄하니 길하다. 「상전」에서 말했다. "육오가 길함"은 왕공에게 붙어 있기 때문이다.

▶ 涕: 눈물 체 沱: 물갈래 타, 물이 흐르다. 戚: 친척 척/근심할 척 嗟: 탄식할 차

☑ 출체타약 척차약 길(出涕沱若 戚嗟若 吉)

구사는 해가 지는 때이고 육오는 밤중이다. 육오는 비록 임금의 자리이더라도 사악한 자가 날뛰어서 제대로 일을 도모할 수 없고, 아래에서 호응하고 후원이 없으니 형세가 위태롭다. 사악한 자가 날뛰어서 눈물을 흘리며 근심하고 한탄하나(出涕沱若 戚嗟若), 현인이 이치를 살필 줄 알아서 나라를 걱정하고 보존하여 길하다(吉).

☑ 육오지길 리왕공야(六五之吉 離王公也)

왕(王)은 육오 임금을, 공(公)은 상구 현인을 가리킨다. 육오는 부드럽고 알맞은 덕으로 임금의 지위에 있으니 세상이 따른다. 육오가 길한 까닭(六五之吉)은 왕공에게 붙어 있기 때문에 (離王公也) 끝내 능멸할 수 없기 때문이다. 따라서 효상은 눈물을 흘리며 근심하고 한탄하는 상으로, 점사는 현인과 협조하면 길하다.

■ 상구 효사와 소상전

上九는 王用出征이면 有嘉니 折首하고 獲匪其醜면 无咎리라
象曰 王用出征은 以正邦也라

상구는 왕이 출정하면 아름다움이 있을 것이니, 괴수(魁首)만 베고 잡은 것이 무리가 아니면 허물이 없다. 「상전」에서 말했다. "왕이 출정함"은 나라를 바로잡는 것이다.

▶ 征: 칠 정 嘉: 아름다울 가 折: 꺾을 절 匪: 비적 비, 아니다. 醜: 추할 추, 무리, 군중

☑ 왕용출정 유가(王用出征 有嘉)

상구는 양으로 리괘(離卦)의 끝에 있으니, 굳셈과 밝음이 지극하다. 밝으면 비출 수 있고 굳세면 결단할 수 있다. 비출 수 있으면 사악함을 살필 수 있고, 결단할 수 있으면 형벌을 판결할 수 있다. 왕이 마땅히 굳셈과 밝음을 써서 세상의 사악함을 정벌하면(王用出征) 아름다운 공이 있을 것이다(有嘉). 정벌은 형벌을 크게 쓰는 것이요, 유가(有嘉)는 전공(戰功)이다.

☑ 절수 획비기추 무구(折首 獲匪其醜 无咎)

상구는 굳세어 위엄을 떨칠 수 있고, 밝아서 간사함을 살필 수 있다. 세상의 모든 악을 척결하려고 하면 해침과 저항이 심하다. 그래서 복종하지 않는 괴수만을 죽여 없애야 한다(折首). 사로잡은 자들이 무리가 아니라면(獲匪其醜) 허물은 없다(无咎). 괴수만을 목을 벨 것이지 졸병까지 죽이는 잔혹한 형벌은 쓰지 말 것을 경계한다.

☑ 왕용출정 이정방야(王用出征 以正邦也)

왕이 출정하는 이유(王用出征)는 나라를 바로잡기 위함이다(以正邦也). 왕이 상구의 덕을

써서 세상을 어지럽힌 악을 제거하면 나라를 바로잡는 것이다. 따라서 효상은 왕이 출정하면 공을 세우는 상으로, 점사는 우두머리는 엄벌하고 부하는 관용하면 허물이 없다.

찾아보기

64괘(괘명순)

1 중천건 重天乾	2 중지곤 重地坤	3 수뢰둔 水雷屯	4 산수몽 山水蒙	5 수천수 水天需	6 천수송 天水訟	7 지수사 地水師	8 수지비 水地比
9 풍천소축 風天小畜	10 천택리 天澤履	11 지천태 地天泰	12 천지비 天地否	13 천화동인 天火同人	14 화천대유 火天大有	15 지산겸 地山謙	16 뇌지예 雷地豫
17 택뢰수 澤雷隨	18 산풍고 山風蠱	19 지택림 地澤臨	20 풍지관 風地觀	21 화뢰서합 火雷噬嗑	22 산화비 山火賁	23 산지박 山地剝	24 지뢰복 地雷復
25 천뢰무망 天雷无妄	26 산천대축 山天大畜	27 산뢰이 山雷頤	28 택풍대과 澤風大過	29 중수감 重水坎	30 중화리 重火離	31 택산함 澤山咸	32 뇌풍항 雷風恒
33 천산둔 天山遯	34 뇌천대장 雷天大壯	35 화지진 火地晉	36 지화명이 地火明夷	37 풍화가인 風火家人	38 화택규 火澤睽	39 수산건 水山蹇	40 뇌수해 雷水解
41 산택손 山澤損	42 풍뢰익 風雷益	43 택천쾌 澤天夬	44 천풍구 天風姤	45 택지췌 澤地萃	46 지풍승 地風升	47 택수곤 澤水困	48 수풍정 水風井
49 택화혁 澤火革	50 화풍정 火風鼎	51 중뢰진 重雷震	52 중산간 重山艮	53 풍산점 風山漸	54 뇌택귀매 雷澤歸妹	55 뇌화풍 雷火豐	56 화산려 火山旅
57 중풍손 重風巽	58 중택태 重澤兌	59 풍수환 風水渙	60 수택절 水澤節	61 풍택중부 風澤中孚	62 뇌산소과 雷山小過	63 수화기제 水火既濟	64 화수미제 火水未濟

인지 생략

험한 세상을 사는 처세술
주역해설 상경

초판인쇄	2024년 11월 04일
초판발행	2024년 11월 15일

저 자	유순근
발 행 인	윤석현
발 행 처	박문사
책임편집	최인노
등록번호	제2009-11호

우편주소	서울시 도봉구 우이천로 353
대표전화	02) 992 / 3253
전 송	02) 991 / 1285
전자우편	bakmunsa@hanmail.net

ⓒ 유순근 2024 Printed in KOREA.

ISBN 979-11-92365-74-9   04150   정가 24,000원
      979-11-92365-73-2   (Set)